ZUGÄNGE ZUR GESCHICHTE DER ERWACHSENENBILDUNG

Die Autoren widmen dieses Buch

Klaus Senzky

zum

60. Geburtstag

ZUGÄNGE ZUR GESCHICHTE DER ERWACHSENENBILDUNG

Herausgegeben von
Hans Tietgens

1985

VERLAG JULIUS KLINKHARDT · BAD HEILBRUNN/OBB.

Dokumentationen zur Geschichte der Erwachsenenbildung

Herausgegeben von der
Pädagogischen Arbeitsstelle des Deutschen Volkshochschul-Verbandes

Die Pädagogische Arbeitsstelle des Deutschen Volkshochschul-Verbandes versucht als wissenschaftlicher Dienstleistungsbetrieb zwischen Forschung und Berufspraxis zu vermitteln. Sie stellt den Volkshochschulen und anderen Einrichtungen der Erwachsenenbildung Hilfen für ihre Arbeit zur Verfügung. Sie wird mit Mitteln des Bundesministeriums für Bildung und Wissenschaft und der Länder institutionell gefördert und gibt folgende Publikationsreihen heraus: Theorie und Praxis der Erwachsenenbildung – Dokumentationen zur Geschichte der Erwachsenenbildung – Berichte, Materialien, Planungshilfen – Forschung – Begleitung – Entwicklung.

CIP-Kurztitelaufnahme der Deutschen Bibliothek

Zugänge zur Geschichte der Erwachsenenbildung /
hrsg. von Hans Tietgens. – Bad Heilbrunn/Obb. : Klinkhardt, 1985.
  (Dokumentationen zur Geschichte der Erwachsenenbildung)
  ISBN 3-7815-1104-9
NE: Tietgens, Hans [Hrsg.]

1985. 9. Kg. Alle Rechte vorbehalten
Gesamtherstellung: Philipp Reclam jun., Ditzingen
Printed in Germany 1985
ISBN 3-7815-1104-9

Inhalt

Hans Tietgens
Zugänge zur Geschichte der Erwachsenenbildung 7

**1. Methodologische Aspekte zur Historiographie der
Erwachsenenbildung** 17

Klaus Künzel
Kann es eine Geschichte der Erwachsenenbildung geben? 19

Horst Dräger
Die Verflechtung von wissenschaftlicher Pädagogik und
Erwachsenenbildung in der Geschichte 31

Josef Olbrich
Systemtheoretische Perspektiven zur Geschichte der
Erwachsenenbildung 44

Franz Pöggeler
Plädoyer für eine Zeitgeschichte der Erwachsenenbildung 57

2. Dimensionen geschichtlicher Wirklichkeit und ihre Bearbeitung 77

Wilhelm Mader
Mentalität und Erzählen – Zur Einheit von Geschichte und Bildung 79

Johannes Weinberg
Perspektiven einer Institutionalgeschichte der Erwachsenenbildung ... 89

Horst Siebert
Aspekte einer Didaktikgeschichte der Erwachsenenbildung 103

Joachim Dikau
Integration beruflicher und politischer Bildung als historische
Erscheinung 117

**3. Exemplarische Annäherungen an die Geschichte der
Erwachsenenbildung** 131

Willy Strzelewicz
Krisensituationen und ihre Deutungen als Problem der deutschen
Erwachsenenbildung 133

Erhard Schlutz
Biographie und Bildungsgeschichte 148

Wiltrud Gieseke
Rezeptionsgeschichtliche Anmerkungen zum
Erwachsenenbildungsberuf 163

Harald W. Kuypers
Der Beitrag lokalhistorischer Forschung für die Praxis der
Erwachsenenbildung 175

4. Historische Verortung zeitgeschichtlicher Dokumente 187

Wolfgang Schulenberg
Gesetzgebung zur Erwachsenenbildung als historisches Indiz 189

Dorothea Braun-Ribbat
Reichsschulkonferenz — eine vergessene Station der
Erwachsenenbildung 201

Heinz Stragholz
Rückbesinnung auf den Stellenwert des Gutachtens des
Deutschen Ausschusses 212

Josef Ruhrmann
Zur Exemplarik des Gutachtens der Planungskommission des
Kultusministers von Nordrhein-Westfalen 224

Volker Otto
Zum historischen Stellenwert des KGSt-Gutachtens
„Volkshochschule" 235

Hans Tietgens

Zugänge zur Geschichte der Erwachsenenbildung

Um die Arbeit an der Geschichte der Erwachsenenbildung ist es schlecht bestellt. Einer solchen Einschätzung wird niemand widersprechen. Daß es ihr an Ressourcen fehlt, finanziell und personell, ist unstrittig. Bei dem geringen Ansehen, das Erwachsenenbildung in der Öffentlichkeit genießt, darf dies nicht verwundern. Es liegt aber auch in der Eigenart der Erwachsenenbildung selbst, wenn ihre Vergangenheit wenig erforscht ist. Mit dieser Bemerkung soll hier nicht nur darauf angespielt werden, daß ihre Vorkämpfer, gleichviel ob Schreibende oder Handelnde, gemeinhin ein recht lässiges Verhältnis zu den Aktivitäten gehabt haben und noch haben, die ihren eigenen vorausgegangen sind. Gemeint ist vielmehr auch und vor allem die Unklarheit darüber, womit sich eine Geschichte der Erwachsenenbildung befassen kann bzw. sollte. Die Misere besteht nicht zuletzt darin, daß Erwachsenenbildung historisch schwer zu identifizieren ist. Die Frage, was zu ihr gehört, ist offen. Die Problematik ihrer Eingrenzung belastet nicht nur die aktuelle Diskussion, sondern auch den Blick in die Vergangenheit. Ist sie nicht, so könnte man fragen, in der Kulturgeschichte aufgehoben, in einer Geschichte der Arbeit verborgen? Die weitere Frage wäre dann, ob und wie sie aus diesen historischen Kontexten herauspräpariert werden kann.

Bislang hat ein anderer Weg Vorzug erfahren. Allenthalben war und ist die Tendenz vorherrschend, die Geschichte der Erwachsenenbildung aus der gegenwärtigen Perspektive zu betrachten, unter dem Vorzeichen aktueller Bedürfnisse zu sichten. Eine solche Instrumentalisierung bedeutet aber nicht nur eine wechselnde Verengung des Geschichtsbildes. Da sie zu einem Mangel an Kontinuität führt, beeinträchtigt sie auch die jeweilige gegenwärtige Situation. Ihr würde es zugute kommen, wenn Traditionen bewußt gemacht werden könnten, die nicht als fallbezogene Beweismittel dienen, sondern die historisch Geleistetes und Geschriebenes demonstrieren. Das setzt allerdings einen Minimalkonsens darüber voraus, was in der geschichtlichen Dimension als Erwachsenenbildung anzusehen ist. Dieser aber ist nicht gegeben. Der ansonsten übliche Weg der Begriffsgeschichte hilft hier nicht. Es muß auf Vorgänge Bezug genommen werden, wenn der Gegenstand einer Historiographie der Erwachsenenbildung bestimmt, ihr Forschungsfeld umrissen werden soll. Das verlangt, vorab die Kriterien der Eingrenzung zu reflektieren.

Solche Vergewisserungen über die Grenzmarkierungen der eigenen Sichtweise sind bisher nur beiläufig erfolgt. Immerhin lassen sich zwei Modalitäten der Abschirmung erkennen, die verhindern, ins Uferlose zu geraten, und mit denen die Gewichtung der bearbeiteten Fragestellungen als plausibel erscheint. Es sind dies die Orientierungen an der expliziten Aufgabenreflexion und an der vorgegebenen Organisation. Sie werden vor allem genutzt, um sich gegenüber der Schwierigkeit zu entscheiden, wo die Anfänge von Erwachsenenbildung zu suchen sind. Es ist weithin üblich geworden, diese Anfänge auf die

Zeit zu fixieren, in der ihre Verknüpfung mit den Menschenrechtspostulaten sie ausdrücklich und für alle fordern ließ. Damit gilt die Epoche der Aufklärung als die Ursprungszeit der Erwachsenenbildung, wobei vielfach vorbeugend eingeschränkt wird, der modernen Erwachsenenbildung. Denn man könnte nicht nur fragen, ob die mit Francis Bacon aufgenommene wissenschaftliche Anspruchlichkeit wirklich keine Wirkungen vom Typus Erwachsenenbildung gezeitigt hat, sondern beispielsweise, wie das einzuschätzen ist, was unter dem Vorzeichen eines unmittelbaren Weges zu Gott oder der Bibelarbeit lange vor der Aufklärungszeit praktiziert wurde. Sie als die Anfangsphase von Erwachsenenbildung zu deklarieren, dürfte auch darin begründet sein, daß es die Zeit war, in der der Pflichtschulgedanke sich durchsetzte. Das machte es nötig, auch ausdrücklich auf den Stellenwert der Erwachsenenbildung zu verweisen. Daran zu erinnern macht deutlich, daß die Berufung auf die Aufklärung als Entstehungszeit nicht nur auf idealen und geistigen Nöten beruhte, sondern auf gesellschaftlich-ökonomischen Notwendigkeiten. Pragmatisch betrachtet hat also die Entscheidung für die Aufklärung als Entstehungszeit den Vorzug, daß mit ihr die Hauptkomponenten der Erwachsenenbildung sichtbar geworden sind: berufliche Ertüchtigung, sittliche Erneuerung, kulturelle Teilhabe, gesellschaftlich-politische Emanzipation. Wobei jeweils zu klären ist, was Entwurf und Deklaration blieb und inwieweit etwas davon Wirklichkeit wurde.

Diese Koppelung von Ursprung und Gesamterscheinung hat dennoch nicht verhindert, daß vielfach nur einer der Teilbereiche gesehen wird. Sich bei der Bearbeitung einer Einzelstudie thematisch zu beschränken ist selbstverständlich. Fragwürdig wird es aber, wenn der Eindruck erweckt wird, als sei der Teil das Ganze. Zwar ist es durchaus legitim, Zeiträume für eine Geschichte der Politischen oder Beruflichen Bildung zu durchforschen, aber es entstehen verzerrte Bilder, wenn auf jede Bezugnahme zu anderen Bereichen verzichtet und so getan wird, als habe man sich mit Erwachsenenbildung insgesamt befaßt. Daß dies geschieht — die verselbständigte Präsentation der Arbeiterbildung ist dafür das häufigste Beispiel —, führt nicht nur zu kontroversen Einschätzungen dessen, was in einzelnen Zeiträumen geleistet worden ist. Das läßt sich anderwärts auch beobachten. Das eigentlich Mißliche ist, daß keine Verständigung darüber gesucht wird, worüber man spricht. Damit erhält auch der interessierte Außenstehende ein verwirrendes Bild. Das macht Erwachsenenbildung alles andere als anziehend.

Neben den zeitlichen sind also auch inhaltliche Kriterien der Zuordnung und Eingrenzung nötig und möglichst solche, die unabhängig von den Besonderheiten einer Epoche durchgehend ihre Funktion erfüllen können. Dazu hat sich, überblickt man die Literatur, nur ein formales Moment der Selbstbegrenzung weitgehend durchgesetzt, nämlich die Beschränkung auf das, was sich als organisierte Erwachsenenbildung bezeichnen läßt. Daß dies problematisch sein kann, zeigt nicht erst die jüngste Erfahrung mit Formen des selbstinitiierten Lernens von Erwachsenen. Bedenken, die auf den historisch beträchtlichen Stellenwert des Lernens im Vollzug hingewiesen haben, sind aber ohne Einfluß geblieben, weil die Orientierung an organisierten Formen die Materialerschließung um einiges erleichtert. Jedoch verdeckt es den Blick auf wirkungsträchtige Weiterbildungspotentiale, wenn man organisiertes Lernen im Sinne heutiger Gepflogenheiten allein als Nutzen von Veranstaltungsangeboten versteht. Es gilt vielmehr, die jeweils zeitbedingten Präsentationsformen als solche zu erkennen. So ist beispielsweise nicht einzusehen, warum die Handelskorrespondenzen des 17. und die Zeitschriften des 18. Jahrhunderts nicht als Beispiel zeitgemäßer Erwachsenenbildung begriffen werden sollten.

Der hier knapp gezeichnete Umriß des vorherrschenden Geschichtsbildes wird gestützt durch das Interesse an Eindeutigkeit und Vergleichbarkeit. Befriedigend ist diese Aufmerksamkeitskonzentration dennoch nicht. Sie fängt vom kulturellen Leben wenig ein. Dafür wären allerdings auch Quellen zu erschließen, die andere Forschungszweige an sich gezogen haben. Gravierender ist noch, daß das alltägliche Lernen im Lebensprozeß unbeachtet bleibt. Hier zeigt sich allerdings auch eine Parallele zur erziehungswissenschaftlichen Forschung. Es fehlt an einer Geschichte der Lerngewohnheiten, an einem historischen Verfolgen der Mentalitäten, mit denen den Lernanforderungen begegnet wurde. Was an Empfehlungen für das Lehren, was an Didaktik vergangener Jahrhunderte dokumentiert und bekannt ist, läßt begründet vermuten, daß die Probleme nicht nur bei der mangelnden Qualifikation der Lehrer gelegen haben. Ebensowenig reicht es allerdings aus, die sich durch alle Zeiten hindurchziehenden Klagen darüber zu zitieren, wie gering das Interesse „an Höherem" war. Es sind Anzeichen dafür vorhanden, daß die immer wieder zu beobachtende Diskrepanz zwischen Anspruch und Wirklichkeit zu verschiedenen Zeiten auf unterschiedliche Ursachenkomplexe zurückgeht. Genauer untersucht ist dies indes noch nicht. Aber auch positive Momente bedürften des Nachforschens. Was hat es beispielsweise mit der Kritik an der Lesewut auf sich? Worin hat der Bildungswert von Reisen real und nicht nur in Romanen seinen Niederschlag gefunden? In welcher Weise sind die Steuerungsmöglichkeiten der Informationskanäle genutzt worden? Welche Typen der Wissensproduktion haben sich wohin verbreitet? Welche indirekten Wirkungen haben Initiativen gehabt, die punktuell belegt sind?

Bedenkt man die Diskussion der letzten beiden Jahrzehnte, in denen sich die Geschichtswissenschaft ihren theoretischen und methodischen Erkenntnisstand erweitert hat, muß das, was von der Erwachsenenbildung zur Aufarbeitung ihrer Vergangenheit vorgewiesen werden kann, als unterentwickelt erscheinen. Während die Geschichtswissenschaft sich mehr und mehr die lokale, soziale und mentale Dimension erschlossen hat, ein zwar vorsichtiges, aber systematisches Herangehen an die Komplexität historischer Phänomene zu beobachten ist, hat die Historiographie der Erwachsenenbildung nur Stückwerk zu bieten. Ansätze sind vornehmlich da vorhanden, wo es die Quellenlage ohne besonderen Aufwand erlaubt. Aufgrund der unterschiedlichen Dokumentationsdichte sind Schwerpunkte der Präsentation entstanden. Dabei ist höchst zweifelhaft, inwieweit die Kumulation zum Beispiel auf die 20er Jahre bei einem Vergleich der Realitäten noch vertretbar sein würde.

So muß konstatiert werden, daß die Gewichtungen angesichts der Diffusität des Forschungsgegenstandes zuerst zu Such- und dann zu Urteilskriterien führen, die aufs Ganze gesehen ein schiefes Bild vermitteln. Nicht zuletzt zeigt sich hier der Nachteil, daß es nur wenige gibt, die ihre historischen Arbeiten mit einer methodenkritischen Rückversicherung verbinden, die den Maßstäben der Geschichtswissenschaft standhält. Für die Zukunft kommt es also darauf an, nicht nur quantitativ mehr und erweitert zu erkunden, sondern auch ein Methodenbewußtsein zu entwickeln, das es erlaubt, in eine fundierte, die Historie gemeinsam erhellende Kommunikation einzutreten, um das Erkundete mit seinen Grenzbereichen in seinen Zusammenhängen und in seinem Stellenwert einigermaßen zutreffend einschätzen zu können. Dafür sind die Maßstäbe des Zutreffenden in den Mentalitäten der jeweiligen Zeit aufzusuchen.

Versucht man die Anforderungen historischer Rekonstruktion möglichst einfach darzulegen, so kann man – hier in der Reihenfolge nach dem Grad der Problemzugänglichkeit geordnet – sagen: Geschichtsforschung muß sich dafür interessieren,
- was sich ereignet hat (das heißt, was für bedeutend gehaltene Personen getan haben)
- was gedacht worden ist (also, was für bedeutend gehaltene Personen geschrieben haben)
- was vorgefallen ist (will sagen, was den „Kleinen Leuten" widerfahren ist)
- welche Organisationsformen für das Miteinanderleben entwickelt worden sind (wozu auf jeden Fall die Institutionalisierungen gehören, womöglich aber auch die informellen Modalitäten des Umgangs).

Diese elementaren Fragen sind jedoch erst Vorfragen. Sie sehen sich mit ebenso elementaren Bedürfnissen konfrontiert, nämlich wissen zu wollen,
- wie es wohl wirklich gewesen ist (was letztlich nicht gesagt werden kann)
- wie alles wohl zusammenhängen mag (was auf die Probleme der Komplexität und Interdependenz führt)
- von welchen Vorstellungen das Geschehene bestimmt war (was auf die Bedeutung der Mentalitätsgeschichte verweist).

Das Interesse richtet sich also über das Faktische hinaus auf die Strukturen, Herkünfte und Wirkungen und ihr Wechselverhältnis zueinander, wobei noch Folgen im engeren Sinne und Rezeptionen einschließlich ihrer Mißverständnisse zu unterscheiden wären. Die beiden letzten Fragen machen zudem unverkleidet deutlich, daß es um Interpretatives geht. Das gilt aber auch schon für das, was zu den voraufgegangenen Fragen gesagt werden kann. Es bedeutet zugleich – sowohl durch Forschungsobjekte als durch Forschungssubjekte bedingt –, daß immer nur Ausschnitte historischer Realität zu erfassen sind. Dem ist durch Offenlegen der Art des Angangs auf die Historie und durch Bemühen um der Komplexität zu begegnen.

Wie nun sieht es auf diesem Hintergrund mit der Erwachsenenbildung und der Bearbeitung ihrer Geschichte aus? Ein erstes Dilemma zeigen schon die Grundfragen an. Sie passen wenig auf Erwachsenenbildung. Mag sie sich für noch so bedeutend halten, sie bewegt sich in einer Mittellage und kommt kaum zur Geltung, wenn nach den großen Erfolgen und nach den schweren Leiden gefragt wird. Schon die zeitweilig berechtigt erscheinende These, daß die Geschichte der Erwachsenenbildung in der Zeit des Vormärz am besten aus Polizeiakten zu erschließen sei, konnte nur durch eine Verengung des Blickfeldes vertreten werden. Der Beitrag der Erwachsenenbildung zum Gelingen des Zusammenlebens ist zwar elementar, aber unauffällig. Dennoch oder gerade deshalb sieht sie sich immer wieder unter aktuellem Legitimationsdruck. Dieser Zwiespalt begründet die beobachtbare und immer wiederholte Paradoxie des Verhaltens, die darin liegt, sich fast in einem Atemzug mit Hilfe geschichtlicher Beispiele zu rechtfertigen und sich zugleich kontrastiv von der Vergangenheit abzusetzen. Erwachsenenbildung hat in ihrer Geschichte in erster Linie Bestätigung, sei es durch Vorbilder oder durch Gegenbilder, gesucht. Das führt zu Selektionierungen, die Vergangenheit nicht so erscheinen lassen, wie sie vermutlich war, sondern wie sie gewünscht wird. Das wiederum ist möglich, weil ein Gesamtinteresse nur schwach entwickelt und die Quellenlage ungünstig ist. Besonders mißlich wird diese Strategie der Aneignung der Geschichte dann, wenn sie verleugnet oder nicht bewußt wird. Dies wiederum kann geschehen, weil der ,,Gegenstand" der Historiographie der Erwachsenenbildung der Beliebigkeit unterliegt und ohne Beschwer Gründe für die Ausweitung oder die Einengung genannt werden können.

Dieser Tatbestand macht es verständlich, daß manch bemerkenswerter Beitrag zur Geschichte der Erwachsenenbildung von Außenstehenden geleistet worden ist, daß Einsichten durch die Bearbeitung benachbarter Forschungsfelder gewonnen werden konnten. Auf diese sollte daher auch weiterhin die Aufmerksamkeit gerichtet werden. Das heißt nicht, zu ignorieren, daß es aus den ,,eigenen Reihen" ansatzweise verfolgenswerte Entwürfe und Untersuchungen gibt. Bislang sind sie aber vereinzelt geblieben. Ebenso sind durch zahlreiche Dissertationen Mosaiksteine für ein Geschichtsbild zusammengetragen worden, die aber ebenfalls weitgehend isoliert voneinander erarbeitet wurden. Schließlich läßt sich heute durchaus schon auf Dokumentationssammlungen zurückgreifen. Hier hat sich nicht zuletzt die PAS engagiert. Indes sind diese Editionen noch sehr konzeptionell-literarisch orientiert. So kann nicht übersehen werden, daß die ,,Dokumentationen" nur als ein erster Schritt zur Annäherung an die Geschichte verstanden werden können. Schließlich kommt auch erst vage zum Ausdruck, wo die Forschung ihr spezifisches Profil gewinnen könnte, nämlich in dem, was am treffendsten als Motivgeschichte zu bezeichnen ist. Ein solcher Angang wäre der Erwachsenenbildung insofern adäquat, als in einer Motivgeschichte Gedachtes und Getanes, der Erwartungshorizont der Initiatoren und der Adressaten, das Gesellschaftliche und das Individuelle in eigengearteter Weise aufeinandertreffen. Ein solcher Ansatz bereitet freilich Schwierigkeiten, weil Motivgeschichte, problemgerecht behandelt, Mentalitätsgeschichte und Institutionsgeschichte einbeziehen muß. Jedoch entspricht sie am unmittelbarsten den Konstitutionsbedingungen der Erwachsenenbildung, wird sie ihrer Eigenart als individuelle Suchbewegung gesellschaftlichen Ausmaßes am besten gerecht.

Worauf sollte also bei der künftigen Arbeit an der Geschichte der Erwachsenenbildung besonderer Wert gelegt werden? Als Konsequenz der hier entwickelten Problemskizze wären besonders zu nennen:
- die Auseinandersetzung mit den forschungs- und darstellungsmethodischen, theoretischen Grundlagen der Geschichtswissenschaft.
Daran besteht ein außerordentlicher Nachholbedarf. Gerade die Diskussion der beiden letzten Jahrzehnte will für die Erwachsenenbildung bedacht sein. Angesichts der Komplexität des Gegenstandes und seiner historischen Namenlosigkeit sollte eine entsprechende Reflexion naheliegen. Immerhin geht es um die schwierige Aufgabe der Rekonstruktion eines Denkens und Handelns, das wir heute als Erwachsenenbildung bezeichnen, aus der Geschichte. Es gilt, in der Vergangenheit Funktionsäquivalentes aufzuzeigen, das nicht als solches ausdrücklich ausgewiesen war.
- die Nachforschung auf der lokalen Ebene.
Es ist heute unstrittig, daß auf dieser Ebene die inhaltliche Substanz einer Realgeschichte sichergestellt werden muß. Wie dies aussehen kann, dafür gibt es einige informative Beispiele. Wichtig wäre es allerdings, neben der Geschichte von lokalen Erfolgen auch solche des Scheiterns ausfindig zu machen. Es wird dann überzeugend möglich sein, sich mit der Frage zu befassen, warum Einzelaktivitäten Resonanz gefunden und sich für längere Zeit durchgesetzt haben und andere nicht.
- eine intensive Beschäftigung mit den Grenzbereichen.
Es hatte gute Gründe, bisher vor allem die politische Dimension der Erwachsenenbildung in der Geschichte zu verfolgen. Auch für die berufsbezogenen Formen ist einiges geschehen, obschon oder weil in der Vergangenheit Aus- und Fortbildung nicht trennscharf waren. Es sollte mehr als bisher interessieren, wie man mit dem, was Mertens als vintage-Funktion bezeichnet hat, die zu bewältigen in der Vergangenheit mal mehr und mal weniger akut war, fertiggeworden ist. Zu kurz gekommen ist aber bislang vor allem die Kulturelle Bildung. Ihre Verknüpfung mit dem kulturellen Leben führt nachhaltig auf Grenzbereiche hin. So könnte es durchaus sinnvoll sein, eine Geschichte des Laientheaters in die der Erwachsenenbildung einzubeziehen oder die vorhandenen Beiträge zur historischen Lesersoziologie zu sichten, um herauszustellen, was daran für die Erwachsenenbildung relevant ist.
- Untersuchungen der Rezeptionsstrategien, mit denen die Wortführer der Erwachsenenbildung geistesgeschichtliche Strömungen und sozialgeschichtliche Erfahrungen verarbeitet haben.
Diese Rezeption ist gemeinhin fragmentarisch erfolgt. Die Gründe dafür, so sie auszumachen sind, und die Art der Auslegungen können aufschlußreich sein. Es ist dem Umstand nachzugehen, daß sich Erwachsenenbildungskonzepte verschiedener Versatzstücke aus der Philosophie, der Anthropologie und der Gesellschaftswissenschaften bedient haben. Die Verarbeitungs- und Transformationsvorgänge kennzeichnen, aus welchem Klima heraus Erwachsenenbildung intendiert wurde, gleichviel, ob dabei eigenwillige Profile, Absinkeprozesse, Instrumentalisierungen oder Miß-

verständnisse zu beobachten sind. Dabei geht es nicht nur darum, beispielsweise die vergröberten Hegel- und Schopenhauer-Varianten zu identifizieren. Näher heran an die realen Probleme führt es, Argumentationszusammenhänge aufzuspüren, aus denen heraus und auf die gestützt Erwachsenenbildung zu entfalten versucht worden ist. Ein eigenes Problemfeld stellt dabei die Übernahme, Umverwandlung oder Verballhornung wissenschaftlicher Paradigmen und die Auslegung von Forschungsergebnissen dar. Immerhin haben sich darauf fragwürdige Traditionsstränge bezogen.
— Interpretation der geistes- und sozialgeschichtlich hervorgetretenen Denker als Theoretiker der Erwachsenenbildung.
Ein solcher Vorschlag erscheint auf den ersten Blick altfränkisch. Weil jedoch Erwachsenenbildung — obwohl ihre Funktion durchweg erkannt wurde — kein ausgegliederter Institutionsbereich gewesen ist, kann eine Reinterpretation erkenntnisträchtig und auch für gegenwärtige Diskussionen relevant sein. Die derzeit übliche Art des Berufens, wie dies im Falle Humboldts des öfteren geschieht, würde sich dann allerdings als eine rituelle Geste erweisen. Die Philosophen der deutschen Bewegung und die Gesellschafts- und Staatswissenschaftler Mitte des vergangenen Jahrhunderts haben aber durchaus teils implizite, teils begründete Entwürfe von Erwachsenenbildung hervorgebracht. Mit Schleiermacher und Lorenz vom Stein seien hier nur die für uns naheliegenden genannt.
— methodisch profilierte perspektivische Zugriffe auf die Geschichte der Erwachsenenbildung.
In einer Zeit, die noch keine überzeugenden Gesamtdarstellungen erlaubt, kann es anregend sein, nicht nur Zeitabschnitte vorzustellen, Institutionsbereiche zu beschreiben oder Regionalgeschichte aufzuarbeiten, sondern den Blick auf eine Problemdimension zu richten und beispielsweise eine Geschichte der Erwachsenendidaktik zu umreißen oder der Entwicklung der Organisationsformen nachzugehen.
— bessere, ausgleichende Gewichtung der Zeitepochen.
Derzeit ist unsere Kenntnis der Geschichte der Erwachsenenbildung ungleich auf einzelne Zeitabschnitte verteilt. Es ist aber zweifelhaft, ob damit wirklich Hochzeiten der Erwachsenenbildung getroffen und Zeiträume mit geringeren Aktivitäten vernachlässigt worden sind. Diese Zweifel bleiben auch dann bestehen, wenn man der Auffassung zuneigt, Erwachsenenbildung als Ausdruck eines Krisenbewußtseins zu interpretieren. Denn je genauer man hinschaut, um so eher wird man zu allen Zeiten ein Krisenbewußtsein entdecken; Aufklärung, Vormärz und Weimarer Republik sind die Zeiten, denen sich die Historiographie der Erwachsenenbildung vorrangig zugewandt hat. Sie hat damit das Geschichtsbild geprägt. Daß daran Korrekturen notwendig sind, dafür lassen sich erste Anzeichen erkennen. Sie weiter zu verfolgen, könnte Tätigkeitsfelder der Erwachsenenbildung in den Blick rücken, die bislang ausgeklammert blieben, weil sie in das Gesamtbild nicht passen.
— kritische Bilanzierung dessen, was wir schon wissen können.

Auch bei dem jetzigen noch dürftigen Erkenntnisstand können Synopsen lohnend sein, wenn sie mit einer Sondierung verbunden werden, deren ausgewiesene Kriterien der weiteren Arbeit dienlich sind. Das verlangt eine Transformation dessen auf die Erwachsenenbildung, was mit der ersten Anregung über die methodenkritischen Diskussionen der Geschichtswissenschaften gesagt wurde. Es bedeutet zugleich zu prüfen, worauf ein zu entwickelndes Forschungsprogramm aufbauen kann.

Man kann zusammenfassend auch sagen: Es geht um die Sammlung von Daten und um das Herausarbeiten von Kontexten. Im ersten Fall ist nicht nur an die Suche nach neuen, nach noch unentdeckten Aktivitäten zu denken. Bei dem gegenwärtigen Stand der Quellenlage muß vor allem auch interessieren, was von dem bislang bekannt Gewordenen exemplarisch und was situationsbedingt ist. Es wären vor allem auch Wirkungen zu untersuchen, den Ausstrahlungen nachzugehen, auch da weiter zu suchen, wo etwas nicht weitergegangen zu sein scheint. Des öfteren ist zu lesen, daß über das Ende einer Aktivität, über die berichtet wurde, nichts bekannt ist. Das ist es, was die Quellenlage so mißlich macht, und nicht, daß keine Quellen bekannt wären.

Im zweiten Fall ist die Aufgabe, Bezüge zwischen den Daten zu erkunden. Dafür muß ihrem Eingebettetsein in gesellschaftliche Zusammenhänge nachgegangen, müssen ihre Verflechtungen mit den Denkmotiven der Zeit aufgedeckt werden. Es geht darum, wie die wechselseitige Durchgängigkeit von Konstellationen, Intentionen und Mentalitäten in einem Denken und Handeln Ausdruck findet, das dem entspricht, was wir heute Erwachsenenbildung nennen würden, und zwar sowohl auf der Ebene der Protagonisten als auch in den Vollzügen des Alltags. Dabei ist die Offenheit des Vorgegangenen ebenso zu beachten wie das Vorläufige seines Transparentmachens. Je näher wir über das Herausarbeiten der Konfigurationen an die Spezifika der Zeiterscheinungen in ihren Abhängigkeiten und in ihren Entscheidungen herankommen, desto näher sind wir bei den Problemen unserer Zeit, ohne ausdrücklich auf sie abgezielt zu haben. Die Interpenetrationen, die die Komplexität historischer Prozesse so schwer durchschaubar machen, aber immer neue Interpretationen anregen, sind gerade im Bereich der Erwachsenenbildung schwer zu identifizieren. Das macht sie noch heute als Einflußgebiet interessant und in ihrer Bedeutung zwielichtig. Inwieweit die Sedimentationen der Geschichte noch in unseren Köpfen sind, ist begreiflicherweise umstritten, nicht jedoch, daß ihre Verläufe als Varianten von Grundintentionen zu deuten sind, von denen sich keine Gruppe, die etwas bewirken will, distanzieren kann.

Es besteht noch immer die Tendenz, die Interpenetrationen als ein Aufeinanderprallen von großen Mächten oder als die Beeinflußung großer Geister auszulegen. Das Verstehen reduziert sich dann auf eine demonstrative Dramatik. Eine solche Annäherung an die Geschichte bleibt aber an der Oberfläche und wirkt museal. Es ist nicht einzusehen, warum die Einsichten des symbolischen Interaktionismus, die sich für das Verstehen des gewärtigen zwischenmenschlichen Verkehrs als realitätsnahe Deutungshilfe er-

wiesen haben, nicht auch für das Eindringen in historische Zusammenhänge hilfreich sein sollen. Sie verlangen allerdings eine Suche nach den Erwartungssystemen auf Gegenseitigkeit, die die Versuche von Problembewältigungen bestimmt haben. Gerade für die Erwachsenenbildung erscheint dies als ein angemessenes Vorgehen, kann doch auf diese Weise am ehesten der Blick auf das gelenkt werden, was Menschen bewegt, sich um Erwachsenenbildung zu kümmern und sich an ihr zu beteiligen.
Es dürften vornehmlich zwei Gründe sein, die einen solchen Angang bisher verhindert haben: die Vorstellung, daß symbolische Interaktion allein in der direkten Kommunikation oder doch nur in überschaubaren Dimensionen eine Interpretationshilfe darstellt, und der Tatbestand, daß das, was uns aus der Geschichte überliefert ist, die dokumentierte Hinterlassenschaft, selten bis in das Innenleben der Erwachsenenbildung führt. Dieses zweite Moment ist in der Tat auch für die nächste Zeit ein beträchtliches Hindernis, wenn auch darauf verwiesen werden kann, daß nach diesem Quellentypus bisher kaum gesucht worden ist. Das erste Bedenken aber ist eher ein Mißverständnis. Ein Problem steckt hier nur im Risiko des Abstrahierens. Das aber ist auch sonst bei der Beschäftigung mit Geschichte gegeben.
Es ist weniger als Korrektiv denn als Chance eines Zusammenspiels anzusehen, wenn auch der systemtheoretische Angang als ein interpretationsleitendes Kriterium ins Spiel gebracht wird. Systemdenken, in dem Verständnis, wie es Klaus Senzky aufgezeigt hat, vermag manche Polarisierungen, von denen die Publikationen über die Erwachsenenbildung beherrscht sind, in ihrer Relativität und ihrer Bezogenheit aufzuzeigen. Die Grundannahme einer Verbundenheit und einer Verbindbarkeit von Offenheit und Funktionalität führt dazu, die Analyse der Wechselwirkungen an Determinanten und Spielräumen zu orientieren. Sie läßt die Spezifität als ein Kriterium, mit dessen Hilfe Komplexität transparent werden kann, erkennen. Zugleich ermöglicht sie, die funktionalen Äquivalenzen zu identifizieren. Sie können eine Art Kompaß darstellen, um sich im Durchdringungsfeld von Innen- und Außenwelt sicherer zu bewegen. Ein solches Vorgehen paßt zu den Problemen, die die Aufgabe einer Historiographie der Erwachsenenbildung mit sich bringt. Zugleich läßt es bei allen Schneisen, die durch die Geschichte geschlagen werden, nicht vergessen, daß von Interaktionsstrukturen die Rede ist, die sich im Modus der gegenseitigen Auslegung vollziehen. Dies wäre beispielsweise auch zu beachten, wenn ein für die Erwachsenenbildung so wichtiges Problem wie das Verhältnis von Träger und Einrichtung erörtert wird. Zwar hat es gute Gründe, wenn es erst nach der Gesetzgebungswelle Anfang der 70er Jahre „spruchreif" geworden ist. Das Strukturphänomen, das dahinter steht, hat es aber schon immer gegeben. Wie es sich in der Vergangenheit ausgewirkt hat, ist jedoch noch kaum je angesprochen worden. Allein der Frage nachzugehen, welche Rolle der Verein nicht nur als Rechtsträger, sondern als gesellschaftliche Kooperationsform im Wandel der Zeit gespielt hat, könnte neue Aspekte zur Erwachsenenbildungsgeschichte zur Sprache bringen.
Klaus Senzky hat an den Beispielen der Arbeitsgemeinschaft als Idee der

Erwachsenenbildung und der Organisationsphobie als eines ihrer viel zitierten Merkmale gezeigt, was ein solcher Angang bringen kann. Diese Ansätze sollten nicht, wie so vieles in der Literatur der Erwachsenenbildung, ohne Resonanz bleiben. Sie ließen sich konsequent und ertragreich weiterführen. Das Beispiel der Arbeitsgemeinschaft zeigt zugleich, daß selbst ein Zentralbegriff zugleich auf die Grenzbereiche verweist, denen hier in den Vorüberlegungen große Bedeutung zuerkannt wurde. Hier weiter zu arbeiten hindert wohl in erster Linie unsere Schwierigkeit, in historischen Fremdsprachen zu denken. Diese Fähigkeit, die eigentliche Leistung des Historismus, ist uns weitgehend abhanden gekommen. Es ist ein Bildungsdefizit, das auch den gegenwärtigen Umgang miteinander behindert. Dies sollte alarmierend genug sein, um etwas zu tun. Eine solche Forderung steht nicht, wie es zuerst scheinen mag, im Widerspruch zu den heute üblichen, aber an der Oberfläche bleibenden Appellen zugunsten eines praxisbezogenen Studiums. Ihr nicht zu folgen, führt, mit Klaus Senzky zu sprechen, dazu, daß für uns die Wirklichkeit zur Faktizität schrumpft. Sie erscheint dann nur als eine Kette von Zufällen, an denen nichts mehr zu gestalten ist. Die Realität der Möglichkeit kann dann nicht erkannt werden. Es kann nicht zur Professionalität kommen, weil die Orientierungsmarken dafür fehlen.

In welchem Verhältnis die in den ersten drei Teilen dieses Buches versammelten Beiträge zu dem Problemaufriß stehen, dessen Versuchscharakter gegenüber einem programmatischen Anspruch zu betonen ist, braucht nicht im einzelnen ausdrücklich kommentiert zu werden. Es werden verschiedene Dimensionen der Möglichkeit vorgestellt und auch an die Produktivität des Infragestellens erinnert. Die weit zurückreichende Bedeutung des Krisenbewußtseins kommt ebenso zur Sprache wie die Dringlichkeit einer Vergewisserung über zeitgeschichtliche Tendenzen. Es werden die integrativen Momente ebenso betont wie die kreativen, mit denen die Interpretationen in Übergangsbereiche ausgreifen, und es wird das aufschlußreiche vergleichende Vorgehen gleichermaßen bewußt gemacht wie die Notwendigkeit, dem Wandel der institutionellen Veränderung nachzugehen. Was im vierten Teil zusammengestellt ist, bezieht sich auf gegenwartsrelevante, zeitgeschichtliche Wirkungsgeschichte (nicht Rezeptionsgeschichte, was ein eigenes aufregendes Problemfeld darstellt). Es geschieht dies nicht, um am Schluß auch etwas „zum Tage" zu bringen, sondern weil hier das für die Geschichte der Erwachsenenbildung so zentrale Problem des Verhältnisses von Konzeptionellem und Verwirklichtem auch für die Leser heute noch überschaubar ist. Er kann somit den gewählten Interpretationsspielraum selbst mit Hilfe der eigenen Erfahrung überprüfen. An der Geschichte zu lernen ist einerseits eine übliche Floskel, wird andererseits von Geschichtsexperten entschieden zurückgewiesen. Wenn dies nicht Expertenborniertheit ist, hat es seinen verständlichen Grund in schlechten Erfahrungen. Aus der Geschichte ist in der Tat wenig zu lernen, wenn die Gegenwart nicht durchschaut wird. Ist die Eigenart ihrer Struktur aber bewußt, bietet auch die Beschäftigung mit der Vergangenheit eine Lernchance. Es darf nur nicht zu früh gefragt und nicht vorschnell geantwortet werden.

1. Methodologische Aspekte zur Historiographie
der Erwachsenenbildung

Klaus Künzel
Kann es eine Geschichte der Erwachsenenbildung geben?

Auf abwegige Fragen drängt das historische Gespräch mit einer gewissen Unvermeidbarkeit. Weil sein Gegenstand, die zur ,,Quelle" gewordene Wirklichkeit, von Geschichte weder exklusiv vereinnahmt werden kann noch auch materiell oder erkenntnistheoretisch dauerhaft fixier- und begrenzbar bleibt, haftet einem solchen sich selbst innewerdenden Gespräch der Charakter ständigen Gespannt-Seins an: Gespannt-Sein durch die instabile Natur seiner wissenschaftlichen Objektbeziehungen, Gespannt-Sein auf die perspektivischen Verschiebungen, die sich dem Blick des ,,rückwärts gewandten Propheten" (Schleiermacher) durch wachsende Fähigkeiten des Wiedererinnerns, aber auch infolge neuer Suchinteressen auftun. Historisches Erkennen gleicht dem Leben und ist wie dieses nie ,,erlöst" noch frei von Zweifeln.

Ob es eine Geschichte der EB geben kann, bliebe demnach so lange eine ,,abwegige" Frage, als man die Möglichkeiten der EB, sich zu *ereignen* und *berichtet werden* zu können, immer nur unter dem Aspekt ihrer instrumentellen Tauglichkeit zugunsten anderer, systematischer Erklärungsmodi von Wirklichkeit beurteilt. Geschichte als Erzählung verträgt sich schwerlich mit der didaktischen Engführung eines ,,quod erat demonstrandum". Wenn hier dafür plädiert wird, unser Thema als eine dem historischen Interesse durchaus angemessene Infragestellung zu akzeptieren, so schon aus der Überlegung heraus, daß ,,Geschichte" zugleich den *Ereigniszusammenhang* (res gestae), dessen *Darstellung* (historia rerum gestarum) wie auch das *Wissen ihrer selbst* (Theorie der Geschichtswissenschaft) meint (Koselleck 1967).

Wie wird das geschichtliche Bewußtsein der EB und ihr historiographisches Können mit dieser Mehrdeutigkeit fertig? Als was tritt Geschichte der EB ihren Praktikern und politisch Verantwortlichen entgegen? Wie wesentlich ist es für die wissenschaftlichen Vertreter der EB, die Geschichte ihres Gegenstandes wie auch ihrer selbst als Phänomen gesellschaftlichen Werdens und Veränderns zur Kenntnis zu nehmen? Und schließlich: Für wen überhaupt müßte eine Geschichte der EB geschrieben werden? Wer könnte etwas mit ihren Ergebnissen ,,anfangen"?

Geschichte in diesem Sinn überhaupt zu *wollen,* erweist sich als Herausforderung und Risiko gleichermaßen. Da sie uns nötigt, hinter allem ,,Werden zum Text" letztlich das ,,Werden zum Tode" zu erkennen (Marquard 1973, S. 468), provoziert sie unser wissenschaftliches Selbst zur Anerkenntnis ständigen Mitgerissen-Seins in einem ,,omnipräsenten Lebensstrom" (Habermas 1973, S. 230), dessen wissenschaftliche Erfahrung, physikalisch gesprochen, in Hinsicht auf *Ort* und *Impuls* notwendigerweise unbestimmt und unscharf bleibt (Heisenberg 1930). Riskant ist eine Geschichte der EB nicht zuletzt aus einem forschungspsychologischen Grund: Wäre es nicht denkbar, daß die Einsicht, immer nur eine *Chronik ihrer unerfüllten Möglichkeiten* zu schreiben, dem Historiographen schließlich einen letzten Zwei-

fel aufdrängt: Ist etwas, das nicht „wirkt", überhaupt einer Geschichte würdig? Obschon die folgende Betrachtung die aufgeworfenen Fragen nicht zu beantworten vorgibt, will sie doch behilflich sein, über unser Suchen, ja unsere Sehnsucht nach Geschichte vor uns selbst Rechenschaft ablegen zu können. Darin eingeschlossen ist das Bemühen, sich das, was wir von Geschichte erwarten, ständig neu zu „vergegenwärtigen"
„Geschichte" wird im Zusammenhang von EB auf zweierlei Weise konstituiert: als geschichtsdidaktisch aufbereitetes *„historisches Lernen"* (Kröll 1984) im Rahmen dessen, was man „veranstaltete Erinnerung" nennen könnte, sowie als Versuch eines *pädagogischen Felds, sich selbst* und sein Verhältnis zur Wirklichkeit *„in und durch Vergangenheit" zu begreifen* (Huizinga 1942, S. 104). Letzteres ist zunächst gemeint, wenn von Geschichte *der* EB gesprochen wird.
Insofern die in ihr repräsentierte pädagogische Praxis den historischen Reflex gemeinhin nicht als ihre nächststehende Aufgabe ansehen kann, ist EB – verstanden als Bildungshandeln und Rechenschaft ihrer selbst – zwecks „Erinnerung an den eigenen Lebensverlauf" (Dilthey 1970, S. 159 f.) auf eine spezifische Form der Wissensgewinnung verwiesen, die sich als Anspruch in der Entwicklung einer erziehungswissenschaftlichen Disziplin „Erwachsenenbildung" niedergeschlagen hat.
Die von Wissenschaft rational bewältigte Distanzierung des erkennenden Subjekts (hier der erwachsenenpädagogische Historiograph) vom Objekt seiner Erkenntnis (organisierte Bildungsereignisse; institutionelles Werden und Vergehen) setzt nach Descartes einen „methodischen Vernunftgebrauch" voraus (zit. nach Faber 1972, S. 27), der eine im Vergleich zum naturwissenschaftlichen Erkennen zunächst „gegenstandslose" (Geistes-) Wissenschaft wie die Historie (Gadamer 1965, S. 268 f.) durch „Objektivation" diszipliniert und als eine eigenständige Verstehens- und Erklärungsform begründet, zugleich aber eine gewisse Verengung des Blickfeldes geschichtlicher Erkenntnis verursacht, da jene in der Neuzeit ausdrücklich als *scientifischer Wissenserwerb und -gebrauch* manifest wird (Faber 1972, S. 31). Magische Wissensbestände, unreflektierter Traditionalismus, zunächst aber auch eine narrative „Geschichte von unten" – sofern sie tatsächlich, teils nostalgisch, teils verschönernd „auf der Flucht vor der Anstrengung des Begriffs" ist (Jürgen Kocka im Spiegel 23, 1983, S. 42) – bleiben aus der positiven Geschichtswissenschaft ausgeklammert.
EB ist in jenem Doppelsinn von *zielbewußtem Handeln* und *wissenschaftlichem Erkenntnisbemühen* dem historischen Denken auf mannigfaltige Weise verhaftet. Im Sinne eines produktiven Tuns erfährt EB ihre eigene Geschichte als einen Wirkungs- und Vermittlungszusammenhang, der jedoch nicht „als Resultat ungebrochener Handlungsrationalität" verständlich gemacht werden kann (Veraart 1980, S. 751). Die verbale Präsentation einer historischen Identität erfolgt somit auch nicht in Gestalt eines „Handlungsplans", sondern stets „als erzählte Geschichte" (Lübbe 1973, S. 229).
Unter pädagogischem Aspekt greift Geschichte *in* der EB die programmatische Maßgabe auf, historische Bildung sei gerade für Erwachsene der An-

satzpunkt eines rationalen, aktiven Durchwirkens von persönlicher Biographie und kollektiver Vergangenheit. Deren Lehren können indes nur in einer politischen Kultur wahrgenommen werden, die um die sozialzeitliche Problematik unterschiedlicher Zeitbezüge und Partizipationsmöglichkeiten „ungleichzeitiger" Generationen weiß und in historischem Lernen demzufolge auch eine kommunikative „Synchronisationsleistung" unterschiedlicher Werdensstufen und Zeitsubjekte sieht (Quandt 1984, S. 67). Obwohl dieser Beitrag der geschichtsdidaktischen Dimension nur sehr beschränkt Aufmerksamkeit widmen kann, muß der enge Zusammenhang von Geschichte als *praktischem Bildungsauftrag* und dem *historischen Selbstbewußtsein* eines sich innewerdenden pädagogischen Handlungsfeldes deutlich herausgestrichen werden: Hier wie dort geht es um die Existenz einer historischen Kultur, die gewollt und gepflegt sein will. Eine durchaus offene Frage ist es, inwieweit das Entstehen einer solchen Kultur im politischen und praktischen Lebens- und Bildungsalltag Voraussetzung dafür ist, daß geschichtliche „Wahrheit" angenommen oder, bescheidener, „rationale Erklärungen" vergangener Ereignisse und Handlungen gesucht werden, um so die verfügbaren Mittel ethischer Handlungsorientierung zu erweitern, lebensgemäßer einzusetzen. Mit gleichem Recht ließe sich fragen, ob nicht Geschichtsschreibung als eine notwendige Form der Koordinierung aller Erfahrungspotenzen historische Kultur erst hervorbringen muß, womit die Probleme der erkenntnistheoretischen und methodologischen Plausibilität von „historia" freilich mehr wären als nur ein Thema fachhistorischer Expertengespräche (Koselleck und Stempel 1973).

Dies berührt einen *dritten Haftpunkt* historischen Denkens in der EB. Zu den wohl zwangsläufigen Folgen der Trennung bzw. Ausdifferenzierung von Bildungspraxis und einer sich auf sie berufenden „Wissenschaft von der Erwachsenenbildung" zählt die institutionalisierte Auslagerung von Denkprozessen, welche im Bildungshandeln begründet und von gemeinsamer praktischer Herkunft sind, die im „Laufe der Zeit" aber ihre eigene Geschichte gefunden haben. Auch dies macht den Zug einer Zeit aus, die mit einer *Professionalisierung der EB* nicht so sehr ihre Vergesellschaftung, sondern zunächst einmal ihre institutionelle und akademische Geschichtsfähigkeit gefördert hat. Ob es eine Geschichte der EB geben kann, drängt als Frage folglich in zwei Richtungen: Kann eine wissenschaftliche Kommunität, wie sie die Vertreter der Erwachsenenbildungsforschung idealiter darstellen, die Rückbindung ihres geschichtlichen Gewissens an die größere Gemeinsamkeit der in und durch Zeit geprägten „Bildungshandelnden" leisten? Und andererseits: Welcher Anstöße und Entwicklungen bedarf es, um die in Alltäglichkeit gekleideten Ereignisschübe und Handlungsaufforderungen in pädagogischer Praxis als eine Form „begriffener Geschichte" (Nipperdey 1984, S. 805) und sich vollziehenden Werdens auszuweisen?

Genau betrachtet, geht es hier nicht um die alternative Zuweisung von historischen Gedächtnislasten und Besinnungsgeboten, sondern um die Wahrnehmung einer *kollektiven Interpretationsaufgabe,* in die sich „Theorie" und „Praxis" teilen müssen. Unterschiedlich ist allenfalls die Form der Teilhabe; während im konkreten Handlungsfeld EB das Verstehen von Geschichtlichkeit nicht an die „stoffliche Hermeneutik" eines in Sprache bzw. Text organisierten Handlungszusammenhangs gebunden ist und somit sinnkonstituierende Erfahrungen in und durch historisch vernabelte Handlungen selbst gemacht werden müssen, sind die typischen Medien der Bewußtwerdung eigener Identität in der geschichtswissenschaftlichen Erforschung von EB die zur *Quelle fixierten Bildungsäußerungen einer vergangenen Zeit.* Sie nicht als antiquarische Einzelstücke museal zu pflegen, sondern als historisch organisierte Ereignisse zu begreifen, die „ständig neu beschrieben und ihre Bedeutsamkeit im Lichte späterer Informationen neu bewertet werden müssen" (Danto 1974, S. 27), dies ziemt einer zur Geschichtlichkeit aufgerufenen Erwachsenenbildungstheorie.

Wer solches einfordert, kann das institutionelle Schisma: Praxis hie, Theorie dort, zumindest unter historischem Blickwinkel nicht gutheißen. Einer zu sich selbst gekommenen Praxis wird die Wahrnehmung einer Handlungs- und Leidenskontinuität mitnichten „zu theoretisch" erscheinen, wie auch die treuhänderische Aufarbeitung von Erwachsenenbildungsgeschichte durch Wissenschaft am Aufbau und an der Selbsterhaltung einer *gemeinsamen Identität* von Handeln und Reflexion zu orientieren wäre. Vor allem aber: Daß der *Erwachsene Subjekt seiner Lebens- und Lerngeschichte* zu sein habe, über die weder typologisch-erklärend noch funktional-verfügend gewaltet werden kann, stellt Wissenschaft und Bildungshandeln unter die Obhut einer gemeinsamen historischen Ethik. Das Recht des Individuums auf Anerkennung seiner Einmaligkeit und Unwiederbringlichkeit bliebe auch praktisch folgenlos, wenn die Geschichte dieser Individualität den systematischen Erklärungsinteressen einer nomologisch verfahrenden Sozialwissenschaft geopfert würde und nicht als *erzählbares Leben* belassen wird. Die nach Weinrich (1973, S. 519) um sich greifende „Unlust, (...) Geschichte zu *erzählen*" (Hervorhebung Weinrich), oder anders gewendet: die methodologisch belangvolle Tendenz, narrative Geschichtsmodelle im Sinne A.C. Dantos (1974) zugunsten *besprechender Geschichte* zurückzudrängen, erklärt sich nur zum Teil aus der besonders von sozialhistorischen Fachvertretern beschworenen „intensivere(n) Wechselbeziehung zwischen (...) Geschichtswissenschaft und Soziologie" (Conze 1981, S. 26). Hinein spielen noch zwei weitere Momente: *erstens,* das generelle „Betroffensein" von *der „Unabschließbarkeit des Darstellbaren"* (Stierle 1973, S. 531), dessen Begreifen in und durch Geschichte(n) Reduktion im Sinne eines „Hindurchlegens einer ideellen Linie" (Simmel 1922, zit. n. Stierle, S. 532) bzw. eines bestimmten „Aneignungsschemas" der Geschichte verlangt; *zweitens,* die durch die politische Inpflichtnahme von praktischer (Erwachsenen-)Pädagogik während der siebziger Jahre mitverursachte *Relevanz- und Dienstleistungseuphorie* der Bildungs- und Erkenntnisschaffenden, die gemeinsame geschichtliche Interessen „aktuelleren Aufgaben" opferten (Künzel 1974, S. 297) und aus der die EB und ihre Theoretiker erst in jüngster Zeit herausgerissen worden sind.

In Anlehnung an Hermann Lübbe (1973, S. 554) möchte ich die genannten Faktoren nicht ursächlich auf „endogene", wissenschaftsimmanente Entwicklungen rückbeziehen, sondern sie in Verbindung bringen mit „Identitätskrisen des sozialen Systems" und seinem riesig angewachsenen Rückversicherungs- und Steuerungsbedarf. Dem Erwartungsdruck dieser *technokratischen Maßgabe* kann und darf sich eine Geschichte gewesenen Lebens nicht aussetzen.

Bislang ist unsere Frage, ob Geschichte der EB möglich sei, einseitig und unter teilweiser Ausblendung ihres logischen Auftrags „moralisch" behandelt worden. Inwieweit es eine solche Geschichte geben kann, hängt aber nicht nur vom kollektiven Willen eines seines historischen Trennungsschmerzes gewahr werdenden Pädagogentums ab, sondern setzt voraus, daß *EB als Ereignis* geschichtlich überhaupt *nachgewiesen* werden kann. Mit anderen Worten: *Geschichtsfähigkeit* begreift sich sowohl als plausible, identitätsüberwachte *Mitgestaltung* von *Geschehnissen,* die, wenngleich immer als „Gemengelagen" von Handlungen und ihren Folgen auftretend (Lübbe 1973, S. 545), dennoch gesellschaftlich *wirklich* sind; der Geschichte fähig sein, heißt darüber hinaus, von Gesellschaft wahrgenommen und quellenmäßig in ihrem Nachlaß berücksichtigt zu werden, heißt aber auch, daß es Augenzeugen, Berichterstatter und Interpreten gibt, die EB als eigenwillige, legitime Ausdrucksform menschlicher Wirklichkeit zur Kenntnis nehmen und ihr angemessen Ausdruck verleihen können.

Nehmen wir den letzten Gedankengang auf, spitzt sich unsere Erörterung auf die Frage zu, ob sich EB als Objekt der historischen Betrachtung hinreichend umgrenzen läßt, um in bezug auf Gegenstand und Ereignisfolge in einer kohärenten Erzählstruktur wiedergegeben werden zu können. Im Kontext dieser Frage spielen historiographische Aspekte wie die Artikulier- und Verifizierbarkeit von zusammengehörigen, charakeristischen Geschehens- und Handlungsabläufen eine Rolle. Jene sind indes eingebettet in den umfassenden Rahmen erkenntnistheoretischer Überlegungen, die auf die generelle Erfahrungs- und Verstehenszugänglichkeit vergangener Lebensäußerungen gerichtet sind. Während eine erwachsenenpädagogische Geschichtsschreibung in letzterer Hinsicht das Schicksal aller historischen Hermeneutik teilt, gestaltet sich die Identifikation ihres spezifischen Erkenntnisobjekts zu einem der EB — wiederum nur geschichtlich begreifbaren — immanenten Strukturproblem. Heftet sie sich an die „physisch" aufweisbaren Ereignisschübe konkreten Erwachsenenbildungsgeschehens — wobei dessen phänomenologische Konturen z.T. mit der semantischen Optik des heutigen Betrachters vermessen werden —, muß das konstitutive Interesse des Historikers an *Kontinuität von Verstehensakt und Beschreibungsfolge* arg enttäuscht werden, und zwar nicht nur, weil Geschehen am Rande aller zeitgenössischen Beachtung kaum auf solche lückenlose Protokollierung Anspruch erheben konnte, sondern wohl auch aus dem einen Grund, daß sich eben dieses Geschehen — mal mehr, mal weniger — aus der Wirklichkeit des historischen Alltags verflüchtigt oder eine ausgemachte „Untergrundexistenz" geführt hat. Daß sich das historische Interesse der deutschen EB so stark an Weimar orientiert, hat gewiß etwas mit dem relativen Quellenreichtum dieser Epoche zu tun. Dahinter steht, daß EB für ein paar historische Augenblicke *materialen Ereignischarakter* besaß und sich, davon zeugen unzählige Presseauszüge, „vorübergehend" der Aufmerksamkeit öffentlicher Berichterstattung erfreuen konnte. So qualifizierte sich EB in den zwanziger Jahren ansatzweise im Sinne einer überlieferungsfähigen Folge von Nachrichten. Auf einem anderen Blatt steht, ob diese nicht „Haupt- und Staatsaktionen" der Erwachsenenbildungsgenese darstellten und das, was EB als subjektiv gesuchtes und erfahrenes Lebensdetail, als ein autobiographisch belangvoller Handlungstypus wie Wohnen, Arbeiten und Wirtschaften ausmachte, nicht oder doch nur peripher erfaßten. Eben solche Zeugen vergangener Erwachsenenbildungswirklichkeit aber benötigen wir, um die Geschichte eines spezifischen pädagogischen Bemühens nicht nur als Chronik von Legitimationsversuchen oder als Programm ihrer Möglichkeiten schreiben zu können, sondern sie als authentisches Partikel zu rekonstruieren, eine Detailsicht, die als *Nachverstehen* zwar weder logisch noch empirisch kontrollierte Beweiskraft besitzt, aber die einzige Möglichkeit darstellt, einmal Geschehenem habhaft zu werden (Lübbe 1973, S. 550).

So wäre denn die Geschichtsfähigkeit unseres Gegenstandes wie seiner theoretischen Spiegelungen letztlich von der Existenz hinreichend aussagekräftiger, erfahrungsdurchwirkter Quellen — vertexteter Wirklichkeit gewissermaßen — abhängig?

Man wird geneigt sein, hier spontan „ja" zu sagen. Bevor diese Frage uns im weiteren beschäftigen soll, möchte ich eine Gefahr ansprechen, die aus der Diskrepanz von erzählerischem Stoffmangel und historischem Erklärungsmut offenbar natürlich hervorzugehen scheint. Ich denke dabei an die Hoffnung der modernen (Sozial-)Wissenschaft, sich ihres Gegenstandes in horizontal-bestimmender wie nachverfolgender (longitudinaler) Manier vergewissern zu können. Daß sich forscherische Erkenntnis nur relativ zu der eigenen perspektivischen Gebundenheit aufrecht erhalten läßt, mag man als Einsicht betrachten, die auch von grenzbewußten Vertretern der neueren Physik (Heisenberg 1978) und Biologie (Bateson 1979) unterstützt wird. In historiographischer Sicht entspräche jener *statisch-lokalen Relativierung des erkennenden Subjekts* die *Bindung der Geschichtswissenschaft* an eine *eigene Zeitstufe,* die weder die der Vergangenheit noch die der Zukunft sein kann. Für den Geschichtsphilosophen Danto (1974, S. 34 f.) ist es dementsprechend konsequent, daran festzuhalten, „daß unsere Kenntnis des Vergangenen signifikant eingeschränkt wird durch unsere Unkenntnis der Zukunft". Sinngemäß fügt er an anderer Stelle hinzu: Über Vergangenheit läßt sich im Hier und Jetzt nichts erfahren, was den Sinnhorizont damaligen Sichereignens und Handelns adäquat widerspiegelte (S. 56 f.). Es ist bezeichnend für den nachaufklärerischen Menschen, sich gegen die autonome Wirklichkeitsstruktur der Zeit als „Form" und nicht als „Datum der Erfahrung" (Kant) zur Wehr zu setzen. Solche Auflehnungen können unter anderem im Bestreben des Historiographen bestehen, Geschichte als Beleg und Indiz in systematische Erklärungsvorgänge jetztzeitigen Bezugs einzugliedern, was nicht selten darauf hinausläuft, „historiographische Sätze (nurmehr) gemäß ihrer Eignung (zu akzep-

tieren oder zu verwerfen), uns Anleitung zum Aufspüren weiterer Beweise zu geben" (Danto 1974, S. 115). Der folgende Exkurs soll das Gemeinte exemplarisch veranschaulichen.
Mit der praktischen und institutionellen Auffächerung der EB hat sich auch das Spektrum der gesellschaftlichen und ideologischen Grundmuster und -interessen erweitert, welches nicht nur empirisch vermessen, sondern historisch zurückverfolgt sein will. Jeder Geschichtsschreiber, der sich einem dieser Stränge anvertraut, mag subjektiv der drohenden Geschichtslosigkeit des betreffenden Erwachsenenbildungsfelds durch „einen Beitrag zur Wiedergewinnung der geschichtlichen Dimension" entgegenwirken wollen (Alheim 1982, S. 16), er mag darüber hinaus den gesamtkulturellen Willen zur historischen Erinnerung mit stärken helfen: zunächst aber schneidet er geschichtliche Erkenntniskanäle, die vorrangig dem partiellen Legitimations- und Selbstdarstellungsinteresse eines auf Eigenständigkeit stolzen Trägers von pädagogischer Wirklichkeit verpflichtet sind und die die (Wieder-)Erkennung gemeinsamer Entwicklungsbelange überlagern oder doch in den Hintergrund treten lassen.
Dies ist *eine* Möglichkeit der Beschneidung von historischen Erkenntnisprozessen. Eine *andere* ist dieser in ihrer finalen Begrenzung nahe verwandt. Man könnte sie den *kritisch-systematischen Grundansatz* nennen: Indem eine kaum begonnene, geschweige denn zu Ende erzählte Geschichte einer bestimmten menschlichen Grundbetätigung, hier der EB, in den Zusammenhang einer soziologischen Aufbereitung von historischer Ungleichzeitigkeit und zeitgenössischer Erlebnisgemeinschaft gebracht wird, beraubt man sie einer Erklärungspotenz, die nicht nomologisch, aber auch nicht didaktisch extrahierbar ist, sondern die im Verbundensein von Bedingung, Absicht und Folge historischer Ereignisketten selbst liegt und nur in deren widersprüchlichem Werden berichtet, nicht aber in ihrer „Anlage" systematisch rekonstruiert werden darf.
Dies zu betonen bedeutet nicht, die Legitimität von historisch-systematischen Untersuchungen insgesamt zu verneinen. Nicht, daß mit einer begrifflichen wie ethischen Grundentscheidung der historiographischen Suchbewegung ein konzeptioneller Rahmen verliehen werden soll, bringt dergleichen Erkenntnisinteressen moralisch und methodisch in Ideologieverdacht. Vielmehr ist es die argumentative Hypothek von weitgehenden Ansprüchen hinsichtlich der Stichhaltigkeit eines kritisch-historischen Indiziengebrauchs und der damit einhergehenden sozialwissenschaftlichen Beweisführung, die Zweifel aufwerfen: Zweifel nicht zuletzt deshalb, weil der weitgehende Erklärungsehrgeiz ungerührt die methodologische und quellenmäßige Unzulänglichkeit solcher Geschichtszugriffe anerkennt (u.a. Reichling 1983, S. 2), mehr noch, sie forschungsstrategisch einer höheren Vernunft soziologischer Wirklichkeitsdiagnostik unterstellt, die auf die Logik der Zeit ebenso verzichten darf wie auf die Geschichte (d.h. das Werden) der „Köpfe" und „Ideen" (Alheim 1982, S. 19). Wenn Alheim beabsichtigt, eine „durchgängige Konfliktkonstellation protestantischer EB" herauszuarbeiten (ebda), so deutet schon die Vermengung von Begriffen der Bewegung („durch-

gängig") und der Ruhe („Konstellation") darauf hin, daß das – hier gar nicht anzufeindende – systematische Aufklärungsvorhaben des Autors vorrangig dem Willen einer theologischen und politischen Didaktik folgt, weniger aber der „Wiedergewinnung der geschichtlichen Dimension protestantischer Erwachsenenbildung" zugeschlagen werden darf (Alheim, S. 16).
Noch einmal: Nicht der Wunsch, mithilfe von rationalen Ordnungen Erkenntnisse zu ermöglichen und Ungleichzeitigkeit kognitiv zu bewältigen, ist abzulehnen, ihn aber unter Nichtbeachtung der geschichtlichen Fließbindung von Erkenntnisobjekt und -person als programmatische Figur eines neu zu schaffenden *Geschichtsbewußtseins* auszugeben, scheint mir auf eine ideologische Verquickung zweier wesensverschiedener Forschungsprämissen hinauszulaufen. Da ist zum einen der *aufklärerisch-politische Ansatz,* der eine Strukturgleichheit vergangener und gegenwärtiger Handlungsmotive und -bedingungen voraussetzt. Da ist zum anderen ein Konzept von historischer Wahrnehmung, das der Eigentümlichkeit und Zeitgebundenheit menschlicher Handlungserfahrung Rechnung trägt, und welches das, was „wir durch unsere Geschichte(n) sind (...), nicht als Resultat ungebrochener Handlungsrationalität verständlich machen" will (Veraart 1980, S. 751).
Nun mag der Eindruck entstanden sein, hier werde einem Verständnis von Geschichtsschreibung Vorschub geleistet, das die mystischen Denkmuster eines ideologischen Historismus übernimmt, Leben bzw. Praxis als „immer anders, unvergleichbar und individuell" ansieht und den „Sinn" von Geschichte damit vollständig irrationalisiert (Riedel 1984, S. 114). Daran ist zunächst richtig, daß ein Grundgedanke des Historismus, im methodologischen Verständnis der „Historischen Schule" Rankes und Droysens, die Unvorhersehbarkeit „vermengten" Handelns und dessen grundsätzliche Bestimmtheit zur *Freiheit* als eine *geschichtstheoretische Prämisse* akzeptiert. Historismus im so begriffenen Sinn orientiert sich am Verständnis des Einmaligen. Historismus eröffnet aber auch, und das scheint mir nicht zuletzt für die EB von entscheidender Bedeutung, ein perspektivisches Vertrauen in die undeterminierte Gestaltbarkeit zukünftigen Handelns. Danto verleiht diesem „weltanschaulichen" Zug des Historismus einen logischen Ausdruck: „Wenn ich durch mein Tun die Zukunft beeinflussen kann, kann die Zukunft nicht bekannt sein; und wenn sie gewußt werden kann, läßt sich im Hinblick auf sie nichts unternehmen" (Danto 1974, S. 27). *Nicht* geteilt wird dagegen eine Verabsolutierung historistischer Grundannahmen, soweit sie in einen skeptischen Subjektivismus bzw. Relativismus einmünden, aus denen heraus die Möglichkeit vernunftgeleiteter, auf „Wahrheit" ausgerichteter Wissenschaft und Praxis überhaupt geleugnet wird (Riedel 1984, S. 116).
Was nun durch Geschichte erkannt bzw. erklärt werden kann, scheint mir erkenntnis- und geschichtstheoretisch nur bedingt beantwortbar, zumal unser Thema nicht im Bereich universalgeschichtlicher Betrachtung angesiedelt ist, sondern einen Ausschnitt von geschichtlicher Wirklichkeit betrifft, der stets von chronischen Konstituierungsschwierigkeiten gekennzeichnet war und der uns zu der fast obszönen Frage verleiten könnte, was

denn wäre, wenn alle EB erst mit dem Jahre 1960 oder 1970 begonnen hätte. Würde sich das Verständnis unserer selbst, würde sich die durch Gegenwart vielseitig in Anspruch genommene Praxis anders zusammensetzen und darstellen, wenn es eine Vergangenheit der EB vor diesen Zeitpunkten nicht gegeben hätte?
Unterstellt, man könnte eine solche Frage verneinen, würde man den *Sinn* von *historischem Werden* bezweifeln und folglich auch jedes Bemühen, es zu begreifen. Bejaht man sie hingegen, wären wir darauf verwiesen, das an erwachsenenpädagogischem Denken und Tun herauszufiltern, welches aus unserer Zeit heraus erklärlich scheint und der historischen Verstehens- und Einordnungsleistung nicht bedarf. Historische Erkenntnis wäre in diesem Fall bedingungsmäßig an die Existenz eines typologisierenden und strukturierenden Erklärungsmodus gebunden, der das Wesen sozialwissenschaftlicher Methode ausmacht, daneben aber auch der geschichtlichen Selbsterfahrung der historischen Wissenschaften entgegenkommt: „Der Historiker ‚entdeckt' eine neue Seite der Geschichte, und zwar eine Dimension, bei der dem Betrachter das Sich-Wiederholende, das Regelhafte und damit Vergleichbare offener entgegentritt" (Faber 1972, S. 90). Theodor Schieder hat in diesem Zusammenhang von einem „Gestalttypus" gesprochen und diesen als „Verdichtung einer geschichtlichen Individualität zu ihrer ‚Urform' unter Aussonderung aller ihrer beiläufigen Züge" definiert (Schieder 1970, S. 185).
Vor einem naheliegenden Schritt sei jedoch gewarnt. Eine Geschichtsschreibung der EB wäre schlecht beraten, den methodologischen Bewußtseinswandel der universalgeschichtlichen Historiographie kurzerhand für sich zu reklamieren. Bisherige geschichtliche Zugänge zur EB haben oft nicht *koordinierende,* sondern *subordinierende Ansprüche* befriedigt: Mag es die Schwere der Hypothek ständiger Rechtfertigungsarbeit sein, mag es damit zusammenhängen, daß EB bislang über ihre eigene Vergangenheit so wenig beurkundete Lebenszeugnisse vorlegen konnte – ihr kleinmütiges Verhaftetsein in dem Bedürfnis kundzutun, daß sie, wenn schon theorie-, so wenigstens nicht geschichtslos sei, diese Subordination unter die angstbesetzten Motive des Selbstbeweises und der Anerkennung gibt für das allenthalben geforderte historische Bewußtsein wenig her. Wo der EB in der Gegenwart eine strukturelle Legitimation erschwert oder gar versagt wird, nützt der Griff zum pädagogischen Familienalbum wenig.
Geschichtsfähigkeit beinhaltet, daß EB von der universalgeschichtlichen Betrachtung zur Kenntnis genommen wird. Letztere wird dies nur tun können, wenn der historiographischen Einzelforschung der *Nachweis* gelingt, EB habe nicht nur in den Köpfen und Schriften von programmtrunkenen Pädagogen existiert, sondern ein geschichtliches, d.h. *für gesellschaftliches Werden belangvolles, Dasein geführt.* Bereitet dies schon einer gegenwärtigen EB Mühe, wieviel schwerer dürfte ihrer Geschichte die Behauptung fallen, daß ohne ihr Wirken heutiges Leben ein anderes sei. Wirken in diesem Sinne meint nun nicht etwa nur die „Wirkungsgeschichte" der bildungspolitischen und kulturorganisatorischen „Staatsaktionen". Sie bezeichnet auch nicht

allein die nachweisbaren Einflüsse der „großen Gedanken" auf das Treiben in den Geschäftszimmern und Seminarräumen der EB. Ob etwas „wirkt", darüber entscheidet nicht zuletzt das, was man mit der Erfahrung geglückter oder mißlungener Sozialisation bezeichnen müßte. Individuelle Lebensgeschichte als ineinander verschachtelte private Verarbeitungsfolge von gesellschaftlichem Alltag dürfte weder früher noch heute auf EB als eine ihrer maßgeblichen biographischen Steuerkräfte zurückverfolgbar sein. Ob und in welcher Form in einem konkreten Lebensverlauf EB sozialisationsbegünstigende Effekte hervorgerufen oder gar eine Schlüsselfunktion darin innegehabt hat, wäre ohnehin nur mittels hochkomplexer biographischer Recherchen zu ermitteln. „Oral History" als eine relativ junge Verfahrensform, neue, perspektivisch anders angelegte geschichtliche Quellen zu erschließen, ja im Erzählakt des Befragten – methodisch durchaus nicht unproblematisch – erst zu *schaffen* (Niethammer 1980), böte, auf den Bereich subjektiver Bildungserfahrung in Anschlag gebracht, eine Möglichkeit, die Wirkungsgeschichte von EB „am eigenen Leib" zu rekonstruieren.

Wir sehen, daß Geschichtsfähigkeit der EB zu einem beträchtlichen Teil davon abhängt, wie trennscharf sich im „Erwachsenenalltag" (Kohli 1984, S. 140) die Anlässe, Beweggründe und Folgen herausschälen lassen, die auf organisiertes Bildungshandeln zurückgeführt werden können. Über die Erfolgsaussichten einer Erforschung der kulturellen Intimsphäre geschichtlicher Einzelsubjekte kann man allerdings geteilter Meinung sein, und zwar weniger nur aus Gründen ihrer erschwerten Zugänglichkeit, sondern weil die Bedingungen und zeitlichen Verlaufsformen menschlicher Lebensreflexion den „Sinn" vergangener Handlungen und Geschehnisse selbst wieder nur historisch erfahren lassen. Die subjektiv an eigene Lebensgeschichte angelegten Sinnkriterien sind vergänglich, von lediglich periodischer Relevanz und historiographisch nur im Rahmen von Geschichten wiederzugeben.

Wenn wir heute Mühe haben, im Gegensatz zu der idealistischen Geschichtsauffassung Hegels oder dem organologischen Entwicklungsschemas Herders Geschichte als Inbegriff *fortschreitender Vernunfts- oder Freiheitsentwicklung* zu begreifen, und stattdessen uns ernüchtert daran gewöhnen, in ihr nicht mehr auf das Walten eines vernünftigen und humanen Subjekts zu hoffen, so wirft das auch auf die entstehende historische Laienkultur mit ihrem Streben nach lokaler und biographischer Geltung und persönlicher Geschichtsannahme ein bezeichnendes Licht. Ist der Weg in den narrativ erfaß- und verschönerbaren Raum von gelebter Eigengeschichte etwa ein methodologisch kaschierter Rückzug aus einer sinnarmen Welt, die zudem weitgehend „von Sinnen" wird? Dann allerdings könnte historische EB – in doppelter Bedeutung des Begriffs – eine gefährliche Wendung nehmen: Indem sie die reflexive Energie des geschichtlichen Denkens, womöglich aus übereilter Resignation, nicht mehr auf Zukunft ausrichtet, sondern in die Geborgenheit eigenen Gewesenseins umlenkt, setzt sie Gedächtnisvermögen und Sinnerleben, wie historische Legitimation überhaupt, *gegen die eigene Sache* aufs Spiel.

Abschließend: Geschichte der EB kann es, so verstanden, nur geben, wenn es ihr erlaubt wird, „es gewesen zu sein" (Marquard 1973, S. 242). Um ein identifizierbares Subjekt ihrer verschiedenen Zeitzustände zu sein, muß EB heute wie gestern in der Liste der *verursachungsfähigen Geschichtsmittel* geführt werden. *Geschichtsfähigkeit und Partizipationsrecht in der Gegenwart* erweisen sich als aufeinander verwiesene Grundbedingungen erwachsenenpädagogischen „Geschehenkönnens". Mitwirkung indessen zu fordern, ohne den historischen Befähigungsnachweis erbringen zu können, kostet Glaubwürdigkeit und Legitimation. Geschichtlichkeit zu reklamieren ohne die Genugtuung, das Erkannte weiter wirken zu sehen, tötet die Lust an der Erinnerung und die Kunst, ihr Ausdruck zu verleihen.

Literatur

Alheim, K.: Zwischen Arbeiterbildung und Mission. Stuttgart 1982

Bateson, G.: Geist und Natur, eine notwendige Einheit. Frankfurt 1984[3]

Conze, W.: Sozialgeschichte. In: Wehler, H.-U. (Hg.): Moderne deutsche Sozialgeschichte. Königstein/Ts. 1981, S. 19–26

Danto, A.C.: Analytische Philosophie der Geschichte. Frankfurt 1974

Dilthey, W.: Der Aufbau der geschichtlichen Welt in den Geisteswissenschaften. Frankfurt 1970

Faber, K.G.: Theorie der Geschichtswissenschaft. München 1972[2]

Gadamer, H.-G.: Wahrheit und Methode. Tübingen 1965[2]

Habermas, J.: Erkenntnis und Interesse. Frankfurt 1973[2]

Heisenberg, W.: Die physikalischen Prinzipien der Quantentheorie. Leipzig 1930

Heisenberg, W.: Physik und Philosophie. Stuttgart 1978[3]

Huizinga, J.: Im Bann der Geschichte. Amsterdam 1942

Kohli, M.: Erwachsenensozialisation. In: Schmitz, E., u. Tietgens, H. (Hg.): Erwachsenenbildung. Enzyklopädie Erziehungswissenschaft, Bd. 11. Stuttgart 1984, S. 124–142

Koselleck, R.: Historia magistra vitae. Über die Auflösung des topos im Horizont neuzeitlich bewegter Geschichte. In: Braun, H., u. Riedel, M.: Natur und Geschichte, Karl Löwith zum 70. Geburtstag. Stuttgart 1967, S. 196–219

Koselleck, R., u. Stempel, W.-D.: Geschichte — Ereignis und Erzählung. München 1973

Kröll, U.: Historisches Lernen in der Erwachsenenbildung. Münster 1984

Künzel, K.: Geschichtsforschung und historisches Bewußtsein in der Erwachsenenbildung. In: Knoll, J.H. (Hg.): Lebenslanges Lernen. Hamburg 1974, S. 280—302

Lübbe, H.: Geschichtsphilosophie und politische Praxis. In: Koselleck/Stempel (Hg.), op.cit., S. 223—240

Lübbe, H.: Was heißt: „Das kann man nur historisch erklären"? In: Koselleck/Stempel (Hg.), op.cit., S. 542—554

Marquard, O.: Beitrag zur Philosophie der Geschichte des Abschieds von der Philosophie der Geschichte. In: Koselleck/Stempel (Hg.), op.cit., S. 241—250

Meinecke, F.: Zur Theorie und Philosophie der Geschichte. Stuttgart/München/Darmstadt 1959

Niethammer, L.: Lebenserfahrung und kollektives Gedächtnis. Frankfurt 1980

Nipperdey, T.: Bürgerwelt und starker Staat. Deutsche Geschichte 1800—1866. München 1984

Quandt, S.: Die Vermittlung von Geschichte in der Erwachsenenbildung. In: Kröll, U.: Historisches Lernen in der Erwachsenenbildung. Münster 1984, S. 61—69

Reichling, N.: Akademische Arbeiterbildung in der Weimarer Republik. Münster 1983

Riedel, M.: Historismus. In: Mittelstraß, J. (Hg.): Enzyklopädie Philosophie und Wissenschaftstheorie, Bd. 2. Mannheim/Wien/Zürich 1984, S. 113—116

Schieder, T.: Der Typus in der Geschichtswissenschaft. In: Ders.: Staat und Gesellschaft im Wandel der Zeit. München 1970^2, S. 172—187

Simmel, G.: Die Probleme der Geschichte. Eine erkenntnistheoretische Studie. München 1922^4

Stierle, K.: Geschehen, Geschichte, Text der Geschichte. In: Koselleck/Stempel (Hg.), op.cit., S. 530—535

Veraart, A.: Geschichte. In: Mittelstraß, J. (Hg.): Enzyklopädie Philosophie und Wissenschaftstheorie, Bd. 1. Mannheim/Wien/Zürich 1980, S. 750—752

Weinrich, H.: Narrative Strukturen in der Geschichtsschreibung. In: Koselleck/Stempel (Hg.), op.cit., S. 519—523

Horst Dräger
Die Verflechtung von wissenschaftlicher Pädagogik und Erwachsenenbildung in der Geschichte

Die Verflechtung von wissenschaftlicher Pädagogik und Erwachsenenbildung in der Geschichte aufzuzeigen, stellt den Historiker in eine komplexe, dreifach verschränkte Problematik. Die Genesis dieser Problematik selbst muß aufgearbeitet werden, wenn die besondere Struktur, Qualität, Relevanz und Evolution der Verflechtung in den Horizont der Zeit nachvollziehbar gebracht werden soll. Die Erkenntnisarbeit wird historische Alternativen freilegen, unbeachtete Beziehungsgefüge in den Blick bringen sowie Perspektiven eröffnen, die der gegenwärtigen erziehungswissenschaftlichen Theorie zum Nachteil ihrer aufklärenden Funktion nicht präsent sind. Diese Arbeit, nicht aufbewahrte theoretische Alternativen, verschüttete, nicht-erprobte und nicht-überprüfte Konjekturen und Entwürfe sowie vergessene Elemente des umfassenden sozialen Wirkungsgefüges in die wissenschaftliche Welt zu re-integrieren, ist eine der kritischen Leistungen, deren sich der Historiker in der spannungsreichen Auseinandersetzung von präsentieller Historiographie und historischer Forschung stets zu widmen hat. Insofern er die Kenntnis über die historische Welt erweitert, indem er die entwickelte Rekonstruktion der Vergangenheit faktisch korrigiert, macht er die vergangene, aber auch die gegenwärtige Wirklichkeit als Praxis, und das heißt als entscheidungsgeprägten Handlungsraum, verstehbar. Der status quo wird in solcher wissenschaftlicher Bemühung auf seine Evolution hin transparent, und die vermeintlich realen Sachzwänge der entwickelten Realität werden erkennbar als verdeckte Apologien vergangener Praxis. Erst durch die Erkenntnis der realen Alternativen zur gestalteten Wirklichkeit der vergangenen Gegenwart werden wir befähigt zu begreifen, wie eine Entwicklung historisch wirklich war. Wir lernen sie als ein Wirkungsgefüge zu erfassen, in dem die nicht-realisierten Alternativen verborgene soziale Energien anzeigen. Diese Energien sind durch die dezidierte Gestaltung der Wirklichkeit keinesfalls vernichtet, sondern sie vagabundieren in modifizierter Form durch das soziale Gefüge und werden oft in Verbindung mit anderen entweder gleichfalls unterdrückten oder aufgrund der realen Entwicklung der Gesellschaft neu erweckten Kräften wiederum zu mitgestaltenden Elementen in der figurativen Ordnung der Zeit.

Das untergründig kommunizierende Wirkungsgefüge, diese Tiefendimension der Realität, wird nur aufweisbar, wenn die Alternativen einer Zeit nicht aus der historischen Analyse ausgeschlossen werden, wenn sich die Historie also nicht darauf beschränkt, das situativ Erfolgreiche, das momentan Vorherrschende und Beherrschende der historischen Praxis zu beschreiben. Sie vermag dann den Reichtum der historischen Entwicklungsmöglichkeiten aufzuzeigen und kann darin der Gegenwart zum Modell der Analyse ihrer eigenen Transzendenz in pragmatischer Absicht werden. Der Historiker löst durch seine Aufklärungsarbeit über die historische Evolution der Gegen-

wart die Autorität der Tradition auf und schärft der Gegenwart das Bewußtsein für den Reichtum selbstmächtiger sozialer Gestaltungsmöglichkeiten auf dem erreichten Niveau historischer Errungenschaften. Jedem Gang durch die Geschichte, der sich um die Erkenntnis der Komplexität vergangener Wirkungsgefüge bemüht, kommt daher gegenwartspragmatische Relevanz zu.
Antiquarische Historie wie aber auch diejenige Historie, die in geschichtsphilosophischer Interpretationsleistung die Tradition normativ werden läßt und sie damit ihres historischen Charakters entkleidet, liefern die Gegenwart an die unerkannten historischen Wirkungskonstellationen aus, statt diese von ihrer Geschichte zu emanzipieren. Sie ketten durch das Mittel der historischen Bildung die Menschen in ihrer Praxis an die Gegenwart der Vergangenheit und schaffen eine Kontinuität, die einer möglichen meliorativen Evolution entgegensteht. Solange die Menschen die Entfaltung und die Eigenart von Ereignissen und Veränderungen nicht begreifen, werden sie – wie Norbert Elias dies in seiner Figurationssoziologie dargestellt hat – unaufhörlich genötigt sein, sich an Veränderungen, die sie zwar herbeigeführt, aber nicht beabsichtigt haben, anzupassen und mit den Problemen, die aus den Veränderungen erwachsen, recht und schlecht fertig zu werden (1). Will man diesen Teufelskreis der selbstverschuldeten blinden Anpassung durchbrechen, ist es erforderlich, die entwickelte Wissenschaft selbst einer historischen, kritischen Analyse zu unterziehen. Jede Wissenschaft ist stets ein Element in der figurativen Ordnung der Zeit und steht daher in der Gefahr – wie die Gesellschaft als ganze –, ihrer naturwüchsigen, in sich differenzierten Evolution anpassend zu verfallen. Die Wissenschaftsgeschichte jeder Disziplin hat daher wie die allgemeine Geschichte für die Gesellschaft die Aufgabe, sowohl die reale, d.h. die positive, Evolution der Erkenntniswelt zu rekonstruieren als auch die Transzendenz der bewährten Theorien als das verborgene Gedankengut der Zeit zu erweisen. Indem die Wissenschaft sich selbst zum Gegenstand historischer Analysen erhebt, eignet sie sich die kritische Funktion der Historie an und klärt sich umfassend über sich selbst auf. Die wissenschaftstheoretische Relevanz der Wissenschaftsgeschichte kommt erst zum Tragen, wenn die historische Forschung sich distanziert den Problemen, den entwickelten Problemhorizonten, den zeitgenössischen Theorien, den entfalteten Lösungsstrategien und den Hypothesenbildungen zuwendet und es unternimmt, die Prinzipien, die Grundmuster, die Paradigmen der vergangenen Forschung herauszuarbeiten.
Die Aufgabe der Wissenschaftsgeschichte ist es, aus der Entwicklung der wissenschaftlichen Erkenntnisarbeit die Erkenntnisstruktur und die Evolutionslogik der Wissenschaft selbst zu erkennen. Der problemorientierte, um Wissenschaftstheorie bemühte historische Überblick zeigt sich zugleich als der Versuch eines Ordnungsentwurfes, d.h. einer Systematik der Resultate der wissenschaftlichen Entwicklung. In dieser Funktion wird er zu einer bedeutsamen Bedingung wissenschaftlicher Innovation. Die begriffene

Geschichte stellt die Wissenschaft „an die Grenze zum Neuen" (2), ohne ihr aber selbst „wirksame Anweisungen zur Forschung" (3) geben zu können. Die Wissenschaftsgeschichte kann in der Rekonstruktion wissenschaftlicher Realität vergessene Felder der Erkenntnis ausfindig machen und Beziehungen und Anschlußfähigkeiten zwischen Theorien in den Blick bringen, die der unmittelbaren Forschungspraxis schwer erkennbar sind. Jede Betrachtung der geschichtlichen Transzendenz der Theorie wird zur Interpretationsprüfung der Rezeptionsgeschichte und kann daher deutlich machen, ob die Rezeption eine schöpferische Aneignung oder aber eine Amputation und Verzerrung des Gehalts der Theorie gewesen ist.

Der Erkenntnisgewinn der Wissenschaftsgeschichte verändert die präsentielle Wissenschaft, indem er den Problem- und Interpretationshorizont ausweitet. Die Wissenschaftsgeschichte erweist sich also als ein Instrument der Disziplin selbst.

Die Funktion der wissenschaftsgeschichtlichen Studien, die Erweiterung der Problemhorizonte, die Emanzipation von der Gegenwart vergangener Theorierezeptionen, wird nicht von allen Disziplinen in gleichem Umfange gesehen und anerkannt, zumal nicht von jenen Disziplinen, die sich in ihrer Konstituierung nur auf Teilbereiche eines komplexen Gegenstandsfeldes bezogen und die diese Bereichsbeschränkung wissenschaftstheoretisch nicht aufgearbeitet haben. Diese Disziplinen sind durch die innere Organisation ihrer Wissenschaft nicht in der Lage, ihre historische und präsentielle Realität als ganze mit ihrer Transzendenz zu erforschen. Zu diesem Typus von Disziplinen gehört auch die entwickelte Erziehungswissenschaft, die ihre wissenschaftliche Partikularität nicht zu begreifen vermag. In ihrer gegenwärtigen Form ist die Erziehungswissenschaft das Anpassungsresultat der im ausgehenden 18. Jahrhundert entstandenen Pädagogik als Wissenschaft an die naturwüchsige Evolution des umfassenden Erziehungsgefüges. Die bereichsspezifische Differenzierung der Erziehungswissenschaft heute ist sowohl Folge als auch funktionale Verschleierung dieser theoretischen Partikularität.

Die dargelegte Argumentation scheint in eine logische Paradoxie zu führen: Die Aussage nämlich, die Erziehungswissenschaft könne ihre Partikularität nicht erkennen, setzt die Erkenntnis der Partikularität jedoch voraus. Wie ist diese Erkenntnis für einen Erziehungswissenschaftler überhaupt möglich? Sie wächst demjenigen mit Notwendigkeit zu, der sich in der Betrachtung und Ordnung der Resultate der Wissenschaft nicht nur auf die Immanenz hin orientiert, sondern sein Augenmerk auch auf die Exklusionen und die Inkompatibilität von Erkenntnissen selbst lenkt. Ihm wird unabweisbar, daß die Erwachsenenbildung in Theorie und Praxis zwar im Widerspruch steht zu den Prämissen der Theorie und der Praxis der Kinder- und der Jugendbildung, jedoch von jenen als praktische Ergänzung akzeptiert oder gar als Fortführung im Sinne von Weiterbildung anerkannt wird, ohne daß diese Anerkennung eine theoretische Rechtfertigung, noch das Bezugsverhältnis eine theoretische Ordnung erfährt.

In der Frage nach der Genesis der konstatierten Widerspruchsstruktur der gegenwärtigen Erziehungswissenschaft entsteht dem Forscher der Problemhorizont für die Untersuchung der dreifachen Problemverschränkung, die die Voraussetzung für eine angemessene Betrachtung der Verflechtung von Pädagogik und Erwachsenenbildung in der Geschichte darstellt.
Aus der Untersuchung der historischen Bedingungen dieses theoretischen Widerspruchs der Bereichswissenschaften in der Erziehungswissenschaft erwächst die Ansicht, daß sich die „Pädagogik als Wissenschaft" im ausgehenden 18. Jahrhundert unter dezidierter Exklusion der Erwachsenenbildung als Reflexionsinstitut der Kinder- und Jugendbildung etabliert und daß sie sich in dieser Form sowohl im Wissenschaftsbetrieb als auch in der staatlichen Bildungspolitik des 19. Jahrhunderts hat dominant setzen können.
Die Lern- und Bildungsarbeit der Erwachsenen wurde erst dann, als sich die von der Pädagogik reklamierte soziale und politische Funktion der Kinder- und Jugendbildung im 19. Jahrhundert nicht erfüllte, zur Kompensation nicht-gelungener pädagogischer Bildungsarbeit der Pädagogik angegliedert. Diese perspektivische Inklusion von Erwachsenenbildung bezog sich aber nur auf diejenigen Bereiche, die eine funktionale Stützung der Pädagogik zu leisten vermochten, so daß fortan wissenschaftlich „bedeutsam" und damit „maßgeblich" für den Wissenschaftsbetrieb nur *die* Erwachsenenbildung war, die der partikularen Pädagogik in der Überwindung der von ihr selbst erkannten Insuffizienz diente.
Als schließlich die „wissenschaftliche Pädagogik" die Erwachsenenbildung als Teildisziplin anerkannte und deren universitäre Institutionalisierung betrieb, schränkte sie deren Gegenstandsbereich auf die pädagogisch bedeutsamen Felder der Erwachsenenbildung ein. D.h.: Die partikulare Pädagogik schuf in ihrer Anpassungsleistung an die soziale Evolution die „wissenschaftliche Erwachsenenpädagogik", die sich durch die Logik ihrer Entstehung in ihren Forschungs- und Theorieleistungen selbst als partikular erweisen mußte und darin die Funktion der partikularen Pädagogik unterstützte.
Das Resultat der perspektivischen Inklusion der Erwachsenenpädagogik in das Theoriesystem der Bildung und Erziehung war die Verdoppelung und Verfestigung der Partikularität. Aus diesem Sachverhalt mußten neue Probleme, Widersprüche und Dysfunktionalitäten in der Theorie und Praxis der Bildungs- und Erziehungsarbeit entstehen, aus denen wiederum neue bereichsspezifische Aufgabenfelder erwuchsen. Diese Entwicklung sekundärer Komplexität führte zu einer zunehmenden Verselbständigung der Teilbereiche, so daß es konsequent zur Proklamation der Autonomie sowohl der Pädagogik als auch der Erwachsenenpädagogik kam (4). Die bereichsspezifisch differenzierte Betrachtung und Organisation der Lern-, Erziehungs- und Bildungsarbeit aber hatte für den lernenden, sich bildenden Menschen Folgen: Sie löste die subjektive Einheitlichkeit des geistigen Entwicklungsprozesses des Menschen auf und fraktionierte den Bildungsgang

bereichsspezifisch. Die Forderung nach der Teilnehmerorientierung — in der doppelten Bedeutung des Wortes — war dann ein unmittelbares Gebot der Situationsbewältigung; sie war die funktionale Reaktion auf die selbsterzeugte Dysfunktionalität.
Die bereichsspezifische, d.h. die partikulare Betrachtung der Erziehungspraxis und der Erziehungsrealität der Gegenwart findet ihre Entsprechung in der Betrachtung der Vergangenheit. Der pädagogischen Historiographie wird eine erwachsenenpädagogische Historiographie zur Seite gestellt, die die Entstehungslogik der wissenschaftlichen Erwachsenenpädagogik erfüllt und die entfaltete Bereichsdifferenzierung in die Geschichte zurückverlagert. Diese (pädagogisch vermittelte) Perspektivität der Historiographie läßt sich in Erich Wenigers Analyse der Volksbildung in Deutschland exemplarisch erkennen. Weniger macht deutlich, daß die ,,Erwachsenenbildung ... erst verhältnismäßig spät Gegenstand der pädagogischen Theorie geworden (ist)" (5). Die Pädagogik wurde ,,auf die Bildsamkeit der Erwachsenen, auf die Möglichkeit einer selbständigen Erwachsenenbildung und auf die Notwendigkeit, auch den Erwachsenen jenseits der erlangten Jugendreife noch in die Bildungsarbeit einzubeziehen, erst aufmerksam durch die Probleme der Volksbildung (6). Entwickelt hatte sich diese Aufmerksamkeit genau zu dem Zeitpunkt, da die Pädagogik erkannte, ,,daß die eigentlichen Aufgaben der Volksbildung innerhalb des Jugendalters überhaupt nicht zu bewältigen sind, weil Bildsamkeit und Reife fehlen, weil für ihr Gelingen Lebenserfahrung ... Voraussetzung ist" (7).
Da diese Erziehungsaufgaben von der entfalteten zeitgenössischen andragogischen Volksbildung erledigt wurden, wurde die pädagogisch entdeckte Volksbildung zur ,,Volksbildung im prägnanten Sinne" (8) und der deklarierte Zeitpunkt der Entdeckung als der Zeitpunkt der Entstehung definiert. Weniger stellte daher fest: ,,Volksbildung entsteht also 1. im Zusammenhang mit der Entstehung der industriellen Massengesellschaft und 2. mit der Ausbildung der modernen Demokratie und 3. mit der Säkularisation, der Verweltlichung und Verselbständigung des Daseins und der Kategorien für die Lebensdeutungen und Lebensentscheidungen" (9).
Die Historiographie der Volksbildung und Erwachsenenbildung, die die von Erich Weniger skizzierten Leitlinien befolgte, fixierte sich auf das späte 19. und frühe 20. Jahrhundert. Aus der Kombination der Resultate dieser andragogischen Historiographie mit denen der pädagogischen Geschichtsschreibung, wie sie Herman Nohl in seinem Buch ,,Die pädagogische Bewegung in Deutschland und ihre Theorie" (10) begann und wie sie von der geisteswissenschaftlichen Pädagogik fortgeführt wurde (11), erwuchsen eigentlich folgerichtig die Ansichten, daß die gesamtgesellschaftliche Erziehungsbewegung seit der Mitte des 19. Jahrhunderts sich in den parallelen Entwicklungssträngen von Kinder- und Jugendbildung einerseits und Erwachsenenbildung/Volksbildung andererseits vollzogen habe (12).
Der damit verbundene Ausbau einer Phasenlehre der Bildsamkeit und Lernfähigkeit des Menschen über das Jugendalter hinaus entfaltete sich in der

jüngsten Vergangenheit zur anthropologischen Stützung des in den historischen Studien konstruierten Entwicklungsparallelismus der Erziehung (13). Der präsentiellen Forschung verblieb dann die zentrale Aufgabe, die distinktiven Merkmale jeder Phase zu erarbeiten und aus ihnen die Gestaltungsprinzipien der praktischen altersbezogenen Bildungsarbeit abzuleiten. Kinder-, Jugend- und Erwachsenenbildung wurden für sich als abgeschlossen angesehen, so daß jede Bereichswissenschaft ihr eindeutiges, in sich selbst bestimmtes Aufgabenfeld besaß, das sie autonom zu bearbeiten hatte.

Im Gedankenkreis der dargestellten Entwicklungslogik erwiesen sich das Bildungsgesamtwesen und das entfaltete System der Erziehungswissenschaft als in sich stimmig und in ihrem Bezug zueinander als stringent geordnet: Die Theorie der phasendifferenzierten Bildung und Erziehung erfährt ihre Realisation in den phasenspezifisch orientierten Bildungs- und Erziehungsinstitutionen und besitzt in der bereichswissenschaftlich gegliederten Erziehungswissenschaft ihr Reflexionsgebäude. Der Schein von Stringenz und Systemordnung ist das Resultat der unablässigen Angliederungen „pädagogischer Entdeckungen" an die partikulare Pädagogik, die diese vollzog, vollziehen mußte, um ihre offenkundig gewordenen Disparitäten gegenüber der sozialen Realität zu beseitigen. Diese Entdeckungen und Angliederungen sowie deren „theoretische Verarbeitungen" geschahen stets nach den „Maßgaben" der dominanten partikularen Pädagogik.

Die Logik der Entwicklung von der „wissenschaftlichen Pädagogik" im ausgehenden 18. Jahrhundert bis zur modernen bereichsgegliederten Erziehungswissenschaft ließe sich auf die Formel bringen: Eine partikulare Theorie, die sich als umfassende ausgibt, erfordert zur Wahrung ihrer Funktion als Theorie eine unausgesetzte Produktion von Partikulartheorien. Das Theoriegebäude wird durch den Anpassungszwang an die Realität komplex, aber die Realität in ihrer Komplexität als Wirkungsgefüge kommt nicht in den Blick. In der zirkulären Bewegung von Theorie und Praxis produziert das etablierte erziehungswissenschaftliche Reflexionssystem seine scheinhafte Bewährung.

Es ist somit im präzisen Sinne von Wissenschaft, der auf problemlösende Erkenntnisarbeit und auf erkenntnisverarbeitende Theorieleistung ausgerichtet ist, revisionsbedürftig. Erforderlich ist diese Revision, damit der Charakter der Selektivität der bisherigen Realitätswahrnehmung erkannt, die unbewußte Partikularität begriffen und der Weg zur Synthese der Erkenntnisse als der anstrengenden phantasiereichen Theoriearbeit an der Grenze zum Neuen freigegeben werden kann. Zu einer solchen Unternehmung aber ist eine Theorie der Erziehung notwendig, die die Phänomenvielfalt und die Relationswirklichkeit der Erziehung integrativ erfaßt. Diese Theorie der Einheit der Erziehung aber ist nicht spekulativ zu gewinnen, bezieht sie sich doch auf ein reales, dynamisches Gegenstandsfeld, noch entsteht sie aus der Addition partikularistischer bereichswissenschaftlicher Erziehungstheorien. Sie wird erarbeitet aus den Kenntnissen und Erkenntnissen sowohl der präsentiellen Realität als auch der historischen Evolution.

Es macht nun die Besonderheit der Erziehung und ihrer Geschichte sowie der Geschichte des Erziehungsdenkens aus, daß die wissenschaftlich beeinflußten Bereiche dieser Ausschnitte durch die Partikularität der Theorie der „wissenschaftlichen Pädagogik" geprägt worden sind. Will man die Komplexität der Erziehung in der Gefügeordnung der Zeit sowie ihre Entwicklung in der Evolution dieser Ordnung historisch betrachten, muß man die Interpretationsmuster der Rezeptionsgeschichte abstreifen und ex negativo das im Gründungsprozeß der „wissenschaftlichen Pädagogik" Exkludierte in der Realität der Vergangenheit und in der Geschichte der Erziehungsreflexion ausmachen.

Schleiermachers Dezision, die Erziehung so einzurichten, daß sie ein „Ende" habe (14), und Herbarts „Verdikt einer Andragogik" (15) machen auf die Realität einer postjuvenalen, postscholaren Bildungs- und Erziehungsarbeit in der Gesellschaft aufmerksam.

Die Realität dieser Erziehungsbereiche zum Gegenstand historischer Untersuchungen zu machen, bringt aber die wissenschaftstheoretische Gefahr mit sich, daß man sich in der von der „wissenschaftlichen Pädagogik" aufgebauten Ordnungsstruktur der Erziehungswissenschaft verfängt und die pädagogische Entdeckung einer Erwachsenenbildung, die zum Ende des 19. Jahrhunderts geschah, in immer frühere Phasen der Geschichte zurückverlegt (16). Eine solche Inklusion des einst Exkludierten ins wissenschaftliche System revidiert nicht die wissenschaftstheoretischen Folgen des historischen Exklusionsaktes, sondern dient der Fortdauer seiner vermittelten Wirksamkeit.

Die gegenwärtige Historiographie der Erwachsenenbildung wird, indem sie stets neue Felder von Erwachsenenbildung aufzeigt und diese im Interpretationsmuster entwickelter Partikularität betrachtet, zur Hilfsdisziplin der „pädagogisch-perspektivischen" Analyse der Komplexität vergangener Erziehungsarbeit. Statt eine umfassende, historiographische Korrektivfunktion wahrzunehmen, fördert sie noch mit ihren Resultaten die Fortdauer der Ausblendung von historischer Realität und historischer Transzendenz.

Die historische Forschung darf nicht auf die Bestätigung der Struktur des Dualismus von partikularer Pädagogik und partikularer Erwachsenenpädagogik hin angelegt werden; sie sollte vielmehr, um Änderung zu bewirken, darauf ausgerichtet sein, die Denkfiguren und Ordnungsmuster der Erziehung freizulegen, die jenen Epochen zueignete, die noch nicht von der Reflexionsperspektive der wissenschaftlichen Pädagogik beeinflußt waren. Aus solchen Forschungsansätzen erwächst das Potential zu neuer Hypothesenbildung.

Für den veränderten Zugang zur Geschichte der Erziehung, der hier vorgeschlagen wird, eignen sich diejenigen Theoretiker und Erzieher in vortrefflicher Weise, die zugleich zum Gegenstand sowohl pädagogischer als auch erwachsenenpädagogischer Studien gemacht worden sind oder doch gemacht werden könnten. Bei ihnen darf man Antwort erwarten auf die Fragen, ob es in ihrer Epoche eine Ordnungsstruktur des Beziehungsverhältnisses

von Kindererziehung und Erwachsenenbildung als eigenständiger Bereiche gegeben habe oder aber, ob sie die Erziehung als eine umfassende Einheit gedacht und in der figurativen Ordnung der Zeit als funktional differenziert gesehen haben.
Wenn es nun einen exemplarischen Fall für eine inadäquate Rezeption eines Theoretikers und Erziehers gegen sein theoretisches Selbstverständnis infolge des pädagogisch partikularen Rezeptionsmusters der wissenschaftlichen Pädagogik gibt, dann ist dies der Fall des Johann Heinrich Pestalozzi. Er gilt der pädagogischen Historiographie als der Kinder- und Jugenderzieher, als der Elementarmethodiker und der Schulpädagoge, aber er war bis zu seiner Schulgründung in Stans in seinem 51. Lebensjahr zu keinem Zeitpunkt ausschließlich nur Kindererzieher. Er war ein Theoretiker der Volkserziehung im umfassenden Sinne, und er hat in der zeitbedingten Entfaltung eines Teilbereiches seines Systems — der Schule und der Lehrerbildung — keinesfalls die Idee der Einheit der Erziehung aufgegeben. Erziehung und Bildung sah er als einen das Leben umgreifenden Prozeß an: „Das Leben bildet" (17).
In seinem Volksroman „Lienhard und Gertrud" beschreibt er die Formung und Versittlichung eines Volkes. In dem Dialogwerk „Christof und Else" gibt er dann das Modell einer umfassenden Volkserziehung: Eine bäuerliche Hausgemeinschaft, ein Bauer mit Frau und Kindern sowie einem Knecht, liest und diskutiert den ersten Teil des Volksromans, holt sich, als die Problematik die Kompetenz der kollektiven Aneignungsarbeit überschreitet, einen Kundigen zum Vortrag und lädt zu dieser Veranstaltung Nachbarn als Hörer ein; d.h. also, die Haus- und Lebensgemeinschaften als altersheterogene, sozial-integrative und selbstorganisierte Bildungsgemeinschaften werden aus sich selbst heraus durch Eingliederung eines Kundigen als Lehrer zur dörflichen Bildungsgesellschaft. Dieses Modell einer integrativen Bildungsarbeit stellt einen Gesamtunterricht des Volkes dar. Die funktionale Differenzierung dieser Bildungsarbeit zeigt Pestalozzi in dem zweiten, dritten und vierten Teil seines Volksromans und macht damit deutlich, daß er „Volkserziehung" — er nennt sie auch „Volksbildung", „Volksführung" und „Nationalerziehung" — als funktional differenzierte Einheit der Erziehung begreift.
Dieses Erziehungskonzept ist nun keinesfalls singulär, denn was hier am Werke Pestalozzis exemplarisch angedeutet ist, ließe sich weithin in den Plänen, Entwürfen und Bemühungen der Nationalerziehung, der Volksbildung und der Sozialpädagogik von der Aufklärung bis ins 20. Jahrhundert hinein nachweisen. Aber eine Geschichte dieser Nationalerziehung, Volksbildung und Sozialpädagogik aus dem Geiste der Einheit der Erziehung zu schreiben, ist gegenwärtig kein leichtes Unternehmen, steht es doch auf sich gestellt in kritischer Position sowohl zur etablierten pädagogischen Historiographie als auch zur erwachsenenpädagogischen Geschichtsschreibung, die sich gerade anschickt, die „Erwachsenenbildung" jener Erziehungsbemühungen isoliert darzustellen.

Historische Studien aus dem Geist der Einheit der Erziehung sind wissenschaftspragmatische Kritik sowohl der Rezeptionsgeschichte der Pädagogik als auch der präsentiellen Wissenschaftstheorie der Erziehungswissenschaft, sie sind ein forschungspraktischer Schritt zur Überwindung der in den Bereichswissenschaften entwickelten Partikularität der Theoriearbeit. Das forschungsstrategische Problem dieser Studien ist das Problem aller wissenschaftsgeschichtlichen Arbeiten. Wissenschaftsgeschichte fordert, wie Karl Popper sagt, zweierlei: „Einmal, daß nur jemand, der die Wissenschaft, (d.h. wissenschaftliche Probleme) versteht, ihre Geschichte verstehen kann; zum anderen, daß nur jemand, der ihre Geschichte (die Geschichte ihrer Problemsituation) wirklich versteht, die Wissenschaft verstehen kann" (18).

Diesem doppelten, relationierten Verständnis von Geschichte und Wissenschaft hat zu entsprechen, wer sich um eine Rekonstruktion der Geschichte der komplexen Erziehung sowie um die Geschichte der Entwürfe und Ansätze der Wissenschaft von der Erziehung bemühen will. Damit ist implizit die Forderung erhoben, daß die Erziehungswissenschaft sich wissenschaftlich zu ihrer eigenen Geschichte wie zu der der umfassenden Erziehung zu verhalten habe und daß sie die Vergangenheit nicht mehr zum Steinbruch für präsentielle Legitimationsentwürfe von Erziehungsarbeit machen darf. Hält sie aber an der Suche nach der je aktuellen normativen Vergangenheit als dem Ausdruck historisch wissenschaftlicher Arbeit fest, die die Historie zum Surrogat gegenwärtiger Theoriearbeit macht, begibt sie sich der Möglichkeit, historische Aufklärung zu leisten und die Gegenwart einer kritischen rationalen Analyse zu unterziehen. Der kritische Historiker will die aufgeklärte, d.h. Vergangenheit begreifende Emanzipation von der Vergangenheit und dadurch mitarbeiten an der selbstmächtigen, selbstbestimmten Gestaltung seines Zeitalters. Wer seine Geschichte nicht begriffen hat, muß ihr Gefangener bleiben, und der Traditionalismus ist die Tugend dieser Not. Befreien aber kann sich nur, wer Art und Maß seiner Verwobenheit in die entwickelte Gefügeordnung seiner Zeit erkannt hat; Aktionismus, und etikettiert er sich auch als revolutionär, mündet ein in den ungewollten Traditionalismus. Historisch aufgeklärte Praxis ist der Modus der Emanzipation der Gegenwart von der Vergangenheit.

Die Geschichte der Einheit der Erziehung wie die Geschichte der umfassenden Konzepte der Erziehungswissenschaft, die hier als neuer Zugang zur Geschichte in emanzipativer Absicht vorgeschlagen werden und die ihren Ausgang von den Exklusionen der wissenschaftlichen Pädagogik nehmen, haben die Schwierigkeit ihrer Anerkennung in den entwickelten Reflexionsmustern der gegenwärtigen "scientific community", wird hier doch eine Neubetrachtung der bisherigen historiographischen Leistungen sowie eine Korrektur der Rekonstruktion der Vergangenheit gefordert. Die Autorität der Tradition wird forschend in Frage gestellt und damit zum Gegenstand von Geschichte gemacht.

Nun ist es keineswegs „gute Tradition" in der Wissenschaftsgeschichte, Theoriekritik zu leisten und ein neues Theoriekonzept darzustellen und dann auf die Überzeugungskraft dieses Konzeptes in der "scientific community" sich zu verlassen; es gehört vielmehr zu den wissenschaftsimmanenten Erfolgsstrategien, wenn man schon nicht die Instrumentalität des Theoriekonzeptes vorträgt, daß man Anomalien der geltenden Theorien aufzeigt oder Fakten anführt, die diese Theorien nicht angemessen zu greifen vermögen: Der Aufweis der Nationalerziehung, Volksbildung und Sozialpädagogik in ihrer Umfassendheit kann heute nur noch im Eingeständnis der theoretischen Partikularität erziehungswissenschaftlich ignoriert werden, und die Idee der Einheit der Erziehung, die sich in Konzepten und Entwürfen in der Vergangenheit darbot und für die von Praktikern gegen die partikulare Pädagogik gestritten wurde, läßt sich heute nur dann noch übersehen, wenn man bildungspolitische Dezisionen, die sich aus der unbegriffenen Erziehungsentwicklung herleiten, zum wissenschaftlichen Interpretationsmuster erhebt (19). Solche Haltungen bringen die präsentielle Erziehungswissenschaft dann aber zugleich in Widerspruch zu den Einsichten der sozialwissenschaftlich aufgeklärten Entwicklungspsychologie und Anthropologie. Diese holen heute ein, was in der Idee der Einheit der Erziehung angedeutet worden ist.

Eine historische Linie der umfassenden Nationalerziehung, Volksbildung und Sozialpädagogik sei hier mit einigen Namen von Erziehern skizziert, die mit ihrem Werk quer zu der partikularen Theorie der Pädagogik standen und deren angemessene Aneignung und theoretische Verarbeitung nur gelingt, wenn man von der Idee der Einheit der Erziehung ausgeht. Diese Entwicklungslinie mag als Hinweis auf die faktenreiche Geschichte gelesen werden, von deren Betrachtung her hier Kritik vorgetragen worden ist, und sie dient zugleich als erster Aufweis von Material für eine fällige Widerlegungsarbeit der aus der wissenschaftlichen Pädagogik entfalteten Theorie der bereichsspezifischen Differenzierung von Erziehung und Erziehungsreflexionen. Johann Heinrich Pestalozzi zur Seite gestellt seien hier einige Zeitgenossen: Heinrich Stephani, der sich um die Errichtung von Schulen bemühte und Einrichtungen zur ,,Weiterbildung", das Wort prägte er 1797, plante; sowie Peter Villaume, Joseph Grossing und Carl von Bonstetten. Dieser schrieb 1802: ,,Ein ... Vorurtheil ... ist, zu glauben: Daß allein die Jugend könne gebildet werden. Unsere Bildung dauert, so lange die äußeren Eindrücke auf uns wirken, fort, d.i. so lange wir fühlen, leben."
Pestalozzi-Nachfolger und deren Zeitgenossen haben die Arbeit für eine umfassende Erziehung fortgeführt: Friedrich Heinrich Christian Schwarz, Ignaz Heinrich von Wessenberg, Theodor Heinsius und Alexander Kapp. Im Vormärz haben dann Leute wie Wilhelm Ernst Weber, Emil Anhalt, Karl Mager und Karl Preusker sich um die Realisation gesorgt. Preusker lieferte für ein die Pädagogik überschreitendes System ,,Bausteine"; Bildung und Erziehung verstand er metaphorisch als ,,Bürgerhalle", die alle Alters- und Standesklassen überwölbte. Die Staatswissenschaften, von den Pädagogen in ihrer erziehungswissenschaftlichen Forschung in eigentümlicher Weise vernachlässigt, haben den Gedanken an die Einheit der Er-

ziehung in sich aufbewahrt. Karl Salomo Zachariä, Karl von Rotteck, Karl Theodor Welcker, Robert von Mohl, Lorenz von Stein, Georg Hirth und Ludwig Stein belegen es mit ihrem Werk. Auf dieses staatswissenschaftliche Gedankenpotential aufbauend konnten dann die Sozialpädagogen der Jahrhundertwende ihren Versuch starten, das historisch Entwickelte, d.h. die wissenschaftlich beachteten wie die unbeachteten Teile der Erziehung, zu einem umfassenden System zu gestalten. Paul Natorp, die vergessenen Robert Rissmann und Paul Bergemann, Johannes Tews, der religiöse Sozialist Leonhard Ragaz und der engagierte Streiter für die Errichtung einer Volkserziehungswissenschaft, Julius Ziehen, seien hier genannt.
Aber nicht nur die Idee der Einheit der Erziehung als Leitlinie der Praxis und der Gestaltung einer umfassenden Bildungsarbeit hat sich durch die Geschichte hindurchgehalten, wir finden auch Konzepte, die diese Idee zur Gegenstandsbestimmung der Erziehungswissenschaft selber machen seit den Tagen der Aufklärung bis ins 20. Jahrhundert. Neben Pestalozzis Begründung der Errichtung eines Lehrstuhls für Volksführung aus dem Jahr 1787 steht Fincks Forderung nach Einrichtung einer Professur für Volks- und Volksbildungskunde im Jahr 1822. Und Lorenz von Stein hielt es für notwendig, die Erziehungswissenschaft als Wissenschaft vom Gesamtbildungswesen, das nicht als Addition nur der Jugendschule gemeint war, zu konstituieren. Und insofern Bergemann und Natorp ihre Sozialpädagogik auf wissenschaftliche Erkenntnisarbeit fundieren wollten, entwarfen sie das Konzept einer Erziehungswissenschaft, das die zeitgenössische wissenschaftliche Pädagogik überschritt; schließlich Julius Ziehen, der in vielfältigen Publikationen für eine historisch fundierte Volkserziehungswissenschaft eintrat; er darf als der erste Theoretiker der umfassenden Erziehung angesehen werden, der in Deutschland eine Professur erhielt. An der neu errichteten Universität in Frankfurt erhielt Ziehen 1916 den Lehrstuhl für Pädagogik. Einen ersten systematischen Entwurf einer Erziehungswissenschaft im umfassenden Sinne legte Karl Rudolf Stab im Jahre 1844 vor.
In seiner Ausarbeitung einer „popularen Wissenschaft", einer globalen Didaktiktheorie, deren Aufgabe die Vermittlung von Wissenschaft und Leben ist, heißt es: „Die populare Wissenschaft ist eine und höchste Wissenschaft für's Leben, in welcher der ganze Mensch nach all seinen Beziehungen und Bedürfnissen zur Betrachtung kommt. Sie ist also ein Theil der Erziehungswissenschaft, oder vielmehr die Pädagogik bildet einen und zwar nur geringen Theil dieser Anthropagogik, welche die Wissenschaft der Erziehung der Völker zu Vernunftsgeschlechtern ist."
Wenn die begriffene Vergangenheit eine Bedingung der Erkenntnis der Gegenwart ist, dann ist noch viel historische Forschung zu leisten. Diese Forschung aus pragmatischen Gründen, d.h. aus der Not unmittelbar drängender Gegenwartsaufgaben heraus, auszusetzen, hieße, sich auf das außerwissenschaftliche Argument zu stützen, das selbst der Erhellung über die Evolution der Gegenwart bedarf. Historische Aufklärung ist theoretisch unverzichtbar; der Einwurf, solche Aufklärung aber sei nicht unmittelbar praktisch, ist auf-

klärungsimmun, er verweigert die der Erkenntnis notwendige Distanz, aus der erst das aufgeklärte Engagement entstehen kann.

Anmerkungen

(1) Elias, N.: Engagement und Distanzierung. Frankfurt 1983, S. 22.

(2) Vgl. Meier-Leibnitz, H.: An der Grenze zum Neuen. Zürich 1977. Für eine Betrachtung der Grundlagen der Innovation bedeutsam die Aufsatzsammlung desselben Verfassers: Der geteilte Plato. Zürich 1981.

(3) Mach, E.: Erkenntnis und Irrtum: Skizze zur Psychologie der Forschung. Reprographischer Nachdruck der 5. Aufl., Leipzig 1926. Darmstadt 1980, S. 303. Die Betrachtung und Schematisierung von Forschungswesen kann, so erläutert Mach, die weitere Forschung fördern, wenn sie in die Wiederholung ähnlicher Forschungssituationen kommt: ,,Von einer ausgiebig wirksamen Anweisung zur Forschung nach Formeln kann aber nicht die Rede sein."

(4) Vgl. Nohl, H.: Die pädagogische Bewegung in Deutschland und ihre Theorie. 5., unveränd. Aufl., Frankfurt 1961;
Weniger, E.: Volksbildung im Lichte der Soziologie und Pädagogik. In: Bücherei und Bildung (1955)12, S. 413–420.

(5) Weniger, E.: Volksbildung im Lichte der Soziologie und Pädagogik. a.a.O., S. 413.

(6) ebenda, S. 414.

(7) ebenda, S. 415.

(8) ebenda, S. 414.

(9) ebenda, S. 415.

(10) Nohl, H.: Die pädagogische Bewegung in Deutschland und ihre Theorie. 5., unveränderte Aufl., Frankfurt 1961.

(11) Vgl. Scheibe, W.: Die reformpädagogische Bewegung. Weinheim und Basel 1969.

(12) In der Theorie der Erziehung erzwang der Entwicklungsparallelismus eine Revision der Theorie der Bildsamkeit. Hatte die frühe wissenschaftliche Pädagogik noch die These vertreten, daß die Bildsamkeit und die Lernfähigkeit auf die Kindheit und die Jugend begrenzt seien, so gestand die Pädagogik der Moderne ,,daß die Jugendbildung keinen *endgültigen* Reifezustand ergäbe". Die Pädagogik ,,entdeckte" nunmehr, ,,daß dem Erwachsenen aufgrund seiner Lebenserfahrung noch eine besondere Art von Bildsamkeit geschenkt" werde: ,,Ja, sie entdeckte noch nach und nach, daß j e d e s Lebensalter eine b e s o n d e r e Art von Bildsamkeit entwickelt, die vorher oder nachher nicht bestehe."
Weniger, a.a.O., S. 415. Eine sogenannte ,,ideologiekritische" Interpretation des Problems der pädagogischen Bildsamkeit, die zu einem wissenschaftstheoretisch struktur-identischen Resultat gelangt, leistet Hans-Jochen Gamm in: Allgemeine Pädagogik. Die Grundlagen von Erziehung und Bildung in der bürgerlichen Gesellschaft. Reinbek b. Hamburg 1979.

(13) Vgl. Zdarzil, H.; Olechowski, R.: Anthropologie und Psychologie der Erwachsenen. Stuttgart, Berlin, Köln, Mainz 1976.

(14) Schleiermacher, F.: Die Vorlesungen aus dem Jahre 1826. In: ders.: Pädagogische Schriften, Bd. 1; hg. v. Erich Weniger. Düsseldorf und München 1957, S. 14 f.

(15) Herbart, J.Fr.: Umriß pädagogischer Vorlesungen. In: ders.: Pädagogische Schriften. Hg. v. V. Willmann und Th. Fritzsch, 2. Bd., 3. Aufl., Osterwieck 1914, S. 12.

(16) Vgl. Dräger, H.: Historiographie und Geschichte der Erwachsenenbildung. In: Schmitz, E.; Tietgens, H. (Hg.): Erwachsenenbildung. Enzyklopädie Erziehungswissenschaft, Bd. 11. Stuttgart 1984. S. 76–92.

(17) Pestalozzi, J.H.: Schwanengesang. In: ders.: Werke in acht Bänden. Gedenkausgabe zu seinem zweihundertsten Geburtstage; hg. v. Paul Baumgartner, Bd. 8, Zürich 1949.
Siehe dazu die „pädagogische" Interpretation von Eduard Spranger: „Das Leben bildet". Analyse von Pestalozzis „Schwanengesang". In: ders.: Pestalozzis Denkformen. 3. Aufl., Heidelberg 1966.

(18) Popper, K.: Objektive Erkenntis. Ein evolutionärer Entwurf. 2. Aufl., Hamburg 1974, S. 206.

(19) Zur Abhängigkeit der Erziehungswissenschaft von der Bildungspolitik vgl. Dräger, H.: Historische Aspekte und bildungspolitische Konsequenzen einer Theorie des lebenslangen Lernens. In: Internationales Jahrbuch der Erwachsenenbildung. 7(1979), S. 109–141.

Josef Olbrich
Systemtheoretische Perspektiven zur Geschichte der Erwachsenenbildung

Der Komplexitätsgrad der Historiographie der Erwachsenenbildung

Die Historiographie der Erwachsenenbildung steht in einem mehrfachen Dilemma. Zum einen ist sie, wie die Geschichtswissenschaft insgesamt, dadurch gekennzeichnet, daß sie sich ihres Gegenstandes nicht unmittelbar bewußt ist — sie also nur über den Umweg einer theoretischen Vergewisserung sich ihres Gegenstandes bemächtigen kann. Dabei geht es um eine zweifache Dialektik. Wie jede Einzelwissenschaft muß auch die Historiographie der Erwachsenenbildung zu einer Aufhebung der immer noch vorhandenen Trennung von historischen Tatsachen einerseits und begrifflichen Voraussetzungen andererseits gelangen. Zum anderen ist die Segmentierung in einzelne, singuläre Erscheinungen, die nur aus dem geschichtlichen Kontext verstehend zu begründen sind, auf der einen Seite und Strukturen auf der anderen Seite, die die Geschichte bestimmen, als Formen generalisierbarer, zeitüberdauernder Wirklichkeiten fragwürdig geworden. Hier ist das Verhältnis von Theorie und Geschichte angesprochen, anders formuliert: Es geht um die Frage einer historischen Methodologie. Das Stichwort „Sozial-" bzw. „Strukturgeschichte" signalisiert den Komplexitätsgrad.

Zum zweiten muß unter der Perspektive einer Wissenschaft von der Erwachsenenbildung auf den Wandel der philosophisch-hermeneutischen Pädagogik zu einer erfahrungswissenschaftlich ausgerichteten Erziehungswissenschaft verwiesen werden. Es geht hier also um die Frage einer konsistenten theoretischen Fundierung. Auf die hier dezidiert aufgeworfene Fragestellung bezogen hieße dies, ob die strukturell-funktionale Theorie einen überzeugenden Beitrag zu einem sozialisationstheoretisch begründeten Methodenansatz in der Geschichtswissenschaft der Erwachsenenbildung zu leisten vermag (1). Damit ist die dritte Komplexität angesprochen, wie nämlich die Historiographie der Erwachsenenbildung als eine Wissenschaft, die sich mit Lernprozessen Erwachsener beschäftigt, ihren geschichtlichen Gegenstand fokussieren kann.

Zum Komplex „Geschichte und Theorie der Erwachsenenbildung" sind daher mehrere Prämissen zu klären:
— Braucht die Geschichtsschreibung der Erwachsenenbildung eine Theorie?
— Ist die Geschichte der Erwachsenenbildung in der Lage, eigene Theorieelemente zu konstituieren?
— Ist die Geschichte der Erwachsenenbildung in der Lage, Theorieelemente der Erwachsenenpädagogik zu verarbeiten und für ihren Gegenstand fruchtbar zu machen?

Geschichte und Theorie — Komplexitätssteigerung durch Komplexitätsreduktion

Die erste Frage berührt nicht nur die Geschichte der Erwachsenenbildung, sondern die Geschichte insgesamt. Auf die historische Entwicklung der Erwachsenenbildung konzentriert, geht es um die Erkenntnis, daß die Wiedergabe der unendlichen Fülle von Daten und einzelnen Prozessen zum einen unmöglich ist und daß zweitens eine Abbildung des ,,historischen Tatsachen-Meeres" auch wenig sinnvoll erscheint. Geschichte der Erwachsenenbildung ist nicht maßstabgemäße Rekonstruktion der Vergangenheit. Ohne die Anstrengung einer Komplexitätsreduktion ist weder Erkenntnisgewinn noch Handlungskapazität zu erreichen. In diesem Sinne ist Axmachers Hinweis ernst zu nehmen, daß der Historiker lernen muß, seine Forschung als Prozeß der Ausgrenzung zu begreifen. Fortschritt in der historischen Erforschung der Erwachsenenbildung ist nur möglich durch Selektion und Perspektivenwechsel, durch immer neue Versuche, Formen der Komplexitätsreduktion unter Veränderung des analytischen Rahmens zu gewinnen. Das heißt: Ausbrechen aus der ,,historischen Routine" (2). Hier gilt Rankes Satz: ,, Die Historie wird immer umgeschrieben ... jede Zeit und ihre hauptsächliche Richtung macht sie sich zu eigen und trägt ihre Gedanken darauf über" (3). Zwischen der Scylla unendlicher Geschichten und Fakten und der Charybdis einer abgehobenen, blutleeren, theoriegeleiteten Generalisierung muß die Historiographie ihren Gegenstand finden. Im Sinne Klaus Senzkys könnte man formulieren, auch die Geschichte der Erwachsenenbildung braucht mehr Realität: ,,Es kommt darauf an, die Wirklichkeit selbst als Möglichkeit zu begreifen" (4).
Dialektik von Theorie und Geschichte heißt einerseits, daß die aktuelle Theorie der Erwachsenenbildung wenigstens im Sinne einer durch das historische Material zu überprüfenden Hypothese bei der Abgrenzung des Gegenstandes, der Gewichtung des historischen Materials und der Herausarbeitung von strukturierenden Kriterien zugrunde gelegt werden kann. Die dialektische Verschränkung zeigt sich darin, daß eine der Theorie entlehnte Systematik Prinzipien zur Strukturierung und Bearbeitung der geschichtlichen Fakten bietet. Die Geschichte hält demgegenüber als Konkretisierung gesellschaftlicher Entwicklungsprozesse ein adäquates Material bereit, die Theorie empirisch anzureichern, zu fundieren und schließlich einen Beitrag zur Verifizierung oder Falsifizierung zu leisten. Die historische Aufarbeitung der Erwachsenenbildung kann somit als ein Element verstanden werden, das die Theoriebildung vorantreibt (5).
Aufgabe des Historikers der Erwachsenenbildung ist es also, nicht nur die Datenfülle zu lichten, sie unter bestimmten Gesichtspunkten zu ordnen, sie in ihrer Interdependenz darzustellen, sie zu interpretieren, in einen Gesamtzusammenhang zu stellen, sondern sie zugleich zu erweitern und neue Sichtweisen durch die Zuordnung der Einzelfakten zu übergreifenden Rahmenbedingungen und historischen Entstehungszusammenhängen zu er-

schließen und so neue Möglichkeiten von Realität zu entfalten. Systemtheoretisch ist hier auf die Kontingenz-Problematik verwiesen. In diesem Sinne wird Geschichte fruchtbar gemacht, nicht um aus der Geschichte etwas zu lernen, sondern die Geschichte selbst zu gestalten. Geschichtsschreibung der Erwachsenenbildung hat nicht nur darzustellen, „wie es gewesen ist", sondern, angesichts eines stets präsenten erkenntnisleitenden Interesses, eine soziale Wirklichkeit, ein soziales System zu konstituieren. Auf eine bekannte Formel gebracht heißt dies: Komplexitätssteigerung durch Komplexitätsreduktion.

Zur Reichweite „historischer Theorien"

Im Hinblick auf eigene Theoriebildung hat die Geschichtswissenschaft der Erwachsenenbildung sich wesentlich auf Theorien systematischer Wissenschaften gestützt. Allerdings hat sie sich, damit die geliehenen Ansätze fruchtbar gemacht werden konnten, auch darauf konzentrieren müssen, diese Ansätze zu modifizieren und auf ihren jeweiligen Gegenstand zu transformieren. Hier ist vor allem auf Theorien zum Erziehungsprozeß bzw. Lernprozeß, auf Theorien zur Institution, auf Schichttheorien resp. Klassentheorien sowie insgesamt auf allgemeine Gesellschaftstheorien zu verweisen. Die Erziehungswissenschaft, speziell die Erwachsenenpädagogik, soweit sie sich schon konstituiert hatte, und die Soziologie sind die Hauptlieferanten für die theoretischen Rahmenkonstrukte historischer Forschung. Es ist dabei für die Historiographie der Erwachsenenbildung von Bedeutung, daß wichtige Arbeiten insbesondere zur Geschichte der Erwachsenenbildung und zur Institutionalgeschichte unter Einbeziehung soziologischer Theorien konzipiert und durchgeführt wurden. Soziologen wie Leopold von Wiese, Alfred Weber, Paul Honigsheim, Hans Freyer und Theodor Geiger haben die Historiographie der Erwachsenenbildung angeregt. In diesem Kontext ist etwa zu verweisen auf Arbeiten von Hildegard Reisig und Paul Steinmetz.
In der Zuordnung von Theorien großer Reichweite, die — wie gesagt — den sogenannten systematischen Sozialwissenschaften eigen sind, und denen mittlerer Reichweite, die die Historiographie selbst produziert, kann man die These von Günther Patzig auch auf die Geschichtsschreibung der Erwachsenenbildung übertragen: „Die systematischen Wissenschaften sind, um es einmal etwas überspitzt zu sagen, für den allgemeinen gesetzlichen Rahmen der sozialen Wirklichkeit zuständig, während die Geschichtswissenschaften sich mit dem Inhalt befassen, der diesen Rahmen ausfüllt. Der Historiker kann zur Formulierung solcher allgemeiner Gesetzes- und Strukturaussagen viel Wertvolles beitragen, er kann sie natürlich in bestimmt gelagerten Fällen selbst formulieren und an seinem Material zu überprüfen versuchen" (6).
Konkret läßt sich die Frage nach den genuinen Elementen erwachsenenhistorischer Theorien mittlerer Reichweite nur stichwortartig beantworten.

Hier ist vor allem an die Theorie über die Beschleunigung oder Verzögerung sozialen Wandels zu denken. Für die Erwachsenenbildung bedeutet dies die Frage, ob sie im Zusammenhang des Interdependenzgeflechts von System und Umwelt einen entscheidenden Beitrag zur Demokratisierung der Gesellschaft geleistet oder nur zur nachträglichen Legitimierung von Veränderung oder Veränderungsintentionen gedient hat. Diese Frage ist von besonderem Gewicht für die Geschichte der Arbeiterbildung. Die vehemente Auseinandersetzung zwischen dem marxistischen und dem revisionistischen Flügel der Arbeiterbewegung, ob Arbeiterbildung ein genuiner Beitrag zur Emanzipation des vierten Standes leiste oder ob Arbeiterbildung obsolet sei, da man nur durch revolutionären Kampf die gesellschaftlichen Bedingungen verändern könne, fokussiert diese Dialektik von System und Umwelt. Gerade die Geschichte der Arbeiterbildung in allen Phasen des 19. Jahrhunderts bestätigt die These von der Ungleichzeitigkeit zweier Bewegungen im historischen Prozeß.

Unter veränderten Prämissen läßt sich diese These auch auf die bürgerliche Erwachsenenbildung in der zweiten Hälfte des 19. Jahrhunderts übertragen. Auch die „Gesellschaft für Verbreitung von Volksbildung" kann in ihrer wesentlichen gesellschaftlichen Erscheinungsform als Beleg für die These von der partiellen Beschleunigung resp. Verzögerung des sozialen Wandels gedeutet werden. So liefen der intendierten Anpassung des sozialen Systems Erwachsenenbildung an die Wilhelminische Gesellschaftsformation Intentionen des sozialen Veränderung durch Bildung entgegen.

Sicherlich ließen sich in der Verfolgung historischer Prozesse auch Theorien zur Periodisierung ableiten. Hier ist zu fragen, ob die These von der Verzögerung resp. Beschleunigung unter dem Gesichtspunkt Umwelt – System auch für das historische Teilsystem Erwachsenenbildung in der Weise gilt, daß Periodisierung nicht nur Einbettung in die generell akzeptierten Perioden der allgemeinen Geschichte bedeutet, sondern auch hier eigenständige, relativ autonome Systembildungen entstehen. In diesem Sinne hat die These von Joachim Dikau durchaus eine gewisse Plausibilität, daß die sog. vierte Phase der Erwachsenenbildung, die Periodisierung der allgemeinen politischen Geschichte übergreifend, von 1925 bis 1960 festzumachen sei. Läßt sich diese These verifizieren, die natürlich wiederum nur aufgrund von Theorien größerer Reichweite gewonnen werden konnte, dann zeigt sich, daß eine synchrone Periodisierung der Erwachsenenbildung mit der allgemeinen und politischen sowie gesellschaftlichen Entwicklung nicht a priori gegeben ist.

Die Prozeßkategorien und die Frage nach dem „Sinnganzen"

Im Kontext der Frage einer Tendenz „zur Verquickung von radikalem Sinn und formlosen Handeln" hat Klaus Senzky unter Zuhilfenahme der systemtheoretischen Kategorien „zeitlich", „sachlich", „sozial" die Prozeßkategorie zur Erklärung von Entwicklungstendenzen in der Erwachsenenbildung besonders fruchtbar gemacht. Senzky hat nachgewiesen, daß die Erwachsenenbildung eine eindeutige Tendenz zur Variierung von paradigmatischen Voraussetzungen der Erwachsenenbildung aufgewiesen hat. „Sie betonte, entstehungsbedingt, in einer ersten Entwicklungsphase die soziale Dimension einer, von staatlichen Einflüssen freien Entfaltung, distanzierte sich über eine Verstärkung dieses Ansatzes in einer zweiten Phase in der sachlichen Dimension von der didaktisch orientierten ‚verbreitenden' Richtung zugunsten einer methodisch orientierten ‚vertiefenden'" Richtung und habe schließlich in der dritten Phase unter dem Aspekt der Zeit die Position eines „lebenslangen Lernens" zur Geltung gebracht (7).

Diese Fokussierung von zentralen systemtheoretischen Kategorien auf Prozeßphasen der Erwachsenenbildung hat Erklärungscharakter und kann so als historische Theorie mittlerer Reichweite festgehalten werden. Auf der anderen Ebene ließen sich historische Theorien mittlerer Reichweite im Bereich der Erwachsenenbildung aus der heutigen Forschungslage auch auf die Erklärung von Institutionalisierungsprozessen übertragen. So könnte beispielsweise die Pluralismustheorie der Erwachsenenbildung aus der Geschichte der Weimarer Erwachsenenbildung abgeleitet werden. Eine offene Frage bleibt, ob solche Theorieelemente sich auf den pädagogischen Prozeß selbst transformieren lassen. So ist zu fragen, ob aus der historischen Betrachtung von Einrichtungen der Erwachsenenbildung etwa generalisierende Aussagen zur Motivationsstruktur der Teilnehmer resp. zum Qualifikationsprofil der Dozenten sich ableiten lassen. Wer die Lebens- und Bildungsgeschichte der Teilnehmer von Heimvolkshochschulen der Weimarer Zeit historisch zu fassen versucht, wird feststellen, daß die Quellen und die Berichte auch nach jenen Tatbeständen befragt werden müssen, die sich in den Aussagen der Beteiligten nur selektiv niedergeschlagen haben (8). Zwar wird die gesellschaftliche und die politische Dimension der Motivation deutlich erkennbar, für Aussagen von allgemeiner Reichweite ist jedoch ein Rekurs auf Theorien zum Erziehungsprozeß unabdingbar.

Ich will darauf verzichten, im einzelnen aufzuweisen, welche Bedeutung die Prozeßkategorie für die Geschichtsschreibung der Erwachsenenbildung insgesamt haben könnte, die in der allgemeinen methodologischen Diskussion der Geschichtsforschung von so großer Bedeutung ist (9). Es ist erstaunlich, daß die Prozeßkategorie sich auf die erwachsenenpädagogische methodologische Diskussion bisher begrifflich kaum niedergeschlagen hat, obwohl diese Kategorie in der Richtung der bisherigen praktischen Geschichtsforschung als Mittel präsent ist, „Abläufe ganz unabhängig von ihrer Verursachung, von der Art der Verquickung der an ihr Beteiligten zur Einheit eines Sinnganzen zusammenzufassen" (10). Wer die Forschung zur „bürgerlichen Erwachsenenbildung" überblickt, kann sicherlich diese allgemeine Tendenz zur Herausbildung von Sinnganzem erkennen.

Abstrahiert man von der begrifflichen Fixierung und geht zurück auf die materiale Grundlage, dann erscheint die Kategorie des „Sinnganzen" partiell im Begriff der Tradition. Klaus Künzel hat diesen Begriff in seiner legitimatorischen Virulenz für die Erwachsenenbildung – auch in seiner Fragwürdigkeit – in stringenter Weise herausgearbeitet (11). Zugleich hat er die

Paradigmen gegenwärtiger Traditionsbewältigung aufgewiesen. Unter methodologischen Gesichtspunkten ist sicherlich der Feststellung zuzustimmen, daß eine „analytische" Durchdringung des Traditionsphänomens nur in geringem Maße Tiefenschärfe aufweist. Mag man auch der These zustimmen, daß kulturphilosophische Denkansätze keinen wesentlichen Beitrag zur intersubjektiven Verständigung leisten, so interpretiere ich die Handlungskapazität des strukturfunktionalistischen Ansatzes positiver. Die Prozeßkategorie, die potentiell dem Traditionsbegriff substituiert ist, muß auf ein historisch gewordenes Sinnganzes verweisen gegenüber einem statuarischen, die Zeit und die Veränderungen überdauernden, gleichsam zeitlosen Normen- und Wertsystem. Eine systemtheoretische Neufassung des Traditionsbegriffs muß den Gesichtspunkt des Austausches von System und Umwelt thematisieren. Damit könnte dieser Begriff Handlungskapazität in Richtung einer Theoriekonstruktion von sozialen Systemen wie das der Erwachsenenbildung freisetzen. Daher gilt auch für die Erwachsenenbildung uneingeschränkt, was Luhmann/Schorr für das Erziehungssystem im Ganzen festgestellt haben, daß die Reflexionsgeschichte nicht als bloße Begriffsgeschichte nacherzählt werden könne, um sie schließlich im Aktuellen enden zu lassen (12).

Historisierung der Zeit

Die durchgängige Frage nach dem Bedingungszusammenhang von Geschichte und Theorie tangiert wesentlich den Zeitbegriff. An dieser Stelle wird sichtbar, daß die Geschichte der Erwachsenenbildung diese universelle Kategorie nur einer systematischen Sozialwissenschaft verdankt.
Ein Rückgriff auf die Luhmann'sche Zeitexplikation ist an dieser Stelle angebracht, weil er — wie mir scheint — eine prinzipielle Übertragungsmöglichkeit für die Geschichtsschreibung der Erwachsenenbildung ermöglicht. Die schon in dem Traditionsbegriff inhärente Dialektik von Gehalt und Prozeß (13) wird hier auf der Ebene der Verschränkung von Vergangenheit und Gegenwart in neuem Kontext aufgenommen (14).
Auf die praktische Ebene der Geschichtsforschung der Erwachsenenbildung übertragen, ergibt sich unter anderem aus der Luhmann'schen Argumentation, daß es Schnittpunkte geben muß, wo historische Darstellungen und systematische Analyse sich treffen. Solche Schnittpunkte scheinen mir in der „realistischen" und in der „sozialpolitischen Wende" der Erwachsenenbildung vorzuliegen. Hier geht es sowohl um die Feststellung, daß Vergangenheit und Zukunft nicht deutlich getrennt sind, als auch um die unterschiedliche Akzentuierung der Sachdimension einerseits und der Sozialdimension auf der anderen Seite.
Nur durch den Vorgang von Komplexitätsreduktion können Epochen der Erwachsenenbildung ausgemacht werden. Die Fähigkeit, die Zeit „in der Zeit" aufzulösen, macht es erst möglich, Geschichtsverläufe zu erkennen und damit auch potentiell den Begriff der Evolution einzuführen. Eine

systemtheoretisch inspirierte Geschichtsschreibung der Erwachsenenbildung hat gerade diese Gesichtspunkte im Forschungsprozeß wachzuhalten, in deren Richtung sich dieses soziale System bewegt. Die Richtung des historischen Prozesses zielt auch auf die Frage eines potentiellen Zusammenhanges von Erwachsenenbildung und Fortschritt.

Die Selektivität theoretischer Konjekturen

In den bisherigen Ausführungen wurde der Versuch unternommen, bereits angedeutete Interpretationsmuster historiographischer Erwachsenenbildungsforschung systemtheoretisch anzureichern oder sie partiell systemtheoretisch zu wenden. Dieses Verfahren scheint mir bei dem jetzigen Stand der Forschung — nicht nur in der Erwachsenenbildungshistoriographie, sondern auch in der Methodendiskussion in den Geschichtswissenschaften und der historisch bestimmten Soziologie — allgemein angemessen. Der *große* systemtheoretische Wurf einer historischen Erwachsenenbildung ist noch nicht in Sicht, allenfalls lassen sich einige Konturen ablesen.
Auch unter dem Gesichtspunkt der Pluralität von Methoden und wissenschaftstheoretischen Annahmen scheint mir das Verfahren einer sukzessiven Annäherung legitim. Wenn man trotzdem die Suche nach einem durchgängigen systemtheoretischen Erklärungsmodell historischer Prozesse der Erwachsenenbildung nicht aufgeben will, dann dürften die funktionalen Differenzierungen für den Vorgang der Sozialisation und Erziehung unter dem Aspekt der Herausbildung des Systems Erwachsenenbildung eine der Grundannahmen sein, von der aus sich mögliche Folgen für eine systemtheoretisch bestimmte Theorie-Substitution der historischen Erwachsenenbildung ergeben.

Funktionale Differenzierung

Das Axiom, wonach Gesellschaften als soziale Systeme zu begreifen sind, die ihrerseits wiederum durch den Vorgang der Differenzierung in soziale Teilsysteme bestimmt sind, hat auch Geltung für die Erwachsenenbildung. Dabei lassen sich mehrere Schritte dieser funktionalen Differenzierung nachweisen. Schon aus dieser Feststellung ist ein Grundelement für die methodologische und erkenntnistheoretische Fundierung von Geschichte der Erwachsenenbildung begreifbar. Differenzierung ist ein Prozeß, ist als Zustand das Ergebnis von Evolution und somit ein Tatbestand eines historischen Entstehungszusammenhanges. Historische Forschung ist somit tendenziell darauf gerichtet, diesen Differenzierungsprozeß auf den verschiedenen Ebenen und gegenüber der Vielfältigkeit der Systemreferenzen nachzuvollziehen.
Nun gehört die Erwachsenenbildung zu den relativ spät in ihren Grenzen bestimmbaren Teilsystemen. Selbst die funktionale Ausdifferenzierung von

Erziehung und Bildung allgemein konnte sich erst vollziehen, als die bestimmenden Teilsysteme der Gesellschaft, Systeme wie Politik, Wirtschaft, Religion und auch Wissenschaften, in ihrer historischen Genese bereits vorausgegangen waren (15). Historische Erforschung des sozialen Systems der Erwachsenenbildung muß also diese verschiedenen Stufen der Ausdifferenzierung kennzeichnen und die Beziehung auf das Gesamtsystem, auf andere Teilsysteme und die Beziehung auf sich selbst herausarbeiten. Diese drei Grundreferenzen gilt es zu bestimmen. In der jeweiligen Ergänzung der verschiedenen Forschungsrichtungen, die sich an diesen Grundrelationen von System und Umwelt orientieren, können wesentliche Elemente zu einer systematischen Erfassung des historischen Materials gewonnen werden.

Systemreferenzen

Die Formulierung der Systemreferenzen unter Rückgriff auf die drei Grundtypen Gesellschaft–Funktion, Umwelt–Leistung, soziales System–Reflexion gehört zu den zentralen Aufgaben einer theoriegeleiteten historischen Forschung. Überblickt man die erwachsenenpädagogische Literatur – die ja häufig auch bei der Behandlung systematischer Fragestellungen zu Recht auf historische Verweise und Beweise zurückgreift –, so lassen sich explizit Ansätze dieser systemtheoretisch inspirierten Betrachtung nachweisen (16). Unter dem Relationsgesichtspunkt von Umwelt und Leistung hat Rainer Brödel mit deutlichem Hinweis auf die funktional-strukturelle Theorie am Beispiel der Erwerbslosenbildung am Ende der Weimarer Republik den Austauschprozeß zwischen dem sozialen System Ökonomie unter partieller Verflechtung mit dem politischen System über den Strang der Legitimationsabsicherung und dem Teilsystem Erwachsenenbildung herausgearbeitet. Brödel verweist darauf, daß die Erwerbslosenbildung in der Weimarer Zeit als Teil der Konstitutionsgeschichte der Erwachsenenbildung Leistungskapazität in dieser historischen Phase in der Weise bereitgestellt hat, daß im Prozeß starken sozialen und ökonomischen Wandels Bestands- und Anpassungsfähigkeiten der Erwachsenenbildung unter Beweis zu stellen waren, so daß es zu einem Austauschprozeß zwischen diesen beiden Systemen kommen konnte. Die externe Leistungskapazität der Erwachsenenbildung gegenüber dem ökonomischen System im Hinblick auf die Produktion von Qualifikation via Umschulung und Fortbildung hat sich intern als Verstärkung der Autonomie resp. als Bestreben nach verstärkter Autonomie niedergeschlagen. Rainer Brödel kennzeichnet diese Anpassungstendenz unter dem Aspekt des Bedarfs „an einer Variabilität des Umweltentwurfs als Vorstellung dessen, ‚was für das System als Möglichkeit erfaßbar ist'" (17).

Lehrplan und Autonomie

Eine wesentliche Komponente, die den Austauschprozeß von Erwachsenenbildung und Umwelt verdeutlicht, die also die Leistungskapazität im Sinne einer Anpassungsfähigkeit und Autonomiesteigerung produziert, manifestiert sich in der Form des Lehrplans (18). Der in der Weimarer Zeit nachvollziehbare Prozeß von einer okkasionellen, voluntaristischen, an der bloßen persönlichen Erfahrung ausgerichteten Diffusität von Themen im Sinne der offenen und partizipativen Curriculumgestaltung hin zu einem programmatischen Lehrplan, historisch unter dem Stichwort „pragmatische Wende" gefaßt, markiert jenen historischen Einschnitt, wo die Relation zu dem Umweltsystem, zu Ökonomie, Politik, Kultur und Wissenschaft nicht zufällig und partiell, sondern dauerhaft und strukturell hergestellt wurde. Dieser Schritt hat zu einer Stärkung der Autonomie der Erwachsenenbildung und somit zur Herausbildung dieses eigenständigen Teilsystems beigetragen. Insofern ist die Erfahrung des historischen Ganges eines Lehrplans zugleich eine Vergewisserung des eigenen Leistungsprinzips. Mit der Herausbildung eines Lehrplans — Regressionen sind möglich — wird die Erwachsenenbildung aus einer diffusen Umweltbeziehung in ein geregeltes und akzeptiertes Beziehungsverhältnis zur Umwelt gebracht. In diesem Prozeß liegt tendenziell auch eine emotionale Entlastung für diejenigen, die die pädagogische Verantwortung für dieses soziale System tragen.

Bestandserhaltung

Der alles bestimmende Ausgangspunkt für eine systemtheoretisch gewandte Geschichte der Erwachsenenbildung besteht in der Differenz von System und Umwelt. Diesen Aspekt gilt es auch bei der Konzeptualisierung einer Geschichtsmethodologie herauszuarbeiten. Auf die historische Entwicklung der Erwachsenenbildung übertragen, geht es nicht nur um Legitimation durch Anpassungskapazität und die Fähigkeit adaptiver Austauschprozesse, vielmehr kommt es darauf an, die Differenz herauszustellen, die Erwachsenenbildung als eigenes System kennzeichnet. So ist der historische Prozeß auch unter dem Gesichtspunkt zu verfolgen, ob berufsbezogene Erwachsenenbildung im Hinblick auf Ziele, Inhalte und Verfahren eine autonome Leistung gegenüber betriebsinterner Weiterbildung erbringt. Würde dieser Teilbereich auf die Herausarbeitung einer eigenen Differenz verzichten, würde er sich seiner Autonomie und damit seiner legitimatorischen Grundlage begeben. Die Setzung eigener Ziele, die Selbstreflexivität, ist ein bestandserhaltendes Strukturprinzip.
Die Herstellung geregelter Innen-Außen-Beziehungen der Erwachsenenbildung ist als ein längerfristiger historischer Prozeß zu begreifen, der wesentliche Impulse in der Weimarer Zeit erhielt und in den 60er Jahren mit der Verabschiedung rechtlicher Regelungen einen bestimmten Grad der Formalisierung erreicht hat. Dieser Vorgang kann als wesentliches Moment der

Bestandserhaltung angesehen werden, und zwar in dem Sinne, daß die Systemgrenzen als Sinngrenzen erkennbar wurden. Es ist Klaus Senzkys Verdienst, diesen historischen Prozeß der Herstellung von Sinngrenzen des Systems Erwachsenenbildung verdeutlicht zu haben (19). Eine systematische geschichtliche Aufarbeitung der Erwachsenenbildung muß diesen Aspekt der Systembildung im Sinne der Konstitution von Sinngrenzen auch unter dem Gesichtspunkt der elementaren Ordnung sowie der formalen Organisation besonders hervorheben.

Reflexivität

Die historische Forschung hat auch zu untersuchen, ob es eine gewisse Form von Sukzessivität im Hinblick auf die verschiedenen Systemreferenzen gibt, ob die Herausbildung von formalisierten Innen-Außen-Beziehungen eine gewisse Voraussetzung für die Selbstreflexivität, für die Beziehung des sozialen Systems „auf sich selbst" ist (20). Sicherlich ist der These von Klaus Senzky generell zuzustimmen, daß eine strukturelle Binnendifferenzierung eine partielle Voraussetzung für geregelte Außenbeziehungen darstellt (21). Zum anderen scheint der historische Gang der Erwachsenenbildung zu verdeutlichen, daß die Herstellung von Systemreferenzen gegenüber den Außensystemen erst eine vom ständigen Druck der Bestandserhaltung freie Entfaltung der Reflexivität ermöglicht.
Im Kontext von Reflexivität ist auch die Legitimationsproblematik der Erwachsenenbildung in einem neuen Zusammenhang angesprochen. Hans Tietgens hat den historischen Gang der Erwachsenenbildung unter der zentralen theorieleitenden Hypothese nachvollzogen, daß der Entstehungsprozeß der Erwachsenenbildung wesentlich von einer ethischen Komponente bestimmt gewesen sei (22). Die Okkupation dieser ethischen Komponente in einem primär sozial-ethischen Gewand durch die Träger der Erwachsenenbildung, durch Kirchen, Parteien und Arbeitnehmerorganisationen, hat zu einer relativ frühen Innendifferenzierung der Erwachsenenbildung geführt. Gerade die Aufarbeitung des pluralistischen Stranges der Erwachsenenbildung in seiner Genese und des jeweiligen Anpassungsprozesses an die Umweltausschnitte kann wesentlich zur Erkenntnis der Binnenstruktur der Erwachsenenbildung beitragen und so die Identifikationsproblematik der Erwachsenenbildung erhellen. Unter dieser Sichtweise hat die historische Erwachsenenpädagogik zu untersuchen, wie sich die jeweilige Binnenstruktur auf die Herausbildung der Erwachsenenbildung als ein Teilsystem mit klar definierbaren Grenzen ausgewirkt hat.
Die Frage nach der Reflexivität des sozialen Systems Erwachsenenbildung tangiert u.a. die Interaktionsformen der Träger, die selbst von unterschiedlichen Interessenlagen geprägt sind. Hier ist längsschnitthaft etwa der Frage nachzugehen, ob Mitarbeiter der gewerkschaftlichen Bildungsarbeit, ob Bildungsvertreter der Parteischule sich dem sozialen System Erwachsenenbildung näher zugehörig gefühlt haben als dem System Gewerkschaft bzw.

Partei. Die Klärung solcher Fragestellung ist für das Herausarbeiten der Konstitutionsgeschichte der Erwachsenenbildung von besonderer Bedeutung. Denn erst dann läßt sich ein soziales System deutlich fixieren, wenn die darin Handelnden, d.h. hier primär diejenigen, die pädagogische und organisatorische Verantwortung haben, sich damit identifizieren. Unter dieser funktional-strukturellen Sichtweise können historische Erscheinungen hinsichtlich der Systemreferenzen in ihrem Bedeutungsgehalt neu erschlossen werden. So hat Klaus Senzky den Begriff der „Arbeitsgemeinschaft" unter institutionell-organisatorischen Gesichtspunkten neu interpretiert (23).

Eine systemtheoretisch angereicherte Geschichtsschreibung der Erwachsenenbildung wird die Frage der Systemreferenzen zu einem wesentlichen Kriterium für die Auswahl des historischen Materials, seine Gewichtung und Interpretation machen. Unter dieser Perspektive muß auch die sogenannte „Neue Richtung" der Erwachsenenbildung in der Weimarer Epoche in einem anderen Lichte erscheinen. Die Forderung nach pädagogischer Autonomie, nach didaktischer Selbstbestimmung, nach Individualisierung des Lernens, nach gesellschaftlicher Neutralität, kann als ein strategisches Gesamtkonzept gedeutet werden, durch Ausgrenzung und interne Entlastung die Erwachsenenbildung zu einem alle gesellschaftlichen Richtungen und Interessenlagen übergreifenden, identifikationsfähigen System zu machen. Auch die übermäßige Betonung der Eigenständigkeit der Erwachsenenbildung in dieser Epoche gegenüber anderen Teilbereichen war intentional gerichtet auf diese Konstitution des Systems Erwachsenenbildung, wiewohl gerade die Ideologisierung der Eigenständigkeit die Interaktionsfähigkeit der Erwachsenenbildung mit den Außensystemen wesentlich eingeschränkt und damit in Wirklichkeit mehr zu der Gefährdung des sozialen Systems Erwachsenenbildung als zu seiner Absicherung beigetragen hat.

Einschränkungen und Vorbehalte

Die hier vorgetragenen Überlegungen sind als Versuch zu werten, ein neues Paradigma für die historische Erwachsenenpädagogik fruchtbar zu machen. Allerdings muß dieser Versuch einer systemtheoretischen Wende der Historiographie der Erwachsenenbildung unter vielfältigen Vorbehalten und Einschränkungen gesehen werden. Der erste Vorbehalt gilt generell der allgemeinen Systemtheorie, die, wie Luhmann festgestellt hat, als eine „konsolidierte Gesamtheit von Grundbegriffen, Axiomen und abgeleiteten Aussagen" vorgestellt werden kann. Sie ist eher ein Sammelbecken für Richtungen in der Forschung und nicht in der Lage, auch ihre Anwendungsmöglichkeiten und deren Grenzen deutlich zu bestimmen (24). Eine entscheidende Schwierigkeit jedoch besteht darüber hinaus in dem Vorhaben, diese Forschungsrichtung, die nicht historisch, sondern systematisch ausgerichtet ist, die auf universelle Geltung zielt und nicht auf je spezifische Ausformung, wie sie ja in der Geschichte als eines wesentlichen Elementes innerhalb der Dialektik vom Historischen und Logischen sich manifestiert, auf historische

Entwicklungsprozesse zu übertragen. Insofern mag ein möglicher Vorwurf nicht ganz unberechtigt sein, hier handele es sich um eine Vorgehensweise, die durch eine unzulässige Verquickung von historischen und systematischen Feststellungen gekennzeichnet sei. Diesem gravierenden Einwand will ich mit dem Rückverweis auf den Zusammenhang von Theorie und Geschichte begegnen. Zugleich ist darauf zu verweisen, daß hier nur ausschnitthaft die Leistungsfähigkeit der Systemtheorie für die Historiographie erprobt werden sollte. Eine durchgängige Aufarbeitung der historischen Entwicklung der Erwachsenenbildung unter den hier zugrunde gelegten Grundbegriffen und Axiomen steht noch aus. Dieser Beitrag hat zugleich auch eine forschungsstrategische Funktion. Er will eine solche Gesamtkonstitution einer neuen Geschichte der Erwachsenenbildung anregen.

Im Sinne der Herausarbeitung eines eigenen Systems „systemtheoretische Geschichte der Erwachsenenbildung" ist es im Sinne der Grenzerhaltung von besonderer Relevanz, daß es auch andere soziale Systeme der Geschichte der Erwachsenenbildung gibt, die sicherlich in den in diesem Buch zusammengefaßten Beiträgen kenntlich gemacht werden können. Darüber hinaus soll festgehalten werden, daß die funktional-strukturelle Betrachtungsweise der Geschichte der Erwachsenenbildung eine — wie ich hoffe dargelegt zu haben — legitime Forschungsrichtung ist, der jedoch andere berechtigt gegenüberstehen. Bei dem jetzigen Stand erwachsenenpädagogischer Forschung kann dieser Methodenansatz für die Geschichte der Erwachsenenbildung vor allem im Kontext der Pluralität von Methoden und theoretischen Konjekturen fruchtbar gemacht werden.

Anmerkungen

(1) vgl. Reyer, J.: Sozialgeschichte der Erziehung als historische Sozialisationsforschung? In: Zeitschrift für Pädagogik 1980, Heft 1, S. 51 ff., vgl. Hurrelmann, K.: Gesellschaft, Sozialisation und Lebenslauf. Zum theoretischen Stand der sozialwissenschaftlichen Sozialisationsforschung. In: Hurrelmann, K.: Sozialisation und Lebenslauf. Empirie und Methodik sozialwissenschaftlicher Persönlichkeitsforschung. Hamburg 1976, S. 15–33

(2) Axmacher, D.: Erwachsenenbildung und Widerstand im historischen Alltag, Mskr. 1984, S. 1

(3) zit. nach: Fischer, W.: Sozialgeschichte und Wirtschaftsgeschichte. Abgrenzung und Zusammenhänge. In: Ludz, P. (Hrsg.), Soziologie und Sozialgeschichte, Kölner Zeitschrift für Soziologie und Sozialpsychologie, Sonderheft 1972

(4) Senzky, K.: Systemorientierung der Erwachsenenbildung, Stuttgart 1977, S. 1

(5) vgl. Olbrich, J.: Geschichte der Erwachsenenbildung in der Weimarer Republik, Fernuniversität Hagen 1980, S. 15 ff.

(6) Patzig, G.: Theoretische Elemente in der Geschichtswissenschaft. In: Kocka, J./Nipperdey, Th.: Theorie und Erzählung in der Geschichte, München 1979, S. 144

(7) Senzky, K.: a.a.O., S. 64

(8) vgl. Olbrich, J.: Geschichte der Erwachsenenbildung als Sozialgeschichte. In: Bildung und Erziehung, 1976, Heft 6, S. 453

(9) vgl. Faber, K.G./Meier, Ch. (Hrsg.): Historische Prozesse, München 1978

(10) Meier, Ch.: Fragen und Thesen zu einer Theorie historischer Prozesse. In: Faber, K.G./Meier, Ch., a.a.O., S. 23

(11) vgl. Künzel, K.: Erwachsenenbildung und Tradition. In: Enzyklopädie Erziehungswissenschaft, Bd. 11, Schmitz, E./Tietgens, H. (Hrsg.): Erwachsenenbildung, Stuttgart 1984, S. 59 ff.

(12) vgl. Luhmann, N./Schorr, K.E.: Reflexionsprobleme im Erziehungssystem, Stuttgart 1979, S. 13

(13) vgl. Künzel, K.: a.a.O., S. 61

(14) Luhmann, N.: ,,So spiegelt sich die Zeit in der Zeit mit Hilfe der Dimensionshorizonte Zukunft und Vergangenheit. Das heißt nicht nur, daß jeder Zeitpunkt seine eigene Zukunft und seine eigene Vergangenheit hat und genau dadurch in der Zeitdimension Einmaligkeit besitzt". In: Soziale Systeme. Grundriß einer allgemeinen Theorie, Frankfurt/M. 1984, S. 131

(15) vgl. Luhmann, N./Schorr, K.E.: a.a.O., S. 34 ff.

(16) vgl. Olbrich, J.: Erwachsenenbildung als soziales System, in: Theorie und Praxis der Erwachsenenbildung, 1973, Heft 3, S. 266 ff.

(17) Brödel, R.: Grundorientierung der Erwerbslosenbildung in der freien Volksbildung der Weimarer Republik. In: Schlutz, E.: Krise der Arbeitsgesellschaft – Zukunft der Weiterbildung, Frankfurt/M. 1985, S. 71

(18) vgl. Luhmann, N./Schorr, K.E.: a.a.O., S. 94 ff.: ,,Der Lehrplan: Zur Respezifikation der Kontingenzformel"

(19) vgl. Senzky, K.: a.a.O., S. 20

(20) Zum Zusammenhang von Reflexivität und Kommunikation, vgl. Luhmann, N.: a.a.O., S. 610 ff.

(21) Senzky, K.: a.a.O., S. 57 ff.

(22) vgl. Tietgens, H.: Zur Legitimationsproblematik der Erwachsenenbildung als öffentliche Aufgabe. In: Olbrich, J.: Legitimationsprobleme in der Erwachsenenbildung, Stuttgart 1980, S. 37

(23) Senzky, K.: a.a.O., S. 28 ff.

(24) Luhmann, N.: a.a.O., S. 34 f.

Franz Pöggeler
Plädoyer für eine Zeitgeschichte der Erwachsenenbildung

Die meisten bisher vorgelegten Untersuchungen zur Geschichte der Erwachsenenbildung beziehen sich auf die Zeit bis 1933, vor allem auf das 19. Jahrhundert und die Zeit von etwa 1900 bis zum Beginn der Herrschaft des Nationalsozialismus. Daß bisher die Zeit von 1933 bis 1945 nur wenig sondiert worden ist, erklärt sich angesichts der schwierigen Quellenlage und der Emotionsbelastung jener Phase.
Nun sind seit 1945 bereits vier Jahrzehnte vergangen. Dies ist in einem Zeitalter starker technischer und gesellschaftlicher Veränderungen eine lange Zeit. Bedenkt man, wie intensiv etwa die Zeit von 1890 bis 1914 oder die nicht einmal fünfzehn Jahre von der Novemberrevolution 1918 bis zum 30. Januar 1933 historisch erforscht worden sind, so ist die Frage berechtigt, was gegenwärtig für die historische Aufarbeitung der Zeit seit 1945 getan wird. Vieles, was in jenen vier Jahrzehnten geschah, ist bereits in Gefahr, mehr oder weniger in Vergessenheit zu geraten — zum Nachteil für ein späteres historisches Urteil.

Weshalb Zeitgeschichte der Erwachsenenbildung?

Die Zeit nach 1945 wird mit der Kategorie *„Zeitgeschichte"* bezeichnet. Als Geschichte der jüngsten Vergangenheit (1) wirkt sie mit vielen Faktoren und Folgen in unsere Gegenwart und Zukunft hinein, ja hat diese weitgehend programmiert. Da sich heute noch nicht exakt Wendepunkte der Entwicklung der Erwachsenenbildung gegen Ende der siebziger oder Anfang der achtziger Jahre erkennen lassen, ist es ziemlich belanglos, welches Grenzdatum man für eine historische Untersuchung setzt. Ende oder Anfang eines Jahrzehnts wie etwa das Jahr 1980 kann heute lediglich als ein kalendarisches Datum eingeschätzt werden. Insofern mag es erlaubt sein, sich bis an die unmittelbare Jetztzeit heranzutasten, und zwar aus Gründen der Spurensicherung. Die historiographische Beschäftigung mit der Entwicklung der Erwachsenenbildung seit dem Ende des Zweiten Weltkrieges und der Herrschaft des Nationalsozialismus hat schon deshalb großen Wert, weil bereits heute die Gefahr besteht, daß wichtige historische Quellen verloren gehen, mitunter sogar schon nicht mehr zugänglich oder verlorengegangen sind.
Viele wichtige Besprechungen und Konferenzen, zumal in den ersten Nachkriegsjahren, sind nicht protokolliert worden, oder die Protokolle sind (wegen des miserablen Papiers) schon verrottet. Natürlich dachte man in jener Zeit, als Deutschland noch ein Trümmerland und von einer Art Völkerwanderung überzogen war, mehr an den Aufbau einer neuen Bildungsdemokratie als daran, schon mitten in einem oft noch zögernden Vorgehen, das von Ratlosigkeit ebenso bestimmt sein konnte wie von Elan und Idealismus, das Tun dokumentarisch festzuhalten. Die Fahrten zu den Zusammenkünften

waren in den ersten Nachkriegsjahren beschwerlich und zeitraubend, und für die notdürftigste Verpflegung und Unterkunft waren soviel Erfindungskraft und Improvisation nötig, daß man z.B. nicht daran denken konnte, Erinnerungsfotos oder detaillierte Sitzungsprotokolle herzustellen.

Eine der wichtigsten Quellen zur historischen Dokumentation der Zeit bis zur Währungsreform (Juni 1948) und auch noch danach sind die persönlichen Erinnerungen der Beteiligten. Wer zwischen 1945 und 1950 die Geschehnisse bewußt miterlebte oder gar mitgestaltete, ist heute (1985) mindestens 60 Jahre alt. Viele Zeitzeugen von damals leben längst nicht mehr und haben nur einen geringen Teil ihrer Erfahrungen in Schrift, Bild oder auf Tonband hinterlassen. Es ist daher an der Zeit, die Zeitzeugen von damals zu befragen, wofür sich wohl am besten die narrative Methode (mündlicher Bericht auf Grund von Befragung) oder die schriftlichen Memoiren anbieten.

Aber noch immer ist jener Aktivismus am Werk, der die unmittelbare Nachkriegszeit beim Wiederaufbau der Erwachsenenbildung geleitet hat, und die Folge ist, daß auch heute noch manche, die man als Zeitzeugen bezeichnen darf, sich nicht die Zeit nehmen, ihre Erinnerungen zu fixieren. Es muß daher Zeithistoriker geben, die sich auf das Geschäft der historischen Spurensicherung verstehen. Aus eigener Erfahrung wissen wir, wie fahrlässig wenig selbst wichtige Bundesorganisationen der Erwachsenenbildung getan haben, um das, was ständig an Dokumenten anfällt, zu archivieren oder wenigstens für eine spätere Archivierung in Sicherheit zu bringen. In vielen Einrichtungen und an vielen Stellen fehlt ein Dokumentar, vom Archivar schon gar nicht zu reden. Wenn es nicht auf diesem Gebiet eine private Initiative gäbe, würden künftige Historiker mehr mit Hypothesen als mit Gewißheiten operieren müssen (2).

Aktivismus ohne bewußte Kenntnis der vorausgegangenen Entwicklung ist immer in der Gefahr, unnötige Fehler zu begehen oder in Aporien zu geraten.

Zur Personalgeschichte der deutschen Erwachsenenbildung seit 1945

In der *pädagogischen* Historiographie (3), in deren Zentrum stets die Schule stand, ist es seit langem Usus, auf Grund der Aktenlage *Institutionen* und deren Veränderungen zu untersuchen. Die *andragogische* Historiographie, um die es geht, tut gut daran, ihr Interesse zunächst den *Personen* und erst in zweiter Linie den Institutionen zuzuwenden. Da es in der Erwachsenenbildung zur Gründung neuer Einrichtungen nie eine gesetzlich so stark fixierte Matrix gab wie im Schulwesen, gibt es selbst innerhalb der gleichen Institutionalkategorie (etwa „Heimvolkshochschule" oder „Akademie") einen großen Spielraum von Variationen. Diese wurden stärker, als es bei Schulen die Regel war und ist, von Gründerpersönlichkeiten geformt und tragen sozusagen deren persönliches Signet — mit allen Vor- und Nachteilen des Individuellen.

Damit ist bereits eine der Hypothesen zur Geltung gebracht, von denen wir uns bei der historiographischen Aufarbeitung der Erwachsenenbildung leiten lassen: Der Raum zur Gestaltungsfreiheit bei der Schaffung und Ausprägung neuer Einrichtungen ist in der Erwachsenenbildung besonders groß, zumal in Demokratien, in denen der Staat die Gründungs- und Gestaltungsfreiheit im quartären Bereich für ein Kriterium seiner demokratischen Legitimation hält (4).

Lebenswerk und Persönlichkeit vieler Frauen und Männer, die nach 1945 die Entwicklung der Erwachsenenbildung in der Bundesrepublik Deutschland mitbestimmt haben, sind meist mit den Namen von Institutionen auf das engste verbunden. Das gilt besonders für die Gründer. Aber auch ein oder mehrere Jahrzehnte nach der Gründung war eine Umprägung von Einrichtungen durch andere, nicht weniger kreative und auf Initiative bedachte Persönlichkeiten möglich, eben weil die jeweilige Institutionalform (5) juristisch nicht festgeschrieben war.

In personalhistorischer Perspektive kommt man nicht umhin, nicht nur Faktoren wie Kreativität und Individualität zu beachten, sondern auch Subjektivität. Dabei wird klar, daß der Weg zur Tätigkeit in der Erwachsenenbildung meistens eine biographische Erklärung nötig macht und einige Zeit nach der Gründung ein Antagonismus zwischen Institution und Person aufkommen kann, übrigens schon deshalb, weil die Geschicke der Institution ja nicht nur von deren Gründer oder Leiter beeinflußt werden, sondern auch von Mitarbeitern, Besuchern und – was nicht unwichtig ist – von den Rechtsträgern, die den Spielraum der Handlungsfreiheit des Leiters nicht selten klar umgrenzt sehen möchten. Dabei ist bisweilen vergessen worden, daß die Institution ohne das ganz persönliche Engagement eines Gründers oder Leiters nicht das geworden wäre, was sie ist.

In der Reihe der "grand old men" der Erwachsenenbildung nach 1945 mag es einige gegeben haben, die aus heutiger Sicht ein eher „autoritäres" als kooperatives Verhalten praktizierten und ein Team von Mitarbeitern nur insofern gelten ließen, als dieses auf die Eigenart des Leiters „eingespielt" war. Gleichwohl läßt die historische Rückschau erkennen, daß es oft unumgänglich war, die *Verantwortung* von einer Person tragen zu lassen. Im Team ist Verantwortung in Gefahr, anonym und unklar zu werden oder gar in der Institution aufzugehen. „Das Maß der Demokratie ist die Person und nicht die Organisation. Die vielen einzelnen bleiben unter allen gesellschaftlichen Bedingungen der ‚Schlüssel zum Ganzen'" (6).

Namen als Beispiele

Die Personen, die nach 1945 am Auf- und Ausbau einer neuen, demokratischen Erwachsenenbildung in unserem Land mitgewirkt haben, kann man zwei Gruppen zuordnen:
– diejenigen Männer und Frauen, die bereits vor 1933 in der Erwachsenenbildung tätig waren und sich nach dem Zusammenbruch des NS-Regimes erneut in diesem Bereich engagierten, und

— diejenigen, die neu in die Erwachsenenbildung kamen, sei es in den ersten Jahren des Wiederaufbaus oder in späterer Zeit, als sich die Erwachsenenbildung im neuen westdeutschen Bildungssystem bereits etabliert hatte. In der erstgenannten Gruppe ist es sinnvoll, zu unterscheiden zwischen den Remigranten, die zwischen 1933 und 1945 nicht in Deutschland bleiben konnten, sowie denen, die im Lande geblieben waren, wo sie großenteils zur ,,inneren Emigration" genötigt wurden. Da ist z.B. an die ehemaligen ,,Hohenrodter" zu denken, die nach 1945 bald wieder untereinander Kontakt suchten und sogar erwogen, ob sich die Bemühungen von Hohenrodt wiederaufnehmen und weiterführen ließen. Zu dieser Gruppe gehörten Theodor Bäuerle, Wilhelm Flitner, Fritz Laack, Rudolf Reuter, Leo Weismantel, Bernhard Marschall und Joseph Antz. Rückblickend läßt sich fragen, weshalb einige dieser sehr erfahrenen, noch autorisierten Männer am Wiederaufbau der demokratischen Erwachsenenbildung mehr beratend als agierend — wenn überhaupt — beteiligt waren (7). Man erwartete gerade von diesen Persönlichkeiten neue, kreative Perspektiven — und erhielt doch vornehmlich Erinnerungen an einstige Prinzipien, obgleich erkennbar war, daß man nicht einfach dort anknüpfen konnte, wo 1933 aufgehört worden war.

Natürlich gingen manche Leitgedanken etwa der ,,intensiv-gestaltenden" Volksbildung in die Theorie und Praxis der neuen Erwachsenenbildung ein, aber diese zeigte bald neue Konturen — auf Grund der völlig veränderten politischen und gesellschaftlichen Situation. Vor allem Flitner und Laack bemühten sich um eine sachliche Einschätzung der Bemühungen in der Weimarer Republik (8) wie auch um einen Brückenschlag zu neuen Theorieansätzen (9). Flitner hätte die Leitfigur der neuen VHS-Organisation werden können, aber zu einem derartigen Engagement konnte er sich nicht entschließen, obgleich dieses für den im Jahre 1945 56jährigen durchaus denkbar gewesen wäre. — Andere alte ,,Hohenrodter" erhielten andere, umfassende Funktionen, z.B. Theodor Bäuerle als Kultusminister oder Joseph Antz als Initiator der neuen Lehrerbildung in Nordrhein-Westfalen. Es gab hier und da Versuche, Einrichtungen, die bis 1933 bestanden hatten, in alter oder veränderter Gestalt wieder ins Leben zu rufen, so die ,,Schule der Volkschaft", die von Leo Weismantel in Marktbreit am Main gegründet worden war (10), oder den ,,Volksverein für das katholische Deutschland", den Freunde Anton Heinens schon bald nach Kriegsende wieder konstituieren wollten (11). Nicht selten fanden die Angehörigen der älteren Generation unter den jetzt Aktiven nicht die erwünschte Resonanz. So stand die kirchenamtliche Richtung der Bildungspolitik nach 1945 eindeutig gegen ein Wiederaufleben des Volksvereins, so daß es zur Neugründung nicht kam. Aus der Distanz erkannte man an den Konzepten der Zeit vor 1933 manche Verengungen (so z.B. im Werk Anton Heinens ein ,,volksorganisches" Denken, für das sich nach den Erfahrungen, die man in der NS-Zeit mit der Kategorie ,,Volk" gemacht hatte, kein Verständnis mehr wecken ließ). Einige der "grand old men" von ehedem bemerkten bald, daß der ,,Strom der Zeit" gegen statt für sie floß. So erwies sich z.B. Rudolf Reuters Engagement

für das „Thekenprinzip" in der Büchereiarbeit schon ab 1950 als nicht mehr vertretbar, obgleich das „Freihandprinzip" unpädagogisch zu sein schien (12).
Zu den Pädagogen der Weimarer Republik, die sich nach dem Zweiten Weltkrieg bewußt der Erwachsenenbildung zuwandten, weil sie in dieser die größten Chancen der Demokratisierung der Gesellschaft sahen, gehörte Georg Raderscheidt. Er schuf in Verbindung mit dem Deutschen Bauernverband und dem Land Nordrhein-Westfalen (vor allem assistiert durch Werner Lennarz) die „Deutsche Bauernhochschule" in Fredeburg (Sauerland). Daß diese bald in Kollision mit der ländlichen Erwachsenenbildung der Kirchen geriet, war typisch für den Prioritätsanspruch, den zumindest die katholische Kirche in den fünfziger Jahren für die ländliche Bildung beanspruchte (13).
Es ist jetzt, vier Jahrzehnte nach dem Ende des zweiten Weltkrieges, der Zeitpunkt für Antworten auf die Frage gekommen, ob jene "grand old men" über die Brückenfunktion hinaus, die sie zweifellos ausgeübt haben, wirklich *neue* Konzepte einer neuen demokratischen Erwachsenenbildung anbieten konnten. Vielleicht darf man heute schon feststellen: Die neuen Konzepte schufen neue Erwachsenenbildner – großenteils aus den harten Erfahrungen von Diktatur, Krieg und Nachkriegswirren. Freilich: Die neuen Konzepte wirkten sich in der Praxis erst in den fünfziger Jahren aus. Bis dahin wurde vorwiegend versucht, am „bewährten Alten" anzuknüpfen und Prinzipien der Zeit vor 1933 zu reaktivieren. Nicht umsonst findet man in der Literatur der Jahre 1945 bis etwa 1955 oft das Wort „*Wieder*aufbau".
Auch dann, wenn die bereits vor 1933 Arrivierten nach 1945 alles daransetzten, neue Initiativen und nicht bloß Reprisen des Früheren zu starten, fanden sie nur geringe Resonanz. Als Beispiel hierfür erwähnen wir die Bemühungen Friedrich Siegmund-Schultzes um eine neue Bildungsbewegung für den Frieden. Immerhin hatte Siegmund-Schultze bis 1933 in Berlin mit seiner „Sozialen Arbeitsgemeinschaft" (14) eine Einrichtung der sozialen und Arbeiterbildung geschaffen, der man eine Zukunft zusprach. Daß Siegmund-Schultze übrigens das Archiv des früheren „Reichsverbandes Deutscher Volkshochschulen" gerettet und in Soest untergebracht hatte, wurde selbst Kennern der andragogischen Historiographie erst spät bekannt (erst in den sechziger Jahren). Selbst der DVV nahm dieses Archiv lange Zeit nicht zur Kenntnis.
Manche Kenner des Aufbaus der neuen deutschen Erwachsenenbildung nach 1945 hat es überrascht, daß einer der früheren Köpfe der Weimarer Zeit, Ernst Michel, nach dem Zusammenbruch nicht wieder in die Erwachsenenbildung zurückkehrte. Während der NS-Zeit war er Arzt geworden, weil er ja 1933 sein Amt als Professor in Frankfurt verloren hatte. Sein Buch „Der Partner Gottes", eine theologische Anthropologie der Mündigkeit, wurde in den Jahren nach seinem Erscheinen (15) fast gar nicht beachtet, obgleich es sehr neuartige Dimensionen des Erwachsenseins ins Bewußtsein hob, so außer der Mündigkeit auch das „dialogische Verhalten" und die Freiheit des Erwachsenen. Kirchlicherseits wurde das genannte Buch sogar

regelrecht indiziert, obgleich sein Inhalt seit dem Zweiten Vatikanischen Konzil als legitimiert gelten darf. Schätzte Michel die realen Chancen der Demokratisierung der Erwachsenenbildung gering ein? Diese Frage beantwortet er in seinen Publikationen nie. Ich bedaure, hierüber mit ihm nie ausgiebig gesprochen zu haben.

Was nun die Tätigkeit der zweiten oben genannten Gruppe, der *aus der Emigration Zurückgekehrten*, betrifft, so blieb auch ihr Einfluß auf den Neubeginn einer demokratischen Erwachsenenbildung in Westdeutschland insgesamt geringer, als die meisten von ihnen gehofft hatten. Sofern sie sich auf den Elan der "re-education" beriefen, mußten sie mit psychologischen Barrieren rechnen. Sie sahen bald ein, daß sich ausländische (vor allem angelsächsische und schwedische) Verhältnisse nicht komplikationslos auf ein völlig verändertes Deutschland übertragen ließen. Gleichwohl gelang einigen von ihnen (so z.B. Helmuth Plessner und Fritz Borinski) die Strukturierung von neuen demokratischen Prinzipien in Theorie und Praxis der Erwachsenenbildung. Andere Remigranten gerieten bald in Vergessenheit, u.a. auch deshalb, weil sie sich anderen Sachbereichen zugewandt hatten; so übernahm z.B. Werner Milch, der immerhin in England zu den führenden Köpfen der "German Educational Reconstruction" gehört hatte, in Marburg einen Lehrstuhl für vergleichende Literaturwissenschaft. Männer wie Paul Tillich (16), Eugen Rosenstock-Huessy (17), Franz Mockrauer oder Eduard Heimann kehrten nur als Gäste zurück und gingen wieder ins Ausland zurück. Dazu mag beigetragen haben, daß die Plätze, für die sie sich interessierten, bereits besetzt waren, und hier und da bot man Emigranten auch die kühle Schulter. Den Emigranten trat man mancherorts mit einer seltsamen Befangenheit gegenüber, und nicht selten fühlten sie sich im Heimatland bald als Fremde. Es wäre unhistorisch, heute zu fragen, wie die Theorie und Praxis der neuen Erwachsenenbildung verlaufen wäre, wenn Männer wie Rosenstock oder Buber auf Dauer nach Deutschland zurückgekommen und sich hier kräftig engagiert hätten. Aber ihre Einschätzung der deutschen Entwicklung seit 1945 sollte man doch sehr ernsthaft in die historische Dokumentation einbeziehen. Da sie großenteils Juden waren, bezogen sie in den Schuldvorwurf gegenüber Deutschland auch die Erwachsenenbildung vor 1933 ein, die ja zu schwach gewesen war, um die Entstehung der NS-Diktatur verhindern zu können. – Vielleicht macht diese Perspektive erklärbar, weshalb manche „Prominente von einst" die Rückkehr nach Deutschland erst gar nicht ernsthaft planten, so z.B. Paul Honigsheim, vor 1933 Leiter der VHS Köln (18).

Aus der Gruppe derer, die zwischen 1945 und etwa 1960 Verantwortung in der Erwachsenenbildung übernahmen, sind inzwischen bereits viele verstorben, andere dagegen weiterhin aktiv. Allzu schnell geraten diejenigen, die nicht mehr unter den Lebenden sind, in Vergessenheit, zumal bei der jüngeren Generation. Bei den Volkshochschulen reicht die Gruppe der Verstorbenen von Eduard Weitsch, Wolfgang Pfleiderer und Heiner Lotze bis hinauf zu Jürgen Henningsen und Helmuth Dolff. Manche führenden Köpfe der katholischen Erwachsenenbildung, die bei deren Auf- und Ausbau wichtige

Funktionen wahrnahmen und deren Theorie formulierten, sind ziemlich früh durch den Tod mitten aus den Sielen der Arbeit gerissen worden und hinterließen unabgeschlossene Lebenswerke, so Theoderich Kampmann, Bruno Dreher, Heinrich Tenhumberg, Fritz Hofmann und Karl Forster. Wieder andere sind im üblichen Gruppen- und Richtungsschema nur schwer unterzubringen, weil sie Grenzgänger zwischen verschiedenen Bereichen waren — wie z.b. Felix Messerschmid, der Anregungen seines Freundes Romano Guardini in der Erwachsenenbildung erprobte, dem die katholische Bildungsarbeit ein hohes Maß an Spiritualität und Intellektualität verdankt, obgleich er ihr kritisch und unabhängig-distanziert zugetan war; ansonsten gehörte er im „Deutschen Ausschuß" und im „Deutschen Bildungsrat" zu denen, die die Erwachsenenbildung voll in ein demokratisches Bildungssystem integrieren wollten. — Es müßte eine Stelle geben, die die Biographien derer, die nicht mehr leben, sorgfältig registriert (19).

Nicht wenige derer, die ab 1960 verantwortliche Funktionen in der deutschen Erwachsenenbildung übernahmen, darf man als Schüler der bereits dargestellten Personengruppen bezeichnen. Selbst diese jüngere Gruppe hat bereits eine Dienstzeit von 20 bis 25 Jahren hinter sich und somit auch schon ein beachtliches Stück andragogischer Zeitgeschichte miterlebt und mitgestaltet. Aber auch aus der Gruppe der „45er" leben noch manche und müßten zur zeithistorischen Zeugenschaft animiert werden.

Zur Institutionalgeschichte der Erwachsenenbildung seit 1945

In einer Zeit des rapiden sozialen und technischen Wandels ist es üblich geworden, schon das 10jährige Bestehen einer Einrichtung zu feiern — und natürlich einen Zeitraum von 25 oder 40 Jahren noch mehr. Das gilt auch für zahlreiche Einrichtungen der Erwachsenenbildung, die nach 1945 entstanden. Für den Historiker ist aber nicht nur interessant, daß bestimmte Einrichtungen relativ lange existieren, sondern auch die Tatsache, daß manche Einrichtungen irgendwann ihre Tätigkeit einstellen, weil die soziale Entwicklung sie unterlaufen hat. Das gilt z.B. für manche Einrichtungen der ländlichen Erwachsenenbildung, sofern diese Einrichtungen auf eine Sozialstruktur zugeschnitten waren, die „ländlich" mit „bäuerlich" identifizierte, was heute nicht mehr realistisch ist (20).

Damit gelangen wir bereits zu einem von vielen möglichen Themen, die sich die Institutionalgeschichte der Erwachsenenbildung zu stellen hat. Wer etwa eine Geschichte der ländlichen Bildungsarbeit oder der Landvolk-Hochschulen schreiben will, muß den sozialen und ökonomischen Wandel auf dem Lande exakt kennen, denn dieser hat das Bedingungsgefüge der Erwachsenenbildung erheblich verändert. Die Arbeitsweise der Landvolk-Hochschule hat sich seit den fünfziger Jahren insofern verändert, als sich langfristige Kurse, die damals die Regel waren, schon seit langem nicht mehr durchführen lassen, es sei denn, es geht dabei um berufliche Umschulung (wie z.B. auf dem Klausenhof).

Man ist fast verblüfft, wenn man registriert, daß die Heimvolkshochschule nach 1945 mit ungleich größeren Vorschußlorbeeren wiederbegründet wurde als das, was man damals die Abend-Volkshochschule nannte. Vielleicht muß im ersten Schritt die Geschichte der *einzelnen* Heimvolkshochschulen monographisch aufgearbeitet werden (vor allem der besonders bekannt gewordenen wie z.b. Jagdschloß Göhrde, Hermannsburg, Freckenhorst, Feuerstein, Lambrecht, um nur einige zu nennen) – dann erst kann eine Gesamtgeschichte dieser Institutionalform nach 1945 in Angriff genommen werden. Ad calendas graecas sollte man diese Aufgabe nicht verschieben – sonst gerät zu viel in Vergessenheit. Allein schon die personalhistorische Perspektive der Heimvolkshochschulen verdient große Beachtung. Man denke an Gründerpersönlichkeiten wie Johannes Schlömann (Oesede), Egidius Schneider (Rhöndorf (21)), Bernhard Schulte (Freckenhorst), Paul Steinmetz (Hustedt), – hier nur beispielhaft für manche andere genannt –. Natürlich schufen sich viele Heimvolkshochschulen aus Anlaß ihrer Jubiläen honorige Festschriften mit manchen historischen Abhandlungen, aber damit liegt ja noch keine kritische Zeitgeschichte der Heimvolkshochschulen auf dem Tisch.

Während es gute Ansätze zur Zeitgeschichte der Evangelischen und Katholischen Akademien gibt (22), steht bis zur Stunde immer noch eine Zeitgeschichte der *Volkshochschule* aus. Es mag sein, daß der ideen- und ideologiegeschichtliche Teil eines solchen Werkes nur schwer zu leisten ist, aber es wäre ja schon viel getan, wenn die Rechts-, die Sozial-, die Methoden- und die Wirkungsgeschichte der Volkshochschule zur Sprache kommen würden. Aktuelle Positionsbeschreibungen mögen hilfreich sein, aber eine Darstellung der Zeitgeschichte der Volkshochschulen böte einen gründlicheren Einblick und ein tieferes Verständnis. Allein schon die Statistikgeschichte der Volkshochschule wäre für alle, die mit dieser Einrichtung verbunden sind, ein Gewinn. Was für die genannten drei Institutionen gilt, gilt ähnlich auch für andere Institutionalformen.

Zur Zeitgeschichte der Trägerorganisationen

Es ist klar, daß Untersuchungen zur Geschichte der einzelnen Institutionalformen auch deren *Träger* und damit die wichtigen Impulsgeber der Bildungsarbeit ernstzunehmen haben. Soziologisch gesehen, könnte man die Träger – etwa die Kirchen, Gewerkschaften und Unternehmerverbände – auch als Institutionen auffassen.
Die Zeitgeschichte der Trägerschaft und damit großer geistiger Bewegungen setzt eine konzise Kenntnis übergreifender historischer Kategorien voraus. So ist eine Zeitgeschichte der katholischen (23) oder evangelischen Erwachsenenbildung seit dem Zweiten Weltkrieg nicht zum geringsten Teil auch Kirchengeschichte, eine Geschichte der gewerkschaftlichen oder unternehmerischen Bildungsarbeit auch Sozial- und Wirtschaftsgeschichte. Solche historischen Gesamtdarstellungen gelingen am ehesten, wenn verschiedene Aspekte zum Thema verfolgt werden, so in der Arbeit von M. Fell der ideen-

geschichtliche, der motivgeschichtliche und der institutionalgeschichtliche Aspekt. Natürlich müssen es sich Trägereinrichtungen wie Kirchen bei Untersuchungen zur Zeitgeschichte des Bildungswesens gefallen lassen, nach den gleichen Kategorien erforscht zu werden wie etwa Arbeitnehmer- oder Arbeitgeberorganisationen, nämlich als Träger und Gestalter von Weiterbildung. Wesentlich einfacher ist es, die Tätigkeit von Spitzenorganisationen wie ,,Deutscher Volkshochschul-Verband", Bundesarbeitsgemeinschaft ,,Arbeit und Leben", ,,Katholische Bundesarbeitsgemeinschaft" oder ,,Deutsche Evangelische Arbeitsgemeinschaft für Erwachsenenbildung" historisch darzustellen. Immerhin wird dabei in die Organisations-, die Rechts- und Politikgeschichte auch die Ideen- und Ideologiengeschichte hineinspielen, ob man es will oder nicht. ,,Offizielle" Erklärungen — so z.B. die der Kirchen zur Erwachsenenbildung — sind oft enttäuschend abstrakt oder unverbindlich formuliert. Wer nur auf dieser Basis die Geschichte der kirchlichen Doktrin zur Erwachsenenbildung erarbeiten möchte, würde nicht die volle Realität zu sehen bekommen. Diese wird — bei der kirchlichen Erwachsenenbildung — eher dokumentiert durch gründliche Analysen einzelner Sachkenner (nicht nur Theologen) (24).

Die *Zusammenarbeit* der Spitzenorganisationen während der letzten Jahrzehnte scheint ein Thema ohne großen historischen Belang zu sein. Für Kenner signalisiert jedoch das Stichwort ,,Heppenheimer Kreis" den bisher erfolglosen Versuch, die Kooperation der Bundesverbände dauerhaft zu institutionalisieren, etwa in Form einer ,,Bundesarbeitsgemeinschaft für Erwachsenenbildung". In der Schweiz und in Österreich bestehen vergleichbare Gremien bereits seit Jahrzehnten — mit Erfolg. Die Frage, weshalb in der Bundesrepublik Deutschland ein solches Kooperationsgremium bisher nicht zustande gekommen ist, muß die zeitgeschichtliche Forschung noch beantworten. Dazu ist nicht nur intime Kenntnis der Institutionen, sondern auch der beteiligten Personen erforderlich.

Zur Zeitgeschichte der Erwachsenenbildungspolitik

In der Bildungspolitik (auch und vor allem auf die Schule bezogen) gab es in den letzten vier Jahrzehnten derart viele Veränderungen, daß es immer wieder verfrüht erschien, historische Retrospektiven zu wagen. Die Entwicklung, so hieß es, sei zu sehr im Fluß, als daß man sie schon objektiv überschauen könnte. Nun, selbst wenn die Zeitgeschichte der Erwachsenenbildung*politik* im Zeitraum seit 1945 zu einer Geschichte der ständigen Veränderungen geraten würde, wäre das bemerkenswert.

Besonders attraktiv ist dieses Teilgebiet der Zeitgeschichte der Erwachsenenbildung aber deshalb, weil es hier um eine grundlegende Neuordnung und zugleich um politische Anregung von Bildungsinitiativen ging. In der Erwachsenenbildung, jedenfalls in einer demokratisch verstandenen, bestand in Deutschland bei Kriegsende eine totale Nullpunktsituation, während im Schulbereich ein mehr oder weniger perfektes System bestand — mit vielen historischen Hypotheken. In der Erwachsenenbildungspolitik waren weitgehend *kreative* Aufgaben zu erfüllen, nicht nur durch neue Rechtschöpfung, sondern durch Fundierung und Erprobung eines Förderungssystems, das es vorher nicht gegeben hatte.

Ein wichtiger Faktor für die Erwachsenenbildungspolitik bis in die fünfziger Jahre waren die sehr verschiedenartigen Impulse, die die Siegermächte in Westdeutschland der neuen Erwachsenenbildung gaben, ehe die Bundesländer hier eine volle Kompetenz erlangten. Sowohl in den Besatzungszonen als auch in den Ländern kamen Unterschiede in der Entwicklung der Erwachsenenbildungspolitik zum Zuge. Heute sind sie weitgehend schon in Vergessenheit geraten.

Bei der Aufarbeitung der politischen Zeitgeschichte der Erwachsenenbildung ist nicht nur auf die Initiativen in Länderparlamenten und Länderregierungen zu achten, sondern auch auf die Einflußnahmen sog. „freier Träger" auf diese Initiativen. Daß dabei die Kirchen in einigen Bundesländern eine große Rolle spielen, ist ein historisches Faktum, dessen differenzierte Aufhellung durch die Forschung noch bevorsteht (25).

Die sechziger Jahre brachten dann Einflußnahmen des Bundes auf die Förderung der Erwachsenenbildung und deren Einbeziehung in die allgemeine Bildungsplanung, allerdings — wie heute ersichtlich ist — ohne großen Erfolg. — Ein Kapitel für sich, das noch nicht geschrieben ist, ist die Gewichtung der Erwachsenenbildung/Weiterbildung bei den Unternehmungen des „Deutschen Ausschusses für das Erziehungs- und Bildungswesen" wie auch des „Deutschen Bildungsrates" und der Bund-Länder-Kommission für Bildungsplanung.

Die Unterschiedlichkeit der bildungspolitischen Entwicklung in den Bundesländern läßt sich unschwer an der Verschiedenartigkeit der entsprechenden Gesetze ablesen (26). Einige Länder begnügten sich mit Förderungsgesetzen, andere bevorzugten Strukturgesetze (27).

Die Qualifikation zur Erarbeitung einer Zeitgeschichte der Erwachsenenbildungspolitik seit 1945 besitzen im Grunde nur diejenigen Experten, die jahrzehntelang in den Kultusministerien die Geschehnisse und deren Wandel mitgestaltet und mitbeobachtet haben: Anton Graßl in Bayern, Heinrich Epp in Baden-Württemberg, Fritz Laack in Schleswig-Holstein, Hubert Orthen in Nordrhein-Westfalen und Reinhard Wilke in Hessen, Berlin und Niedersachsen. Sie haben nicht nur Rechtsveränderungen, sondern auch manche Kultusminister und damit verschiedenartige Konzepte der Erwachsenenbildungspolitik kommen und gehen sehen — und sind doch lange bei der Sache geblieben. Zumindest für den Archivgebrauch müßten sie viele wichtige Erfahrungen (auch „Interna") in Erinnerung halten. Allein auf Grund der Aktenlage, wie sie sich etwa einem Doktoranden darbietet, erhält man nur ein höchst unzureichendes Wirklichkeitsbild.

Alltagsgeschichte und narrative Methode

Der Historiker hat verständlicherweise den Ehrgeiz, ein Zeitbild aus möglichst vielen und verschiedenen Arten von Quellen zu konstruieren. Man kann aber auch durchaus fündig werden. Das erläutern wir am Beispiel der Alltagsgeschichte, einer historischen Perspektive, die der Wirklichkeit besonders nahekommen möchte und dabei nicht nur den Prozeß der Bildung im Auge hat, sondern auch dessen Wirkungen.
Die Alltagsgeschichte (28) bekommt man z.b. dadurch in den Griff, daß man nicht nur Veranstalter und Kursleiter, sondern auch Teilnehmer berichten läßt. Dafür empfiehlt sich die Tonbandaufnahme, nicht die schriftliche Reportage. Läßt man Teilnehmer erzählen, ergeben sich zwar viele subjektive und sachlich unwichtige Perspektiven, aber die Sache selbst und deren Wirkung kommt auch sehr plastisch ins Bild. Eine exakte empirische Adressatenbefragung mag zu verläßlicheren Wirkungsergebnissen kommen; aber tut sie es wirklich immer? Nicht selten schafft die streng empirische Befragung für die, an die sie sich wendet, eine sehr künstliche Situation des Sich-Äußerns. Bei Anwendung der „narrativen Methode" (29) ist das nicht der Fall. Beim Erzählen kommt bei vielen Menschen wirklich das zur Sprache, was sie erlebt haben. Zur Alltagsgeschichte gehört natürlich auch das Problem des Teilnehmerschwunds; diesen kann man wiederum empirisch untersuchen, aber dabei ist zu fragen, ob manche Teilnehmer bei der „strengen" Befragung das wirkliche Motiv der Teilnahmeverweigerung angeben oder ein vorgeschobenes. Im Erzählen ist man ehrlicher. Allerdings kann dieses im einen oder anderen Fall dazu führen, daß einem Sachverhalt oder Erlebnis ein positiveres, rosigeres Bild abgewonnen wird als das der Wirklichkeit. Aber Fehlerquellen bei empirischen Erhebungen sind nicht geringer. Es gibt Menschen, denen die narrative Methode geradezu auf den Leib geschnitten ist; das gilt z.B. für Fritz Wartenweiler, der neben Wilhelm Flitner im deutschsprachigen Raum der älteste Zeitzeuge der Erwachsenenbildung ist, ein Meister im Erzählen (30).

Zur Quellenlage — Was soll gesammelt werden?

Man muß schon sehr genau und hartnäckig recherchieren, will man sich ein einigermaßen klares Bild über die derzeitige *Quellenlage* zur Zeitgeschichte der Erwachsenenbildung verschaffen. Daß sich die Spitzenorganisationen und deren Arbeitsstellen inzwischen die Mühe machen, bestimmte Materialien für Archivzwecke zu sammeln, ist gewiß ein Fortschritt gegenüber früheren Jahren. Die Frage, was gesammelt werden soll, beantwortet man vorläufig so: Eher etwas mehr als etwas weniger. Sobald sorgfältig archiviert wird, kann man ja immer noch bestimmte Stoffe beiseitelegen.
Uns liegt hier nicht daran, eine Systematik der wichtigen, archivierungswürdigen Materialien zusammenzustellen, aber einige Dinge sollen genannt werden — sozusagen als Einstieg in eine sorgfältige Spurensicherung.

1) *Rechtsgrundlagen:* Natürlich gibt es inzwischen lückenlose Gesetzessammlungen für die Gegenwart; aber da es auch eine Rechtsgeschichte der Erwachsenenbildung gibt, müssen auch Gesetze und Verordnungen aus früheren Zeiten gesammelt werden, damit ein Rechtsvergleich möglich wird. Und nicht zu vergessen ist, so weit wie eben möglich auch die Rechtsgrundlagen der anderen Staaten hinzuzuziehen. Die *Satzungen* der Einrichtungen gehören ebenfalls in diesen Archivteil, ferner *Prozeßakten,* die für die Erwachsenenbildung wichtig sind.

2) *Programme und Arbeitspläne:* Diese sind von einigen zentralen Stellen schon seit längeren Jahren gesammelt worden. Aber es gibt heute noch Bundeseinrichtungen, die nicht über ein komplettes Programmarchiv der ihnen zugeordneten Einrichtungen verfügen. Entschuldigt werden kann dies nicht mit dem Hinweis, die Arbeitspläne könne man ja bei den einzelnen Einrichtungen einsehen. Die Praxis hat uns oft gezeigt, daß das nicht immer möglich ist.

3) *Protokolle, Jahresberichte u.ä.:* Da Sitzungsprotokolle oft die konkrete Situation einer Einrichtung besser wiedergeben als Jahresberichte, gehören die Protokolle nicht nur in die Aktenordner (aus denen sie nach zehn Jahren oder früher in Richtung Reißwolf verschwinden), sondern auch in die Archive. Da Jahresberichte nicht selten zu Erfolgsbilanzen tendieren, ist es angebracht, auch kritische *Kommentare* zu diesen Berichten zu sammeln.

4) *Statistiken:* Sicherlich enthalten Jahresberichte immer irgendwelche statistischen Hinweise, aber das entspricht noch nicht den strengen Anforderungen einer wissenschaftlich einwandfreien, kontinuierlichen Statistik. Das heißt etwa: Die Bundesorganisationen der Erwachsenenbildung sollten ein *gemeinsames* Statistik-Raster erarbeiten – mit Parametern, die einen Vergleich zwischen den Einrichtungen ermöglichen. – Leider liegen über die ersten 15 Jahre nach 1945 nur sehr lückenhafte Statistiken vor.

5) *Personalia:* Jeder Einrichtung müssen zumindest ihre Verantwortlichen so viel wert sein, daß sie deren Vita und Tätigkeit dokumentieren, spätestens nach dem Tode. Die Personalangaben selbst von namhaften Persönlichkeiten der Erwachsenenbildung nach 1945 sind oft so lückenhaft, daß man sich kein korrektes Bild machen kann. Natürlich sind zu diesem Teil der Archivmaterialien auch publizistische Darstellungen von und über führende Fachleute zu rechnen.

6) *Bilddokumente:* Um von der Erwachsenenbildung vergangener Jahre eine klare Vorstellung zu bekommen, sind auch Bilder vonnöten, und zwar nicht nur Portraits führender Erwachsenenbildner, sondern auch Fotographien, die den Verlauf der Bildungsarbeit darstellen. In vielen wichtigen Situationen (z.B. bei Konferenzen, die sich hernach als denkwürdig erwiesen haben) ist versäumt worden, die Aussagekraft der Fotografie zu nutzen (31). Natürlich setzt eine sachliche Interpretation von Bildern voraus, daß man – mit Hilfe einer heute noch nicht vorhandenen andragogischen Ikonographie – die unterschiedlichen Bildtypen zutreffend interpretiert. Aber weshalb sollten Bilder nicht ebenso aussage-

kräftig sein wie Texte? Das gilt übrigens auch für Karikaturen, wie es sie z.B. zur Geschichte der Frauenbildung gibt.

7) *Tonband- und Videoaufnahmen:* Bei traditionellen Archivierungen ist vorrangig auf Textquellen geachtet worden, die gedruckt vorliegen. Hält man jedoch die gedruckte Schrift für ein Verarmungsprodukt des kulturellen Lebens, dann bekommen Tonband- und Videoaufnahmen, durch die die lebendige Sprache konserviert wird, eine historische Beweiskraft. Manche "grand old men" der Erwachsenenbildung sind durchaus bereit, in narrativer Form ihre Erfahrungen und Auffassungen vorzutragen, und haben auch nichts dagegen einzuwenden, daß man ein Tonband laufen läßt, wodurch dann noch die Chance geboten wird, den Sprechenden konkreter mitzuerleben als durch Gedrucktes. Eigentlich müßte man systematisch Tonband- und Videoaufnahmen mit Äußerungen derjenigen Experten der älteren Generation herstellen, die zum Schreiben nicht mehr bereit oder fähig sind (32). Die elektronischen Aufnahmetechniken machen es heute zudem leicht, wichtige Tagungen oder Diskussionen durch Videoaufnahme zu fixieren.

8) *Werbemittel:* Da Erwachsenenbildung auf Teilnehmerwerbung angewiesen ist, gehören zu den Archivmaterialien auch die in der jeweiligen Zeit verwandten Werbemittel (Plakate, Programme, Hinweise in Zeitungen usw.).

9) *Presse- und Rundfunkberichte:* Wer z.B. eine Wirkungsgeschichte der deutschen Erwachsenenbildung seit 1945 schreiben will, ist auf Presse- und Rundfunkberichte angewiesen, die nicht nur die allgemeine Lage der Erwachsenenbildung widerspiegeln, sondern auch die Art, wie einzelne Veranstaltungen in der Öffentlichkeit ,,ankamen".

10) *Quellen zu Teilbereichen:* Besondere Sammelprinzipien ergeben sich bei der Archivierung durch das Interesse an Teilbereichen wie z.B. Arbeiter-, Frauenbildung, kreatives Gestalten, fremdsprachliche, theologische, politische Bildung. Hier wäre viel Material zu sichten. Aber wie könnte eine kompetente Betreuung durch hauptamtliche Archivare und Dokumentare gesichert sein?

Die Gefahr des *Verlustes* wichtiger Quellen ist nach wie vor groß. Wir haben Beispiele dafür, daß die Angehörigen führender Persönlichkeiten der Erwachsenenbildung deren Nachlaß nicht für wichtig hielten und entweder ganz oder teilweise vernichteten. Dem hätte die andragogische Historiographie durch die Bemühung um rechtzeitige Sicherung des Materials entgegenwirken können (33).

Schwierigkeiten bei der Erforschung der Zeitgeschichte

Im Rahmen der historischen Forschung gilt die *Zeit*geschichte als Geschichte der ,,jüngsten Vergangenheit" als besonders risikoreich. Allein schon der ,,Umgang mit zeitgeschichtlichen Quellen" (34) wirft Probleme auf. Die Quellen*kritik*, ,,das Alpha und Omega vernünftiger Geschichtswissenschaft" (35), bezieht sich nicht nur auf den zeitgeschichtlichen Kontext, in dem etwas geäußert wurde, sondern auch auf die Frage, ob wirklich alle verfügbaren Quellen herangezogen worden sind; diejenigen, die eine vorausgesetzte Hypothese erschüttern könnten, darf man nicht „vergessen". Da die zeitgeschichtlichen Ereignisse und Personen der Gegenwart und daher auch dem Forscher mitunter noch sehr nahe erscheinen können, besteht die Gefahr, auf bestimmte Personen Rücksicht zu nehmen, vielleicht weil es in der Gegenwart nicht dem vorherrschenden Meinungstrend entspricht, sie zu kritisieren. Über Ereignisse und Personen weit zurückliegender Epochen läßt sich leicht verhandeln.

„Der Zeitgeist hat sich in den letzten zwanzig Jahren ganz erheblich verändert. Damit ist auch das Vorverständnis anders geworden" (36). Der Forscher hat sich selbst zu fragen, welchem Zeitgeist er selbst unterliegt — vielleicht dem einer bereits nicht mehr vorhandenen Gegenwart, die er für aktuell hält (37).

Zeitgeschichte beansprucht nicht jenes höhe Maß an historischer Objektivität, das etwa der Mediävistik zugeschrieben wird; aber zeitgeschichtliche Untersuchungen leisten der Gegenwart deshalb einen keineswegs geringen Dienst, denn die Gegenwart ist nicht zum geringsten Teil aus der jüngsten Vergangenheit konstituiert und durch sie geprägt worden.

**Zwei Vorschläge: Deutsches Zentralarchiv für Erwachsenenbildung —
Deutsches Museum für Bildung**

Die für die andragogische Historiographie wichtigen Archivstücke können nur dann einigermaßen komplett gesammelt, gesichtet und für die weitere Forschung aufbereitet werden, wenn dabei eine *zentrale* Strategie angewandt wird. Auf den ersten Blick mag es ergiebiger sein, wenn dezentralisiert verfahren wird, etwa so, daß z.B. die Bundesorganisationen der Erwachsenenbildung jeweils eigene Archive unterhalten. Man könnte auch — wie es z.B. im Bereich der Schulmuseen und der diesen zugeordneten Archive üblich ist — nach dem Prinzip der *Regionalität* arbeiten; es gibt eine Reihe von regionalen Schulmuseen (38).

Bisher hat sich gezeigt, daß die meisten Bundeseinrichtungen der Erwachsenenbildung für Aufbau und Unterhaltung zünftiger Archive weder über hinreichendes Personal noch über geeignete Räume und über eine Dauerfinanzierung verfügen. „Nebenbei", sozusagen nach Amateurprinzip, lassen sich Archive der Erwachsenenbildung nicht verantworten. Es müßte möglich sein, daß ein *„Deutsches Zentralarchiv für Erwachsenenbildung"* geschaffen wird, dessen Träger die Bundesorganisationen wie auch Bund und Länder als Förderer sein könnten. Die jeweils eigenen Belange der Bundesorganisationen (des DVV, der Spitzenverbände der beiden Kirchen, der Gewerkschaften wie auch der Arbeitgeberverbände) können in einem solchen Zentralarchiv durchaus beachtet werden, z.B. durch entsprechende Gliederung der Archivanlage, durch Kenntlichmachung der Organisationen,

auf die sich die Archivstücke beziehen, wie auch durch angemessene Beteiligung der Trägerorganisationen am Personal des Archivs.
Ein Zentralarchiv für Erwachsenenbildung könnte über den Service für die historische Forschung hinaus auch zwei aktuelle Aufgaben erfüllen;
— regelmäßige, kontinuierliche *Dokumentation,* durch die das Zentralarchiv die Funktion einer *Auskunftsstelle* erhält,
— Bereitstellung von Exponaten für *Ausstellungen* zur Gegenwart und Geschichte der Erwachsenenbildung.
Damit kommen wir zu einem zweiten Plan. Das öffentliche Bewußtsein über Erziehung und Bildung wird heute nicht unwirksam durch *Ausstellungen* beeinflußt, die stärkeres Publikumsinteresse finden, als man es früher vermutete. Das beweisen Erfahrungen der letzten Jahre, u.a. aus Anlaß der 50. Wiederkehr des 30. Januar 1933. Die Erwachsenenbildung hat längst einen Reifegrad erreicht, der sie im guten Sinn museumsfähig macht. An ausstellungswürdigen Stoffen fehlt es durchaus nicht; ja, gerade die Geschichte der Erwachsenenbildung läßt sich gut visualisieren. Daß das bisher nicht oder nicht ausreichend (39) geschehen ist, liegt einfach in der Tatsache begründet, daß Erwachsenenbildung nicht als Stoff für Archive und Museen gegolten hat. Andere Sachgebiete sind dagegen für Museen seit langem Sammlungsgebiete, so z.B. die Geschichte der Schule oder — neuerdings sehr aktuell und populär — die Geschichte der Kindheit und Jugend. So hat z.B. das „Museum für Deutsche Volkskunde", ein Teil der reichen Stiftung Preußischer Kulturbesitz in Berlin, genügend Personal und Geld, um eine Ausstellung zum Thema „Kindergeburtstag" zu veranstalten und dafür einen aufwendigen, beachtlichen Katalog bereitzustellen (40). Das Thema „Erwachsenenbildung" ist nicht weniger wichtig für Ausstellungen als die Themen „Kindheit" und „Schule". Es wird daher höchste Zeit, daß die für die Erwachsenenbildung Verantwortlichen geeignete Ausstellungskonzepte entwickeln und erproben.
Ein bemerkenswertes Schlaglicht fällt dadurch auf die öffentliche Einschätzung der Erwachsenenbildung, daß — soweit uns bekannt — bei den bisherigen Plangesprächen für ein Museum für Geschichte der Bundesrepublik Deutschland in Bonn die Bildungsgeschichte ausgespart wurde, obgleich sie integraler Bestandteil der Geschichte der Demokratisierung unseres Staates ist. Würde die Erwachsenenbildung in den historischen Museen angemessen repräsentiert, würden wir es nicht für nötig halten, daß außer dem Plan eines Zentralarchivs auch der eines *„Deutschen Museums für Bildung"* diskutiert werden sollte. Weshalb sollte ein solches Museum sich nicht neben vielen anderen Museumstypen in der Öffentlichkeit behaupten und bewähren können?
Würde sich unser Denken über Erwachsenenbildung nur in Aktualismus erschöpfen und die historische Dimension nicht beachten, müßte es um ein kritisches Bewußtsein der Erwachsenenbildung schlecht bestellt sein. Ein Beispiel der jüngsten Zeit hat mich davon überzeugt, daß es heute nicht mehr genügt, Bildungsgeschichte nur als Schulgeschichte zu präsentieren. Die Rede, die Ivan Illich am 16. Juli 1984 zur Eröffnung des Bayerischen Schul-

museums in Schloß Ichenhausen hielt, geriet als Darstellung der Geschichte von Schreiben und Lesen zu einer Sprengung des Sinnrahmens der Schule und zu dem Nachweis, daß allein schon die Verbreitung von Schrift und Lesen im Laufe der Jahrtausende und Jahrhunderte eher die Erwachsenen betroffen hat als Kinder und Jugendliche (41). Illich ist nicht ein Mann der Schule, sondern einer der schärfsten Schulkritiker, und zugleich ist er – durch sein Institut in Cuernavaca – ein Mann der Erwachsenenbildung. Für ein Museum der Erwachsenenbildung könnte er ein überzeugendes Konzept liefern.

Anmerkungen

(1) Zum Begriff „Zeitgeschichte" siehe: Zeitgeschichte. In: Der Neue Herder, Bd. 6, Freiburg i.Br./Basel/Wien 1968, S. 697; hier wird in die Zeitgeschichte sogar „die Zeit von 1917 bis zur Gegenwart" einbezogen, also nicht erst die Zeit ab 1945.

(2) Ein Beispiel: Vermutlich finden sich im Privatarchiv d. Verf. zur Geschichte der kath. Erwachsenenbildung seit 1945 mehr Archivalien als in der Bundesgeschäftsstelle der Katholischen Bundesarbeitsgemeinschaft für Erwachsenenbildung.

(3) Siehe hierzu v. Verf.: Tatsachenforschung auf dem Gebiet der Erziehungsgeschichte – Arbeitsbericht über ein pädagogisches Archiv, S. 474 f. (1966). In der Erziehungswissenschaft ist das historische Interesse zugunsten von aktuell-politischen Fragestellungen seit den fünfziger Jahren stark zurückgegangen. Dies gilt auch für den Anteil der historischen Dimension an der pädagogischen Berufsausbildung.

(4) Im Sinne dieser These hat d. Verf. z.B. die Geschichte der katholischen Erwachsenenbildung zwischen 1918 und 1945 als Personalgeschichte zu interpretieren versucht (Katholische Erwachsenenbildung – Ein Beitrag zu ihrer Geschichte 1918 bis 1945, München 1965).
Zur Personalgeschichte der Erwachsenenbildung siehe ferner Hubert Lendl: Geschichte der Erwachsenenbildung als Persönlichkeitsgeschichte. In: Geschichte der Erwachsenenbildung, hrsg. v. F. Pöggeler, Stuttgart 1975, S. 366–375.

(5) Den Begriff „Institutionalform" führten wir erstmalig ein in: Einführung in die Andragogik, Ratingen 1957, S. 117 ff.

(6) U. Lohmar: Wir brauchen keine negative Koalition. In: Die Welt, Nr. 175/1984 (28.7.84), S. 17.

(7) F. Laack war einer der wenigen, die an führender staatlicher Stelle (im Kultusministerium von Schleswig-Holstein) neu aktiv wurden.

(8) Siehe F. Laack: Das Zwischenspiel freier Erwachsenenbildung, Bad Heilbrunn 1984; W. Flitner: Erwachsenenbildung, Bd. 1 des Ges. Werke,hrsg. v. K. Erlinghagen, A. Flitner und U. Herrmann, Paderborn 1984, bes. S. 251 ff.: Die Theorie des freien Volksbildungswesens seit 75 Jahren (1953)

(9) Mein Interesse an der Erwachsenenbildung wurde zwischen 1945 und 1950 vor allem von Wilhelm Flitner und Joseph Antz geweckt, durch die ich viel über die zwanziger Jahre und den Hohenrodter Bund erfuhr. Eine Bilddokumentation zum Hohenrodter Bund erschien erstmalig in: Im Dienste der Erwachsenenbildung (Festschrift für Rudolf Reuter), hrsg. v. F. Pöggeler, L. Langenfeld und G. Welzel, Osnabrück 1961, S. 339–346.

(10) Siehe L. Weismantel: Die „Schule der Volkschaft". In: Im Dienste der Erwachsenenbildung (Festschrift f. R. Reuter), S. 135–159.

(11) Zu nennen sind hier besonders Konrad Ernst und Joseph Antz sowie frühere Schüler Heinens im Raum Mönchengladbach, an ihrer Spitze der Aachener Bischof Johannes Joseph van der Velde, der selbst früher hauptamtlich im Volksverein mitgewirkt hatte.

(12) Siehe R. Reuter: Idee und Wirklichkeit der Erwachsenenbildung, Köln/Frechen 1963.

(13) Ich erinnere mich an eine 1953 ausgetragene heftige Auseinandersetzung zwischen Heinrich Tenhumberg als Repräsentant der kirchlichen Landbildung und Andreas Hermes als Präsident des Deutschen Bauernverbandes.

(14) F. Siegmund-Schultze versuchte nach 1945, die Berliner Bemühungen in Westdeutschland zu reaktivieren, allerdings ohne die erwünschte Resonanz. Für eine gerechte Würdigung des Lebenswerkes Siegmund-Schultzes setzt sich Ernst Bornemann ein.

(15) Daß Michels Werk „Der Partner Gottes" 1946 bei Lambert Schneider in Heidelberg erschien, hängt mit der Verbindung zu Martin Buber zusammen.

(16) Siehe hierzu: H. Petsch: Paul Tillich's Beitrag zu Theorie und Praxis der Evangelischen Erwachsenenbildung, Klinkhardt 1981.

(17) Siehe U. Jung: Eugen Rosenstocks Beitrag zur deutschen Erwachsenenbildung der Weimarer Zeit, Frankfurt 1970.

(18) P. Honigsheim: Aus den Erinnerungen eines alten Kölner Volksbildners. In: Im Dienste der Erwachsenenbildung, S. 121–136.

(19) In den bekannten Lexika und Wörterbüchern der Erziehungswissenschaft findet man leider nur wenige Namen aus der Erwachsenenbildung. Umso nötiger wäre die Schaffung eines zeithistorischen "Who's who?"-Handbuchs.

(20) Die „Ländlichen Seminare" haben im Laufe der Jahrzehnte an Bedeutung und Wirkung erheblich verloren. Siehe hierzu D. Krause: Ländliche Seminare. In: Lexikon der Pädagogik, Bd. 5, Freiburg/Basel/Wien 1971, S. 27.

(21) Er war einer der wenigen führenden Männer der Erwachsenenbildung, der während der NS-Zeit der Widerstandsbewegung angehört hatte und der Vollstreckung des Todesurteils nur durch glückliche Umstände entgehen konnte.

(22) Zu nennen ist vor allem das von Hermann Boventer herausgegebene, gleichermaßen personal- und institutionalgeschichtliche Sammelwerk: Evangelische und Katholische Akademien, Paderborn 1983.

(23) Eine Zeitgeschichte der katholischen Erwachsenenbildung von 1945 bis 1975 bietet Margret Fell in ihrer Aachener Habilitationsschrift: Mündig durch Bildung – Zur Geschichte katholischer Erwachsenenbildung in der Bundesrepublik Deutschland zwischen 1945 und 1975, München 1983.

(24) Dennoch ist natürlich eine historische Dokumentation kirchenamtlicher Äußerungen belangreich. Für den katholischen Bereich liegt sie seit 1984 vor in dem von Margret Fell und Reiner Güttler herausgegebenen Sammelband: Dokumente zur katholischen Erwachsenenbildung, München 1984.

(25) D. Verf. war selbst an den Initiativen zur Beratung eines Förderungsgesetzes für die Erwachsenenbildung in Nordrhein-Westfalen (1963) beteiligt, und zwar in enger Zusammenarbeit mit Heinrich Tenhumberg, der zweifellos einer der einflußreichsten Männer in der Erwachsenenbildungspolitik der fünfziger und sechziger Jahre war.

(26) Siehe hierzu: J. Knoll/F. Pöggeler/W. Schulenberg: Erwachsenenbildung und Gesetzgebung, Köln/Wien 1983, vor allem die Gesetzes-Synopse auf S. 289 ff. (Böhlau-Verlag).

(27) Siehe hierzu A. Beckel in: A. Beckel/K. Senzky: Management und Recht der Erwachsenenbildung, Stuttgart 1974, S. 192 ff.
Vgl. auch J. Knoll/F. Pöggeler/W. Schulenberg, a.a.O., S. 289 ff.

(28) Auf den Alltagsaspekt in der Erwachsenenbildung hat Lutz v. Werder besonders eindringlich aufmerksam gemacht in: Zur Theorie außerinstitutioneller Erwachsenenbildung. In: Neue Theorien der Erwachsenenbildung, hrsg. v. F. Pöggeler u. B. Wolterhoff, Stuttgart 1981, S. 207–224.

(29) Diese Methode wird heute auch in den Sozialwissenschaften zunehmend anerkannt.

(30) Flitner und Wartenweiler wurden am gleichen Tag geboren: 20 August 1889. Zu den originellsten Stücken in meinem Tonbandarchiv gehört ein Gespräch mit Wartenweiler im Rahmen einer Veranstaltung meines Instituts.

(31) Als ich 1961 eine Festschrift für Rudolf Reuter zusammenstellte, erhielt ich u.a. einige Privatfotos von Sitzungen des „Hohenrodter Bundes", die manchen Eindruck ermöglichen, den die Texte nicht zu geben vermögen. (Siehe hierzu: Im Dienste der Erwachsenenbildung v. F. Pöggeler, a.a.O., S. 239 ff.)

(32) So verfüge ich u.a. über die Tonbänder von zwei sehr beachtlichen Vorträgen, die Wilhelm Flitner auf meine Einladung hin in Aachen hielt und in denen er auf seine Erfahrungen aus mehr als sechs Jahrzehnten einging.

(33) Es gehört auch zur Aufmerksamkeit des Zeithistorikers, genau zu wissen, welche Nachlässe auch dann noch zugänglich sind, wenn diese sich auf seit langem Verstorbene beziehen. Ein Beispiel: Die Witwe Robert v. Erdbergs wohnte in ihren letzten Lebensjahren in den USA; allein schon die Mühen des Umzugs von Deutschland nach dort führten dazu, daß manche wichtige Materialien verschollen sind. Ähnliches passierte mit dem noch vorhandenen Rest, als Frau v. Erdberg in hohem Alter starb und ihr Haushalt aufgelöst werden mußte. (Mündliche Auskunft der Tochter Robert v. Erdbergs, Prof. Elinor v. Erdberg, Aachen).

(34) Titel einer Abhandlung von Konrad Repgen. In: Engagement, Heft 3–4/1983, S. 176–185.

(35) K. Repgen, a.a.O., S. 182.
(36) K. Repgen, a.a.O., S. 180.
(37) Zur Zeitgeistproblematik vgl. J.H. Knoll: Zeitgeist der Aufklärung, Schönig-Verlag, Paderborn 1972.
(38) So z.B. ein Bayerisches Schulmuseum in Schloß Ichenhausen bei Günzburg (Donau), Schulmuseen in Dortmund, Nürnberg, Bergisch-Gladbach, in Jever (Oldenburg) und in Berlin. Schulmuseen im Ausland (so z.b. in Kopenhagen und Paris) gelten dagegen als pädagogische Nationalmuseen.
(39) Zu erwähnen ist z.b. die vom Duisburger Institut für Schulbuchforschung organisierte Ausstellung „Der Nationalsozialismus im Jugendbuch", ferner eine Ausstellung „Berliner Schulen von 1830–1980", organisiert von der Arbeitsgruppe Pädagogisches Museum in Verbindung mit der Hochschule der Künste. Zu nennen sind ferner Ausstellungen zu den Themen „Wie die Kinder lesen lernten", „Bilderbibeln und Bibelbilder" sowie „100 mal Robinson", die d. Verf. in den Universitätsbibliotheken Heidelberg, Gießen, Bamberg sowie in der Württembergischen Landesbibliothek Stuttgart und in den Stadtbibliotheken Bonn und Aachen durchführte.
(40) Berlin 1984, hrsg. v. Regine Falkenberg, 192 S., reich illustriert.
(41) I. Illich: Schule fürs Museum – Phaidros und die Folgen, Bad Heilbrunn i. Obb. 1984. (Schriftenreihe zum Bayerischen Schulmuseum, hrsg. vom Bayerischen Nationalmuseum, Bd. 3,1).

2. Dimensionen geschichtlicher Wirklichkeit und ihre Bearbeitung

Wilhelm Mader
Mentalität und Erzählen — Zur Einheit von Geschichte und Bildung

– I –

Von Marcel Proust stammt die Anmerkung: „Wenn die Historiker mit einem gewissen Recht aufgegeben haben, die Taten der Völker durch den Willen der Könige zu erklären, so müssen sie die psychologische Verfassung des mittelmäßigen Individuums an dessen Stelle setzen" (Auf der Suche nach der verlorenen Zeit. Band V, S. 1188).

Und es ist auch Marcel Proust, der sich um die Jahrhundertwende in seiner Figur des Herzog von Guermantes über das Modewort „Mentalität" als dernier cri mokiert. Doch gerade in Frankreich entsteht Ende der 20er Jahre um die Zeitschrift „Annales: Economies-Sociétés-Civilisations" eine Form von Geschichtsschreibung, in deren Mittelpunkt das Wort „Mentalität" steht und die bis in die Gegenwart „das Feld der persönlichen und kollektiven Subjektivität, der politischen Kulturen, der Weltbilder und Meinungsklimate, kurz der Mentalitäten" (Schulze 1983, S. 14) forschend bearbeitet. Doch Hagen Schulze weist in seiner kurzen Beschreibung dieser französischen Versuche, eine „histoire totale" von Marc Bloch über Lucien Febvre bis zu Michel Vovelle und Emanuel Le Roy Ladurie zu leisten, auch darauf hin: „Mentalitäten: Das klingt so griffig, und ist doch so vage, wie prädestiniert als Schlüsselwort für intellektuelle Moden ... die Gefahr der Scharlatanerie ist nicht immer fern" (Schulze 1983, S. 14 f.).

Aber alle Versuche, dieser möglichen Scharlatanerie nicht zu erliegen – vielleicht durch klare Besinnung auf die sozioökonomischen Verhältnisse, die objektiv faßbar sind und deren subjekthaft vage Widerspiegelungen erklären, vielleicht durch methodischen Nomologismus, durch den das Gegenständlich-Inhaltliche zum Nachgeordneten, aber nicht begründenden Teil einer *wissenschaftlichen* Forschung wird –, haben nicht das Interesse und die Faszination an Literatur und Forschungen erlahmen lassen, die versuchen, Alltagsleben, Mentalitäten, Fühlen, Denken von Menschen, die „atmosphère mentale" einer Epoche in historischen Kategorien zu fassen.

Für eine der wichtigsten Studien des emigrierten Frankfurter Instituts für Sozialforschung, für die zwischen 1949 und 1950 publizierten Ergebnisse der "Studies in Prejudice", skizziert Theodor W. Adorno in der Einleitung der „Studien zum autoritären Charakter" das wissenschaftliche Problem so: „Die Untersuchungen, über die hier berichtet wird, waren an der Hypothese orientiert, daß die politischen, wirtschaftlichen und gesellschaftlichen Überzeugungen eines Individuums häufig ein umfassendes und kohärentes, gleichsam durch eine ‚Mentalität' oder einen ‚Geist' zusammengehaltenes Denkmuster bilden, und daß dieses Denkmuster Ausdruck verborgener Züge der individuellen Charakterstruktur ist" (Adorno 1980, S. 1).

Dies klingt gut, und es wäre eine Fülle von Beispielen anzuführen, daß historisch und literarisch Interessierte, zumal diejenigen, die gleichzeitig alltäglich in Schule, Hochschule oder Erwachsenenbildung mit anderen die Gegenwart, diese aus ihrer Herkunft interpretierend, verständlich zu machen suchen, schon immer davon überzeugt waren, daß es – wie E. Durkheim um die Jahrhundertwende in seiner empirischen Studie zum Selbstmord schrieb – „eine kollektive Gemütsverfassung, genau wie es eine individuelle Gemütsverfassung gibt, welche die Völker zur Traurigkeit oder zur Fröhlichkeit neigen läßt, und ihnen Dinge in strahlenden oder düsteren Farben vorstellt" (Durkheim 1973, S. 238).

Doch mit dem Wort Mentalität ist noch mehr gemeint als Gemütsstimmungen nach dem Muster von traurig oder fröhlich. Mentalität ist der heimliche "point of view", von dem aus der Welt, der Geschichte und dem Selbst Sinn, Struktur und Wert gegeben oder abgesprochen werden. Die psychologische Verfassung des mittelmäßigen Individuums als heimlicher König der Geschichte? Für den Wissenschafts- und Politikbereich hat Umberto Eco eine sarkastische Unterscheidung zwischen *Apokalyptikern* auf der einen Seite, die ihre „heimliche Liebe zur Katastrophe" zum Ausstieg aus der Massenkultur der Gesellschaft nutzen – also dem typischen Gestus der Intellektuellen – und den *Integrierten* auf der anderen Seite, die *„nicht* abweichen, *nicht* anderer Meinung sind" (Eco 1984, S. 16 ff.) angeboten.

Und so sehr wohl kaum bestritten wird, *daß* es einen solchen vorbewußten Fokus in Gesellschaft und Individuum gibt, der die wahren Richtlinien der Politik zumal in einer Demokratie bestimmt, so sehr wird man doch bezweifeln können, diesen Fokus eines Menschen, einer Gesellschaft, einer Epoche in seinem *Wie* mehr als nur deutend im nachhinein beschreiben zu können, eher in der Dichtung als in der Wissenschaft fündig werden zu können, ihn nicht wissenschaftlich dingfest machen zu können. Das grundlegende und kulturtheoretisch begründete methodologische Problem, das mit einer auf Mentalitäten ausgerichteten historisch orientierten Wissenschaft verknüpft ist, hat Theodor W. Adorno in einem Bericht über seine wissenschaftlichen Erfahrungen in den USA so auf den Punkt gebracht: „War ich mit der Forderung konfrontiert, wie man wörtlich sagte: ‚Kultur zu messen', so besann ich demgegenüber mich darauf, daß Kultur eben jener Zustand sei, der eine Mentalität ausschließt, die ihn messen möchte" (Adorno 1981, S. 309). Geraten so Kultur und moderne Wissenschaft in einen grundsätzlichen Gegensatz? Was aber würde das für eine Bildungsarbeit wie die Erwachsenenbildung bedeuten, die sich sowohl der Kultur wie der Wissenschaft verpflichtet fühlt? Hier an dieser Nahtstelle möchte ich einige Überlegungen skizzieren, wie das Verhältnis von Kultur und Bildung mit Hilfe einer Beziehung zwischen Mentalität und Erzählen auf einen fruchtbaren Weg schon gebracht worden ist und weiter gebracht werden könnte.

– II –

Um diesen zunächst vielleicht merkwürdig erscheinenden Verknüpfungsversuch von Mentalität und Erzählen als Hilfskonstruktion für das Verhältnis von Kultur und Bildung zu fassen, will ich ähnlich wie zum Wort Mentalität einige Hinweise zum Erzählen machen, von dem auch schon fast gesagt werden kann, es sei der „dernier cri" gegenwärtiger Pädagogik. Ich fange bei der Grundschule an. Das Januarheft 1985 der Westermann-Zeitschrift

GRUNDSCHULE nennt seine Leitthematik „Für eine narrative Unterrichtskultur". Es ist „der vernachlässigten Unterrichtskunst des Erzählens" gewidmet. Und so wird dann – mit guten Gründen – für einen „magister narrans" geworben und argumentiert. Es wird auf das „Erzählen wider den Tod" verwiesen, auf Scheherezade und ihre Geschichten aus 1001er Nacht, mit der sie die Mordlust des Königs bannte. Helmut Gollwitzers Erfahrungen in der Kriegsgefangenschaft („... und führen, wohin du nicht willst"), in der er sich und seine Mitgefangenen durch das Erzählen von Märchen und Geschichten vor der Verzweiflung bewahrte, werden angeführt, um die existentielle Bedeutung des Erzählens eindringlich zu belegen. Bis hin zu Christa Wolfs Frankfurter Poetik-Vorlesungen, in denen es heißt: „Erzählen ist human und bewirkt Humanes: Gedächtnis, Anteilnahme, Verständnis – auch dann, wenn die Erzählung teilweise eine Klage ist über die Zerstörung des Vaterhauses, den Verlust des Gedächtnisses, das Abreißen von Anteilnahme, das Fehlen von Verständnis" (Wolf 1983, S. 36).
Und ich möchte einen Satz anfügen, den S. Lenz in seinem Roman „Das Vorbild" Heino Merkel sagen läßt: „Die wahren Krankheiten, das sind unsere offenen Erlebnisse, sagte er, die unabgeschlossenen Erfahrungen, gegen die es nur eine Therapie zu geben scheint: sie durch Erzählen unschädlich zu machen."
Die Grundschule also hat die vergessene Kunst des Erzählens wiederentdeckt. Und auch die kultusministerielle Ebene ist schon mit im Boot. „Erzählungen des Lehrers und der Kinder schaffen oft eine besondere Atmosphäre. Sie tragen zum Vertrauen und zur Gemeinsamkeit zwischen Lehrern und Schülern bei und sind daher gerade in der Grundschule als wichtige Gestaltungselemente einzubeziehen" – so heißt es in den Leitlinien für die Arbeit der Grundschule des Landes Rheinland-Pfalz von 1984. Von welchem Bedürfnis, von welcher Mentalität wird diese Wiederentdeckung des Erzählens getragen und vorangetrieben? Wendet sich die kritische Diagnose Walter Benjamins zur ersten Hälfte unseres Jahrhunderts in seiner Studie über Nikolai Lesskow heute ins Positive? „Immer häufiger verbreitet sich Verlegenheit in der Runde, wenn der Wunsch nach einer Geschichte laut wird. Es ist, als wenn ein Vermögen, das uns unveräußerlich schien, das Gesichertste unter dem Sicheren, von uns genommen würde. Nämlich das Vermögen, Erfahrungen auszutauschen" (Benjamin 1980, S. 385).
Oder trauern Pädagogik und Wissenschaft in ihrer Wiederentdeckung des Erzählens dem Verlorenen nach? Auch in der Erwachsenenbildung bekommt das Erzählen in Praxis und Forschung Profil.
1984 ist das Buch von Erhard Schlutz „Sprache, Bildung und Verständigung", in dem er drei „kommunikative Genres" als Teilepisoden von Erwachsenenbildung vorstellt, erschienen: Als erstes Genre das *Erzählen* zur Einführung der subjektiven Welt der Biographie des Sprechers mit expressiver Funktion, dann das *Besprechen* zur Behandlung der objektiven Welt der Sachverhalte mit darstellender Funktion und schließlich das *Diskutieren* zur Überprüfung und Festigung der sozialen Welt der geteilten Normen mit appellativer Funktion (vgl. Schlutz 1984, S. 94 ff.).
Schlutz also plädiert eindringlich für den Wert des Erzählens in der alltäg-

81

lich praktischen Erwachsenenbildung. Und in Anlehnung und im Rückgriff auf Walter Benjamin weist er dem Erzählen einen hohen Stellenwert an einer spezifischen Nahtstelle zu, um die es hier geht: „Das Erzählen dient ... der Verkoppelung des eigenen Lebens mit historisch-kollektiven Ereignissen. ... Im Erzählen wird die subjektive Welt in den Zusammenhang der sozialen Welt gestellt" (Schlutz 1984, S. 98 f.). Die zeitkritische Diagnose, die Schlutz zu dieser Betonung des Erzählens als Genre der Erwachsenenbildung führt, sind die „historischen Tendenzen zur Entsinnlichung" (Schlutz 1984, S. 103), die durch Erzählen zwar nicht in einer neuen Unmittelbarkeit aufgehoben werden können, aber die Chance haben, die verborgenen Geltungsansprüche einer Zeit und einer Person herauszuarbeiten, denn: „Im Erzählen sind das ‚Sich-Mitteilen' und das ‚Etwas-Mitteilen' untrennbar verbunden" (Schlutz 1984, S. 108).

Während Schlutz praktische Vollzüge von Erwachsenenbildung vor Augen hat, wenn er für das Genre ‚Erzählen' in der Erwachsenenbildung argumentiert, dann hat ein anderer Autor, Peter Alheit, die Erfahrungen und Schwierigkeiten von anspruchsvoller Biographieforschung im Hintergrund, um sich dem Erzählen zuzuwenden. „‚Erzähltes Leben' ist nicht *das* Leben, gewiß. Aber im Narrativen steckt doch so viel Eigensinn, so viel Lebendiges, daß es lohnt, sich zunächst mit dem Phänomen des Erzählens selbst ein wenig vertrauter zu machen" (Alheit 1984, S. 31). Und Alheit erarbeitet nun auf dem Hintergrund eigener Forschungen und der Auseinandersetzung mit umfangreicher Literatur zur Biographieforschung die unterschwellig wirksamen „Regeln" des Erzählens. Seine Diagnostik ist: „Gerade ‚normale' Bildungssituationen dürften ein sozialer Ort sein, wo das ‚Handlungsschema' Erzählen nur am Rande Platz hat. Hier wird gewöhnlich argumentiert bzw. theoretisiert, allenfalls noch berichtet" (Alheit 1984, S. 44). Doch dies ist nicht seine Vorstellung von einer gelungenen Bildungssituation.

Denn er argumentiert explizit gegen eine zu schnelle didaktische Reduktion, so daß auch die auf Erzählung angewiesene Biographieforschung unter Umständen „ein weiteres Mal nur das Beispiel einer temporären Mode abgäbe" (Alheit 1984, S. 63), und implizit – wie ich meine – für die Eigenständigkeit des Erwachsenen, mit denen in der Erwachsenenbildung gearbeitet wird, und für die Eigensinnigkeit des Erzählens als Forschungs- *und* Bildungsprozeß, weil er meint: „Die Leute sind gewöhnlich handlungsfähiger, als sie von Pädagogen gehalten werden" (Alheit 1984, S. 60).

Diese wenigen Hinweise mögen genügen, um zu zeigen, daß es in verschiedenen pädagogischen Feldern eine Entwicklung gibt, die das Erzählen als Kultur- und Bildungs- und Forschungsgenre zu profilieren sucht und gute Gründe dafür hat. Vielleicht geht es uns wie Irmtraut Morgner: „Pädagogikfutter, das mehr als hundert Prozent hat, ist unverdaulich und schafft mich unwohl oder krank" (Morgner 1983, S. 61). Suchen wir die Ballaststoffe in Erzählungen?

– III –

Wie nun ist das, was ich mit ‚Mentalität' bezeichnet habe, verknüpft mit dem, was ‚Erzählen' bedeutet und bewirkt? Und welchen Sinn kann diese Ver-

knüpfung für Erwachsenenbildung haben?
Ich habe 1981 auf dem 5. Deutschen Volkshochschultag in Mannheim mit dem Begriff ‚Mentalität' „eine oft nur schwer faßbare Zwischenwirklichkeit zwischen Person und Gesellschaft mit durchaus eigener Geschichte, die sich nicht in Ideengeschichte oder Sozialgeschichte auflösen läßt" bezeichnet und behauptet: „Mentalitäten entstehen in Mischungen affektiver und rationaler Dynamik zwischen analysierender Vernunft und wertsetzendem Fühlen. Sie sind eine Grauzone zwischen deutlich faßbaren und kontrovers diskutierbaren Theorien einerseits und politischen Bewegungen andererseits" (Mader 1982, S. 59 f.).
Hans Tietgens hat 1983 auf diese Überlegungen von einer „Zwischenwirklichkeit" zurückgegriffen, um etwas zur Mentalität der Weimarer Zeit und der Arbeitsgemeinschaft als methodischem Leitmodell der Erwachsenenbildung dieser Zeit zu sagen. Die Arbeitsgemeinschaft als „Ort des Gesprächs der Gesellschaft mit sich selbst" und der Dialog „als Ausdruck der Humanität und als Weg der Erkenntnis" (Tietgens 1983, S. 11 f.) waren Kennzeichen der für Erwachsenenbildung gültigen „Zwischenwirklichkeit" der Weimarer Zeit. Gespräch und Begegnung wurden zentrale Leitvorstellungen.
Wenn ich auf diese Bestimmung von Mentalität als Zwischenwirklichkeit zurückgreife und sie weiterführe, so ergeben sich einige wichtige Verknüpfungspunkte mit dem Genre des Erzählens. Beide können in einer spezifischen Weise aufeinander bezogen werden. Um diesen Bezug geht es hier.
Wenn behauptet wird, Mentalität sei eine „Zwischenwirklichkeit" zwischen Person und Umwelt, dann in dem theoretischen (nicht verdinglichten) Sinn, daß in der individuellen psychischen und geistigen Struktur eines Menschen seine Kultur und Geschichte (also Überindividuelles) verwirklicht ist und nirgendwo sonst. Durch seine Mentalität nimmt ein Mensch teil an seiner Epoche. In ihr ist er soziales und individuelles Wesen zugleich. Kultur und Geschichte existieren hier und sonst nicht. So betrachtet steht der Mentalitätsbegriff gegen die Dichotomien von Psyche hier und Gesellschaft dort, von Einstellungen hier und Strukturen dort, von Subjekt hier und Objekt dort — einschließlich der theoretischen und politischen Probleme, die Folgen der historisch so bedeutungsvollen cartesianischen Dichotomie von „res cogitans" und „res extensa" sind.
Wenn behauptet wird, Erzählen sei die „Verkoppelung des eigenen Lebens mit historisch-kollektiven Ereignissen" (Schlutz 1984, S. 98), dann ist Erzählen die *Praxis* einer Zwischenwirklichkeit zwischen Gegenwart und Vergangenem, zwischen Individuum und Geschichte, die im Erzählen seine Geschichte wird, die einzige, die er hat. Und Praxis ist hier in dem ursprünglichen griechischen Wortsinn im Gegensatz sowohl zu „theoria" wie zur „technä" gemeint: Praxis als das handelnde Gestalten von *Verhältnissen zwischen Menschen* (und nicht als Herstellung von etwas oder als Umgang mit etwas). Erzählen ist das Handeln, in dem Mentalität sich vollzieht, d.h. gleichzeitig zum Ausdruck kommt wie erzeugt wird. Mit einer Metapher formuliert: Der verfestigte Gehalt von Erzählen kann Mentalität genannt werden, die im Erzählen verflüssigt wird und sich wieder verfestigt.

Dieser Zusammenhang wird noch deutlicher, wenn man ein weiteres Charakteristikum von Erzählen, wie es Schlutz vorschlägt, heranzieht. „Im Erzählen sind das ‚Sich-Mitteilen' und das ‚Etwas-Mitteilen' untrennbar verbunden" (Schlutz 1984, S. 108). Die reflexive Rationalität versucht zwischen dem Selbst und dem Etwas zu trennen. Sie ist das Vermögen der Unterscheidung. Das Erzählen ist das Vermögen der Verbindung. Das bedeutungsvoll in das Selbst hineingenommene Etwas (sei dieses nun Geschichte oder Welt) wird Mentalität. Mentalität ist nicht nur ein Gefühl, sondern affektiv besetzte Bedeutung ausgewählter Sachverhalte. Und insofern ist sie eine Zwischenwirklichkeit zwischen „analysierender Vernunft und wertsetzendem Fühlen". Erzählen ist Deutung und Deutungsmuster zugleich, insofern es ein Bestandteil innerhalb der Kultur ist, deren Struktur sich im Erzählen bildet. Von etwas ein Bild, eine Vorstellung, ein Wissen zu haben bedeutet daher, überhaupt erst dieses Etwas und damit Bildung zu haben.

Die Hermeneutik des Erzählens und der Kulturbildung in ihr aber ist nicht beliebig. Sie hat eine doppelte Bindung, der sie verpflichtet ist. Die eine Bindung ist die an die Realität, über die erzählt wird. Eine Realität läßt nicht jede beliebige Erzählung zu. Die Erzählung kann mehr oder weniger angemessen, mehr oder weniger wahr, mehr oder weniger selegierend, mehr oder weniger verzerrend sein.

Die moderne Wissenschaftsentwicklung hat, indem sie Realität als Objekt zum einzigen Kriterium des Erklärungswertes (oder Wahrheitsgehaltes) einer Theorie machte und in der Folge dem *Beobachten,* dem *Sehen* nicht nur einen Vorrang, sondern einen einzigartigen Rang als Methode einräumte, mit einer halben Wahrheit etwas unterschlagen, was für die Frage von Bildung und Kultur von zentraler Bedeutung ist. Denn die zweite Bindung, der das Erzählen verpflichtet ist, folgt aus der Struktur des Erzählens, die nicht nur über etwas erzählt, sondern jemandem erzählt, der *hört.* Der Erzähler ist der Realität als Objekt wie dem Hörer als Subjekt verpflichtet. Und zwischen diesen beiden Verpflichtungen bildet er ein Neues: die Erzählung − in der Hoffnung, sie könne beiden und ihm selbst genügen. Beide Verpflichtungen aber sind nicht aufeinander rückführbar und daher in den Konsequenzen widersprüchlich. Diesen Widerspruch auflösen zu wollen, führt aber zur Halbbildung oder Lüge, denn die Erzählung, die nur noch den Hörer meint und zu befriedigen sucht und den Sachgehalt aufgibt, lügt oder halluziniert, und die Erzählung, die nur noch die Sache zu fassen sucht, teilt nichts mehr mit − auch die Sache nicht.

Bildung ist das ständige Bemühen um einen gelingenden Zusammenhang von Erzählen über etwas *und* zu jemandem, so daß eine Geschichte entsteht, in der der Erzähler auch sich wiedererkennt und in der er mit anderen leben kann. Das Übel liegt in den Bestrebungen, diese spannungsvolle Einheit aufzulösen, um Klarheiten zur einen oder anderen Seite zu erreichen. In der Wissenschaftsgeschichte sind solche Auflösungsbestrebungen häufig mit Heftigkeit unter den Etiketten Naturwissenschaft versus Geisteswissenschaft samt den ihnen zugehörigen Methodologien von empirisch-analytischer bzw. nomologischer Wissenschaft versus hermeneutischer Wissenschaft diskutiert worden. Doch für diejenigen, die in der Bildungsarbeit andere über naturwissenschaftliche oder über geisteswissenschaftliche Inhalte unterrichten, verblaßt die Brauchbarkeit dieser Trennung. In beiden Fällen nämlich muß der Lehrende die Einheit der Verpflichtung gegenüber dem Stoff und gegenüber dem Hörer in seinem Lehren herstellen. Nichts anderes meint Didaktik. Die Auffassung, man vermittele nur den Stoff, also Wissen oder Qualifikation, zwar schüler- oder hörergerecht, aber erziehe oder bilde nicht eine Mentalität und Geschichte und Kultur *in* diesem Lehren, ist naiv. Bleibend ist eher umgekehrt der "point of view", die „atmosphère mentale", in der gelehrt und durch die gelernt wurde, wie mit sich selbst, der Welt und dem Mitmenschen umzugehen sei.

— IV —

Die eine Seite eines Bildungsprozesses also ist das Erzählen mit seiner doppelten Verpflichtung gegenüber der Sache und gegenüber dem Hörer. Die andere Seite aber ist das Hören (und als eine seiner Varianten: das Lesen). Wie steht es mit den Bedingungen und Verpflichtungen des Hörens? Wie steht es mit der alten Bezeichnung des Teilnehmers in der Weiterbildung als *Hörer*?

Die Biographieforschung hat sich sehr große Mühe gemacht, Figuren und Regeln des Erzählens (des Erzählers und der Erzählung) ausfindig zu machen. Der Forschungsgegenstand ‚Erzählen' hat unbestreitbare Vorteile: Erzählungen kann man aufschreiben, die Stimme des Erzählers kann man auf ein Tonband speichern. Man kann also Erzähler und Erzählung intersubjektiv festhalten und dann einer kritisierbaren Analyse und Interpretation zugänglich machen. Insofern gelten grundlegende und akzeptierte Wissenschaftsmuster, so sehr sie im übrigen kontrovers sein mögen. Wie steht es aber mit dem Hören? Wie hört jemand? Was sind seine Hörfiguren, seine Hörregeln?

So plausibel es ist, anzunehmen, daß jemand seine Hörmuster hat, so klar ist doch auch, daß wir über das *Wie* wiederum nur aus der Erzählung als Verarbeitung (nicht als Reflex) des Gehörten wissen. Hier eröffnet sich ein theoretisches und methodologisches Dilemma: Das Hören scheint das Erzählen in dem doppelten Sinne zu konstituieren, daß einerseits jemand nur erzählen kann, was er gehört hat, und daß andererseits jemand nur einem Hörer erzählt. Über das *Wie* des Hörens aber wissen wir nur über das Erzählen, demgegenüber das Hören transzendentale Qualität besitzt.

Kommt man aus diesem Dilemma einfach mit der Schlußfolgerung heraus, dann genüge es, sich auf das Erzählen als die vermittelnde und objektivierbare Ebene zu konzentrieren und die Spekulation über den Zusammenhang von Hören und Erzählen den Philosophen zu überlassen?

Für Bildungsprozesse genügt dies ganz offensichtlich nicht, da dies in der Konsequenz heißen würde, nur das wiederum in Erzählung (in verarbeitende Wiedergabe) umgesetzte Hören sei Bildung.

Das kann doch nicht wahr sein. Oder doch?

In den Schlußkapiteln von „Wahrheit und Methode" profiliert Hans-Georg Gadamer immer pointierter seine Vorstellungen von einer in Sprachlich-

keit eingebundenen hermeneutischen Welterfahrung des Menschen. Dort heißt es: „Nicht nur, daß, wer hört, sozusagen hören muß, ob er will oder nicht. Er kann nicht in der gleichen Weise weghören, wie man im Sehen dadurch von anderem wegsieht, daß man in eine bestimmte Richtung blickt. Dieser Unterschied von Sehen und Hören ist für uns deshalb wichtig, weil der Vorrang des Hörens dem hermeneutischen Phänomen zugrunde liegt, wie schon Aristoteles erkannt hat. Es gibt nichts, was nicht für das Hören mittels der Sprache zugänglich würde. Während alle anderen Sinne an der Universalität der sprachlichen Welterfahrung keinen unmittelbaren Anteil haben, sondern nur ihre spezifischen Felder erschließen, ist das Hören ein Weg zum Ganzen, weil es auf den Logos zu hören vermag. Im Lichte unserer hermeneutischen Fragestellung gewinnt diese alte Erkenntnis über den Vorrang des Hörens vor dem Sehen ein ganz neues Gewicht. Die Sprache, an der das Hören teilhat, ist nicht nur in dem Sinne universal, daß alles in ihr zu Worte kommen kann. Der Sinn der hermeneutischen Erfahrung ist vielmehr der, daß die Sprache gegenüber aller sonstigen Welterfahrung eine völlig neue Dimension aufschließt, die Tiefendimension, aus der die Überlieferung die gegenwärtig Lebenden erreicht" (Gadamer 1974, S. 438).
Auf die kürzeste Formel gebracht also: Geschichte und Kultur hat der Mensch nur vermöge des Hörens und Erzählens. Die Angewiesenheit auf das Erzählen und Hören schon in den einfachsten und grundlegendsten Fragen der eigenen Biographie und Identität (Elternhaus, Kindheit etc.) und die Unersetzbarkeit des Erzählens und Hörens durch andere Wahrnehmungen scheint so selbstverständlich, daß es geradezu aufregend ist zu sehen, wie sehr ein bestimmter Wissenschaftstypus sich vom Sehen und Beobachten abhängig gemacht und damit unbestreitbare Erfolge erzielt hat. Die Erfolge sind so beeindruckend, daß alles, was nicht umhin kann, sich auf Hören und Erzählen zu gründen (jedwede Pädagogik, der Richter im Verhör, auch viele Psychotherapien etc. gehören hierher), das Etikett des Unwissenschaftlichen, was meist heißt: des Subjektiv-Manipulativen, erhält.
Ein Mathematiker, der in der Geschichte der Mathematik liest und auf diese Weise seine Erkenntnisse sammeln würde, gälte nicht als Mathematiker, sondern höchstens als Mathematikhistoriker. (Ich werde jedoch die Bemerkung eines Mathematikers nicht vergessen, der mir sagte, es sei nur weniger zeitaufwendig, die mathematischen Findungen und Erfindungen jeweils selbst zu machen, als sie in mühsamen Quellenstudien herauszuarbeiten. Im übrigen käme aber wohl Ähnliches heraus, wenn man die auch historisch zu findenden Grundlagentheoreme in die gerade gültige „Sprache" übersetzen würde. Kann man Mathematiker als Hermeneutiker, als „Übersetzer" sein?)
Doch ein pädagogisch Tätiger ist immer einer, der die Sache im Erzählen und Hören zur Sprache bringt, der einer Sache ein Gesicht verleiht und darin Geschichte bildet. Der grundlagentheoretische Charakter von Hören und Erzählen für Bildung hat eine reiche und nicht nur philosophische Tradition (vgl. Gadamer). Auch Physiologie und Psychologie haben Forschungen angestellt, nach denen der Ausfall des Hörens entschieden schwerwiegendere Folgen für Handeln und Entwicklung einer Persönlichkeit hat als etwa

der Ausfall des Sehens. Das Hören erst (mit seiner Variante: dem Lesen) erlaubt mir, selbst eine eigene Geschichte zu haben und mit ihr gemeinsam in Geschichte mit anderen zu sein.
Wäre es nicht lohnend, in der Erwachsenenbildung den alten Begriff des „Hörers" neu zu überdenken, der wohl tiefer greift als seine Kritiker, die in ihm nur einen passiv-schweigenden Konsumenten von Bildungsgütern sehen können? Wäre hier ein weiterer Anschluß an die Leitvorstellungen der Erwachsenenbildung der Weimarer Zeit zu finden, die Tietgens mit Hinweisen auf Alfred Mann oder Eduard Weitsch herausgestellt hat (vgl. Tietgens 1983)?

– V –

Warum sind solche Überlegungen eigentlich wichtig, wozu können sie helfen? Warum gerät „Erzählen" zu einer Art Kategorie von praktischer Erwachsenenbildung wie von wissenschaftlicher Forschung? Zumindest eine historische Wirklichkeit erzwingt in der gegenwärtigen Situation das Erzählen in den Ländern, die in den 2. Weltkrieg einbezogen waren. Jetzt – 40 Jahre später – steht die erste „Zwischengeneration", die nicht aus der Kriegsvorbereitungs- und Kriegsphase lebt und denkt, aber führende und tragende Positionen innehält, vor der Notwendigkeit (vor allem die 35- bis 50jährigen sind hier gemeint), angesichts einer Kriegs*erinnerung* die Kriegs*möglichkeit* zu verhindern.
Die Notwendigkeit des Friedens zwingt zum Erzählen. „Die Erinnerung stiftet die Kette der Tradition, welche das Geschehene von Geschlecht zu Geschlecht weiterleitet" (Benjamin 1980, S. 399). Es ist daher nicht zufällig, und es ist auch keine Mode, wenn innerhalb und am Rande der Friedensbewegung ein intensives Bemühen um Klärung von Mentalitäten eingesetzt hat. „Ist es nicht so, daß wir allesamt in unserer alltäglichen Lebenspraxis Gefühlsbotschaften routinemäßig und deshalb meist ohne Bewußtsein aufnehmen, damit umgehen und sie auch gestalten? Sie schaffen soziale Realität" (Horn/Senghaas-Knobloch 1983, S. 13).
Die zwingende und objektiv historische Phase für die Notwendigkeit von Erzählen besteht in Deutschland in der erstmalig gegebenen Situation, daß eine nicht-kaiserliche und nicht-diktatorische und nicht durch Krieg abgebrochene Gesellschaftsverfassung von einer Generation, die in dieser selbst aufgewachsen ist, weitergegeben werden muß. Die Qualität des Hörens und Erzählens wird daher eine andere sein müssen als die Qualität des Erzählens derjenigen, die mit ihrer Kriegs*erfahrung* für die Friedens*möglichkeit* plädieren. Für die jetzt unsere Gesellschaft tragende Generation (und die in der Erwachsenenbildung pädagogisch Tätigen gehören zu ihnen, welche übergeordneten Gegner sie im übrigen auch ausgemacht haben mögen) geht es nicht mehr um Erinnerung als kondensierte Erfahrung, sondern um Erinnerung, die den Bereich der individuellen Erfahrungen weit übersteigt. Und hier ist Hören und Erzählen in tausendfältigen Formen unersetzbar.
Es ist schon eine schlimme didaktische Reduktion, wenn Erzählen im Bildungsbereich zum Instrument, eine besonders vertrauliche und gemeinsame

Atmosphäre zwischen Lehrenden und Lernenden zu schaffen, verkommt. Es selbst hat Bedeutung. Nicht mehr zuhören, das letzte Wort schon gesagt haben: Das ist das Ende von Kultur und der Beginn von Krieg unter Menschen. Kann Erwachsenenbildung eine Mentalität des Hörens und Erzählens unter Teilnehmern erzeugen und darin dem jeweiligen Stoff seine individuelle und gesellschaftliche Geschichte geben?

Literatur

Adorno, Th.W.: Studien zum autoritären Charakter. Frankfurt 1980, 3. Auflage

Adorno, Th.W.: Wissenschaftliche Erfahrungen in Amerika. In: Lepenies, W.: Geschichte der Soziologie. Bd. 1, Frankfurt 1981, S. 298–336

Alheit, P.: Biographieforschung in der Erwachsenenbildung (Teil II). In: Literatur- und Forschungsreport Weiterbildung, 1984, Heft 14, S. 31–67

Benjamin, W.: Illuminationen. Frankfurt 1980

Durkheim, E.: Der Selbstmord. Neuwied/Berlin 1973

Eco, U.: Apokalyptiker und Integrierte. Zur kritischen Kritik der Massenkultur. Frankfurt 1984

Gadamer, H.G.: Wahrheit und Methode. Tübingen 1974, 4. Auflage

Horn, K./Senghaas-Knobloch, E. (Hg.): Friedensbewegung – Persönliches und Politisches. Frankfurt 1983

Mader, W.: Personale Existenz und gesellschaftliche Realität. In: DVV (Hg.): Zukunftsaufgabe Weiterbildung. Die politische Verantwortung für die Erwachsenenbildung. Bonn 1982, S. 59–81

Morgner, I.: Amanda. Neuwied 1983

Schlutz, E.: Sprache, Bildung und Verständigung. Bad Heilbrunn 1984

Schulze, H.: Jenseits von Marx und Toynbee. In: DIE ZEIT, Nr. 7 vom 11.2.1983, S. 14/15

Tietgens, H.: Teilnehmerorientierung in Vergangenheit und Gegenwart. Frankfurt 1983

Wolf, Chr.: Voraussetzungen einer Erzählung: Kassandra. Darmstadt 1983

Johannes Weinberg
Perspektiven einer Institutionalgeschichte der Erwachsenenbildung

Einleitung

Die Institutionengeschichte der Erwachsenenbildung ist nicht völlig unerforscht. Die Tatsache jedoch, daß es nur wenige Einzeldarstellungen zur Institutionengeschichte gibt und es überdies an einer Darstellung der gegenwärtig vorhandenen Institutionen der Erwachsenenbildung fehlt, läßt die Vermutung zu, daß diese Art von Darstellungen wenig ergiebig ist. Es könnte sein, daß durch die Darstellung der Rechtsformen, des festgewordenen Personal- und Handlungsgefüges, der Angebotsprofile und Leistungsbilanzen der Erwachsenenbildungsinstitutionen nicht zu erklären ist, warum sie arbeitsfähig sind, warum sie entstanden sind, warum sie sich ändern, warum sie manchmal auch wieder verschwinden. Um diese Prozesse zu erklären, wird ein besonderer Untersuchungsansatz benötigt. Es könnte sein, daß der Prozeß der Institutionalisierung nicht durchgängig auf abschließende rechtliche Regelungen und institutionelle Fixierungen hin angelegt ist, sondern ebenso auf Offenheit, erzeugt durch den historisch-gesellschaftlichen Wandel. Zu vermuten ist, daß das Entstehen und Vergehen, das Sich-Ändern und das Sich-Verfestigen institutioneller Formen der Erwachsenenbildung auf Motivationsbündeln beruht, die durch gesellschaftliche Veränderungen herausgefordert werden. Die Überlegung soll im folgenden weiterverfolgt werden, wenn es darum geht, einen methodologischen Zugang zur Erforschung der Institutionalgeschichte der Erwachsenenbildung zu finden. Vorab soll jedoch kurz skizziert werden, wie sich der Forschungsstand zur Institutionsproblematik der Erwachsenenbildung zur Zeit darstellt.

Forschungsstand

Die wissenschaftlichen Veröffentlichungen, die die Institutionen der Erwachsenenbildung zum Gegenstand haben, sind nicht sehr zahlreich und in ihren Forschungsansätzen unterschiedlich. Drei Forschungsansätze lassen sich unterscheiden.
Erstens handelt es sich um Untersuchungen, in denen die Geschichte einer einzelnen Institution oder eines Institutionenverbundes nachgezeichnet wird. In der Regel wird dargestellt, aus welchen Anlässen heraus und mit welchem Aufgabenverständnis die Institutionen entstanden sind; wie die Arbeit finanziert und organisiert worden ist, wie die Angebotsstruktur ausgesehen hat und wer die Mitarbeiter waren. Auf die Frage, wer die Teilnehmer waren und wie in den Veranstaltungen methodisch gearbeitet worden ist, wird in einzelnen Arbeiten ebenfalls eingegangen. Kennzeichnend für diese Veröffentlichungen ist, daß Institutionen untersucht werden, die fraglos Erwachsenenbildungseinrichtungen sind, weil sie sich selber als solche

bezeichnen oder von anderen als solche bezeichnet werden. Es handelt sich um beschreibend rekonstruierende Untersuchungen.
Zweitens handelt es sich um Untersuchungen, deren Zweck es ist, einen Überblick über die vorhandenen Erwachsenenbildungsinstitutionen zu bekommen. Für die Beschreibung der Institutionen werden Raster von Merkmalen entwickelt, damit vergleichbare Institutionen-Darstellungen zustande kommen. Auf diese Weise wird eine Funktions- und Leistungsstruktur dargestellt, die es möglich macht, mit den gegebenen Institutionen als bildungspolitischen Planungsgrößen umzugehen.
Drittens handelt es sich um Untersuchungen, in denen das institutionelle Handlungsgefüge untersucht wird. Sie unterscheiden sich untereinander sowohl in ihren Zwecken als auch in ihren Forschungsansätzen. Dazu gehören organisationssoziologisch angelegte Untersuchungen, die sich auf Teilbereiche des institutionellen Handelns, etwa die Programmplanung, beziehen und deren Effektivität untersuchen. Andere Untersuchungen sind bürokratiekritisch angelegt und versuchen, die Defizite des Verwaltungshandelns herauszuarbeiten. Auffallend ist, daß die vorliegenden Veröffentlichungen lediglich Teilaspekte des institutionellen Handelns der Erwachsenenbildungseinrichtungen untersuchen, eine theoretische Vorabklärung des spezifischen Charakters des institutionellen Handlungsgefüges der Erwachsenenbildung jedoch unterbleibt.
Dieser geraffte Überblick läßt erkennen, daß die Untersuchung der Institutionalgeschichte bislang in ihrer theoretischen Fundierung unzureichend und in der Wahl ihrer Gegenstände und Fragestellungen eher zufällig erfolgt.

Gegenstandsbestimmung

Benötigt wird also eine genauere Bestimmung des Gegenstandes, der als „Institution der Erwachsenenbildung" bezeichnet wird, sowie eine genauere Begründung, mit welcher Absicht die Geschichte dieses Gegenstandes untersucht werden sollte.
Die Institution ist dazu da, daß in ihr organisiertes Lernen Erwachsener stattfinden kann. Es handelt sich also um ein Bedingungsgefüge, das so konstruiert ist, daß organisiertes Lernen Erwachsener nicht nur einmal oder hin und wieder, sondern dauernd zustande kommen könnte. Damit ist nicht gesagt, daß die Institution ausschließlich für Erwachsenenbildung da ist. Das zentrale Kriterium ist vielmehr das dauerhafte Vorhandensein eines Gehäuses, damit organisiertes Lernen Erwachsener zustande kommen kann, wenn danach ein Bedürfnis besteht. Solche Gehäuse sind juristisch definierte Gebilde, sei es im Sinne des privaten oder des öffentlichen Rechts. Der eingetragene Verein ist in der Bundesrepublik, auch wenn es um Erwachsenenbildung geht, bekanntlich die beliebteste, aber nicht die einzige Rechtsform.
Es besteht also eine Wechselbeziehung zwischen den mit dem organisierten Lernen Erwachsener verbundenen Aufgaben und den institutionellen Bedin-

gungen, die für diese Aufgabenerfüllung nötig sind. Die vielfältige Realität dieses institutioneninternen Wirkungsgefüges in den unterschiedlichen Erwachsenenbildungsinstitutionen ist kaum bekannt. Niemand weiß so recht, warum eine Erwachsenenbildungsinstitution funktioniert, warum sie aufgabengerecht arbeitet und warum es ihr gelingt, auf sich ändernde Weiterbildungsbedarfslagen zu reagieren.

Aus dieser fehlenden Begründung ließe sich ein umfangreiches Untersuchungsprogramm entwickeln, das den Zweck hätte, zur Optimierung der Aufgabenerfüllung der Erwachsenenbildungsinstitutionen beizutragen. Zu beachten wäre hierbei jedoch, was dazu bereits unter systemtheoretischem Aspekt angemerkt worden ist: Auf die Aufgabenerfüllung der Erwachsenenbildungsinstitutionen können die Kriterien der Eingriffsverwaltung und des Produktmanagements entweder gar nicht oder nur modifiziert übertragen werden.

Die oben gegebene Definition dessen, was unter einer Institution der Erwachsenenbildung zu verstehen sei, beruht darauf, daß Institution einerseits und Erwachsenenbildung andererseits sich je eigenständig definieren lassen. Ebenso sind sie in der Wirklichkeit auch getrennt voneinander vorhanden. Wenn es aber Erwachsenenbildung ohne institutionelles Bedingungsgefüge gibt, dann sind sie nicht notwendig aufeinander angewiesen. Zu fragen ist, warum zu bestimmten Zeiten, unter bestimmten Bedingungen Erwachsenenbildung das institutionelle Moment braucht bzw. nicht braucht. Zu untersuchen wäre also die Gesellschaftlichkeit und Historizität der Erwachsenenbildungsinstitutionen. Daraus ließe sich ein Untersuchungsprogramm entwickeln, das der Sozialgeschichte der Erwachsenenbildungsinstitutionen nachgeht, was eine umfassende Sicht und ein besseres Verständnis der gegenwärtigen Institutionenlandschaft der Erwachsenenbildung zuließe.

Eine Untersuchung der Erwachsenenbildungsinstitutionen erscheint also unter zwei Aspekten sinnvoll: einmal unter dem Aspekt des aufgabengerechten institutionellen Wirkungsgefüges und zum anderen unter dem Aspekt der sozialgeschichtlichen Bedingtheit des Verhältnisses zwischen dem organisierten Lernen Erwachsener und der Ausformung des institutionellen Gewährleistungsgefüges. Auf diesen zweiten Aspekt, den ich den sozialgeschichtlichen Untersuchungsansatz nennen möchte, soll im folgenden weiter eingegangen werden.

Sozialgeschichtlicher Wandel

Die sozialgeschichtliche Untersuchung der Erwachsenenbildungsinstitutionen sollte weder nur Vorgeschichte jetzt vorhandener Institutionen sein noch den durch ideengeschichtliche Dokumente vorgezeichneten Entwicklungshypothesen folgen. Vielmehr geht es um die Realgeschichte. Das heißt, die Institutionalgeschichte der Erwachsenenbildung kann nur als Teil des sozialen Wandels erfaßt werden. Allerdings dürfte es kaum gelingen, diesen Wandlungsprozeß jemals vollständig zu rekonstruieren. Gelingen dürfte eher

die plausible empirisch belegbare Herausarbeitung von Handlungszusammenhängen und Denkimpulsen.
Die sozialempirischen Daten und die schriftlichen Dokumente für die Sozialgeschichte der Erwachsenenbildungsinstitutionen sind dort zu suchen, wo die Institutionen entstanden sind und eine Zeitlang bestanden haben oder noch heute bestehen. In erster Linie kommen daher die Stadtarchive in Frage. Andere, auch auf kommunaler Ebene entstandene schriftliche Dokumente, etwa aus Kirchengemeinden, Wirtschaftsunternehmen und aus Privatbesitz, dürften oft in überörtliche Archive abgegeben worden sein. Eine solche Begrenzung des Untersuchungsansatzes auf konkrete Einzelfälle der Institutionengeschichte vor Ort hätte den Vorteil, das Handlungsgefüge und die damit verbundenen Absichten möglichst konkret mit ihren sozialen Verflechtungen und in ihrer situativen Besonderheit nachzeichnen zu können. Jedoch wäre die ausschließlich lokal- oder regionalgeschichtlich ansetzende Fragestellung nicht ausreichend, um den Stellenwert der Institutionalgeschichte der Erwachsenenbildung im Prozeß des sozialen Wandels zu erfassen. Soll das geschehen, müssen das Besondere und das Allgemeine der Institutionalgeschichte untersucht und zueinander in Beziehung gesetzt werden. Welche Handlungsebenen und damit Dokumenten- und Datenbestände dafür in Frage kämen, kann ich hier nur vorläufig andeuten.
In Frage kommen die auf Provinzial- und Länderebene eingerichteten Haupt- und Staatsarchive, die Archive von Wirtschafts- und Berufsverbänden, der Gewerkschaften, Kirchen und Parteien, die Zeitungsarchive usw. Auf der Grundlage von Quellen aus solchen Beständen könnte es gelingen, das zentralstaatliche und das lokal-regionale Handeln in seiner wechselseitigen Abhängigkeit, aber auch in seiner jeweiligen Besonderheit aufzudecken.
Mit den Hinweisen auf mögliche Akten- und Datenbestände ist jedoch noch nicht ausreichend geklärt, worin die sozialgeschichtliche Fragestellung besteht, wenn die Institutionalgeschichte der Erwachsenenbildung untersucht werden soll. Die Leitfrage lautet: Warum und zu welchem Zweck entstehen Institutionen der Erwachsenenbildung, und welche Institutionenstrukturen bilden sich aus?
Zu unterscheiden ist hierbei zwischen den Anlässen, durch die Institutionenbildung ausgelöst, Gründungen beschlossen, der Aufbau geplant werden und den tiefer liegenden Ursachen. Sie sind in dem allgemeinen wirtschaftlichen und sozialen Wandel, dem Bedürfniswandel bestimmter Bevölkerungsgruppen, den Einflüssen verschiedenartiger gesellschaftlich-politischer Herrschaftsgruppen zu suchen.
Noch schwieriger ist es, die Zwecke zu erfassen, denen die Institutionen einerseits dienen sollen und die sie andererseits in Wahrheit erfüllen. Die Untersuchung dieser Frage ist deshalb schwierig, weil Erwachsenenbildung bis zu dem Beginn der 70er Jahre Privatsache gewesen ist, d.h. eine Angelegenheit kleiner Bevölkerungsgruppen und einzelner Verbände, die damit auch das institutionelle Moment bestimmten. Zur Klärung der wahren Zwecke der Institutionen der Erwachsenenbildung und ihrer Sozialgeschichtlichkeit ist es daher nötig, die Lage und die Intentionen der Erwachsenen selber

zum normativen Bezugspunkt zu machen. Von daher kann die Institutionengeschichte der Erwachsenenbildung als eingespannt in den gesellschaftlichen Veränderungsprozeß begriffen werden, der in Mitteleuropa seit der Mitte des 18. Jahrhunderts stattfindet. Von diesem Veränderungsprozeß sind sozialökonomisch unterschiedlich gelagerte Bevölkerungsgruppen betroffen. Sie sind gezwungen, gegenüber den jeweils Älteren ihren soziokulturellen Lebenszuschnitt neu zu organisieren. Dazu gehören auch Institutionalformen für organisiertes Lernen und Kommunikation, in denen überwiegend Erwachsene, meistens Männer, später auch Frauen zusammenkommen.

Anfänge der Volksbildung

Um einen Ansatz für die sozialgeschichtliche Untersuchung der Erwachsenenbildungsinstitutionen zu gewinnen, ist es notwendig, sich daran zu erinnern, daß die Vorgeschichte dessen, was wir heute in der Bundesrepublik unsere Gegenwart nennen, in Deutschland im Laufe des 18. Jahrhunderts stattfindet. Der Vorgang im 18. Jahrhundert kann als ein langfristiger Prozeß beschrieben werden, in dem die Erholung nach den Verwüstungen des dreißigjährigen Krieges, ein technisch-ökonomischer Modernisierungsschub, neue Formen praktisch gewendeter rationaler Frömmigkeit, Denkanstrengung und Erziehung und politische Stärkung des territorialstaatlichen Eigengewichts gegenüber dem Heiligen Römischen Reich deutscher Nation allmählich ineinandergreifen. Die regionalen Unterschiede sind beträchtlich. Sie sind territorialpolitisch bedingt und stellen sich vor allem auch als Stadt-Land-Gefälle dar. Zieht man die quantitative Zunahme des Büchermarktes, also auch der Leserschaft, am Ende des 18. Jahrhunderts in Betracht und stellt man sich die steigenden Anforderungen vor an die Schreibfertigkeiten in den Büros der Fabriken, der Kaufleute und staatlichen Verwaltungen, an die Rechenfähigkeit und das Zeichnen von Planungsskizzen für den Festungsbau und das Urbarmachen von brachliegendem Boden, dann ist vorstellbar, daß auch ältere Jugendliche und Erwachsene die dafür eingerichteten „Realschulen" besucht haben. Dies müßte jedoch genauer überprüft werden. Überprüft werden müßte aber auch, wer die Beschwerdebriefe zum Beispiel der Manufakturarbeiter in Berlin am Ende des 18. Jahrhunderts an die staatliche Fabrikinspektion geschrieben hat. Vielleicht sind es Kanzleigehilfen gewesen, die sich nebenher etwas Geld verdient haben, oder vielleicht waren es auch kleine Schreibbüros. Aber woher kam dann das Wissen, das in diesen Briefen argumentativ verwendet wird? Wie ist diese Situation zu denken, in der einige Gesellen, die entweder nicht oder von denen der eine oder andere etwas schreiben kann, dem Schreibgewandten ihr Anliegen vortragen und allmählich der endgültige Beschwerdebrief entsteht? Wäre das nicht ebenso wie der lernende 18jährige junge Mann in einer Realschule eine Form organisierten Lernens Erwachsener? Was wir sicher wissen, ist, daß in den ersten drei Jahrzehnten des 19. Jahrhunderts der Überhang an Gesellen und die zunehmende industrielle Arbeit zu Formen organisierten

Lernens Erwachsener führen. Lesen, Schreiben und Rechnen lernen, aus dem Analphabetismus herauswollen, führt zu feststellbaren Formen des organisierten Lernens Erwachsener. Aber das institutionelle Bedingungsgefüge bleibt diffus. Lesekabinette und Lesevereine, die es seit den letzten Jahrzehnten des 18. Jahrhunderts gab, breiten sich aus, werden nun auch von den Angehörigen der „unteren Schichten" besucht und können als Ausdruck des Bedürfnisses nach Kontinuität des Lernens und des Gesprächeführens verstanden werden.

Gründungen wie die der „Pflanzschule für tüchtige Commünevorsteher und Ständedeputierte" in Rendsburg im Jahre 1842 lassen erkennen, daß über lockere Vereinigungen und Tischgesellschaften hinaus auch festere Institutionalformen gebraucht werden. Im Falle der „Pflanzschule" geht es um politische Bildung. Damit stellt sich die Frage, in welchem Ausmaße die Demokratisierungsbestrebungen in der Zeit des Vormärz in Deutschland zur Ausbildung von Institutionalformen der Erwachsenenbildung geführt haben. Die bisher vorliegenden Veröffentlichungen erlauben indes die Annahme, daß es richtig ist, für die Zeit des Vormärz vom Begriff der Volksbildung auszugehen, um gerade auch die Realität des Entstehungsprozesses der Erwachsenenbildung zu erfassen. Allerdings muß dabei auch beachtet werden, daß die entstehenden organisatorischen und institutionellen Ausprägungen in Zielsetzung und Aufgabenstellung unterschiedlich akzentuiert waren. Aus der Sicht der arbeitenden Bevölkerung handelt es sich insgesamt um eine Zeit der Migration und Verelendung, ausgelöst durch die Bauernbefreiung, die Gewerbefreiheit, ein starkes Bevölkerungswachstum, langfristig verursacht durch den Prozeß der Durchsetzung des privatunternehmerischen Handelns in allen wichtigen Produktionsbereichen. Damit sind die Landwirtschaft, der Kohlebergbau, der Erzbergbau, die Hüttenindustrie und einige Handwerke gemeint. Es handelt sich um einen gesellschaftlichen Veränderungsprozeß, der sich politisch gegen die Träger ständischer, das heißt durch Geburt und Grundbesitz definierter Privilegien wendet. Die in diesem gesellschaftlichen Bewegungsprozeß entstehenden Bildungsvereinigungen sind darauf angelegt, die neuen Produktionstechniken, das neue kaufmännische Wissen sowie die Beteiligung an den politischen Entscheidungen mehr Menschen als bisher zugänglich zu machen. Demgegenüber stehen die Initiativen staatlicher Gewerbeschulpolitik (etwa in Preußen) sowie der Handwerkerzünfte, die eher auf eine zahlenmäßig zu begrenzende und sozialgruppenspezifisch portionierte Ausbreitung der erforderlichen neuen Kenntnisse und Fähigkeiten angelegt sind. Beide Motivationsbündel für die Entstehung spezifischer Organisationsformen der Erwachsenenbildung sind zwar gegenläufig zueinander angelegt, ergänzen sich aber auch gegenseitig. Nicht ständig und überall kommt es zu Mißtrauen und Bespitzelung durch die Polizei.

Mit dem negativen Ausgang des Paulskirchen-Experiments 1848/49 endet diese erste Phase der Institutionalgeschichte der Erwachsenenbildung. Sie ist gekennzeichnet durch die Gründung von besonderen, aber nicht sehr dauerhaften Vereinen und Institutionen. In ihnen kristallisieren sich die

Bedürfnisse und die Notwendigkeit nach Fortbildung derjenigen, die für ihre politische und berufliche Betätigung neue Organisationsformen von Erwerbsarbeit und politischer Aktivität suchen. Ein weiteres Kennzeichen dieser ersten Phase ist der fraglose Zusammenhang von beruflicher und politischer Motivation, der zur Gründung der Vereinigungen führt und der sich auch in dem niederschlägt, was gelehrt bzw. gemeinsam gelesen wird.

Nach 1850 bis zur Revolution 1918

Die zweite Phase der Institutionalgeschichte der Erwachsenenbildung beginnt in den 50er Jahren des 19. Jahrhunderts und endet spätestens in der Novemberrevolution 1918. Bestimmend für den allgemeinen gesellschaftlichen Veränderungsprozeß sind zwei Motivationskomplexe. Zum einen gehen der Industrialisierungsprozeß und die Intensivierung der wirtschaftlichen Beziehungen weiter. In allen Teilen Deutschlands bilden sich in den 50er und 60er Jahren des 19. Jahrhunderts die Grundstrukturen der neuen Industriezentren heraus. Damit kommen Kaufleute und Naturwissenschaftler, das Geld erfolgreicher Kaufleute und des grundbesitzenden Adels, Handwerker und Fabrikarbeiter in ein neues Beziehungsgeflecht zueinander. Die in diesem Vergesellschaftungsprozeß menschlicher Arbeit aktiv beteiligten Bevölkerungsgruppen sind aber andererseits von den Möglichkeiten, sich politisch zu äußern oder Entscheidungen der territorialstaatlichen Regierungen zu beeinflussen, entweder völlig ausgeschlossen oder nur minimal beteiligt. Dies beruht auf der Rolle, die die staatliche Bürokratie spielt. Sie bildet den zweiten Motivationskomplex, der in diesen Jahren bestimmend wirkt. Bewußt schottet sich die Verwaltung von den Parlamenten ab. Deren Einfluß ist gering. Die Bildung politischer Vereine wird verboten. Die politische Macht bleibt in den Händen des grundbesitzenden Adels. Die staatliche Verwaltung ist nicht den Landtagen verantwortlich, sondern dem jeweils regierenden Herrscherhaus. Dieser Dualismus von feudalstaatlich fixierter Bürokratie und gesellschaftlichem Bewegungsprozeß ist in den deutschen Territorien und auch innerhalb Preußens unterschiedlich ausgeprägt. Dennoch kann das, was in Preußen geschieht, als kennzeichnend für den allgemeinen Trend gelten.
Die neuen Organisationsformen der Verbände und Vereine, die in dieser Zeit des Durchbruchs zur industriell bestimmten Gesellschaft entstehen, entwickeln sich aus wirtschaftlich-unternehmerischen Bedürfnissen des Bürgertums und Adels ebenso wie aus dem Selbsthilfe- und sozialen Unterstützungsbedürfnis der „arbeitenden Klassen". Gewerbe- und Berufsvereine, Produktions- und Konsumgenossenschaften, Arbeiterbildungs- und Gesangsvereine nehmen überall im Lande zu. Obwohl diese Vereine in den sich schnell entwickelnden Industriezentren entstehen und durch die lokalregionale Nähe ihrer Mitglieder existieren, ist ihnen gemeinsam, daß sie sich gleichzeitig auch überregional treffen, jedoch nur teilweise organisieren.

Diese Entwicklungen neuer Organisationsformen finden anfangs im einengenden Rahmen der Gewerbeordnung von 1845 statt. Danach ist der abhängig arbeitenden Bevölkerung das Koalieren zum Zweck der Mitbestimmung bei der Festsetzung der Löhne untersagt. Dieses Verbot des politischen Koalitionsrechts wird 1869 aufgehoben. Gleichzeitig wird das Vereinebilden hinwiederum an die Einhaltung bestimmter Gebote gebunden. Polizei und Rechtsprechung konnten daher leicht die Einhaltung dieser Gebote kontrollieren, Vereine auflösen lassen, Zusammenkünfte verbieten, wenn das opportun schien. Alle diese Beschränkungen des Vereinslebens haben bis zur Novemberrevolution 1918 gegolten. Besonders benachteiligt waren die Frauen. Ihnen war bis zum Jahre 1908, als das Reichsvereinsgesetz erlassen wurde, die Mitgliedschaft in Vereinen mit politischer Zielsetzung untersagt.

Was aber bedeuten diese hier nur grob angedeuteten Veränderungen in den 50er und 60er Jahren des 19. Jahrhunderts für die weitere Institutionalgeschichte der Erwachsenenbildung? Es lassen sich derzeit nur einige Vermutungen anstellen, die so etwas wie Markierungspunkte für einen zu entwickelnden Forschungsplan sein können.

Erstens hat die Zahl der auf bestimmte Gewerbe- und Industriebereiche zugeschnittenen Fortbildungs- und Fachschulen zugenommen. Die Initiative dazu ging von den jeweiligen Berufsvereinen und Wirtschaftsverbänden aus. Ob sie aber auch erwachsenen Schülern offenstanden, müßte genauer untersucht werden. Die bestehenden staatlichen Gewerbeschulen und Fortbildungsschulen werden jedenfalls nicht zu Schulen mit besonderen Zweigen für Erwachsene ausgebaut. So kommt es zum Ende des Jahrhunderts auf Initiative von Berufsverbänden, etwa dem Verband der Handlungsgehilfen in Hamburg, zu besonderen Organisationszweigen für die Fortbildung in diesen Verbänden. Welche Bevölkerungsgruppen davon erfaßt sind, müßte genauer untersucht werden. Es spricht einiges dafür, daß berufliche Fortbildung in diesen Jahren der wirtschaftlichen Wechsellagen nur in einigen Wirtschaftsbereichen, darunter bestimmt im kaufmännischen Bereich, zu eigenen Entwicklungen führt.

Des weiteren spielen die Arbeiterbildungsvereine eine wichtige Rolle. Neuere Untersuchungen über die Arbeiterbildungsvereine und die nach dem Prinzip der beruflichen Zugehörigkeit sich organisierenden Gewerkschaften lassen erkennen, daß in der praktischen Arbeit die berufliche Qualifizierung und die soziale Hilfe gegenüber politisch-theoretischen Diskussionen von größter Wichtigkeit gewesen sind. Auch ist eine aktive kommunalpolitische Betätigung festzustellen. Das Wort Solidarität ist daher weniger ein ideologischer Begriff als vielmehr Ausdruck praktischer organisierter Verfaßtheit.

Drittens kommt dem an der sozialen Frage sich entzündenden und dann sich berufsständisch orientierenden Interesse der römisch-katholischen Kirche eine wichtige Rolle zu. Im Unterschied zu den lutherischen evangelischen Landeskirchen, die ihr Selbstverständnis stärker in Übereinstimmung mit ihren jeweiligen Landesherren suchen, steht die römisch-katholische Kirche der jeweiligen weltlichen Staatsautorität eher distanziert, auf jeden

Fall eigenständiger gegenüber. Die institutionellen Besonderheiten einerseits katholisch-sozialer und andererseits evangelisch-lutherischer helfender und Wissen transformierender Arbeit mit Erwachsenen müßten jedoch erst noch untersucht werden.
Viertens gibt es seit dem Beginn der 90er Jahre eine Welle von Gründungen sogenannter Volksbildungsvereine. Gleichzeitig kommt es zur Gründung überörtlicher und überregionaler Vereine, die selber in der Volksbildung praktisch tätig sind, aber auch die besonderen Aufgaben von Dachverbänden übernehmen. Aus der Literatur sind besonders zwei Verbände bekannt: Die Gesellschaft für Verbreitung von Volksbildung und der Rhein-Mainische Verband für Volksbildung. Die Einrichtung der Zentralstelle für Arbeiterwohlfahrtseinrichtungen durch das Ministerium für Handel und Gewerbe sowie die finanzielle Unterstützung der freien Dachverbände durch einzelne Ministerien machen deutlich, daß die privatrechtlich organisierte Institutionenlandschaft der Erwachsenenbildung anfängt, das staatliche Interesse, nicht nur im kontrollierenden Sinne, auf sich zu ziehen.

Von 1919 bis zum Strukturplan 1970

Die Gründung der Weimarer Republik stellt einen Einschnitt in der Institutionalgeschichte der Erwachsenenbildung dar. Die Verfassung von Weimar und die Erlasse des preußischen Ministeriums für Wissenschaft, Kunst und Volksbildung vom Frühjahr 1919 waren Rahmenvorgaben, die ausdrücklich die Einrichtung von Institutionen der Erwachsenenbildung empfahlen. Interpretiert man den Anfang der Weimarer Republik nicht einfach als Anfang vom Ende dieser Republik, sondern auch als einen Anfang für neue, bis dahin nicht gegebene Möglichkeiten öffentlicher politischer Betätigung, dann wird auch der Stellenwert der Institutionen der Erwachsenenbildung deutlich.
Das Neue am Institutionalisierungsprozeß der Erwachsenenbildung während der Zeit der Weimarer Republik besteht in der Herausbildung einer überschaubaren Typologie von Institutionen und Aufgabenfeldern der Erwachsenenbildung. Die Institutionen der Erwachsenenbildung stellen sich nach außen für die Bevölkerung und die Öffentlichkeit öffentlichkeitswirksam dar. Sie sind entweder mehr jugendbewegt oder mehr freikorpshaft oder eher proletarisch oder ... geprägt. Neu ist, daß die Teilnehmer, die in diese Institutionen gehen, sich auf sie berufen, anderen davon erzählen. Sie machen kein Geheimnis daraus und brauchen das auch nicht zu tun. Die Institutionen sind zwar nicht öffentlich-rechtlich abgesichert, aber ihre privatrechtliche Form wird getragen vom Einverständnis der Teilnehmer. Hervorzuheben sind drei Typen von Institutionen, die in vielen Städten und Regionen entstehen. Das sind die Volkshochschulen, die Heimvolkshochschulen, und dazu kommen die Volkshochschulheime. Fragt man nach den Strukturelementen, die für diese Institutionen charakteristisch sind und die ihnen ihre Stabilität verleihen, dann ergibt sich folgendes:

Diese Erwachsenenbildungseinrichtungen sind getragen von den zu ihnen kommenden Teilnehmern. Es gibt so etwas wie Teilnehmergemeinden. Das Institut der Altschülertreffen der Heimvolkshochschulen ist der sichtbarste Beleg dafür. Zweitens sind diese Erwachsenenbildungsinstitutionen überwiegend privat finanziert. Mitgliedsbeiträge, Teilnehmergebühren, private Geldgeschenke, Gelder aus Stiftungen bilden den Finanzierungskern. Drittens findet in diesen Institutionen eine mehr oder weniger theoretisch reflektierte, aber auf jeden Fall ausgeprägte Planungsarbeit in bezug auf Didaktik und Methodik der Bildungsangebote statt. Das Streben nach Eigenständigkeit der Institutionen ist groß. Viertens finden sich die Leiter und ständigen Mitarbeiter dieser Einrichtungen regelmäßig auf überörtlicher Ebene zusammen, um sich über ihre gemeinsamen Interessen und ihre praktischen Erfahrungen auszutauschen. Fünftens bestehen regelmäßig Außenbeziehungen zu anderen Einrichtungen des Bildungswesens, zur Kommune sowie zu Parteien, Kirchen und Verbänden. Diese Außenbeziehungen können kooperativ in bezug auf Planung, Finanzierung, Teilnehmer- und Kursleitergewinnung angelegt sein. Es kann sich aber auch um eher konflikthaft angelegte Außenbeziehungen handeln, in denen es um Geld oder Einfluß oder Teilnehmerareale geht.

Ganz allgemein kann daher gesagt werden, daß diese Institutionen der freien Erwachsenenbildung durch eine Arbeitsstruktur charakterisiert waren, die sie zu in der Öffentlichkeit wahrnehmbaren und in der Öffentlichkeit agierenden Institutionen machte. Wenig bekannt ist bisher, wie sich diese Institutionenlandschaft im Laufe der Jahre bis 1933 entwickelt hat und welche Beziehungen zu einzelnen Ministerien auf Länder- oder Reichsebene bestanden haben, wie weit subsidiäres Unterstützen von seiten der öffentlichen Hände stattgefunden hat.

Natürlich sind die genannten Institutionentypen nicht die einzigen, die es gegeben hat. Sie sind aber für eine Untersuchung der Institutionengeschichte deshalb besonders wichtig, weil sie wegen der genannten Strukturmerkmale einen allgemeineren Trend in der Entwicklung erkennen lassen.

Einen anderen Typ von institutioneller Ausformung bilden die Einrichtungen, die im Rahmen von Gewerkschaften, Parteien, Wirtschaftsverbänden, Berufsverbänden und Kirchen tätig sind. Das heißt, im Rahmen gesellschaftlicher Großverbände kommt es zu lokal-regional ungleichmäßig verteilten, aber zahlenmäßig beachtlichen Gründungen von institutionalisierter Erwachsenenbildung. Der zahlenmäßige Umfang, die internen und externen Arbeitsstrukturen sind weitgehend unerforscht. Unter sozialgeschichtlichem Aspekt ist aber wichtig, daß es bereits in der Weimarer Zeit ein Institutionengefüge gibt, das aus den Verbänden entsteht und in sie eingebettet ist, daß in diesen Fällen eine besondere Nähe zu ihren Mitgliedern als Teilnehmern besteht, daß spezifische Zwecke aus verbandlicher Sicht explizit die Planung des Bildungsangebots bestimmen, daß die Verbände bei der Finanzierung eine besondere Rolle spielen und das innerverbandliche Spannungsgefüge und das institutionelle interne Arbeitsgefüge in einer berechenbaren Wechselwirkung zueinander stehen.

Noch zwei weitere Institutionentypen sind zu nennen. Der eine Typ läßt sich als Schulen für Erwachsene kennzeichnen, der andere als Formen des organisierten Lernens in der Jugendbewegung und den Vereinen des Freizeitlebens.
Schulen für Erwachsene ermöglichen das Nachholen schulischer Abschlüsse, vor allem des Abiturs. Es kann sich aber auch um schulische Einrichtungen handeln, in denen Arbeiter die für die Übernahme gewerkschaftlicher Funktionen, sei es in Betrieben, den Sozialversicherungen oder Arbeits- und Sozialgerichten erforderlichen Kenntnisse erwerben. Die Akademie der Arbeit ist das bekannteste Beispiel dafür. Eine weitere Variante stellt die Deutsche Schule für technische Arbeitsschulung dar. Hier zeigt sich, daß der Wandel in der Arbeitsorganisation besondere Qualifikationen erfordert, die durch Fortbildung erworben werden. Das besondere Merkmal all dieser Institutionen besteht in den Abschlußprüfungen und den damit nachweisbaren Qualifikationen, die von den Erwachsenen erlangt werden können.
Demgegenüber ist die organisatorische Ausprägung des Erwachsenenlernens in der Bündischen Jugend und in den in der Freizeit angesiedelten Vereinen eher locker angelegt. Werkwochen und Schulungen, Besinnungstage und Rüstzeiten finden innerhalb der Vereine statt, sind für Außenstehende weder zugänglich noch wahrnehmbar. Zu ihnen wird man eingeladen. Solche Bildungsformen fanden bei aller Lockerheit für die Beteiligten doch in einer Kontinuität stiftenden Regelmäßigkeit statt. Die organisatorische Stabilität bestand ausschließlich in der Kontinuität der daran beteiligten Personen.
Überblickt man die Zeit der Weimarer Republik, dann zeigt sich, daß wir es bereits mit dem Pluralismus der Institutionen der Erwachsenenbildung zu tun haben, der in den 60er Jahren seine volle Ausprägung erfahren hat. Bei einer Untersuchung der Institutionalgeschichte müßte jedoch vor allem auch danach gefragt werden, inwiefern diese Institutionalformen bereits in der Weimarer Zeit durch bestimmte Ministerien gefördert worden sind. Das Engagement im Bereich der Arbeitslosigkeit am Beginn der 30er Jahre ist möglicherweise nur ein Beispiel, das besonders bekannt geworden ist.
Zwischen 1933 und 1945 wird die Institutionenlandschaft vorübergehend durch Auflösungs- und Eingliederungsmaßnahmen in Gliederungsformen der NSDAP und davon abhängiger Organisationen weitgehend verändert. Eine eingehende Untersuchung dieser Vorgänge dürfte sich nicht darauf beschränken, den Vorgang der Auflösung nachzuzeichnen. Es müßten auch die erhalten gebliebenen sowie die neu entstandenen Institutionenstrukturen untersucht werden. Erst auf der Grundlage solcher Untersuchungen könnte etwas über das Nachwirken über das Jahr 1945 hinaus gesagt werden.
Nach dem Ende der Naziherrschaft sind sehr schnell Volkshochschulen und andere Institutionen der Erwachsenenbildung neu gegründet worden. Obwohl die Rolle der Besatzungsmächte bezogen auf die Einrichtungen der Erwachsenenbildung eher als Episode angesehen werden muß, sollte dieses institutionelle Beziehungsgefüge nicht übergangen werden. Erstaunlich ist nämlich die hohe Wertigkeit, die die Erwachsenenbildung in den ersten

Nachkriegsjahren hatte. Der Niedergang der Institutionen infolge der Währungsreform wird häufig benannt, aber es muß bezweifelt werden, daß dieses das Finanzielle in den Vordergrund stellende Argument ausreicht, um den Wechsel im Stellenwert der Erwachsenenbildung im Übergang zu den 50er Jahren zu erklären.
Im Modell der mit ihrem wirtschaftlichen Wiederaufbau beschäftigten bundesrepublikanischen Verbändegesellschaft spielte das institutionelle Gefüge der Erwachsenenbildung eine eher bescheidene Rolle. Wichtig war immerhin, daß in einigen Länderverfassungen die Förderung der Erwachsenenbildung als eine besondere Aufgabe bezeichnet wurde. Dies führte zu einer sich allmählich steigernden finanziellen Förderungspraxis durch die öffentlichen Hände. In einem Bundesland, in Nordrhein-Westfalen, wurde die Förderung der Volkshochschulen und der anderen anerkannten Einrichtungen gesetzlich garantiert. Ebenfalls sehr früh, durch die Stuttgarter Leitlinien von 1952, wurde vom Deutschen Städtetag die Förderung der Erwachsenenbildung als eine wichtige Aufgabe der Gebietskörperschaften herausgestellt. Insgesamt geschah eine zunehmende Annäherung der privatrechtlich verfaßten Erwachsenenbildungseinrichtungen an Aufgaben, die im öffentlichen Interesse lagen. Grundlage war ein konsensuales Demokratieverständnis. Die Institutionen der Erwachsenenbildung richteten ihre innere und äußere Struktur darauf ein, die durch Subsidien aus dem Steueraufkommen ermöglichte Erwachsenenbildung auch bürgernah zu planen. Die Formel der KMK aus dem Jahre 1964, worin die Offenheit des Erwachsenenbildungsangebots postuliert wurde, bestätigte nur, was schon praktiziert worden war.
Diese Formel wurde von den Institutionen, die bis dahin in der Erwachsenenbildung tätig gewesen waren, als Bestätigung und Ermutigung ihrer Arbeit verstanden. Die Formel wurde gleichzeitig von den gesellschaftlichen Großverbänden als kulturpolitische Willenserklärung interpretiert. Sie galt ihnen als Aufforderung, vermehrt Institutionen der Erwachsenenbildung zu gründen. Das Gewicht der Verbände in der Institutionenlandschaft der Erwachsenenbildung hat in der Folgezeit der 60er Jahre bereits die interne Planungs- und Entscheidungsstruktur der Institutionen stark beeinflußt. Die haushaltsrechtlichen Vorschriften und die Zweckbindungen, die mit den Subsidien verbunden waren, übten eine starke Sogkraft aus. Gleichzeitig wurde die Leistungsfähigkeit der Institutionen voraussehbarer und zuverlässiger. Kennzeichnend aber war, daß das Planungshandeln zunehmend im Spannungsverhältnis zwischen Teilnehmerorientierung und öffentlichen Förderungsbedingungen stattfand.
In den 50er Jahren wird auch der Institutionenbereich weiter ausgebaut, in dem Erwachsene Schulabschlüsse nachholen können. Die Fachschulen und staatlichen Berufsbildungsinstitute werden fast ausschließlich von Erwachsenen mit Berufsausbildung und mehrjähriger Berufserfahrung genutzt, um sich beruflich weiter zu qualifizieren. Hier entwickelt sich ein staatlich unterstütztes schulisch und beruflich weiter qualifizierendes Institutionensystem, das jedem am eigenen sozialen und beruflichen Aufstieg interessierten Erwachsenen offensteht. Die ganze Vielzahl der Institutionen, die es in diesem

Bereich gab, ist bislang nicht untersucht worden. Unser Wissen und unsere Vorstellungen von diesem schulisch und beruflich weiter qualifizierenden Institutionenbereich sind von Einzeluntersuchungen zum sogenannten Zweiten Bildungsweg geprägt und von den bildungsreformpolitischen Diskussionsschneisen, die aber den Bereich beruflicher Fort- und Weiterbildung fast völlig übergangen haben.
Im Ergebnis stellt sich die Institutionenlandschaft der Erwachsenenbildung in ihrem gesamten Umfang in der zweiten Hälfte der 60er Jahre für Kritiker und Reformer als Wildwuchs dar. Will man der Realität des institutionellen Gefüges wirklich nachgehen, sollte dies nicht ausschließlich aus dem Blickwinkel der damaligen Kritiker und Reformer geschehen. Unübersehbar ist, daß der sogenannte Wildwuchs nichts anderes war als der entfaltete und von den gesellschaftlichen Großverbänden gestützte, vielleicht auch bewußt gewollte Institutionenpluralismus, dessen Anfäge sämtlich in der Weimarer Republik liegen.

Entwicklungen seit dem Strukturplan 1970

Nicht nur die Aussagen des Strukturplans für das Bildungswesen und die Beschlüsse der Bund-Länder-Kommission zur Weiterbildung, sondern ebenso das länderpolitische und kommunalpolitische Eintreten für die gesetzliche Gewährleistung der Erwachsenenbildung als Weiterbildung haben zur institutionellen Festigung beigetragen. Sie hat aber noch nicht zur Ausprägung verläßlicher interner und externer Entscheidungsstrukturen geführt. Bewußt sind durch die Gesetze institutionelle Gestaltungsspielräume offen gehalten. Ob das so bleibt, wenn sie nicht von den Institutionen genutzt werden, muß bezweifelt werden. Die Ausgestaltung der institutionellen Struktur ist in Zeiten knapper Mittel und steigender Kosten nicht leicht. Zu untersuchen wäre daher, wie die institutionelle Staffelung zwischen Trägern und Institutionen, das Recht der eigenen Lehrplangestaltung, die Möglichkeit, in Satzungen Rahmendaten für die Planung des Bildungsangebots festzulegen, genutzt werden.
Ebenso wichtig ist es aber, das Institutionenfeld und die Strukturen der Weiterbildungseinrichtungen zu untersuchen, die sich außerhalb der Intentionen und Folgen der Ländergesetze entwickelt haben. So investieren Großverbände in die Weiterbildung bestimmter Zielgruppen, die bei ihnen Mitglieder oder Beschäftigte sind. Sogenannte Rekrutierungsstrategien werden Bestandteil des institutionellen Handelns. Bestärkt wird dieses durch Verkoppelung von Zwecksetzung und Zielgruppe charakterisierte institutionelle Handeln durch die Vergabe von öffentlichen Mitteln, die zunehmend an solche Kriterien gebunden sind. Die Arbeitsverwaltung, der Wirtschaftsminister, der Sozial- und Familienminister usw., praktisch jedes Ressort, geben zweck- und zielgruppengebundene Finanzierungsmittel in die Weiterbildung. Die Auswirkungen auf das institutionelle Handlungsgefüge wären zu untersuchen.

Schluß

Die vorstehende Skizze läßt erkennen, daß die Institutionalgeschichte der Erwachsenenbildung untersucht werden kann und dies bisher weitgehend noch nicht geschehen ist. Die leitende bildungsgeschichtliche Fragestellung einer solchen Untersuchung könnte auf interdisziplinäre Ausgriffe nicht verzichten. Die den einzelnen Abschnitten des hier vorgelegten Textes zugrundeliegende Literatur wird in einem gesonderten Literaturberichtsartikel in der Zeitschrift ,,Literatur- und Forschungs-Report Weiterbildung" nachgewiesen. Beim Schreiben des Textes habe ich aber nicht nur aus Büchern geschöpft, sondern ebenso versucht, mir vorzustellen, wer die Menschen waren und sind, die die Erwachsenenbildung machten und machen, und wer die Teilnehmer waren und sind. In meiner Vorstellung habe ich mich mit ihnen zu unterhalten versucht. Zu den Lebenden unter ihnen gehört Klaus Senzky, dem ich diese historische Skizze widme.

Horst Siebert
Aspekte einer Didaktikgeschichte der Erwachsenenbildung

Einleitung

Eine umfassende Didaktikgeschichte der deutschen Erwachsenenbildung ist noch nicht geschrieben worden, obwohl viele historiographische Dokumentationen und Darstellungen didaktische Fragen berücksichtigen, z.B. die Popularisierung von Wissenschaft, die Integration beruflicher und politischer Bildung oder das Neutralitätsprinzip. Eine solche Didaktikgeschichte sollte nicht nur ideengeschichtlich, sondern auch sozialhistorisch konzipiert sein, d.h. auch die gesellschaftlichen Bedingungen und Wirkungen erwachsenenpädagogischer Lehr-Lernformen reflektieren. Dazu gehören Fragen nach dem zugrundeliegenden Lern- und Bildungsbegriff, nach erkenntnistheoretischen und anthropologischen Implikationen, aber auch nach dem sozioökonomischen und politischen Kontext und nach den Bedingungen, warum sich bestimmte Inhalte und Methoden „durchsetzten" oder wieder in Vergessenheit gerieten. Eine solche historiographische Analyse kann auch international vergleichend angelegt sein. Es geht dabei nicht primär um die Frage, was wir heute aus der Geschichte oder dem Ausland lernen können, sondern es geht um eine Vergewisserung unserer eigenen geschichtlichen und kulturellen Grundlagen, um das Verhältnis von „Aktualität und Kontinuität" (1), von industriestaatlicher Gemeinsamkeit (2) und nationaler Besonderheit. Eine solche Betrachtungsweise kann durchaus aktuelle praktische Konsequenzen nahelegen: Es kann sich herausstellen, daß die didaktische Wirklichkeit der institutionalisierten Erwachsenenbildung vielfältiger und auch unkonventioneller ist, als vielfach behauptet wird, und daß nicht alle modernen Etiketten auch auf eine neue Erkenntnis oder einen neuen Gegenstand verweisen. In diesem Sinn sollen drei Lernformen der Erwachsenenbildung kommentiert und verglichen werden, die alle drei auf dem Prinzip kritischer Rationalität basieren, nämlich „Entraînement mental", das „sokratische Gespräch" und die „Zukunftswerkstatt". (Ich verwende hierfür den Begriff „Methoden" nur mit Vorbehalt, da es sich nicht nur um Verfahren des Lehrens und Lernens, sondern auch um Organisationsformen und Bildungsziele handelt.) Bevor ich auf diese Lernformen eingehe, sei an ein gelungenes Beispiel für eine sozialhistorische Didaktikgeschichte erinnert, nämlich an Klaus Senzkys Recherchen zur Arbeitsgemeinschaft in der Weimarer Zeit, die auch den Hintergrund für die hier in Erinnerung gerufenen didaktischen Ausformungen darstellt.
Senzky rekonstruiert die Entstehungsgeschichte dieser zumindest in der Literatur bevorzugten Veranstaltungsform der deutschen Volkshochschule. Er betont nicht die bildungstheoretischen und kommunikativen Aspekte der Arbeitsgemeinschaft, sondern ihre sozialpolitisch-volkswirtschaftlichen Grundlagen und ihre institutionell-organisatorischen Implikationen. Senzky interpretiert diese Veranstaltungsform im Spannungsfeld von „elementarer Ordnung" und „formaler Organisation" (3). Als formale Organisation war

die Arbeitsgemeinschaft seit dem ersten Weltkrieg eine Tarifgemeinschaft von Unternehmerverbänden und Gewerkschaften, als elementare Ordnung war sie Ausdruck verständnisvoller menschlicher Zusammenarbeit. Der Sozialpädagoge Natorp konzipierte bereits Ende des 19. Jahrhunderts die Arbeitsgemeinschaft als elementare pädagogische Ordnung und auch als formale Bildungsorganisation. Später wurde dann die Arbeitsgemeinschaft zwischen dem sachbezogenen Vortrag und der ganzheitlichen „Lebensgemeinschaft" verortet (4). Diese Zwischenstellung organisierter, aber nicht verschulter Bildungsarbeit ist heute wieder aktuell, da eine Polarisierung zwischen der technologischen und rationell geplanten Qualifizierung und der Verschmelzung von Lernprozessen in den neuen sozialen Bewegungen erkennbar ist. In der Diskussion über die Arbeitsgemeinschaft wurde in der „neuen Richtung" der Weimarer Volksbildung „das Problembewußtsein für eine Systemorientierung richtungsweisend geschärft. Man widerstand dem usurpatorischen Zugriff des Bürokratiemodells, weil man erkannte, daß dessen tragende Rationalisierungskomponente zwar sachlich befriedigende, aber sozial unzumutbare Abhängigkeiten schuf, die auf Kosten der Identität als dem Ziel menschlichen Selbstverständnisses gehen mußte" (5). Lebensweltliches Lernen und formale Bildungsstrukturen sind demnach durchaus miteinander zu vereinbaren.

Ich will versuchen, ähnlich wie K. Senzky an drei Beispielen den möglichen Beitrag der Erwachsenenbildung zur Identitätsfindung zu erörtern, wobei ich allerdings den Aspekt der formalen Organisation vernachlässige. Ich werde die drei Lernformen kurz beschreiben, einige theoretische Aspekte hervorheben und sie zeitgeschichtlich bewerten.

Entraînement mental

Entraînement mental heißt wörtlich „geistiges Training" und ist eine „Methode" der Bildungsarbeit, die gegen Ende des zweiten Weltkrieges im französischen Widerstand entwickelt wurde. Unter maßgeblicher Beteiligung von Klaus Senzky wurde diese Methode 1964 durch eine Veröffentlichung der Pädagogischen Arbeitsstelle des DVV auch in der Bundesrepublik bekannt. Themen dieser Methode sind — von der Herkunft her verständlich — vor allem aktuelle politische Probleme, obwohl auch eine Übertragung auf andere soziokulturelle Inhalte möglich ist. Charakteristisch ist die strenge Stufung in drei Lernschritte:

„1. Bestandsaufnahme oder Feststellung des Sachverhalts: Worum handelt es sich? Was geht und was nicht?
2. Feststellung der verschiedenen Ursachen und Folgen bei diesem Sachverhalt: Warum ist etwas so? Warum geht es und warum geht es nicht?
3. Konsequenz für das Verhalten: Was ist angesichts der gegebenen Sachverhalte zu tun? Was kann man tun, damit die Sache besser geht?" (6)

Im ersten Schritt werden also Informationen gesammelt, die Teilnehmer beschreiben ein Problem, nennen Merkmale, Daten und Fakten; sie ver-

suchen, das Problem oder einzelne Begriffe zu definieren, einzugrenzen und zuzuordnen. Wenn ihnen Informationen fehlen, ziehen sie Literatur oder Experten zu Rate. Bestehen Meinungsverschiedenheiten über Tatbestände, so wird eine gesonderte Diskussionsphase eingeschoben. Am Ende dieses Lernschritts sollten alle Beteiligten den gleichen Informationsstand haben.
In der zweiten Stufe wird das Thema theoretisch reflektiert und analysiert. Das Problem wird historisch eingeordnet: Wie ist es dazu gekommen, wie war es früher? Es wird u.U. geographisch eingegrenzt: Ist es ein globales oder lokales Problem, und gibt es ähnliche Situationen in anderen Ländern? Es wird nach Ursachen und Folgen, nach Zusammenhängen und Vernetzungen gefragt. Am Ende dieser Stufe wird eine theoretische Erklärung des Problems versucht.
In der dritten Phase fragen die Teilnehmer nach den Handlungskonsequenzen, die sich aus der Analyse ergeben. Dazu ist oft noch eine grundsätzliche Klärung der eigenen Zielvorstellungen und Wertmaßstäbe erforderlich, bevor geeignete Wege und Mittel der Zielerreichung überlegt werden können. Dabei ist zu unterscheiden zwischen individuellen Verhaltensänderungen und kollektiven Aktionen, zwischen kurz- und langfristigen Handlungsperspektiven.
Dieser Dreischritt kann nun — bei begrenzten Themen — jede einzelne Seminarsitzung strukturieren oder auch ein Seminar insgesamt gliedern. Ein flexibler Wechsel von einer Stufe zur anderen ist möglich, wenn sich die Teilnehmer der unterschiedlichen Qualität der einzelnen Lernebenen bewußt bleiben. Wenn die Teilnehmer längere Zeit nach dieser Methode arbeiten und die Strukturierung beherrschen, ist ein Leiter fast überflüssig, die Lehrmethode wird zur Selbstlernmethode.
Auf welchen erkenntnistheoretischen Prinzipien beruht diese Methode? Schon Aristoteles erkannte einen erkenntnistheoretischen Dreischritt: von der Sinnlichkeit über den Verstand zum Streben. Dörpfeld gliedert die Erkenntnis in Anschauen — Denken — Anwenden. Kerschensteiner strukturiert den Unterricht in 1. die Feststellung und Analyse einer Schwierigkeit, 2. Lösungssuche und 3. Erprobung von Lösungen. Ähnlich unterscheidet H. Roth — nach einer Motivationsphase — eine Schwierigkeits-, eine Lösungs-, eine Ausführungs- und eine Einübungsphase. Die Reihe ähnlicher Gliederungen läßt sich noch erheblich verlängern. A. Vogel interpretiert diese erkenntnistheoretischen Schritte und die „Artikulationsschemata", d.h. die Stufungen der Lernschritte, als drei „Grundakte" des Lernens:
1. die Akte der Erschließung des Neuen
2. die Akte der Erarbeitung und Besinnung
3. die Akte der Bewältigung (7).
Auch der Amerikaner B. Bloom, der alle Lernziele amerikanischer Lehrpläne nach dem lernpsychologischen Kriterium ihrer kognitiven Komplexität geordnet hat, entwickelt eine ähnliche Taxonomie von Wissen über die Analyse zur Bewertung (8).
Insofern haben die französischen Widerstandskämpfer induktiv und intuitiv einen Dreischritt entdeckt und praktiziert, der erkenntnistheoretisch und

lernpsychologisch begründet und somit zeitlos — zumindest in unserem Kulturkreis — gültig ist.
Das besagt jedoch keineswegs, daß diese Methode in der Bundesrepublik eine ähnliche Resonanz finden muß wie in Frankreich — und in der Tat hat sie sich in unserer Erwachsenenbildung kaum durchgesetzt. Dieses Lernverfahren ist sehr rational und erfordert eine strenge kognitive Disziplin. Jeder Teilnehmer muß prüfen, ob sein Beitrag dem erreichten Diskussionsstand entspricht oder eher zurückgestellt werden sollte. Wissen, Reflexion und Planung des Handelns bilden eine logische Einheit: aus der vernünftigen Erkenntnis resultiert richtiges und erfolgreiches Handeln. Gleichzeitig wird zwischen Wissen, Analyse und subjektiver Bewertung streng unterschieden.
Aufgrund der politischen Situation sind gemeinsame Lernmotive und Handlungsinteressen fraglos vorgegeben, eine Solidarität ist von vornherein vorhanden. Die Identität der Teilnehmer ist an ihren politischen Auftrag und damit an die Sache gebunden.
Aufgrund der theoretischen Fundierung läßt sich dieses Artikulationsschema ohne weiteres auf Seminare der gegenwärtigen Erwachsenenbildung übertragen, und zwar bei Themen, die die Teilnehmer betreffen, zu denen Erfahrungen und Vorkenntnisse vorhanden sind und die Handlungskonsequenzen einschließen, z.B. aus der politischen, ökologischen, sozialen und pädagogischen Bildungsarbeit. K. Senzky hat dieses Artikulationsschema auf ein damals vieldiskutiertes Thema der politischen Bildung übertragen: „Wer regiert die Bundesrepublik?", und er hebt dabei besonders die Erfahrungs- und Handlungsorientierung dieser Methode hervor. Auch bei Senzky wird deutlich, wie sich eine Methode mit den politischen Entwicklungen ändert: Die französischen Widerstandsgruppen waren zumindest hinsichtlich ihrer politischen Zielvorstellungen homogen. 1964, also vor der späteren Zielgruppenorientierung, dominierte eine pluralistische Orientierung der politischen Bildung. Heterogenität der Teilnehmer erschien damals als Lernchance, und für K. Senzky erschien Entraînement mental vorzüglich geeignet, das Gespräch zwischen „Verschiedendenkenden" zu fördern (9).
Angesichts der veränderten motivationalen und politischen Bedingungen sind heute sicherlich mehr reflexive, metakommunikative Verständigungsphasen über Lernvoraussetzungen, Erwartungen, Ängste, Mißverständnisse, Lernfortschritte usw. erforderlich. Offen bleibt die Frage, ob eine solche kognitive Lerndisziplin, wie sie Entraînement mental erfordert, der von der Aufklärung geprägten Mentalität der Franzosen eher entspricht als dem bei uns vorherrschenden Denkstil und den sozialromantischen Strömungen deutscher Erwachsenenbildung. Auch H. Tietgens äußert sich 1964 dazu skeptisch: Es gehört zur Tradition unserer Erwachsenenbildung, „äußerst zurückhaltend gegenüber rationalen Verfahrensweisen zu sein" und mehr zur Improvisation und Intuition zu neigen (10). Geplantes und gestuftes Lernen wird allzuoft als schulmäßig abgewertet. Für H. Tietgens war Entraînement mental damals, also in der vielzitierten „realistischen Wende", eine Methode, die ein wünschenswertes *systematisches* Lernen beförderte.

Das sokratische Gespräch

Der griechische Philosoph Plato hat uns Gespräche seines Lehrmeisters Sokrates überliefert, in denen dieser seine Mäeutik (= Hebammenkunst) demonstriert. Sokrates will durch konsequentes Nachfragen seine Gesprächspartner zum Nachdenken und zur Selbsterkenntnis anleiten und sie zu der Einsicht bringen, daß menschliches Wissen letztlich unzulänglich und vorläufig ist. Gesprächsthemen sind vor allem ethische Werte, z.B. Tapferkeit, und erkenntnistheoretische Begriffe. Auch Sokrates' Methode der Vernunftkritik war politisch „subversiv", da sie eine Kritik an den herrschenden Dogmen und Mythen beinhaltete. Seine Verurteilung zeigt, daß Vernunft für autoritäre Systeme und für eine unvernünftige Politik immer eine Gefahr darstellt.

Die Methode des sokratischen Gesprächs wurde – nicht zufällig – in der deutschen Aufklärung wiederentdeckt, in den 20er Jahren unseres Jahrhunderts von dem Göttinger Philosophen Leonard Nelson in dem Landerziehungsheim Walkemühle, das 1933 von Nationalsozialisten geschlossen wurde, zu einer modernen pädagogischen Gesprächsmethode weiterentwickelt und von dem Hannoveraner Philosophen Gustav Heckmann vor allem als hochschuldidaktische Methode erprobt und modifiziert. „Sokratische Methode im weitesten Sinne wird praktiziert, wo und wann immer Menschen durch gemeinsames Erwägen von Gründen der Wahrheit einer Frage näherzukommen suchen. Dieses Bestreben tritt vielfach hier und da in Gesprächen auf. Sokratisch würde ich ein Gespräch nennen, in dem es nicht nur sporadisch auftritt, sondern durchgängig ein gemeinsames Erwägen von Gründen stattfindet. .. Im sokratischen Gespräch arbeiten wir nur mit dem Instrument des Reflektierens über Erfahrungen, die allen Gesprächsteilnehmern zur Verfügung stehen" (11).

Gesprächsthemen sind vor allem philosophische Fragen menschlicher Existenz: Wer bin ich? Wohin gehe ich? Was darf ich hoffen? Was soll ich tun? Aber auch die Frage nach dem Wesen der Mathematik kann diskutiert werden, da auch die Mathematik eine Errungenschaft menschlichen Geistes ist. Nicht geeignet sind Themen, die ein detailliertes empirisches Wissen erfordern. Es handelt sich um eine Methode des Denkenlernens, bei der der einzelne „in sich hineinhorcht", seine Erfahrungen und seine Vernunft zur Sprache bringt und im Gespräch mit anderen überprüft und erweitert. Dem Gesprächsleiter kommt eine wichtige Aufgabe zu: Er hält sich mit seiner eigenen Meinung zurück und versucht, den Gesprächsfaden festzuhalten, die Teilnehmer immer wieder zur selbstgewählten Frage zurückzuführen, er fragt nach und fordert die anderen Teilnehmer zur Überprüfung des Gesagten auf. Die Ausgangsfragen und der Gesprächsverlauf werden an einer Tafel oder Wandzeitung notiert. Das Gespräch endet mit einem Konsens der Gruppe.

G. Heckmann nennt folgende pädagogische Regeln: 1. Das „Gebot der Zurückhaltung" des Gesprächsleiters, um das Urteilsvermögen der Teilnehmer nicht zu beeinträchtigen. 2. Die Teilnehmer sollen „im Konkreten Fuß fassen" und von eigenen Erfahrungen ausgehen. Im Unterschied zu eher psychoanalytisch orientierten Selbsterfahrungsgruppen sind diese Beispiele lediglich Material für Denkprozesse. 3. Ständige Kontrolle, ob ein Beitrag von allen verstanden wurde. 4. „Festhalten der gerade erörterten Frage", wenn das Gespräch abzuschweifen droht. 5. Die Suche nach intersubjektiv gültigen Wahrheiten, auch wenn diese nur vorläufig sind (12).

Die erkenntnistheoretischen und anthropologischen Grundlagen dieser Methode verweisen auf die Philosophie von Kant, Hegel (13), aus heutiger Sicht auf Habermas und Ballauff. Für Kant ist Erkenntnis eine Leistung des Subjekts; eine objektive Erkenntnis ist kaum denkbar. Aber der subjektive Erkenntnisprozeß muß intersubjektiv, also in einer Gruppe nachvollziehbar, überprüfbar und kritisierbar sein. Der Gruppenkonsensus ist so ein Schritt auf dem Wege zur Wahrheit. Bildungsmethodisch erscheinen mir vier Annahmen wichtig:

a) Jeder Mensch ist – bei ausreichender Muße – kraft seiner Erfahrungen und seiner Vernunft in der Lage, zu gültigen philosophischen Aussagen zu gelangen.

b) Diese Selbsterkenntnis ermöglicht seine Identitätsfindung, wobei er zu sich selbst findet, indem er sich auf einen radikalen Denkprozeß einläßt, also nicht nur über sich selbst nachdenkt, sondern die Wahrheit sucht.

c) Diese Reflexion wird durch eine Verständigung in einer Gruppe erleichtert, so daß diese Methode die Einübung eines „herrschaftsfreien Diskurses" oder zumindest eine „diskursive Verständigung" (14) anstrebt.

d) Dieses radikale Denken fördert eine politische Emanzipation, eine Kritik irrationaler Herrschaft und eine Befreiung von Systemzwängen. Auch bei dem sokratischen Gespräch stehen – ähnlich wie bei Entraînement mental – erkenntnistheoretische Gesichtspunkte im Mittelpunkt. Zwar führt G. Heckmann das „Metagespräch" zur Selbstevaluation ein, aber die Lernmotivation und der Diskussionsverlauf ergeben sich aus der Problemstellung selbst und werden nicht aus didaktisch-methodischen Erkenntnissen abgeleitet.

Ähnlich wie Entraînement mental ist das sokratische Gespräch vor allem im Widerstand gegen den Faschismus entwickelt worden. Die politische „Heimat" dieser Methode war der „internationale sozialistische Kampfbund" vor 1933, der vor allem eine politische Bildung gegen den Nationalsozialismus anstrebte.

Pädagogisch umstritten ist vor allem das „Gebot der Zurückhaltung". Wenn der Gesprächsleiter „Mitlernender" ist, sollte er m.E. auch seine eigene Meinung zur Diskussion stellen. Sehr differenziert hat sich W. Klafki zu dieser Frage geäußert (15). Meine Bedenken gehen an dieser Stelle noch einen Schritt weiter: Auch wenn alle Teilnehmer zum Selbstdenken und zu vernünftigen Schlußfolgerungen fähig und bereit sind, so lassen sich doch viele philosophische Fragen nicht ohne zusätzliches Wissen klären, das in der Gruppe nicht immer vorhanden ist. Ist es nicht doch Aufgabe des Leiters, falsche Informationen und Vorurteile zu korrigieren (sofern das nicht von den Teilnehmern geleistet wird) und das Gespräch durch wichtige neue Informationen anzureichern? Auch das Denken-Lernen kann m.E. nicht

auf eine Wissensaneignung verzichten. Aus der psychoanalytischen Forschung wissen wir, daß unser Alltagsbewußtsein durch Verdrängungen, selektive Wahrnehmungen, Übertragungen u.ä. verzerrt ist, von denen sich auch eine Gruppe nicht immer aus eigener Kraft befreien kann.
Auch an diesem Beispiel der pädagogischen „Zurückhaltung" läßt sich zeigen, wie sich die didaktischen Argumentationsfiguren im Lauf der Zeit verändern. Die „Klassiker" des sokratischen Gesprächs, L. Nelson und G. Heckmann, hatten von dem Gesprächsleiter eine inhaltliche Enthaltsamkeit gefordert, damit er nicht kraft seiner Autorität die Meinungsbildung der Teilnehmer zu sehr beeinflusse. Eine solche Autoritätsfixierung ist seit der 68er Studentenbewegung in Schule und Hochschule aber kaum noch ein Problem. Schüler, Studenten und auch Teilnehmer der Erwachsenenbildung lassen sich kaum noch normativ von dem Pädagogen beeinflussen, auch wenn sie wissen möchten, was „der da vorne" denkt.
In dem „Gebot der Zurückhaltung" steckt heute ein anderes „Stück Weisheit": Die Begründungen und Geltungsansprüche unserer traditionellen anthropologischen und gesellschaftlichen Leitbilder und unserer Zukunftsentwürfe sind fragwürdig geworden. Dies gilt sogar für früher unstrittige Ziele wie „Selbstverwirklichung", seitdem der Mensch sein Selbst mehr und mehr auf Kosten anderer und der Natur verwirklicht. Auch wir Pädagogen wissen nicht mehr, „wo es langgeht", sondern nur noch, daß es so nicht weitergehen darf, wenn es weitergehen soll. Pädagogik und Erwachsenenbildung sind in ernsthafter Verlegenheit hinsichtlich ihrer Bildungsziele. Wir ertappen uns immer häufiger dabei, daß wir reden, ohne etwas zu sagen zu haben. In diesem Dilemma hat die Mahnung einen Sinn, sich zurückzuhalten, den Teilnehmern zuzuhören, keine Scheinlösungen anzubieten, gemeinsam nach Auswegen zu suchen. „Zurückhaltung" resultiert jetzt eher aus der Unsicherheit als aus der Überlegenheit des Pädagogen; er kann Fragen stellen, nach den Antworten müssen die Teilnehmer selbst suchen. In gewisser Weise geben die Bildungseinrichtungen damit einen Teil ihres Sozialisationsauftrags zurück.
Ähnlich wie „Entraînement mental" in dem französischen „Club de Lecture" zu einer Methode literarischer Bildung weiterentwickelt wurde, so wurden die Prinzipien des sokratischen Gesprächs auf das amerikanische "Great Books Program" übertragen, das in den 50er Jahren auch in der westdeutschen Erwachsenenbildung verbreitet wurde. Durch diese Methode soll der Leser einen eigenen biographischen Zugang zur Weltliteratur finden. Die Methode basiert auf der Annahme, daß die klassischen Werke allgemeinmenschliche Probleme behandeln und daß deshalb jeder Leser auch ohne literarische Vorkenntnisse seine eigenen Lebenserfahrungen und Hoffnungen in den Romanen wiederfindet. „Denn der Geist dieser Form des Umgangs mit der Literatur ist die wechselseitige Erhellung des Textes durch das eigene Leben und die Erhellung des eigenen Lebens durch das Buch der Weltliteratur" (16). Dem Leser soll die Ehrfurcht vor der „großen" Dichtung genommen werden, er soll sich dieser Literatur unbefangen nähern und Selbstvertrauen zu seiner eigenen Erfahrung und seinem literarischen

Geschmack finden. Wie im sokratischen Gespräch auf Experten verzichtet wird, so erscheint auch in diesen „Lesezirkeln" der Rückgriff auf Sekundärliteratur überflüssig.
Auf die Übereinstimmung in der Gesprächsleitung bei der sokratischen Methode und dem Buchstudienkreis weist Hans Mangold ausdrücklich hin, der 1952 das "Great Books Program" in den USA kennengelernt und zusammen mit Walter Grosch in Baden-Württemberg bekanntgemacht hatte: „Diese sokratische Methode, durch die Kunst des Fragens die Gedanken und Meinungen anderer Menschen zu erforschen und sie weiterzuentwickeln, ist auch die Grundlage der Fragemethode des ‚Großen-Bücher-Programms'." (Als „groß" werden diese Bücher übrigens nicht wegen ihres Umfangs bezeichnet, sondern weil sie die „großen" Themen der Menschheit behandeln.)
Das Gespräch wird von zwei Leitern gelenkt, die sich aber beide auf Fragen beschränken. „Dabei fiel mir folgendes auf: 1) daß beide Leiter nach den Antworten aus dem Teilnehmerkreis stumm blieben, weder Zustimmung noch Mißfallen äußerten, 2) daß sie selbst weder gefragt wurden noch irgendwelche Ausführungen zum Thema machten." Auch hier gilt also das Gebot strenger Zurückhaltung. Sie wird doppelt begründet: Lernpsychologisch: die „Selbsterforschung" der Teilnehmer soll nicht irritiert werden; demokratietheoretisch: jeder soll die Chance haben, unbefangen seine Meinung zu äußern. Wenn allerdings auch darauf verzichtet wird, sozialhistorische Informationen zu den klassischen Werken, ihrer Entstehung und ihrem Autor zu geben, so scheint dies eher in dem amerikanischen Pragmatismus begründet zu sein.
Die dominierende Lehrmethode ist das Fragen. (Ob nicht ein ständiges Frage-Antwort-Spiel auf die Teilnehmer ermüdend wirkt, kann aus heutiger Sicht kaum beantwortet werden.) Die Unterteilung in faktische, interpretierende und wertende Fragen erinnert wieder deutlich an die Lernschritte des Entraînement mental.
Dieses „Große-Bücher-Programm", das 1962 in der Bundesrepublik zu der „Arbeitsgemeinschaft ‚Du und das Buch'" umgewandelt wurde, war der letzte Versuch, einen Kanon abendländischer Kulturgüter aus Dichtung und Philosophie aufzustellen und erinnert — auch in der Auswahl — an das Bildungsideal des Neuhumanismus. Große staatspolitische Wirkungen scheint man sich von dieser literarischen Bildung jedoch nicht mehr versprochen zu haben. So schreibt H. Mangold eher kulturpessimistisch-resignativ: „Viele von diesen Werken vermögen uns zu bereichern, zu befeuern und zu begeistern. Sie schenken uns all das, was unsere Zeit uns kaum mehr zu geben vermag: Selbstbestimmung, Nachdenken, Konzentration und wie oft auch Aufschwung und Hoffnung" (17), eine Klage, die auch drei Jahrzehnte später noch berechtigt sein wird.
Diese Buchstudienkreise waren — aufgrund des literarischen Nachholbedarfs der Deutschen — in den 50er Jahren besonders beliebt und verloren mit der Verbreitung des Fernsehens rasch an Bedeutung. Interessant ist hier, wie methodische Prinzipien, die in der Weimarer Republik entwickelt worden waren, auf dem Umweg über die USA nach Deutschland zurückkehrten.

Es ist anzunehmen, daß viele Regeln dieser Methode in der Erwachsenenbildung angewendet werden, ohne daß die Kursleiter bewußt ein sokratisches Gespräch anstreben. Dennoch ist zu fragen, warum das sokratische Gespräch als eine spezifische Lehr-Lernmethode in der Bundesrepublik nicht weiter verbreitet ist. Kann es sein, daß unsere Lebensverhältnisse ein solches reflexives Lernen in Muße und Gelassenheit erschweren? Kollidieren vielleicht auch die Effizienzkriterien einer lernziel- und verwendungsorientierten Bildungsarbeit mit dieser Methode der Selbstbesinnung und der Wahrheitssuche um der Wahrheit willen? Wir haben unter Leitung von D. Horster vier Tage von morgens bis abends über die Frage ,,Können wir in der heutigen Zeit noch hoffen?" nachgedacht und diskutiert. Wer hat für solche Gespräche heute noch Zeit, zumal absehbar ist, daß sich eine solche Frage nicht abschließend beantworten läßt?

Zukunftswerkstätten

Zukunftswerkstatt – ein m.E. mißverständlicher und irreführender Begriff – ist eine relativ junge Organisationsform der Erwachsenenbildung, die vor allem in der Ökologiebewegung entwickelt und von dem Österreicher Robert Jungk bekanntgemacht wurde. Obwohl innerhalb der deutschsprachigen Ökologiebewegung ,,Entraînement mental" vermutlich unbekannt ist, sind die Parallelen zu dieser Methode auffällig. Wie Entraînement mental ist die Zukunftswerkstatt eine hochgradig organisierte und systematisierte Form des Lernens. (Es ist m.E. ein bedauerliches Mißverständnis, daß oft ,,organisiert" mit ,,institutionalisiert" und sogar ,,bürokratisiert" gleichgesetzt wird. Wie einerseits in Institutionen viel ,,Unorganisiertes" stattfindet, ist andererseits eine planmäßige didaktisch-methodische Lernorganisation durchaus mit einem flexiblen institutionellen Rahmen zu vereinbaren.)
Die Zukunftswerkstatt ist eine Veranstaltungsform mit mehreren Phasen:
,,In die *Vorbereitungsphase* fallen Festlegung und Ankündigung des Themas sowie die praktischen Vorbereitungen, z.B. Wahl eines Ortes...
Die Werkstatt selbst beginnt mit einer *Kritikphase,* in der wir Unmut, Kritik, negative Erfahrungen zum Werkstatt-Thema äußern, auf den Papierbogen mitschreiben und schließlich zu Themenkreisen ordnen.
Es folgt die Phantasiephase, in der auf die vorgebrachte Kritik mit eigenen Wünschen, Träumen, Vorstellungen, alternativen Ideen geantwortet wird und von denen dann die interessantesten Einfälle ausgewählt und in kleinen Arbeitsgruppen zu Lösungsvorschlägen (utopischen Entwürfen) ausgearbeitet werden.
Mit der abschließenden *Verwirklichungsphase* kehren wir in die Gegenwart mit ihren Machtverhältnissen, ihren Gesetzen und Verordnungen zurück; in ihr prüfen wir die Durchsetzungschancen für unsere Entwürfe kritisch, indem wir die Hindernisse (z.B. durch Lektüre oder Expertenurteile) herausfinden und ihre Überwindung wiederum mit viel Phantasie angehen, eine Aktion oder ein Projekt zu planen" (18).

Kommt ein solches Projekt tatsächlich zustande, kann aus der Tages- oder Wochenendveranstaltung eine „permanente Werkstatt" werden, in der – z.b. im Rahmen einer Bürgerinitiative – die bisherigen Vorschläge präzisiert, eine Auswahl aus den Projektentwürfen getroffen, zusätzliche Kenntnisse angeeignet, ein Stufenplan für die Projektziele aufgestellt, das Projekt durchgeführt und ausgewertet wird (19). Diese fünfte Phase ist aber nicht mehr unmittelbar Bestandteil der Zukunftswerkstatt.

Im Vergleich zum sokratischen Gespräch sind erkenntnistheoretische Überlegungen gegenüber gesellschaftspolitischen (meist zielgruppenübergreifenden) Interessen zweitrangig. So sind auch die Themen aktueller als die philosophischen Fragestellungen: Es geht nicht primär um das anthropologische Verhältnis des Menschen zur Natur oder zur Technik, sondern um eine natürliche und menschenfreundliche Wohnumgebung, um unsere Zukunft angesichts der neuen Medien und neuen Technologien.

In der Zukunftswerkstatt wird aber nicht nur die Veränderung (oder auch Bewahrung) unserer Umwelt geplant, sondern die Teilnehmer reflektieren auch ihre eigene Identität und erweitern ihren Horizont. „Seit Jahren wird über die Gleichgültigkeit und Interessenlosigkeit der Staatsbürger geklagt. Diese Haltung verschwindet, wenn die Menschen erfahren, daß sie wirklich mitentwerfen und mitentscheiden können ... Das gemeinsame Entwickeln konkreter Zukunftsvorstellungen schafft zwischen den Teilnehmern eine starke Erlebnisgemeinschaft" (20). So sollen sich zwei Formen der Wirklichkeitswahrnehmung ständig ergänzen: die „rational-analytische" und die „intuitiv-emotionale". Die rationale Erkenntnisweise manifestiert sich vor allem in der Kritik, die intuitive in der Phantasie. Damit knüpfen R. Jungk u.a. an den Aufklärungsideen an und erweitern sie zugleich. (Nur am Rande sei vermerkt, daß der Kritikbegriff m.E. zu unkritisch verwendet wird, wenn er auf „Unmut" und „negative Erfahrung" reduziert wird) (21).

Die Aufwertung der Phantasie, auch des assoziativen, intuitiven Denkens, des Traums und der Märchen, des Mythischen und Mystischen ist zweifellos eine ernstzunehmende Zeiterscheinung und signalisiert einen Mentalitätswandel vor allem bei der Jugend. Zweifellos ist der Rationalitätsbegriff der Aufklärung, der eine vernünftige Begründung menschlicher Ziele und rational begründete Hoffnungen und Phantasien einschloß, in unserer Konkurrenz- und Konsumgesellschaft zu einer instrumentellen Zweckrationalität, zu einem nüchternen, berechnenden Rationalismus und auch zu einem intellektuellen Zynismus (22) verkürzt worden. Gefragt ist mehr das Rationelle als das Rationale. Auf diese Entwicklung gibt es unterschiedliche Reaktionen: irrationalistische, wissenschafts- und technikfeindliche, romantische und religiöse Antworten, aber auch – wofür ich plädiere – die Wiedergewinnung und Aktualisierung eines kritischen Vernunftbegriffs, der auch rational diskutierbare Phantasien nicht ausschließt.

Durch den Stellenwert, der der Phantasie beigemessen wird, unterscheidet sich die Zukunftswerkstatt vom Entraînement mental. In den mir bekannten Veröffentlichungen wird Phantasie der Teilnehmer gefordert, aber es wird wenig dazu ausgesagt, wie Phantasie gezielt gefördert und gelernt werden kann (z.b. durch Verfremdungseffekte, Lernen am Widerstand, dialektisches Denken, Bildmeditationen, Collagen...). Die genannten Methoden, z.b. Brainstorming und Metaplan (23), befriedigen noch nicht. Didaktisch heikle Nahtstellen sind vermutlich auch die „Brüche" zwischen Analyse und Phantasie, zwischen Wünschenswertem und Machbarem. Die Aktualität solcher Veranstaltungsformen ist dennoch offensichtlich: In gesellschaftlichen Krisensituationen suchen Menschen intensiver nach Lösungen und neuen Wegen, und die subjektive und objektive Notwendigkeit der Erwachsenenbildung wächst. Je gefährdeter und unsicherer unsere Zukunft ist, desto mehr wird von der „Zukunftschance Lernen" (24) und Zukunftswerkstätten erwartet.

Methoden der Bildungshilfe

Es wurden hier drei Methoden skizziert und wieder in Erinnerung gerufen, in denen es weder nur um Wissensaneignung und Qualifizierung noch nur um psychologische Selbstreflexion geht. Keiner der Autoren dieser drei Methoden thematisiert den Bildungsbegriff ausdrücklich (mit Ausnahme von K. Senzky, der am Schluß seines Beitrags Erwachsenenbildung als Selbstbildung definiert (25)), und doch betont jede Methode unterschiedliche, aber wesentliche Dimensionen zeitgemäßer Bildung. Doch diese Bildung droht unzeitgemäß zu werden: Der Bildungsbegriff wird „gegenwärtig bei vielen kaum noch mit dem Aspekt der Aufklärung gesellschaftlicher Verhältnisse, der Befreiung von unnötigen politischen, geistigen und sozialen Zwängen oder der Gestaltung einer menschenwürdigen Zukunft explizit verbunden..." (26). (Vielleicht ist Bildungsarbeit stets *auch* Gegensteuerung, subversiv und unmodern. Das „dennoch" ist vermutlich die bevorzugte Konjunktion in der Geschichte der deutschen Erwachsenenbildung.)
Diesen von H.U. Thiel angedeuteten Aufgaben von Bildung entsprechen Entraînement mental, das sokratische Gespräch und die Zukunftswerkstatt:
Entraînement mental betont die Fähigkeit zum rational-analytischen, zum begrifflich-theoretischen Denken und die Einheit von rationaler Einsicht und motivationaler Bereitschaft zum verantwortlichen Handeln.
Die Zukunftswerkstatt will nicht nur den Verstand, sondern auch die menschliche Phantasie anregen, ebenfalls im Interesse einer menschenwürdigen Zukunft und einer Emanzipation von gesellschaftlichen Zwängen und Mächten.
Das sokratische Gespräch fördert vor allem das reflexive Lernen, die Besinnung auf die Ziele, Werte und Grundlagen menschlicher Existenz: Selbstverwirklichung erfolgt hier nicht nur durch Selbstreflexion, sondern auch durch die „selbst-lose" Wahrheitssuche und die bedingungslose Verpflichtung zum Denken.
Die beiden ersten Methoden betonen die notwendige Aneignung neuen Wissens. Alle drei Lernformen orientieren sich an einem kommunikativen

Bildungsbegriff, bei dem die Lernenden sich um Verständigung und einen vernünftigen Konsens bemühen (27). Bildung ist — noch mehr als Lernen — ein sprachgebundener Erkenntnisprozeß (so kann der Analphabetismus in der Bundesrepublik auch als Symptom für eine generell wachsende Sprachlosigkeit und damit für eine Bildungskrise interpretiert werden).

In den drei Konzepten wird von dem Seminarleiter mehr als Expertenwissen und eine sensible Moderation erwartet; er ist auch „Animateur", der Denk- und Lernprozesse anregt, und darüber hinaus ein inhaltlich engagierter und betroffener Mitlernender.

Man kann alle drei Methoden als eigenständige, abgeschlossene Organisationsformen betrachten; sie können aber auch als Lehr-Lernsituationen verstanden werden, die in einer Bildungsveranstaltung miteinander verbunden werden können.

Alle drei Konzepte sind z.T. auch „Selbstlernmethoden", die auch außerhalb von Bildungseinrichtungen angewendet werden können. Am ehesten ist die Zukunftswerkstatt, die doch gerade aus der Ökologiebewegung heraus entwickelt worden ist, an institutionelle Voraussetzungen gebunden. So erweist sich die pauschale und meist wertende Dichotomie von institutioneller und außerinstitutioneller Bildungsarbeit zumindest aus dieser Sicht als unergiebig. Es kommt darauf an, zwischen didaktischen Konzepten und institutionellen Faktoren eine produktive, dynamische Beziehung herzustellen.

Mit diesen drei „Portraits" sollte angedeutet werden, daß Didaktik auch Teil einer kritischen Sozialwissenschaft und didaktische Forschung auch sozialhistorische Forschung ist. Eine solche Forschung müßte einerseits hermeneutisch die bildungs- und gesellschaftstheoretischen Annahmen in didaktisch-methodischen Konzepten (z.B. der Erfahrungsorientierung, der Zielgruppenarbeit, der Integration beruflicher und allgemeiner Bildung) entfalten. Und sie müßte andererseits empirisch den historischen und geographischen Kontext erschließen, in dem diese Methoden entstanden, verbreitet und vergessen wurden. Dabei dürfte eine dialektische Betrachtungsweise angemessen sein. Methoden der Bildungsarbeit sind einerseits das Resultat gesellschaftlicher Trends und Erfordernisse und von dem Stand der Produktivkräfte abhängig — wie sich am Beispiel der Unterrichtstechnologie Ende der 60er Jahre zeigen läßt. Die Verhältnisse enthalten aber stets auch ihre Negation in sich, und Bildungsmethoden sind zugleich gegenläufig, „subversiv" und auf die Erweiterung des Menschenmöglichen ausgerichtet. So hat das reflexive Lernen in reflexionsarmer Zeit seine Chance, und so ist kritische Rationalität auch in irrationalen Verhältnissen nicht zu verdrängen. Insofern beinhalten gesellschaftliche Widersprüche und Krisen auch Lernchancen — diese These besagt etwas anderes als die Behauptung einer „pädagogischen Autonomie", aber sie befreit die Erwachsenenbildung aus den Fesseln des Determinismus.

Anmerkungen

(1) H. Tietgens: Aktualität unter dem Horizont der Kontinuität. In: VHSiW 3/1984, S. 134 ff.

(2) J.H. Knoll, K. Künzel: Internationale Erwachsenenbildung in Geschichte und Gegenwart. Braunschweig 1981, S. 13

(3) K. Senzky: Systemorientierung der Erwachsenenbildung. Stuttgart 1977, S. 30

(4) Ebda., S. 35

(5) Ebda., S. 39

(6) F.C. Brunke: Entraînement mental. In: Methodik der Erwachsenenbildung im Ausland „Entraînement mental". Hrsg.: PAS des DVV, Frankfurt 1964, S. 15

(7) A. Vogel: Artikulation des Unterrichts. In: Workshop Schulpädagogik Nr. 3, Ravensburg 1973, S. 11

(8) B. Bloom: Taxonomie von Lernzielen im kognitiven Bereich. Weinheim 1972

(9) K. Senzky: Wer regiert die Bundesrepublik? In: Methodik (vgl. Anm. 6), S. 67

(10) H. Tietgens: Was kann das entraînement mental als methodisches Konzept leisten? In: Methodik (vgl. Anm. 6), S. 32

(11) G. Heckmann: Das sokratische Gespräch, Hannover 1981, S. 7 f.

(12) Ebda., S. 66 f.

(13) D. Horster: Kleine Kommentare zu Hegel und zum Sokratischen Gespräch. In: D. Horster, D. Krohn (Hrsg.): Vernunft, Ethik, Politik. Hannover 1983, S. 301 ff.

(14) J. Habermas: Theorie des kommunikativen Handelns. Frankfurt 1971, Bd. 1, S. 45

(15) W. Klafki: Zur Frage nach der pädagogischen Bedeutung des Sokratischen Gesprächs und neuer Diskurstheorien. In: Horster/Krohn (vgl. Anm. 13), S. 282 ff.

(16) D. Becker: "The Great Books Program" und seine Aufnahme in Deutschland. In: Umgang mit literarischen Texten, Hrsg.: PAS des DVV, Frankfurt 1964, S. 79

(17) H. Mangold: Die Bedeutung des „Großen-Bücher-Programms". Vortragsmanuskript 1955, S. 21

(18) R. Jungk, N. Müllert: Zukunftswerkstätten. München 1981, S. 21

(19) Ebda., S. 202 ff.

(20) Ebda., S. 22 f.

(21) Ebda., S. 21

(22) P. Sloterdijk: Kritik der zynischen Vernunft. Frankfurt 1983

(23) Jungk/Müllert (vgl. Anm. 18), S. 197

(24) A. Peccei: Zukunftschance Lernen. München 1979
(25) K. Senzky (vgl. Anm. 6), S. 67
(26) C. Schiersmann, H.U. Thiel, M. Völker: Bildungsarbeit mit Zielgruppen. Bad Heilbrunn 1984, S. 29
(27) E. Schlutz: Sprache, Bildung und Verständigung. Bad Heilbrunn 1984, S. 81 ff.

Joachim Dikau
Integration beruflicher und politischer Bildung als historische Erscheinung

Die Idee der Einheit der Menschenbildung — nur Schnee von gestern?

Es ist still geworden um das in den siebziger Jahren vieldiskutierte Thema: Integration von beruflicher, allgemeiner und politischer Bildung. Damals hatte es geradezu im Zentrum gestanden einer teils auf größere Effizienz der Lernorganisation, teils auf Erweiterung individueller Lernchancen, teils auch auf ,,systemüberwindende" Veränderungen zielenden Auseinandersetzung über die Reform unseres Bildungswesens, das den Bedürfnissen einer modernen, hochindustrialisierten und demokratischen Gesellschaft nicht mehr gerecht zu werden schien. Die traditionelle Trennung der Bildungsbereiche, sowohl in den Bildungsvorstellungen des Bürgertums als auch in der institutionellen Struktur des Schulsystems fest verankert, erschien der reformerischen Kritik dafür als das entscheidende Hemmnis. Wie immer diese Kritik auch begründet war — sie stellte historisch gewachsene Strukturen, Konzeptionen und ideologische Positionen in Frage, die in Deutschland zwar besonders deutliche Ausprägungen zeigten, jedoch auch in anderen Ländern auf Vergleichbares verweisen konnten.

Daß diese kritische Diskussion, die die gesellschaftspolitischen Postulate der großen Bildungsreformen in neue institutionelle und curriculare Strukturen umzusetzen suchte, in der Mitte der achtziger Jahre in den Hintergrund gedrängt ist, mindert allerdings nicht die Aktualität der ihr zugrunde liegenden Problematik: Die Bedingungen, die sie ausgelöst hatten, bestehen unverändert fort; die Ziele, die sie leiteten, haben nach wie vor Gewicht, und die Hindernisse ihrer Realisierung sind die gleichen wie zuvor — jedoch mit größerer politischer Durchschlagskraft und mit stärkerem Rückhalt im Bewußtsein der Bevölkerung. Mit der Verschiebung der Prioritäten in der Vielfalt politischer Entscheidungsprozesse verminderte sich nicht nur der Stellenwert der Bildungspolitik insgesamt, sondern innerhalb des Spektrums ihrer Schwerpunkte auch der der Integration selbst. Obwohl sich — zumal im Gedenkjahr für Wilhelm von Humboldt anläßlich seines 150. Todestages — die Stimmen mehren, die die ,,Einheit der Menschenbildung" beschwören und vor der rigorosen Indienstnahme des Schul- und Bildungswesens für außerpädagogische, nämlich für politische und ökonomische Zwecke warnen, gilt die ,,Integration" der Bildungsbereiche für viele als ein Thema, über das sich allenfalls hinter vorgehaltener Hand reden läßt: als eine modische Attitüde im Stil der Diskussion des vergangenen Jahrzehnts, an der viele weniger den reformerischen Realisten als den im Utopismus verhafteten Träumer zu erkennen meinen — den Apologeten eines bildungspolitischen Wunschdenkens nämlich, der geschichtliche Realitäten nicht als solche zu respektieren weiß.

Nun ist sicherlich unbestreitbar, daß sich hinter manchen Ansätzen bildungspolitischer Integrationskonzepte auch ein gehöriger Schuß machbarkeits-

gläubiger Planungseuphorie verborgen hat — nämlich dort, wo über bildungstheoretisch begründete, methodisch besonnene und pädagogisch verantwortete Modelle und Projekte hinaus flächendeckende Strukturveränderungen kurzfristig angezielt waren. Die Kritik am realitätsfernen Reformeifer trifft aber nicht den Kern des Problems, bei dem es primär um neue Aspekte und Horizonte in der Standortbestimmung für unser Bildungswesen geht. Die Einheit und der Zusammenhang von beruflicher, allgemeiner und politischer Bildung ist vielmehr ein theoretisches Problem, das über das gegenwärtig Machbare hinausweist und Möglichkeiten in die Betrachtung einbezieht, über die in unterschiedlichen Zusammenhängen in verschiedenen Phasen der Geschichte unseres Bildungswesens und unseres Bildungsdenkens nachgedacht worden ist. Klaus Senzky, einer der nachdrücklichsten Warner vor der Realitätsferne der Erwachsenenbildung, die nach seiner Meinung dazu neige, „ihre Sinn- und Handlungsmuster nach idealisierten Vorstellungen zu entwerfen, die nicht immer zureichend zur gesellschaftlichen Wirklichkeit rückverbunden werden können" (1), hat angesichts der Verpflichtung der Bildungspraxis zu wirklichkeitsbezogenem Handeln auch auf die Korrektivfunktion der Bildungstheorie hingewiesen: „Praxis ist ständig gezwungen zu handeln und neigt deshalb dazu, Wirklichkeit als Gegebenheit zu nehmen. Theorie erschließt dagegen deren Möglichkeitshorizont" (2). Daraus schließt er wiederum als Resultat für die Praxis: „Es kommt darauf an, die Wirklichkeit selbst als Möglichkeit zu begreifen" (3), offen für neue Entwicklungen in einem als dynamisch konzipierten System.
Auch die Integration der Bildungsbereiche, die Suche nach Wiederherstellung einer Einheit der Bildung des Menschen ist eine solche Möglichkeit, die selbst ein spezifischer Aspekt der historisch gewachsenen Wirklichkeit ist. Im Sinne Senzkys wird diesem Zusammenhang weiter nachzugehen sein. Es soll ein historischer Zugang gefunden werden zu den Fragen: Wie ist das Problem der Integration von beruflicher, allgemeiner und politischer Bildung im Zuge der neuzeitlichen Entwicklung als solches entstanden und in verschiedenen Entwicklungsphasen gesehen worden? Wie hat sich insbesondere die Erwachsenenbildung dazu gestellt, die — weniger belastet von den institutionellen Fremdbestimmungen und Zwängen des etablierten Schulsystems — offener und flexibler mit diesem Problem umgehen konnte? Bieten sich angesichts der neueren technologischen, ökonomischen und gesellschaftlichen Entwicklungen neue Lösungsmöglichkeiten an?
Die folgenden Überlegungen werden sich auf die Erwachsenenbildung konzentrieren, die — wie Klaus Senzky mit Recht feststellt — „in besonderem Maße gehalten (ist), darauf zu achten, daß ihre, an zukünftigem Erleben und Handeln orientierte Bildungspraxis sich nicht auf eine vorfixierte Linearität verkürzt, der die Vielfalt der Erscheinungen zu entgehen droht" (4). Die institutionellen Strukturen der Schule und dualen Berufsausbildung, insbesondere in der Sekundarstufe II, deren Weiterentwicklung eigene organisatorische Lösungen verlangt, bleiben hier außer Betracht. Damit werden „einengende System- und Sachzwänge" für curriculare und bildungsorganisatorische Entfaltung zwar nicht geleugnet, wohl aber wird die Chance er-

öffnet, die Einheit der Bildung wieder als unerläßliche Voraussetzung für ihre auch von Senzky so beschriebene Aufgabe zu sehen: „... die komplexer gewordene soziale Wirklichkeit unter dem Aspekt ihrer Möglichkeiten begreifbar werden zu lassen" (5).
Eineinhalb Jahrhunderte nach Humboldt stellt sich diese Aufgabe zwar unter neuen Bedingungen, jedoch mit unveränderter Dringlichkeit. Im Zuge des durch den verstärkten Einfluß der Mikroelektronik ausgelösten radikalen Wandels unserer Produktionstechnik und Arbeitsorganisation steht die berufliche Bildung in einer neuen Situation, zumal die Verknappung der Arbeitsplätze im regulären Beschäftigungssystem zu einer kritischen Überprüfung ihrer Legitimationsgrundlagen zwingt. Die damit verbundene Krise unseres Arbeits- und Leistungsverständnisses aber hat auch zu einer tiefgreifenden Verunsicherung hinsichtlich der Gültigkeit unserer gesamten Normen- und Wertordnung geführt: Es bedarf einer substantiellen Änderung der Strukturen der Arbeits- und Lebensordnung, die deren unverkennbare Desintegration überwindet und neue Chancen für humane Selbstverwirklichung eröffnet. Daß dazu auch eine Neugestaltung der kommunikativen Bezüge innerhalb des politischen Gemeinwesens gehört, ist – anknüpfend an Humboldt, wenngleich auch in kritischer Distanz zu seinen gesellschaftstheoretischen Prämissen und schulorganisatorischen Folgerungen – gerade in den Zielbegründungen der deutschen Erwachsenenbildung immer wieder betont worden: Soll „Allgemeinbildung" wieder „die für alle Lebensaufgaben gemeinsame Bildungsgrundlage" werden (die damit auch die Fähigkeit zur Bewältigung der Arbeits- und Berufssituation einschließt), dann kann sie nur in einer demokratischen Ordnung verwirklicht werden; Hermann Giesecke bringt es in seinen, auf die Erwachsenenbildung bezogenen, Überlegungen zur Einheit und zum Zusammenhang der Bildungsbereiche auf den knappen Nenner, daß „allgemeine Bildung (also) nur als politische Bildung konzipiert ist" (6).
Integration von allgemeiner und beruflicher Bildung, jetzt nicht als Annäherung, Verzahnung und Verknüpfung unterschiedlicher schulischer Bildungsgänge verstanden, erhält damit den Akzent, der ausdrücklich die Bedeutung dieses Postulats für die Entfaltung und Weiterentwicklung unseres demokratischen Systems betont, das letztlich erst der beruflichen Bildung ihre Legitimationsgrundlage gibt: Es ist die Integration von Beruflicher und Politischer Bildung, die mindestens in den Anfängen der Erwachsenenbildung im modernen Sinne nicht nur eine Idee, sondern auch volksbildnerische Praxis war. Die Diskussion der frühen siebziger Jahre, die zur Aktualisierung dieses in den emanzipatorischen Ansätzen der Geschichte der Erwachsenenbildung verwurzelten Gedankens zunächst des originell anmutenden „Synthese"-Begriffs zu bedürfen meinte (7), konnte sich also bereits auf eine gute Tradition stützen. Die folgenden historischen Belege mögen das verdeutlichen.

Der historische Zugang zum Integrationsproblem

„Daß die Grundforderung des Synthese-Konzepts nicht neu ist", hat Albert Pflüger schon 1980 an Beispielen aus der Sozialgeschichte aufgezeigt (8). Er verweist auf die „wandernden Handwerksburschen, die ihren Beruf um so mehr in seiner fachlich-gesellschaftlichen Komplexität erfuhren, je mehr sie sich ‚umtaten'; und nicht wenige von ihnen sind aus dieser Erfahrung heraus zu den Befreiungsbewegungen des 19. Jahrhunderts gestoßen" (8). Mit ihrer beruflichen Qualifizierung, die gerade in einer Zeit der tiefgreifenden ökonomischen und gesellschaftlichen Veränderungen mehr sein mußte als der bloße Nachvollzug überlieferter Produktionstechnik, verband sich also die Einsicht in den gesellschaftlichen Bedingungszusammenhang, der die spezifischen Leistungsanforderungen begründet und dem auch ihre Differenzierung geschuldet ist. Die Auswirkungen auf die Handwerker- und Arbeitervereine des Vormärz sowie die Rückwirkungen dieser Emanzipationsströmungen auf die Entwicklung der Produktionstechnik selbst sind in Studien zur Geschichte der Erwachsenenbildung ausführlich dargestellt worden (9).

Eine Parallele fanden solche Ansätze integrativen beruflich-politischen Lernens in den langfristigen Unterrichtskursen für qualifizierte Berufstätige aus der Landwirtschaft. Unter dem Druck veränderter bäuerlicher Produktionsbedingungen und struktureller Wandlungen in einer ländlichen Region vermittelte die 1842 gegründete „Pflanzschule für tüchtige Commünevorsteher und Ständedeputierte" in Rendsburg nicht nur die Fähigkeiten, mit den erhöhten berufsspezifischen technischen und wirtschaftlichen Anforderungen fertig zu werden, sondern auch aktiv jene politischen Aufgaben zu übernehmen, die die neu entstehende Selbstverwaltung und ihre Organe an die Repräsentanten der Berufsstände stellten. Die Arbeit der „Pflanzschule", die ausführlich beschrieben und gewürdigt worden ist (10), galt als Vorbild auch manchen der nach 1900 gegründeten ländlichen Heimvolkshochschulen in Schleswig-Holstein, unbeschadet des in ihnen wirksamen Einflusses der Ideen Grundtvigs, der selbst als hervorragender Verfechter einer Integration von Beruflicher und Politischer Bildung angesehen werden kann — vor dem Hintergrund der nationalen und demokratischen Erneuerung Dänemarks nach einer Phase des wirtschaftlichen und kulturellen Niedergangs und im Kontext antirationalistischer Strömungen, die sich dann auch in der neuromantischen Orientierung der deutschen Heimvolkshochschulen wiederfinden ließen.

Das Schicksal dieser frühen Ansätze einer Integration von Beruflicher und Politischer Bildung, die hier überwiegend noch im Dienste „transitorischer" Erwachsenenbildung im Sinne Schulenbergs (11) gestanden hat, vermittelt aber bereits die gleiche Erfahrung wie das der „Synthese"-Konzepte der jüngsten Zeit: Sobald sich diese auf eine Systemkritik einließen (oder — am Beispiel der „Pflanzschule" — auch nur auf eine liberale Öffnung für neue, zur demokratischen Partizipation motivierende Ideen), wurden sie für die Obrigkeit suspekt. Das Vereinsverbot der Gegenaufklärung traf sie alle, und

auch die „Pflanzschule" wurde schon nach sechs Jahren geschlossen, obwohl ihre Bereitschaft zum Kompromiß ebenso offensichtlich war wie die politische Zurückhaltung mancher dennoch mißliebiger Bildungsvereine: Integration von Beruflicher und Politischer Bildung blieb unerwünscht; berufliche Qualifizierung war vor allem als Anpassungsinstrument gefragt.
Daß berufliche Bildung allerdings auch dann eine politische Funktion erfüllt, wenn sie lediglich der Steigerung spezieller Fertigkeiten und im übrigen der affirmativen Integration in bestehende Strukturen der Arbeitswelt und der Gesellschaft dient, bleibt dennoch unbestreitbar, weil jede Berufsarbeit neben ihrem technisch-instrumentellen Aspekt implizit auch einen kommunikativen und politischen enthält: Zu ihrer Verrichtung bedarf es sowohl spezifischer technischer Voraussetzungen als auch einer formalen Organisationsstruktur und eines legitimierten Weisungs- und Herrschaftssystems. Die für deren Beherrschung notwendigen Qualifikationen sind somit vielfältiger Art, was wiederum der Komplexität gesellschaftlicher Arbeit entspricht. Die Integration von Beruflicher und Politischer Bildung ist also weniger ein Problem, wie beruflich-politisches Lernen als untrennbare Einheit überhaupt erst möglich zu machen ist, sondern mehr die Frage, wie dieser ohnehin bestehende — wenngleich verborgene — Zusammenhang aufgedeckt und bewußt gemacht werden kann. In diesem Sinne spricht Pflüger mit Recht von einer „versteckten Synthese", die auch dort vorhanden ist, wo der politische Aspekt beruflicher Qualifizierung nicht transparent gemacht werden soll (12); erst die „offene Synthese" erlaubt die Verbindung beruflicher Qualifizierung mit „einer die gesellschaftlichen Zusammenhänge am Arbeitsplatz aufdeckenden Demokratisierungsstrategie. Nur sie ist in den folgenden Ausführungen gemeint, wenn von weiterführenden Ansätzen der Integration Beruflicher und Politischer Bildung die Rede ist.
Zu bedenken ist aber auch, daß selbst die „offene Synthese" nicht zwangsläufig mit Demokratisierungsabsichten verbunden sein muß. Auch dafür liefert die Geschichte Beispiele, die noch bis hinter die großen Emanzipationsbewegungen des Bürgertums zurückzuverfolgen sind: Die mittelalterliche Ständeordnung, weitgehend als Einheit von Arbeit und Leben realisiert, die jedem Berufstätigen seinen Platz zuwies für seinen Dienst am Ganzen, schuf die gesellschaftlichen Rahmenbedingungen für die vorindustrielle, kleinbetriebliche Meisterlehre, die als Einheit von funktionsspezifischer Qualifizierung und ständischer Erziehung für die heranwachsenden Angehörigen des Berufsstandes anzusehen war. So bot der „Beruf" nicht nur ökonomische Sicherung, sondern wurde als „vocatio" auch als göttliche Bestimmung und ethischer Anspruch begriffen: Auf der Grundlage einer von den Zünften kontrollierten, dem einzelnen nur begrenzten Entfaltungsspielraum gewährenden Arbeitsteilung erfüllte hier jeder seine gemeinschaftlichen Aufgaben im Betrieb, im Berufsstand, in der Gemeinde und im Staat. „Berufliches" Lernen schloß somit „politisches" ein, was auch für die Qualifizierung Jugendlicher und Erwachsener aus anderen Ständen — der Kaufleute, Ritter, Akademiker und Geistlichen — galt. Von „Bildung" im heutigen

Sinne, die ihrem klassisch-emanzipatorischen Anspruch verpflichtet ist, konnte allerdings noch keine Rede sein.
Auch die Aufklärungspädagogik des 17. und 18. Jahrhunderts, die sich an den Bedürfnissen der absolutistischen Herrschaftsordnung sowie des entstehenden Manufaktur- und Industriesystems orientierte, hielt die Einheit von beruflichem und politischem Lernen für eine entscheidende Voraussetzung zur Sicherung und Stabilisierung einer als natürlich, vernünftig und gerecht empfundenen Ordnung, die der industriellen Tüchtigkeit und Brauchbarkeit der Arbeitenden unter neuen Produktionsbedingungen ebenso bedurfte wie ihrer ungebrochenen, verinnerlichten Loyalität. Als „Industriepädagogik" vermittelte sie dem Frühkapitalismus die notwendige Legitimation — aufbauend auf der Fiktion, daß erhöhte Nützlichkeit und Brauchbarkeit des Menschen im Produktionsprozeß auch ein Beitrag zu seiner Vervollkommnung sei: Denn die Leistungsfähigkeit des politischen und ökonomischen Systems — Sicherheit, Stabilität und Wachstum — bedeute für den einzelnen zugleich Selbstverwirklichung und Lebensqualität. Die Frage nach seinen Chancen zur Mündigkeit und Selbstbestimmung wurde jedoch nicht gestellt.
Niemand hat schärfer als die Neuhumanisten die Prämissen der Aufklärungspädagogik kritisiert: ihre Indienstnahme des Menschen für ökonomische und politische Zwecke, ihre Gleichsetzung von Brauchbarkeit und Vollkommenheit, ihren einseitigen Rationalismus, ihre Identifizierung von nationalem Reichtum mit Vollkommenheit und Glück. Wenn sie dieser als „Erziehung zur Bestialität" apostrophierten Konzeption ihren Anspruch einer „allgemeinen", auf Entfaltung aller Anlagen und Kräfte des Individuums gerichteten Menschenbildung entgegensetzten, dann verwarfen sie allerdings damit auch jede überkommene Verknüpfung von menschlicher Selbstverwirklichung und Beruf. Denn weder die ständische Erziehung in der als gottgewollt empfundenen Ordnung des Mittelalters noch die an das Vernunftspostulat gebundene Aufklärungspädagogik hatte dem Menschen das Recht zur Selbstbestimmung eingeräumt, das für das Bildungsideal der Deutschen Klassik unabdingbar war: Hier ging es nicht nur um die universale und totale Entfaltung des einzelnen zu seiner vollkommenen Gestalt, sondern mit ihr zugleich um die Entwicklung eines neuen, auf Freiheit und Vernunft gegründeten Gemeinwesens — um die Verwirklichung eines politischen Postulats also, für das die mündige Vernünftigkeit, die harmonische Entfaltung aller Bürger die entscheidende Voraussetzung war. Das schien hier nur möglich durch die radikale Trennung von Menschenbildung und Arbeitswelt, deren Einfluß ausschließlich als fremdbestimmend und dehumanisierend begriffen wurde: Berufliche und allgemeine Bildung (die in diesem bürgerlich-liberalen Sinne zugleich politische war) blieben somit zweierlei, und hier gab es auch keinen Ansatz zu ihrer „Integration". Es war die Begründung einer eineinhalb Jahrhunderte wirksamen Bildungsidee, die sich in der scharfen Scheidung der schulischen Bildungsgänge auch organisatorisch niederschlug — im Ansatz (wenngleich ohne soziologisch fundierte Reflexion) durchaus emanzipatorisch gedacht, in der Auswirkung allerdings aristokra-

tisch und elitär als Instrument der Festigung der bürgerlichen Klassengesellschaft pervertiert (13), so daß sie in dieser Funktion geradezu als Beispiel für eine „versteckte Synthese" gelten kann.
Die faszinierende Idee der Menschenbildung aber blieb auch für spätere Ansätze, humane Selbstverwirklichung – anders als Humboldt und der Neuhumanismus – gerade durch die Entfaltung in der Berufs- und Arbeitswelt zu bewirken, ein konstitutives Element: in der Berufsbildungstheorie des beginnenden 20. Jahrhunderts ebenso wie in den Lehren von Karl Marx über die Einheit von Theorie und Praxis im Kampf des Proletariats um die Beseitigung der Klassenherrschaft der Bourgeoisie. Während die Berufsbildungstheorie jedoch ihr Konzept der Bildung des Menschen durch Arbeit mit der Restauration vorindustriell-kleinbetrieblicher Meisterlehre verband, setzte der Marxismus, anknüpfend an den dialektischen Gedanken Hegels, wonach der Knecht selbst seine Knechtschaft „abarbeiten" und damit auch seine politisch-soziale Stellung verändern könne, auf die Befreiung des Arbeiters durch antikapitalistischen Klassenkampf; auf die Konsequenz aus der Erkenntnis, daß eine Anhebung der technischen Produktionsbedingungen (und des dafür notwendigen Qualifikationsniveaus) auch die politische Dimension der Arbeitsorganisation und Herrschaftsstrukturen verändern muß. Anders als die Berufsbildungstheorie, der mindestens Kerschensteiner unverblümt eine Disziplinierungsfunktion – als kleinbürgerliche Vorbeugung gegen die befürchtete sozialistische Subversion – zugeschrieben hat (14), sah die Arbeiterbewegung hier neue Möglichkeiten gesellschaftlicher Weiterentwicklung, für die der Fortschritt der Technik und Ökonomie ebenso wie die zunehmende Verwissenschaftlichung aller Lebensbereiche wesentliche Grundlagen schaffen sollte (15). Mag der Begriff der „Berufsbildung" (angesichts seiner Inanspruchnahme durch die Berufsbildungstheorie) dafür auf den ersten Blick auch unangemessen scheinen – als Weg zur Selbstbestimmung des Menschen über seinen Beitrag zur gesellschaftlichen Arbeit stimmte dieses Konzept mindestens hinsichtlich seiner emanzipatorischen Zielsetzung mit den Intentionen der politischen Aufklärung und der Deutschen Klassik voll überein.
Wenn somit hier die sozialistische Arbeiterbildung des späten 19. und beginnenden 20. Jahrhunderts als ein wichtiger Ansatz einer Integration von Beruflicher und Politischer Bildung gewertet wird, der auch für neuere didaktische Konzepte der zielgruppenorientierten, vor allem gewerkschaftlichen und stadtteilbezogenen Bildungsarbeit wesentliche Anknüpfungsmöglichkeiten geliefert hat (16), dann werden dabei zwei Voraussetzungen mitbedacht: zum einen hinsichtlich des theoretischen Konzepts, das auch „utopische" Entwürfe als eine „reale" Möglichkeit sieht, die bereits in der gesellschaftlichen Wirklichkeit als Voraussetzung und Entwicklungsrichtung angelegt ist; zum anderen hinsichtlich der zentralen Schlüsselbegriffe, die unter veränderten Bedingungen einer kritischen Überprüfung und eventuellen Neubestimmung bedürfen, die jedoch nur im Kontext ihrer historischen Genese geleistet werden kann: Ist der „Berufs"-Begriff, der doch konstitutives Bestimmungsmerkmal „Beruflicher" Bildung ist, im Zusammenhang mit

einer als politische Bildung ansetzenden Demokratisierungsstrategie überhaupt noch haltbar, wenn man gleichzeitig seine normsetzende und statusorientierende Funktion zur Stabilisierung bestehender Leistungs- und Herrschaftsstrukturen in seinem traditionellen Verständnis mitbedenkt? Die Berufsbildungstheorie hat ihn als ständisches Relikt funktionsgerecht im Kontext ihrer Implikationen benutzt, wobei sie bemerkenswerterweise gerade von konservativer Seite den kräftigsten Zuspruch erfuhr: Ihr Konzept erwies sich nicht zuletzt als eine wichtige Stütze restaurativer Mittelstandspolitik, die sich nahtlos auch in die völkische Politik der faschistischen Ära einfügen ließ (17). Dennoch: Wenn gewerkschaftsnahe Berufspädagogen wie Crusius und Wilke sich in ihrem „Plädoyer für den Beruf" trotz allem für diesen Begriff in die Bresche schlagen (18), dann haben sie einen anderen Aspekt im Sinn: seine solidarisierende Funktion, ohne die auch keine Professionalisierungsstrategie auskommen kann – wobei die Autoren mit Recht betonen, daß diese lediglich im Hinblick auf die minderprivilegierten Gruppen der Gesellschaft, nicht dagegen hinsichtlich der gehobenen Funktionen problematisiert worden ist – was allerdings letztlich den ständischen Charakter des Berufsbegriffs bestätigt. Daß die bindende und identitätsstiftende Wirkung der Berufszugehörigkeit heute durchaus zweifelhaft geworden ist, zeigt nicht zuletzt die durch die gegenwärtige hohe Dynamik der Produktionsentwicklung ausgelöste Diskussion über die „Krise der Arbeitsgesellschaft", die nicht nur als Verlust von Einkommenschancen, sondern auch als eine Sinnkrise erlebt wird, die mit der Fragwürdigkeit nicht nur der bestehenden, sondern überhaupt jeder auf eine gewisse Dauer angelegten Berufsstruktur dem einzelnen wesentliche Möglichkeiten der Identifikation und Selbstbestätigung im Arbeitsleben entzieht (19).

Wenn dennoch – und sogar in emanzipatorischer Absicht – in der aktuellen Integrationsdiskussion von „Beruflicher" und „Politischer" Bildung die Rede ist, dann kann das nur auf der Basis eines „Berufs"-Begriffs geschehen, der sich seiner klassischen, von der Ständegesellschaft tradierten Funktion als Statusmerkmal und sozialer Stabilisierungsfaktor vollständig entledigt hat. Er muß sich vielmehr auf eine Arbeitswelt beziehen, in der sich nicht nur die Strukturen der Produktionstechnik und Arbeitsorganisation ständig verändern, sondern auch die Möglichkeiten für jeden einzelnen, seinen Platz in der arbeitsteiligen Gesellschaft immer wieder neu als spezifischen Beitrag zu deren Weiterentwicklung zu interpretieren. Gemeinsam aber ist allen die Erfahrung, daß der Zwang zur Arbeit – in welchen Formen und Bereichen auch immer – für die große Mehrheit der Bevölkerung ein unabwendbares Schicksal ist und daß diese innerhalb eines gesellschaftlichen Bedingungsrahmens geschieht, dessen Struktur nur wenigen durchschaubar und dessen Beeinflussung nur unter ganz bestimmten Voraussetzungen möglich ist: nämlich dann, wenn mit der fachspezifischen Qualifizierung für den Produktionsprozeß auch dessen politischer Hintergrund transparent gemacht wird.

Ein solcher – dynamischer und offener – „Berufs"-Begriff ist somit bereits selbst auf kritisch-emanzipatorische Bildung hin angelegt: „Berufliche"

Bildung schließt dann auch den klassisch-aufklärerischen Anspruch neuhumanistischen Bildungsdenkens mit ein. Das unterscheidet ihn allerdings grundsätzlich von dem neoständischen Konzept der Berufsbildungstheorie. Indes: Ansatzweise gab es einen solchen Anspruch auch hier — bei Aloys Fischer nämlich, der die politische Dimension der „Menschenbildung" betonte, mit der für ihn die „Berufsbildung" identisch war, indem er sie als Synthese von Fachbildung und Allgemeinbildung begriff (20). Eine weitergehende Demokratisierungsstrategie war damit allerdings noch nicht angezielt, und den Gesamtzusammenhang gesellschaftlicher Arbeit als zentralen Bezugspunkt beruflich-politischer Bildung hatte die Berufspädagogik auch in den Jahrzehnten danach niemals im Blick. Sieht man einmal von sozialistischen Autoren der zwanziger Jahre ab (21), dann blieb sie dem traditionellen Berufsbegriff verhaftet, der einem von emanzipatorischen Implikationen geleiteten Integrationskonzept im Wege stand. Zu fragen bleibt nun, wie die Erwachsenenbildung und ihre Theorie demgegenüber ihre größere Offenheit und Flexibilität als Chance nutzen konnte, um Ansätze der Integration von Beruflicher und Politischer Bildung aufzugreifen und in eigene Entwürfe umzusetzen.

Arbeitsorientierte Erwachsenenbildung — ein Beitrag zur Integration Beruflicher und Politischer Bildung?

Daß die Auseinandersetzung über Ziele und Begründungen der Erwachsenenbildung, anknüpfend an die Theorie des freien Volksbildungswesens der Weimarer Zeit, immer in deutlicher Distanz zur Berufspädagogik gestanden hat, ist in zahlreichen Veröffentlichungen kritisch erörtert worden (22). Die kulturidealistischen Ansätze der „Neuen Richtung", anknüpfend an die Ideen des klassischen Neuhumanismus, gaben für eine Integration von Beruflicher und Politischer Bildung keinen Raum. Mit einigem Vorbehalt, der sich festmacht an der geringen soziologischen Begründung reformpädagogischer Konzepte, läßt sich jedoch auf Wilhelm Flitners „volkshochschulgemäße Berufskunde" in Jena verweisen, die allerdings mehr der Weckung von „Gegenkräften" gegen die Mechanisierung der Berufstätigkeit selbst dienen sollte als der Auseinandersetzung mit den Möglichkeiten, diese als Thema gesellschaftspolitischer Aufklärung zu nutzen (23). Denn Flitners Konzept der „Laienbildung", in dessen Kontext seine berufsbezogenen theoretischen und praktischen Ansätze gesehen werden müssen, war zwar ein richtungsweisender Weg zur Analyse und Deutung von Arbeits- und Lebenssituationen im Hinblick auf die Chance zu humaner Selbstentfaltung, nicht jedoch mit der Zielsetzung, diese auch für eine Veränderung der Arbeitswelt selbst zu nutzen und damit die politische Dimension der Berufsarbeit für die „Lebensbildung" fruchtbar zu machen (24). Immerhin: Der Hinweis auf den entscheidenden Anknüpfungspunkt für eine effektive zielgruppenbezogene Bildungsarbeit — nämlich die konkrete Arbeits- und Lebenssituation der Lernenden — bleibt sein Verdienst; neuere Konzepte — bei-

spielsweise von Angelika Bahl-Benker und Volker Röske (bezogen auf die Sekretärinnenqualifizierung) (25) oder von Christiane Schiersmann (bezogen auf die Frauenbildungsarbeit) (26) gehen in die gleiche Richtung, ohne allerdings ausdrücklich an Flitner zu erinnern.
Für die mehr kulturidealistisch ansetzenden Vertreter der „Neuen Richtung", die das Image der Volkshochschulbewegung der Weimarer Zeit wesentlich nachhaltiger prägten, war die Anknüpfung an die konkreten Lebensbezüge in der Berufs- und Arbeitswelt allerdings kein entscheidendes Problem. Selbst ein in Theorie und Praxis gleichermaßen profilierter Pädagoge wie Eduard Weitsch, der durchaus für die Zusammenarbeit von Volkshochschule und Berufsschule plädierte und auch modellhaft die Behandlung von Wirtschaftsfragen in der Heimvolkshochschule Dreißigacker praktizierte, blieb den neuhumanistischen Vorstellungen über einen Dualismus von Beruf und Bildung mit einer Konsequenz verhaftet, die sich geradezu als Rechtfertigung anbot für die Indienstnahme beruflicher Qualifizierungsmaßnahmen zugunsten einseitiger Unternehmensinteressen (27). Das zeigte sich besonders in seinem entschiedenen Eintreten für eine konsequente Arbeitsteilung von Fachschule und Volkshochschule, von Fachbildung und Volksbildung, die zwar die Wahrnehmung berufsqualifizierender Funktionen durch die freie Volksbildung nicht ausschloß, jedoch lediglich in deutlicher Lückenbüßerfunktion und somit angesichts des Widerspruchs zur eigenen Theorie stets mit schlechtem Gewissen, wie es die Volkshochschulpraxis bis in die sechziger Jahre mit sich herumgeschleppt hat, wenn der wachsende Anteil berufsfördernder Kurse einer Legitimierung bedurfte. Am klarsten aber wird diese Position in der befürwortenden Stellungnahme Weitschs zur beruflichen Erwachsenenbildung des 1926 gegründeten „Deutschen Instituts für technische Arbeitsschulung" (DINTA), das, getragen von der westdeutschen Großindustrie, in der Erkenntnis der wachsenden Bedeutung des „humanen Faktors" als Instrument betrieblicher Rationalisierungsstrategien die „industrielle Menschenführung" zur zentralen Aufgabe einer unternehmerorientierten Wirtschaftspädagogik und Sozialpolitik machte (28): In der — durchaus richtigen — Bewertung des Bezugs der deshalb „vielfach abwegigen" Berufsschule auf vorindustrielle Betriebs- und Arbeitsformen erschien ihm die pädagogisch-technische Seite der Arbeit des DINTA als die einzig angemessene Alternative, die allerdings „mit den Ideen einer pädagogisch eingestellten, von wirtschaftlichen und politischen Absichten freien Volksbildung" noch zu durchdringen sei (29).
Die Trennung von Menschenbildung und Berufsqualifizierung bei Weitsch entsprach folgerichtig seinem Neutralitätspostulat; die Konsequenz allerdings blieb die gleiche wie die der arbeits- und berufsfernen Abstinenz der Apologeten des Neuhumanismus: Die neu sich entfaltende Aus- und Weiterbildung der Großunternehmungen, die sich selbst zum „Bildungsraum Wirtschaft" aufwerteten, blieb sich selbst überlassen, als „Industriepädagogik des 20. Jahrhunderts" getragen von einer der frühen Aufklärung ähnlichen Ideologie, die auf Verinnerlichung des Leistungsbewußtseins und Fortschrittsglaubens und auf absolute Loyalität der Beschäftigten zielte gegenüber einer Betriebs-

leitung, die sich selbst als Garant von Sachverstand und Gemeinwohl verstand und darzustellen suchte — eine nicht nur „versteckte" Synthese von Berufsbildung und Politischer Bildung, mit ihrer besonderen Ausprägung, auch als Legitimierung neoständischer Strukturen, mit denen sich bis in die Gegenwart die Auseinandersetzung gelohnt hätte und noch lohnt.
Die Diskussion über die Integration von Beruflicher und Politischer Bildung in der Weimarer Zeit und in den ersten Jahrzehnten nach dem Zweiten Weltkrieg hat zahlreiche Varianten — interessant vor allem auch Eugen Rosenstock, dessen Konzept der „Lebensbildung" die Gedanken Flitners ins Politische wendet und mindestens ansatzweise weiterführt (30) und dessen praktische Beiträge einer Integration von Beruflicher und Politischer Bildung sich insbesondere in Arbeitsdiensten für Arbeiter, Bauern und Studenten, mehr noch aber im Entwurf und in der Gründung der Akademie der Arbeit in Frankfurt (1920) niedergeschlagen haben (31). Einen wesentlichen Auftrieb aber erhielten Konzepte zur Integration beruflichen und politischen Lernens in der Zeit der großen Massenarbeitslosigkeit der frühen dreißiger Jahre: Hier nutzten besonders großstädtische Volkshochschulen, unter denen vor allem die in Leipzig und Groß-Berlin ausführlich bearbeitet worden sind (32), die Chance, berufliche Schulung mit sozialer Nothilfe zu verbinden und dabei auch die politischen Rahmenbedingungen der Veränderungen im Beschäftigungssystem und der Disparitäten auf dem Arbeitsmarkt aufzudecken. Rainer Brödel hat sich unlängst mit den vielfältigen Aspekten der Erwerbslosenbildung in der Weimarer Zeit auseinandergesetzt und in seiner Deutung zwar auf „das distanzierte oder zumindest ... ambivalente Verhältnis (auch dieser Bildungsarbeit) zur Wirklichkeit der Berufs- und Arbeitswelt" hingewiesen, jedoch zugleich die Möglichkeiten herausgearbeitet, die eine Anknüpfung zielgruppenbezogener Bildungspraxis an die spezifische Lebenssituation erlauben (33).
Ist es aber nicht ein Widerspruch, „Berufliche Bildung" ausgerechnet mit der (Nicht-)Arbeits- und Lebenssituation der Erwerbslosen zu verknüpfen? Es ist keiner, wenn dieser Begriff so dynamisch und weit gefaßt ist, wie an anderer Stelle vorgeschlagen wurde: Berufliche Bildung kann dann nur umfassender als „Arbeitsorientierung" verstanden werden, die selbst noch deutlicher ihre politischen Bedingungen und Implikationen zum Ausdruck bringt: angelehnt an die Tradition der Arbeiterbewegung, für die die entfremdenden Bedingungen der kapitalistischen Produktion das entscheidende solidarisierende Erlebnis waren. „Arbeitsorientierte Erwachsenenbildung" ist in diesem Sinne (neu verstandene) Berufsbildung und Politische Bildung zugleich, Integration und Synthese in der Einheit eines Bildungsbegriffs, der nicht nur die kritisch-aufklärerischen Intentionen des Neuhumanismus auf die Gegenwart überträgt, sondern zugleich den Rahmen individueller und gesellschaftlicher Sozialisationsbedingungen mit in die Betrachtung einbezieht. Ansätze dafür sind mehrfach formuliert und auch theoretisch herausgearbeitet worden (34).
Ein solches Konzept aber ist nur dann realistisch, wenn es über die historischen Zugänge hinaus auch diejenigen Gesichtspunkte unserer Arbeits-

und Lebenssituation mit in die Betrachtung einbezieht, die erst in den letzten Jahren in vollem Umfang deutlich geworden sind: Die Verknappung der Erwerbsarbeit und die Erweiterung des Begriffs der gesellschaftlichen Arbeit in andere Lebensbereiche hinein; die die Identität der Arbeitsfähigen bedrohenden Auswirkungen der Erwerbslosigkeit; die radikalen — und teilweise noch vor uns liegenden — Veränderungen der Produktionstechnik und Arbeitssituation durch neue Informations- und Kommunikationstechnologien; die Belastungen zukünftiger Lebensqualität durch unsere rentabilitätsorientierte Wirtschaftsweise, die die ökologischen Bedingungen des Überlebens in Frage stellt. „Arbeitsorientierung" der Erwachsenenbildung muß daher weiter gefaßt werden als berufliche Qualifizierung, auch wenn ihre politischen Aspekte darin einbezogen sind. Nur auf diese Weise kann eine Integration von Beruflicher und Politischer Bildung zukunftsweisend sein in dem Sinne, wie Klaus Senzky es für die Weiterentwicklung substantiell rationaler Systeme gefordert hat.

Anmerkungen

(1) Senzky, Klaus: Systemorientierung der Erwachsenenbildung. Theoretische Aspekte formaler Organisationen. Stuttgart — Berlin u.a. 1977, S. 7

(2) Ders.: Erwachsenenpädagogische Theoriebildung — Resumé der Entwicklung seit 1945. In: Neue Theorien der Erwachsenenbildung; hrsg. v. Franz Pöggeler und Bernt Wolterhoff. Stuttgart — Berlin u.a. 1981, S. 156

(3) Ders.: Systemorientierung . . ., a.a.O., S. 7

(4) Ders.: Kommunalität und Erwachsenenbildung. In: Realismus und Reflexion. Beiträge zur Erwachsenenbildung; hrsg. v. V. Otto, W. Schulenberg und K. Senzky. München 1982, S. 54

(5) Ders.: a.a.O., S. 55

(6) Giesecke, Hermann: Allgemeinbildung, Berufsbildung, politische Bildung. Ihre Einheit und ihr Zusammenhang. In: Leitlinien der Erwachsenenbildung; zusammengestellt v. H. Tietgens. Braunschweig 1972, S. 95

(7) Weick, Edgar: Überlegungen zur Synthese Beruflicher und Politischer Bildung. Hektogr. Manuskript, Januar 1973, S. 5

(8) Pflüger, Albert: Synthese von beruflicher und politischer und allgemeiner Bildung. In: Wörterbuch der Weiterbildung; hrsg. v. G. Dahm, R. Gerhard u.a., München 1980, S. 307

(9) hierzu Balser, Frolinde: Die Anfänge der Erwachsenenbildung in Deutschland in der ersten Hälfte des 19. Jahrhunderts. Stuttgart 1959, S. 54 ff.
— Dikau, Joachim: Wirtschaft und Erwachsenenbildung. Weinheim u.a. 1968, S. 56 f.

(10) Laack, Fritz: Auftakt freier Erwachsenenbildung. Geschichte und Bedeutung der „Pflanzschule für tüchtige Commünevorsteher und Ständedeputierte" in Rendsburg 1842—1848. Stuttgart 1960

(11) Schulenberg, Wolfgang: Erwachsenenbildung. In: Fischer Lexikon „Pädagogik"; hrsg. v. H. Groothoff. Frankfurt 1964, S. 68

(12) Pflüger, Albert: Weiterbildung zur Sekretärin durch versteckte und offene Synthese von beruflicher und politischer Bildung. In: Bildungsarbeit mit Erwachsenen. Handbuch für selbstbestimmtes Lernen; hrsg. v. K. Bergmann und G. Frank. Reinbek b. Hamburg 1977, S. 199

(13) Strzelewicz, Willy: Bildung und gesellschaftliches Bewußtsein. In: Strzelewicz, W./Raapke, H.D./Schulenberg, W.: Bildung und gesellschaftliches Bewußtsein. Stuttgart 1966, S. 8 ff. – Dikau, Joachim: Wirtschaft und Erwachsenenbildung..., S. 49 ff.

(14) Kerschensteiner, Georg: Die staatsbürgerliche Erziehung der deutschen Jugend. Gekrönte Preisarbeit. Erfurt 1901

(15) Marx-Engels-Werke (MEW), Band 4, S. 157

(16) Negt, Oskar: Soziologische Phantasie und exemplarisches Lernen. Zur Theorie der Arbeiterbildung. Frankfurt a.M., 5. Aufl. 1970, S. 66 ff. – Bildungsarbeit mit Erwerbslosen..., a.a.O., S. 195 ff.

(17) vgl. hierzu Daheim, Hansjürgen: Der Beruf in der modernen Gesellschaft. Köln 1967 – Beck, Ulrich/Brater, Michael (Hrsg.): Die soziale Konstitution der Berufe. Materialien zu einer subjektbezogenen Theorie der Berufe. Frankfurt a.M. 1977

(18) Crusius, Reinhard/Wilke, Manfred: Plädoyer für den Beruf. Manuskript, Berlin 1980

(19) Krise der Arbeitsgesellschaft – Zukunft der Weiterbildung; hrsg. v. Erhard Schlutz. Frankfurt – Berlin u.a. 1985

(20) Fischer, Aloys: Über Beruf, Berufswahl und Berufsberatung als Erziehungsfragen. Leipzig 1918 – Ders.: Die Humanisierung der Berufsschule (1924/26). In: Aloys Fischer – Leben und Werk, Band 2. München o.J., S. 315 ff.

(21) Siemsen, Anna: Beruf und Erziehung. Berlin 1926 – Barschak, Erna: Die Idee der Berufsbildung und ihre Einwirkung auf die Berufserziehung im Gewerbe. Leipzig 1929

(22) vgl. hierzu Dikau, Joachim: Wirtschaft und Erwachsenenbildung, a.a.O., – Ders.: Berufliche Weiterbildung – Priorität innerhalb der Priorität lebenslangen Lernens. In: Perspektiven der kommunalen Kulturpolitik. Beschreibungen und Entwürfe; hrsg. v. Hilmar Hoffmann. Frankfurt a.M. 1974, S. 136 ff.

(23) Flitner, Wilhelm: Das Problem der Erwachsenenbildung. Langensalza 1923, S. 20 f. – Ders.: Die Abendvolkshochschule. Entwurf ihrer Theorie. Berlin 1924, S. 21

(24) Ders.: Die Abendvolkshochschule, a.a.O., S. 17 f.

(25) Bahl-Benker, Angelika/Röske, Volker: Berufliche Bildung als beruflich-politisches Lernen. Aspekte einer sozialwissenschaftlichen Begründung. In: Weiterbildung zur Sekretärin. Ein Beitrag zur beruflich-politischen Bildung; hrsg. v. Deutschen Volkshochschul-Verband. Braunschweig 1979, S. 35 ff.

(26) Schiersmann, Christiane: Zur Theorie arbeitsbezogener Weiterbildung unter besonderer Berücksichtigung der Lebenssituation von Frauen. Habilitationsschrift, unveröff., Münster 1984, S. 67 ff. und 347 ff.

(27) Weitsch, Eduard: Zur Sozialisierung des Geistes. Grundlagen und Richtlinien für die deutsche Volkshochschule. Jena 1919 – Ders.: Dreißigacker, die Schule ohne Katheder. Hamburg 1952

(28) Arnhold, Carl: Menschenführung im Sinne des Deutschen Instituts für technische Arbeitsschulung. In: Sozialrechtliches Jahrbuch; hrsg. v. Th. Brauer u.a., Mannheim 1930, S. 129 ff. – Schürholz, Franz: Grundlagen einer Wirtschaftspädagogik. Zum Kampf um Wirtschaftsführung und Sozialordnung. Erfurt 1928

(29) Weitsch, Eduard: Das DINTA als gemeinsames Problem der Gewerkschaften und der freien Volksbildung. In: Die Arbeit, Zeitschrift für Gewerkschaftspolitik und Wirtschaftskunde; hrsg. v. Th. Leipart, 4. Jg. (1927), Heft 10, S. 685 ff.

(30) Rosenstock-Huessy, Eugen: Das Dreigestirn der Bildung. In: Die Arbeitsgemeinschaft, 2. Jg. (1920/21), S. 190 – Ders.: Die Einschaltung der Wissenschaft ins Leben. In: Picht, W./Rosenstock, E.: Im Kampf um die Erwachsenenbildung 1912–1926. Leipzig 1926, S. 89 ff.

(31) vgl. hierzu: Picht, W./Rosenstock, E.: Im Kampf um die Erwachsenenbildung, a.a.O. – Antrick, Otto: Die Akademie der Arbeit in der Universität Frankfurt a.M. Idee – Werden – Gestalt. Darmstadt 1966

(32) Meyer, Klaus: Arbeiterbildung in der Volkshochschule. Die „Leipziger Richtung". Ein Beitrag zur Geschichte der Deutschen Volksbildung in den Jahren 1922–1933. Stuttgart 1969 – Urbach, Dietrich: Die Volkshochschule Groß-Berlin 1920–1933. Stuttgart 1971

(33) Brödel, Rainer: Grundorientierungen der Erwerbslosenbildung in der freien Volksbildung der Weimarer Republik. In: Krise der Arbeitsgesellschaft ..., a.a.O., S. 83

(34) Faulstich, Peter: Arbeitsorientierte Erwachsenenbildung. Frankfurt a.M. u.a. 1981 – Dikau, Joachim: Berufliche Weiterbildung als arbeitsorientierte Erwachsenenbildung. In: Das Argument, Sonderband AS 21, Berlin 1978, S. 212 ff.

3. Exemplarische Annäherungen an die Geschichte der Erwachsenenbildung

Willy Strzelewicz
Krisensituationen und ihre Deutungen als Problem der deutschen Erwachsenenbildung

Rausch und Ernüchterung

Hanspeter Mattmüller gibt der Schilderung der Krisensituation vom Ausbruch des ersten Weltkrieges bis zur Nachkriegszeit ab 1918 den zutreffenden Titel: „Rausch und Ernüchterung" (1). Die Fülle der Zitate von Personen sehr verschiedener Grundhaltungen wie Tillich, Toller, Stefan Zweig, Ernst Glaeser, Käthe Kollwitz, Zuckmayer, aber auch von weniger bekannt gewordenen Vertretern der Gewerkschaften, der politischen Arbeiterbewegung und der Erwachsenenbildung hinterläßt einen bewegenden Eindruck von dem, was hier Rausch und Ernüchterung genannt wird.
Ich greife nur wenige Beispiele heraus. So schreibt Paul Tillich in autobiographischen Anmerkungen davon, wie er „durch das überwältigende Erlebnis einer die Nation umfassenden Gemeinschaft gepackt" worden sei. Das schreibt der gleiche Tillich, der später gestand, daß die Schrecken des Krieges ihn ernüchternd an der Haltbarkeit des idealistischen Humanismus in der deutschen Klassik haben zweifeln lassen – und der sozusagen in der Spätfolge des nationalen Gemeinschaftsrausches nach 1933 in die USA emigrieren mußte und dort zu einem der führenden Theologen des Protestantismus wurde. „Ja, wir leben in einem Rausch der Gefühle. Die Worte Deutschland, Vaterland, Krieg haben magische Kraft, wenn wir sie aussprechen", so schrieb Ernst Troller, der dann in der Ernüchterung vom Vaterlandsrausch an der Räterepublik in München teilgenommen hat und sich als Emigrant in den USA vor Verzweiflung über die immer noch fortdauernden Spätfolgen des Rausches von 1914 im Nationalsozialismus das Leben nahm. „Alle Unterschiede der Stände, der Sprache, der Klassen, der Religion waren überflutet für diesen einen Augenblick von dem strömenden Gefühl der ‚Brüderlichkeit'", so schrieb der gleiche Stefan Zweig, der später die antisemitischen Grenzen der sogenannten Brüderlichkeit und Gemeinschaft als verfolgter Jude erleben mußte und der sich in Brasilien unter dem Eindruck das Leben nahm, eine oder besser seine alte Welt für immer verloren zu haben.
Bei der Lektüre dieser von Rausch und Aufbruchstimmungen deutscher Intellektueller zeugenden Zitate wurde ich an einen anderen Text erinnert, der wiederum Rausch und Aufbruchstimmung erkennen ließ. „Großstadt, Industrialisierung, Intellektualisierung, alle Schatten, die das Zeitalter über meine Gedanken warf, alle Mächte des Jahrhunderts, denen ich mich in meiner Produktion stellte – es gibt Augenblicke, wo dieses Ganze gegenüber dem Leben versinkt und nichts ist da als Ebene, die Weite, die Jahrzehnte, Erde, einfache Worte: ‚Volk'." Das wurde am 28.5.1933 in der Deutschen Allgemeinen Zeitung veröffentlicht und stammte von Gottfried Benn, der später, wenn auch vielleicht zu spät, wieder „ernüchtert" wurde. 19 Jahre also, nach dem Aufbruch und Rausch von 1914, war wieder Aufbruch-

stimmung und Rausch. Wir haben unterdes eingesehen, daß dieser bisher letzte Aufbruch und Rausch den Zusammenbruch dessen bedeutete, was Benn so dithyrambisch als „Volk" verklärte, und daß dieser Zusammenbruch nicht etwa erst 1945 erfolgte, wie man so häufig meint. In fast drei Jahrzehnten deutscher Geschichte also zweimal Rausch und Aufbruch und zweimal Ernüchterung, zuletzt im Entsetzen, zwischen Millionen von Toten und Ermordeten und unter Trümmern. Wir wissen, daß damals nicht nur das „alte Reich", sondern die gesamte mediterran-okzidentale Kultur und weite Kreise darüber hinaus in Mitleidenschaft gezogen worden sind.
Wer das Schicksal der deutschen Erwachsenenbildung in unserem Jahrhundert in einer solchen Perspektive betrachtet, wird verstehen, welche prominente Rolle der Ausdruck „Krise" in ihrer Entwicklung als Ausdruck ihrer Problematik spielte. Der wird auch nicht verwundert sein, wie verzweifelt die Versuche waren, mit diesen Kriseneindrücken fertigzuwerden oder nach Lösungen, ja beinahe nach „Erlösung" zu suchen.
In dieser Hinsicht spiegelt die Krisenproblematik innerhalb der Erwachsenenbildung auch die Zustände der damaligen Gesellschaft wider – und nur in diesem weiteren Zusammenhang kann die Geschichte der Erwachsenenbildung verstanden werden. Dann aber bietet sie in ihren verschiedenen Richtungen ein ebenso vielschillerndes Bild wie die Weimarer Zeit überhaupt. Und dieses Bild kann nicht nur geistesgeschichtlich oder bildungstheoretisch ohne Rücksicht auf soziale und kulturhistorische Zusammenhänge und Hintergründe interpretiert werden. Das gilt auch und dann besonders, wenn man die Krisenproblematik innerhalb der damaligen Erwachsenenbildung unter das Motto stellt: „Zwischen Romantik und Aufklärung", wie der Titel eines von Tietgens herausgegebenen Sammelbandes lautet (2).

Zwischen Romantik und Aufklärung

„Zwischen Romantik und Aufklärung" könnte auch das Thema der deutschen Bildungsgeschichte und -problematik seit dem Beginn der Industrialisierung unter privatwirtschaftlichen Bedingungen heißen. Man hat häufig gesagt, die Deutschen hätten sich mit der Aufklärung, wie sie im 18. Jahrhundert aufkam, „schwer getan". Dieses „Sich-schwer-Tun" manifestierte sich in erster Linie in der Entwicklung des klassischen Bildungsidealismus mit seinen sich von der Aufklärung ablösenden Zügen – und dann vor allem in der Romantisierung des Idealismus. Die Romantik blieb nicht nur eine ästhetische Richtung, um die sich die Literaten der Frühromantik sammelten und durch ihre künstlerischen Werke faszinierten. Die Romantik wurde dann auch und vor allem in ihrer spätromantischen Phase zu einer Gesamtinterpretation von Bildung, Welt, Geschichte, Staat und Gesellschaft.
In den neueren Darstellungen der Erwachsenenbildung in der Weimarer Zeit (3) wird der Unterschied zwischen Aufklärung und Romantik sehr häufig auf die Differenz zwischen dem reinen Verstandesmenschen, bloßer

Wissensverbreitung, Intellektualität und mangelnder Emotionalität auf der einen Seite und Gefühls- und Gemütsbetontheit, Schwärmerei, Beseeltheit und emotionale Wärme auf der anderen Seite reduziert. Die Unzulänglichkeit der Unterscheidung auf diesem level ist schnell zu erkennen. Denn weder sind die bekannten Vertreter der Aufklärung reine Verstandesmenschen, noch sind die Spätromantiker gefühlsbeladene Schwärmer gewesen (4). Der Versuch, die Differenz zwischen Aufklärung und Romantik auf diesem level der Unterscheidung von Verstand und Gefühl zu erfassen, ist selbst nur ein Symptom für das „Sich-schwer-Tun" mit der Aufklärung in der Relation zur Spätromantik.

Sicherlich sind die Deutungen der Unterschiede nicht ganz von solchen Ausdrücken wie Verstand und Gefühl freizuhalten, soweit es die einzelnen Vertreter der Richtungen betrifft. Aber das Kriterium des Unterschiedes liegt nicht in dem einen oder dem anderen — sondern in der sie umgreifenden Erlebnisstruktur, in der der sogenannte Verstand und das sogenannte Gefühl eine sehr verschiedene Rolle spielen. Diese verschiedenen Erlebnisstrukturen sind eng mit den ihnen zuzurechnenden Interpretationsrahmen für Welt, Geschichte und Gesellschaft verbunden. Derartige Interpretationsrahmen haben ihre zeit-, geschichts- und gesellschaftstypischen Merkmale und Verankerungen. Erst in diesem Zusammenhang der sozialen Dimension werden die historisch wirksam gewordenen Konturen der hier beteiligten Strömungen sichtbar, die den Krisendeutungen die historische Signifikanz gegeben haben.

In fast allen westlichen Ländern drängten unter den Einwirkungen der Industrialisierung unter privatwirtschaftlichen Bedingungen bürgerliche Schichten und Klassen zur Macht und zu Führungspositionen ihrer Nationen, auch in Deutschland. Aber während in Frankreich und England das Macht- und Führungsstreben dieser Gruppen Schritt für Schritt, wenn auch mit mehreren Rückschlägen in der ersten Hälfte des vorigen Jahrhunderts, zum Erfolg führte, scheiterten die gleichen Versuche in Deutschland. Vor allem in Deutschland wurde als Ausdruck des sozialhistorischen Scheiterns im Führungsanspruch der klassisch deutsche Bildungsidealismus — oder wie Gadamer es genannt hat (5), die Bildungsreligion — als Kompensationsversuch für die reale Frustration entwickelt. Dieser ins Religiöse greifende Kompensationsversuch im deutschen Bildungsidealismus manifestierte sich vor allem in dem Ideal der harmonischen und gesellschaftlich extraterritorialen Persönlichkeit. Damit wurde nicht nur der Ausschluß von Macht und gesellschaftlicher Führung für die intellektuellen Repräsentanten des Bürgertums kompensiert, sondern gleichzeitig auch die elitäre Distanz zu den sogenannten unteren und nachdrängenden Schichten gewährt und damit die Voraussetzung für das Konnubium von Besitz und Bildung im Wilhelminischen Reich geschaffen.

Enttäuschungen über die Kehrseite der Industrialisierung, über die Terrorphase in der Französischen Revolution und die Opposition gegen die napoleonischen Eroberungszüge haben in fast allen westlichen Ländern zu romantischen Gegenströmungen gegen die Aufklärung geführt. Aber zu einer roman-

tischen Schule als Versuch der Gesamtinterpretation von Welt, Geschichte und Gesellschaft ist es nur in Deutschland in der Romantisierung des deutschen Bildungsidealismus mit allen der bis in das 20. Jahrhundert beobachtbaren Folgen gekommen (6).
Die deutsche Frühromantik signalisierte unter dem Eindruck der Frustration der bürgerlichen Schichten die Rückzugsbewegung der Individualität in die Perspektive der frühkindlichen, psychomorphen Erlebniswelt mit noch unentwickelter Unterscheidung zwischen Individuum und Umwelt. Auf diesem regressiven Weg des Rückzugs von der entwickelten Individuation mit den Möglichkeiten auch zur beobachtenden Haltung und dem sachsymbolischen Gebrauch der Sprache bei rationaler Verständigung sollte, wie Novalis das eindrucksvoll formulierte, die Welt Traum und der Traum Welt werden, was er selbst als magischen Idealismus bezeichnete. Damit wurde nicht nur ein Protest gegen die bisher überkommene glücksfeindliche und puritanische Seite der modernen Arbeitswelt, sondern gleichzeitig auch die Abkehr von der rational kontrollierten Aktivität in der gesellschaftlichen Reform symbolisiert, wie sie mit der Aufklärung verbunden gewesen ist. Aber dieser Rückzug in die frühkindlich getönte Erlebnisperspektive brachte dem Individuum nur flüchtige Erfüllung und führte folgerichtig zu Einsamkeit, zu Weltschmerz und zur Sehnsucht nach einer neuen Geborgenheit in überindividuellen kollektiven Wesenheiten. Damit begann die Entwicklung zur Spätromantik in der feudalen Restaurationsepoche mit den Versuchen zur Umdeutung der Realität in einer Weise, die den Realitätsdeutungen früherer mythischer Zeiten entspricht. Damals entstanden die Bilder von Volksgeistern und Volksseele und von Volkseinheiten, die den überindividuellen Göttern der mythischen Zeiten ähnelten. Zu dieser Zeit versuchte man sich in der organizistischen Deutung der Natur im Gegensatz zur Mechanisierung und Industrialisierung und auch im Gegensatz zum Demokratiebegriff der Aufklärung. Das Volk, das sich in Frankreich als Repräsentant des dritten Standes zum Souverän erklärte oder das als "people" in der chartistischen Bewegung Englands in seiner "peoples charter" Teilnahme an der politischen Willensbildung durch erweiterte Wahlrechte forderte, waren Bezeichnungen, die sich an den realen sozialhistorischen Veränderungen orientierten. Das in den romantischen Strömungen Deutschlands beschworene „Volk" ist ein vieldeutiges Zeichen für die durch die Romantik ermöglichte Regression in die remythisierte Welt- und Lebensdeutung (7).
Während in England und Frankreich die nationale Zusammengehörigkeitserfahrung mit der staatlichen Einheit unter bürgerlicher Führung und mit fortschreitender Demokratisierung des Staatsapparates zur Deckung kam, blieb das deutsche Volk in zahllose Fürstentümer aufgesplittert, in zwei Konfessionen gespalten und lebte während des ganzen 19. Jahrhunderts unter feudaler oder halbfeudaler Führung mit relativ lange beibehaltener ständischer Rangordnung. Auf diesem Hintergrund und in Abwehr gegen die französische Okkupation unter Napoleon entstand also das Bild vom „Volk" und von „Volksgemeinschaft" als von einem menschenähnlichen, aber überindividuellen mythischen, normensetzenden und den Individuen

erst Lebensrechte verleihenden Wesen in Vergangenheit und Zukunft – ohne den stetigen Blick auf ein reales Volk und eine realisierbare bessere Gesellschaft, wie Minder das formulierte (8).

Mit dieser Erbschaft trat das deutsche Volk in die Industrialisierung unter privatwirtschaftlichen Bedingungen ein. Seine Geschichte wurde daher zu einer Geschichte einer verspäteten Nation mit einer zugleich verspäteten Demokratisierung (9). Die bürgerliche Revolution von 1848 scheiterte. Die Einigung in der sogenannten kleindeutschen, besser: großpreußischen Lösung von 1870/71 kam unter der Führung Preußens mit seinem Drei-Klassen-Wahlrecht, der Dominanz des ostelbischen Junkertums und seines Offizierskorps und einer mit der Hofkamarilla der wilhelminischen Zeit verbundenen Bürokratie zustande. Unter dem Einfluß der neuen Industrialisierungswelle am Ende des 19. Jahrhunderts kam es zu einem Bündnis zwischen dem ostelbischen Adel und einem Teil der westdeutschen Schwerindustrie, aber wieder nicht mit eindeutiger bürgerlicher Führung unter demokratisierten Bedingungen. Und wieder erfolgte ein romantischer Rückschlag. Zuerst in den an die frühere Romantik erinnernden Formen der deutschen Jugendbewegung unter der Führung junger Erwachsener aus dem bürgerlichen Lager. Später erfolgte der Übergang zu spätromantischen Formen verschiedener Richtungen während der Weimarer Zeit (10). Als nach dem Zusammenbruch des Kaiserreichs 1918 die erste deutsche Republik entstand, waren die soziokulturellen Bedingungen einer stabilen rechtsstaatlich parlamentarischen Demokratie immer noch nicht geschaffen. Vielmehr ragten einige der die Demokratisierung blockierenden Faktoren halbfeudaler oder ständischer Tradition weiterhin in die Geschichte der Weimarer Republik hinein, so daß sie beim Ausbruch der Weltwirtschaftskrise 1929–30 an dem fortbestehenden Einfluß der spezifischen, primär nicht-bürgerlichen, sondern halbfeudalen Strömungen und Gruppen, wenn auch im Bündnis mit einigen sich ihnen anpassenden Kreisen der Industrie, durch die Machtübergabe an Hitler zugrunde ging.

Krisendeutungen und Erwachsenenbildung in der Weimarer Zeit

Von den Deutungen der Krisensituation als Problem der Erwachsenenbildung und ihrer Aufgabenbestimmung greife ich aus der Fülle des unterdes publizierten dokumentarischen Materials nur wenige Beispiele und Züge heraus: Kulturzerfall in der Auflösung der Volkseinheit durch Parteien, Klassengegensätze, Verlust der früher das Volk in Sitte und Brauchtum oder in ständischer Gliederung zusammenhaltenden Normen. Die Auflösung der Volkseinheit wird als Volkszerstörung oder Volkserkrankung dargestellt. In dieser Sprache manifestiert sich gleichzeitig die Sehnsucht nach einer in der Vergangenheit angeblich vorhanden gewesenen harmonischen Volksgemeinschaft, eventuell auch in ständischer Art, oder nach einer in der Zukunft wieder erstehenden Volkseinheit mit Nestwärme verbreitender und Schutz versprechender Gemeinschaftsharmonie.

Diese in den sonst sehr verschiedenen Flügeln der Erwachsenenbildung auftretenden Interpretationen und Sprachgebilde muß man als Rahmenmuster vieler auf die Dauer sehr wirksamer Sprachformen, als Kanalisierungen von Denken und Impulsen der Hoffnung und Aktivitäten sehen. Dazu führe ich chronologisch geordnete Beispiele an:
„Wir erlebten, was Volksgemeinschaft bedeutet. Wir erlebten das G r u n d -
w e s e n d e u t s c h e r A r t (gesperrt W.S.), in den Millionen Einzelseelen leuchtete auf, plötzlich einen Feiertag lang, d i e e w i g e V o l k s -
s e e l e " (gesp. W. S.) (11).

Das ist eine der Äußerungen, die paradigmatisch die Romantisierung des Volksbegriffs als Einbruchsstelle für die Remythisierung der Realitätsauffassung wie kaum je eine andere Formulierung repräsentiert. Eine ewige Volksseele kann, so muß ein ruhiges Nachdenken schließen, nur ein ewiges, unsterbliches Wesen „Volk" haben, das sich als ein mythisch-göttliches Wesen über den Individuen, aber innerhalb unserer raumzeitlichen Welt darstellt, so wie die Gottheiten mythischer Religiosität erlebt wurden. Von diesem Wesen „Volk", das wie die menschlichen Individuen auch eine „Seele" hat, erhalten die von ihm abhängenden Individuen ihr Lebensrecht, ihre Normen, ihre Gebote – und damit wird die in der okzidentalen Humanitätsidee entwickelte Individuation und ihre im universalen Individualismus ausgedrückte Hochschätzung individueller Existenz und Freiheit zurückgenommen – wie sie in der Menschenrechtsdeklaration von 1776 als dem klassischen Dokument der Aufklärung und der Humanitätsidee verkündet worden ist (12).

„Die Berufsgruppierung steht in keinerlei Weise einer wahrhaften Volksgemeinschaft entgegen, denn diese besteht in der Einheit des Volkstums in allen jenen Fragen, die dieses Volkstum an sich betreffen" (13).

„Die Geistigkeit jedes jungen Menschen wird heute noch in diesem Mythos seines Volkes geboren" (14).

„Die erste, große mythische Höchstleistung (eines Volkes) wird im wesentlichen nicht mehr ‚vervollkommnet', sondern nimmt bloß andere Formen an" – „diese Einheit gilt auch für die deutsche Geschichte, für ihre Männer, ihre Werte, für den uralten und neuen Mythos, für die tragenden Ideen des deutschen Volkstums" (15).

„Volkstum bedeutet das organische Drinstehen des gegenwärtigen Menschen in der konkreten Wirklichkeit eines Volkes, das Jahrtausende zurückreicht – das den einzelnen ihre innere Norm verleiht" (! W.S.) ... die Nation ... der Kampf für ihre Ehre ist die höchste dieser Forderungen" (16).

Hieran ist das spezifisch romantische Erbgut mit remythisierender Interpretation an dem „organischen Drinstehen" in einem Volk, das den einzelnen Normen vorschreibt und Jahrtausende zurückreicht, zu erkennen.

„Das Volk ist eine naturhafte, elementare, organische und zunächst unbewußt vorhandene Ganzheit" – „Das Volk ist eine objektiv selbständige Erscheinung" – „es erschöpft sich nicht in den jeweils lebenden Gliedern" (17). Hier ist nochmals mit unerbitterlicher Klarheit der mythische Charakter des Volkskollektivs, unabhängig von den einzelnen lebenden Individuen, beschrieben.

Die in diesem Sprach- und Interpretationsmuster verbundenen Ausdrücke stammen von Vertretern sehr verschiedener Richtungen, die aber doch unterschwellig in einem sozialkulturellen Klima der damaligen Zeit miteinander verbunden sind. Das will nicht heißen, daß sie alle Nationalsozialisten waren – z.B. war Nohl, eine führende Figur der pädagogischen Bewegung, sicherlich kein Nationalsozialist. Der Soziologe Freyer und der Verfassungsrechtler Huber waren ursprünglich sicherlich keine Anhänger Hitlers – obwohl sie das Volkstum des Hitler-Regimes so interpretiert haben, wie die Zitate es zeigen. Von 1917 an bis in die späten dreißiger Jahre aber gibt es, wie man an diesem „Muster" erkennen kann, einen beinahe bruchlosen Grundzug in der Krisendeutung und in der Vorstellung von der Krisenüberwindung vor allem im Hinblick auf den mythischen Kollektivbegriff „Volk". Bei Hitler und Rosenberg wurde die remythisierende Interpretation des Volkskollektivs noch durch die Rassenmythologie ergänzt oder „unterbaut". Aber innerhalb der Erwachsenenbildung gab es in den verschiedenen Richtungen diesen Hinweis auch (18). Jedoch viel bemerkenswerter als die offene Verbindung zur nationalsozialistischen Vorstellungswelt mancher Richtungen in der Erwachsenenbildung der Weimarer Zeit sind die romantisch getönten, teilweise an der Grenze auch der Remythisierung stehenden Volkstumsinterpretationen derjenigen, die sich als Anhänger der Demokratie ausgaben, Einwirkungen der aufklärerischen Tradition erkennen ließen oder sogar dem sozialistischen Lager und der marxistischen Konfession nahe standen.
Ich verweise für diese Strömungen wiederum nur auf einzelne Beispiele. Die Reichsschul-Konferenz von 1920 nannte „die Vorbereitung für das Entstehen einer wirklichen Volksgemeinschaft" – „das letzte Ziel der Volksbildungsarbeit" (19). In den Richtlinien des Hohenrodter Bundes will man in der Volksbildungsarbeit „den tätigen Willen zum Aufbau eines organisch gestalteten Volksganzen wecken" (20). An dem aufrichtigen Willen der Verfasser dieser beiden Dokumente, durch ihre Arbeit den Bemühungen um die Festigung der neu entstandenen Demokratie zu dienen, kann kaum gezweifelt werden. Aber die Art, wie hier die Grundzüge und Grundlagen der Demokratie im Zusammenhang mit dem Bild des „Volkes" charakterisiert werden, signalisiert das sozialgeschichtlich zu verstehende Dilemma zwischen Romantik und Aufklärung oder zwischen der Bedrohung durch Remythisierung in der Romantik und der Aufklärung und ihrer Menschenrechtsidee als Legitimitätsbasis einer parlamentarisch-rechtstaatlichen Demokratie.
Das durch die Breite und Genauigkeit des Materials imponierende Buch von Fritz Laack „Das Zwischenspiel freier Erwachsenenbildung" (21) hat dieses Dilemma wieder deutlich gemacht, soweit es die Thematik vor allem der sogenannten Neuen Richtung und des Hohenrodter Bundes angeht. Der Verfasser wendet sich ausdrücklich dagegen, die genannten Bewegungen zwischen Romantik und Aufklärung anzusiedeln. Die Vertreter dieser Richtungen haben sich, nach seiner Meinung, weder als Romantiker noch als Rationalisten betrachtet, sondern als Realisten (S. 1). Die Begriffe Romantik und Aufklärung waren für die damaligen Volksbildner negativ akzentuiert,

so sagt er. Diese negative Akzentuierung war mit der Interpretation der Romantik als gefühlsvoller Schwärmerei und der Aufklärung als Verstandesbildung verbunden. In diesem Sinne freilich waren die Vertreter der Neuen Richtung weder das eine noch das andere. Aber die Interpretation dieser Ausdrücke manifestiert gerade das Dilemma, zwischen Romantik und Aufklärung plaziert zu sein. Laack plädiert mit Recht dafür, die damals gängige Sprache aus der Zeit zu verstehen. Und das gerade gelingt ihm in der Darstellung der damaligen Entwicklung insofern, als er auch jetzt noch ganz aus dem Klima der damaligen Zeit heraus über die Periode berichtet. Natürlich war die Zusammensetzung des Hohenrodter Bundes und der sogenannten Neuen Richtung so vielfältig, daß sich jede vereinfachende Klischeebildung verbietet. Immerhin konnte man sich doch zu einer bestimmten Zeit auf die oben zitierten Richtlinien einigen. Soweit sich später in der Erwachsenenbildung Kontroversen zeigten, faßt Laack sie als Generationsunterschied etwa zwischen von Erdberg und Mockrauer auf, wobei er Mockrauer als Vertreter der Richtung charakterisiert, die – ohne eine idealistische oder emotionale Komponente – mehr an den parlamentarischen Institutionen der Demokratie orientiert war. Er nennt diese Richtung wirklichkeitsbezogener und zweckbestimmter. Diese Charakterisierung allerdings ist nur sehr schwer mit der von ihm gegebenen Versicherung zu vereinbaren, daß die Vertreter der Neuen Richtung alle zusammen als Realisten angesehen werden können.

Eine der führenden Personen der Neuen Richtung, R. v. Erdberg, läßt in seiner Entwicklung und Gedankenarbeit das für die deutsche Geschichte spezifische Dilemma der damaligen Krisendeutung in der Erwachsenenbildung zwischen Romantik und Aufklärung am eindrucksvollsten erkennen. Das zeigt sich schon in der Anfangsperiode der sogenannten Neuen Richtung. In einem Aufsatz von 1911 (22) analysiert v. Erdberg Bildung als ein Intensivverhältnis zur Kultur und postuliert, daß es nur ein Bildungsideal und nur eine Weltanschauung geben könne, „die den Anspruch auf absolute Richtigkeit erheben kann" (S. 375). Er beklagt das Fehlen einer solchen einheitlichen Weltanschauung, „die alle Gegensätze und Widersprüche aufhebt" (S. 386). In deutlicher Ablehnung der damals vorherrschenden sogenannten verbreitenden Volksbildung drängt er auf die Intensivarbeit gegenüber der massenmäßigen Verbreitung von Kenntnissen und Kulturgütern unter Berücksichtigung der individuellen Erlebniswelt. Hier kamen auch die ersten Ansätze der für die Neue Richtung kennzeichnenden pädagogischen Neuerungen in den arbeitsgemeinschaftlichen Formen der Volksbildungsarbeit zum Vorschein, mit denen die Neue Richtung sicherlich einen ihrer wesentlichen Beiträge zur didaktisch-methodischen Entwicklung in der Praxis der Erwachsenenbildung geliefert hat.

So verlangt Erdberg, daß man dem Volk nicht die fertigen Ergebnisse der Wissenschaft präsentiert, sondern daß man es einführt „in die ungeheure Geistesarbeit", die „zu dieser oder jener Wahrheit geführt hat". Die Forderung nennt er berechtigt, „ daß dem Volk die Wissenschaft in diesem Sinne erschlossen wird" (S. 387), womit er gegen die Vorlesungsform der damaligen

Universitätsausdehnungsbewegung polemisiert. Aber dann, und in einem unübersehbaren Widerspruch zu dieser Auffassung von Volksbildungsarbeit und Wissensvermittlung, formuliert er in der Hinwendung zur individuellen Erlebniswelt einen Bildungsbegriff, wonach Unwissenheit und Bildung kein einander ausschließender Gegensatz sei (S. 367). Gebildet sein könne auch der, „der zwei oder drei treffliche Bücher liest und sich ganz zu eigen macht" und der sich überhaupt eine kleine Umwelt nach eigenem Maßstab gestaltet. Eine solche Bildungsvorstellung läuft auf die Anerkennung etwa auch der bäuerlichen oder handwerklichen traditionsgeleiteten Lebensführung hinaus. Damit wird Bildung auch mit jeder traditionsgelenkten Lebensführung identifiziert. Aber der Bildungsbegriff der Aufklärung im 18. Jahrhundert signalisierte gerade die Auflösung der traditionsgelenkten Lebensführung in der ständischen Zeit und proklamierte Bildung als eine die traditionsgelenkte Lebensführung ersetzende Leitlinie paradigmatischer Lebensführung und Wissensaneignung und Wissensverarbeitung (23).

Diese Zeilen zeigen auf der anderen Seite die Einflüsse der von der Romantisierung des Bildungsbegriffes ausgehenden Vorstellungswelt. Damit wird die Bedeutung des organisierten Lernens und der Wissensverarbeitung im Bildungsprozeß depraviert. Hier finden sich die Ansatzpunkte seiner gegen die Aufklärung gerichteten Polemik, wie er sie später noch deutlicher formulierte: „Es wurde (in der Vergangenheit der verbreitenden Volksbildung) eine Ehrfurcht vor dem Wissen gezüchtet" und damit wurde an die Stelle der „Seele", „der nüchterne, kalte, denkende und berechnende Verstand gesetzt" — „auch hierin erkennen wir den Einfluß der Aufklärung". In dieser Sprache verwandte Erdberg die von der Romantik gelieferte Argumentationsform gegen die Aufklärung. Darin manifestiert er selbst nicht nur sein gebrochenes Verhältnis zur Aufklärung. Außerdem identifizierte er die gebrochene Aufklärung der verbreitenden Volksbildung der wilhelminischen Zeit mit *der* Aufklärung. Damit wird nur noch einmal der sozialgeschichtliche Hintergrund für das „Sich-schwer-Tun" mit der Aufklärung in Deutschland ins Blickfeld gerückt (24).

Das alles zeugt von der Bedeutung der spätromantischen Einflüsse auf die deutsche Bildungsgeschichte. Erst wenn man aus dieser Sicht auch die eine remythisierende Regression anzeigenden Züge in der Krisendeutung der Erwachsenenbildung in der Weimarer Zeit unverstellt zur Kenntnis nimmt, ist man in der Lage, in diesen Deutungen die vielen kleinen Bäche zu erkennen, die sich zu einem großen Strom totalitärer Mentalität haben vereinigen können, ohne daß alle Repräsentanten dieser Deutungen sich darüber klar waren oder daß sie es etwa bewußt beabsichtigt hätten. So erklärt sich auch die von Fritz Laack wiedergegebene Deutung des langsamen, von beiden Seiten in seiner Bedeutung zunächst nicht erkannten Übergangs vom Weimarer zum Hitler-Regime. „Die Zäsur des 30. Januar scheint von den führenden Personen der deutschen Erwachsenenbildung zunächst nicht begriffen worden zu sein" (a.a.O., S. 398). Diese Feststellung, die Zäsur zunächst nicht begriffen zu haben, trifft nicht nur auf die Vertreter der Erwachsenenbildung, sondern auf einen sehr großen Teil der Politiker in der Weimarer Zeit zu.

Dies wird mit der Deutung erklärt, daß der Nationalsozialismus Begriffe (wie Volksgemeinschaft, Volkszerstörung, Volkserneuerung, Volksordnung, Volksbildung, W.S.) *pervertiert* habe (a.a.O., S. 664).
Der Begriff der sogenannten Perversion kann hier nicht im einzelnen analysiert werden. Dabei kommt es sehr darauf an, genauer zu bestimmen, was angeblich pervertiert wurde. Nimmt man die in der okzidentalen Entwicklung ausgebildete Humanitätsidee und die in der Aufklärung proklamierte Menschenrechtsidee als Legitimitätsbasis der rechtsstaatlich-parlamentarischen Demokratie als Bemessungsmaßstab, dann begann in der romantischen Umdeutung des universalen Individualismus und des humanen Solidarismus und in der die Humanitätsidee rückgängig machenden Remythisierung der Weltinterpretation bereits die sogenannte Perversion. Eine der möglichen weiteren Regressionen auf die archaische Stufe der Hordenmentalität der Neandertaler in der nationalsozialistischen Variante des Totalitarismus war nur eine darin potentiell angelegte Möglichkeit. In einer solchen Perspektive nimmt sich die Krisendeutung der Erwachsenenbildung in der Weimarer Zeit und die „Perversion" durch den Nationalsozialismus grundlegend anders aus.
Im übrigen tauchten die Probleme nicht nur auf der sogenannten „völkischen" Seite des Spektrums, sondern auch auf der marxistischen und sozialistischen Seite der damaligen Erwachsenenbildung auf. (Über diesen Zweig der Entwicklung siehe meinen Aufsatz über Grundwerte (25).)

Erwachsenenbildung und Krise in der Bundesrepublik Deutschland

Nach einer Periode, in der die Erwachsenenbildung und die Volkshochschule im Hitler-Regime noch fortbestehen konnte, um dann von der Schulung im Dienste des Regimes abgelöst zu werden, begann sich die freie Erwachsenenbildung nach dem 2. Weltkrieg in der Zeit der „Ernüchterung" in der Bundesrepublik neu zu etablieren. Zum Wiederaufbau einer freien Erwachsenenbildung haben z.T. die noch aus der Weimarer Zeit stammenden Erwachsenenbildner Bedeutendes beigetragen, und Nachklänge der in der Weimarer Zeit formulierten Probleme sind in den ersten Jahren nach dem 2. Weltkrieg noch zu spüren gewesen. Darüber darf man auch nicht die Einflüsse von seiten der Besatzungsmächte und von seiten der aus der anglo-amerikanischen oder skandinavischen Emigration zurückkehrenden Personen vergessen.
Insgesamt aber entstand zunächst eine Erwachsenenbildung, in der während der Wiederaufbauperiode neuartige Gesichtspunkte auch in der Beurteilung der vergangenen Krise aufgenommen wurden. Das beruhte auf vielen verschiedenen Faktoren, stand aber vor allem auch mit der Tatsache in Verbindung, daß sich die Sozialstruktur der Bundesrepublik in einigen wichtigen Punkten geändert hat. Die halbfeudale Überformung ist verschwunden und hat einer Sozialstruktur Platz gemacht, die der unter bürgerlicher Führung in westlichen Ländern geschaffenen Basis einer parlamentarisch-rechts-

staatlichen Demokratie bedeutend angenähert worden ist. Deswegen hat sich bisher, wenn auch für viele überraschend, die vom Bekenntnis zur Menschenrechtsidee als Legitimitätsbasis ausgehende demokratische Organisation als relativ stabil erwiesen. Das hat auch der durch gesetzliche Sicherung mit der demokratischen Staatsform verbundenen Erwachsenenbildung ihr neues und besonderes Gepräge gegeben, in dem die überkommenen Bildungstraditionen des deutschen klassischen Idealismus und seiner Romantisierung zwar nicht verschwunden, aber doch in den Hintergrund getreten sind. Und das hat für das Selbstverständnis der Erwachsenenbildung in ihren verschiedenen Richtungen angesichts neuer und seit den sechziger Jahren sich ausbreitender Krisensymptome eine nicht unwichtige Rolle gespielt.

Es müssen drei Dimensionen der neueren Krise hervorgehoben werden. Von diesen drei Dimensionen haben sich zwei, die marktwirtschaftliche und die mit der industriellen technischen Veränderung zusammenhängende, bereits in der zweiten Hälfte der 60er Jahre zu zeigen begonnen, während die dritte, die ökologische Dimension, erst im Laufe der siebziger Jahre in vollem Umfang deutlich geworden ist. Die für die Erwachsenenbildung und in ihrem eigenen Rollenverständnis aktuell gewordenen Probleme der Krisendeutungen standen unter dem Eindruck der die Krisenbestimmung manifestierenden Protestbewegungen und ihrer Kriseninterpretationen.

Von diesen Bewegungen wurden in den sechziger Jahren zunächst hauptsächlich akademische Kreise, in den siebziger Jahren aber auch weit darüber hinausgehend breitere Bevölkerungsgruppen erfaßt. Das Argumentationsmuster der akademischen Protestbewegungen und ihrer Krisendeutungen in den sechziger Jahren entstammte in der Hauptsache dem Gedankenkreis der sogenannten kritischen Theorie. Die Kritik an der spätkapitalistischen Klassenherrschaft, an dem Warencharakter der zwischenmenschlichen Vermittlung und an der Scheinlegitimität der nur formalen und bürgerlichen Demokratie ist zwar modernisiert worden. Aber im Laufe der sechziger Jahre zeigten sich immer deutlicher wieder antiaufklärerische, romantische Züge in der Krisendeutung, die den latenten Fortbestand mancher romantischer Traditionen, wenn auch verändert, zu erkennen gaben. So nannte H. Marcuse in pauschalisierender Eindimensionalität der Analyse unsere industriekapitalistische Welt eine Hölle (26). Er lieferte damit denjenigen Protestlern, wenn vielleicht auch ohne Bewußtsein von der Tragweite seiner Charakterisierung, die Rechtfertigungsargumente für die Auffassung, daß man die Hölle sprengen müsse, weil eine Hölle nicht zu reformieren sei. Und Adorno verkündete mit prophetischer Gestik und mit allen Anzeichen ästhetischen Genusses eine Ontologie der Verzweiflung als das Perennierende (27). Das konnte man als Resultat seiner Angriffe auf das industriekapitalistische System auffassen. Dabei kam die eingehende Analyse der Gegenläufigkeit und der großen Schwingungsbreite auch der industriellen Technik in der Interferenz mit verschiedenen anderen Interdependenzfeldern zu kurz. Auch darin offenbarte sich die Herkunft der Kritik aus dem überkommenen romantischen Argumentationsarsenal. Damit jedoch wurde unter dem stolzen Motto des kritischen Denkens der Prozeß der Denkverwüstung gefördert, den Richard Löwenthal treffend als Rückfall in die Romantik charakterisiert hat. Auch Kolakowski hat in seiner eingehenden Analyse der kritischen Theorie die romantischen Elemente ausgemacht (28). Solche dem Marxismus und der kritischen und neomarxistischen Strömung entstammenden Argumente haben auch in die Literatur der Erwachsenenbildung Eingang gefunden und wurden zur Krisendeutung verwendet. Dennoch haben sie keinen die ganze Erwachsenenbildung und die Volkshochschulen prägenden Einfluß ausgeübt (29). Für die Hinwendung zu den vielfältigen institutionellen Möglichkeiten der Erwachsenenbildung in der Demokratie unter den modernen Bedingungen und bei der Abwehr der romantisch-neomarxistischen Versuche eines Durchmarsches durch die Institutionen hat auch die von Senzky vertretene Systemorientierung der Erwachsenenbildung (30) einen bedeutsamen Beitrag geliefert.

Die ökologischen Probleme in Verbindung mit der Arbeitslosigkeit und den durch internationale Spannungen und industrietechnische Neuerungen erweckten Sorgen wurden hauptsächlich in den siebziger und Anfang der achtziger Jahre durch neue Protestbewegungen wie die Bewegung der Grünen, die Alternativbewegung und zum Teil auch die Friedensbewegung artikuliert. Sie knüpften teilweise an neomarxistische, aber auch an solche aus der deutschen Jugendbewegung kommenden Ansätze an. Diese Bewegungen sind vielfältig und noch ungeformt und lassen sich daher noch nicht auf ein einheitliches Programm fixieren.

In mancher Hinsicht jedoch kann man in diesen Bewegungen eine Response auf die mit den industrietechnischen Neuerungen und ihren unvorhersehbaren Kehrseiten verbundenen Ängste und Desorientierungen erblicken, wie sie bei früheren Umwälzungen dieser Art auch schon zu beobachten waren. Auch an ihnen sind die romantischen Einschläge erkennbar. In manchen Teilen dieser Bewegung wird aber auch ein den Bestand der rechtsstaatlich-parlamentarischen Demokratie gefährdendes Element etwa in solchen Ausdrücken sichtbar, daß Kompromiß kein Lernziel darstelle. Auch in den Aussteigerhaltungen und Rückzugsstimmungen werden die Gefahren gefördert, die man verhindern will, weil sie die Ohnmacht der einzelnen Menschen und der benachteiligten Gruppen nur verstärken und die Möglichkeiten einer rationalen Bewältigung der Krisenprobleme schwächen können. Außerdem finden sich in vielen Gemeinschaftssehnsüchten und organologischen Ganzheitsdeutungen gewisse Andeutungen zu einer neuen remythisierenden Interpretation der Realität. Wenn man von dem Interesse an der Erhaltung der rechtsstaatlich parlamentarischen Demokratie ausgeht — und diese Ausgangsstellung ist für eine Erwachsenenbildung selbstverständlich, die auf die Unterstützung aus öffentlichen Mitteln angewiesen ist —, dann sollte man zunächst an die im Vergleich zur Weimarer Zeit veränderte soziale Struktur erinnern, die einen Fortgang dieser Krisenentwicklung wie damals unwahrscheinlich macht.

Umso wichtiger allerdings ist auch die Einsicht in die durch die rechtsstaatlich-parlamentarische Demokratie gebotenen Möglichkeiten, bei den Bemühungen um rationale und also gewaltlose Lösungen der auftauchenden

Krisenprobleme einen zwar nicht zu überschätzenden, aber doch nicht unwichtigen Beitrag zu leisten. Das berührt die Funktion der Erwachsenenbildung in einer solchen Krisensituation als Forum, auf dem die vielfachen Ängste und Sorgen der Bevölkerung artikuliert, zur Sprache kommen und zur Diskussion gestellt werden können und sollen — in Abwehr aller Versuche, die Artikulation zu unterdrücken, weil das vor allem den Bestand der Demokratie auf die Dauer mehr in Gefahr bringen könnte als die Offenheit der Aussprache.

Der Ausdruck „rational" provoziert meist die Frage, was mit dem Wort gemeint sei, angesichts der reichhaltigen Diskussion über Zweckrationalität, Wertrationalität, substantielle, instrumentelle oder empanzipatorische Vernunft etc. Ich denke bei dem Wort „rational" an die Möglichkeit der interindividuellen Verständigung unter Beachtung des Postulats der logischen Widerspruchsvermeidung, der in einem Rahmen ausdrücklich formulierten Sprachgebrauchskonsistenz und der Bereitschaft, Konsequenzen zu ziehen und zu überprüfen. Diese kommunizierende Rationalität der zwischenmenschlichen Verständigung bildet auch die Voraussetzung dafür, sich über die verschiedenen Begriffe der Rationalität überhaupt verständigen zu können. Das ist mit der rationalen Verständigung gemeint, die auf dem Forum der Erwachsenenbildung die Kommunikation und auch die Einsicht in die komplexen Strukturen unserer Gesellschaft und in die Notwendigkeit, zu Kompromissen zu gelangen, ermöglicht.

Die Erwachsenenbildung ist nur eine unter vielen und keineswegs die einflußreichste Institution, die für den Bestand der Demokratie von Bedeutung sein kann. Aber ihre Bedeutung wird zunehmen, wenn sie sich selbst gegen jeden Rückfall in die Romantik absichert, die Krisenstimmungen so ernst nimmt, wie sie sind, und zur sozialen Integration in der modernen und komplizierten Gesellschaft das ihre beiträgt.

Anmerkungen

(1) H. Mattmüller: Der Begriff der geistigen Krise in der Erwachsenenbildung. Stuttgart 1975

(2) H. Tietgens (Hrsg.): Erwachsenenbildung zwischen Romantik und Aufklärung. Göttingen 1969

(3) F. Laack: Das Zwischenspiel freier Erwachsenenbildung. Bad Heilbrunn 1984, z.B. S. 123, 357; außerdem s. J. Henningsen: Die neue Richtung in der Weimarer Zeit. Stuttgart 1960, S. 43

(4) So ist z.B. der Verfasser eines der wichtigsten Dokumente der Aufklärung, der Menschenrechtsdeklaration von 1776, Thomas Jefferson oder Thomas Paine als Verfechter der Menschenrechtsidee im anglo-amerikanischen Bereich, oder Lessing im deutschen Bereich als klassischer Vertreter der Aufklärung keineswegs als bloßer Verstandesmensch ohne emotionale Spontaneität oder bloßer Wissensverbreiter zu interpretieren. Die Repräsentanten der politisch wirksam gewordenen Spätromantik in Deutschland, wie z.B. Adam Müller, der spätere Schlegel, Schelling oder Hegel, waren keine bloß gefühlsbetonten Schwärmer.

(5) H.-G. Gadamer: Wahrheit und Methode. Tübingen 1965²; s. dazu auch W. Strzelewicz: Bildungssoziologie, a.a.O., S. 93

(6) S. dazu: Bildung und gesellschaftliches Bewußtsein, Taschenbuchausgabe 1973, S. 20/21; H. Nohl hat die idealistisch-romantische Strömung als die deutsche Bewegung bezeichnet, H. Nohl: Die pädagogische Bewegung in Deutschland und ihre Theorie. Frankfurt/Main 1949³

(7) Das Wort mythisch wird hier im engeren Sinne als Bezeichnung für die Weltinterpretation einer in den alten Mythen festgehaltenen Erlebnisstruktur gebraucht, in der auf einer der frühkindlichen Stufe entsprechenden Individuation keine genauen Erlebniseinsichten in die Unterschiede zwischen Individuum und Umwelt, belebt und unbelebt, beseelt und unbeseelt, bestanden haben. S. dazu auch: E. Cassirer: Die Begriffsform im mythischen Denken. Berlin 1922; W. Stern: Pyschologie der frühen Kindheit. Leipzig 1930; W. Strzelewicz: Die Symbolfunktion der Ausdrücke Bildung und Lernen. In: Wissenschaft, Bildung und Politik. Braunschweig 1980

(8) R. Minder: Kultur und Literatur in Deutschland und Frankreich. Frankfurt/Main 1962, S. 25–26

(9) H. Plessner: Das Schicksal des deutschen Geistes im Ausgang seiner bürgerlichen Epoche. Zürich/Leipzig 1935

(10) Zur Geschichte, Eigenart und weiteren Auswirkung der deutschen Jugendbewegung: W. Laqueur: Die Deutsche Jugendbewegung. Köln 1962; H. Pross: Jugend, Eros, Politik. Bern/München 1964; Th. Wilhelm (Hrsg.): Grundschriften der Jugendbewegung. Düsseldorf/Köln 1963

(11) H. Reinwald, Leiter der Hamburger Fichte-Volkshochschule 1917, zit. nach H. Mattmüller, a.a.O., S. 95

(12) Dazu siehe W. Strzelewicz: Der Kampf um die Menschenrechte. Frankfurt/Main 1971; ders.: Erwachsenenbildung im Horizont der Grundwertediskussion und der Menschenrechtsidee. Weltenburger Akademie, Bd. XI, 1983

(13) A. Hitler: Mein Kampf, 1. Aufl., 1925, zit. nach Aufl. 1939, S. 373

(14) H. Nohl: Die pädagogische Bewegung in Deutschland, zit. nach der 3. Aufl., Frankfurt/Main 1943, S. 51

(15) Alfred Rosenberg: Der Mythus des 20. Jahrhunderts. München 1930, zit. nach Aufl. von 1935, S. 678

(16) H. Freyer: Das geschichtliche Selbstbewußtsein des 20. Jahrhunderts. Leipzig 1938², S. 25

(17) E.R. Huber: Verfassungsrecht des großdeutschen Reiches. Hamburg 1939, S. 155, 195

(18) Z.B. A. Reinwald spricht von völkischer Weltanschauung, s. Mattmüller, a.a.O., S. 85; M. Maurenbrecher spricht vom Landvolk, darin die Rassenreinhaltung, zit. nach Mattmüller, a.a.O., S. 90; v. Hoff, a.a.O., S. 91, bei Mattmüller; s. weitere Zitate über rassische Deutschkunde, Mattmüller, a.a.O., S. 93, S. 89

(19) Mattmüller, a.a.O., S. 101

(20) Mattmüller, a.a.O., S. 101

(21) Bad Heilbrunn 1984

(22) Volksbildungsarchiv 1911, v. Erdberg: Die Grundbegriffe der Volksbildung

(23) Dazu auch W. Strzelewicz, 1. Kapitel in: Bildung und gesellschaftliches Bewußtsein, a.a.O.; und Bildungssoziologie, in: R. König: Handbuch der empirischen Sozialforschung, Bd. 14, Stuttgart 1979

(24) Daß diese Darstellungen einiger der wichtigsten Vertreter der Erwachsenenbildung in der Weimarer Zeit in ihrer Krisendeutung nicht in jeder Hinsicht die tatsächliche Praxis und auch statistische Forschung in der Erwachsenenbildung der damaligen Zeit wiedergeben und daß z.B. am Anfang der dreißiger Jahre in der sogenannten Prerower Formel neue Kompromißversuche zwischen verschiedenen Richtungen aufgetaucht sind, sei der Vollständigkeit halber hier angemerkt.

(25) S. dazu meine Deutung der Grundwertediskussion, in: Weltenburger Akademie, Bd. XI, 1983, S 9 ff.; auch: R. Löwenthal: Gesellschaftswandel und Kulturkrise. Frankfurt/Main 1976

(26) H. Marcuse: Der eindimensionale Mensch. Neuwied 1968[3], S. 27

(27) Th.W. Adorno: Brief an Hochhuth. Frankfurter Allgemeine Zeitung, 10.6.1967, Nr. 132; dazu auch. W. Strzelewicz: Wissenschaft, Bildung und Politik. Braunschweig 1980, S. 108

(28) R. Löwenthal: Der romantische Rückfall. Stuttgart 1970; zum Problem der Kulturkrise: R. Löwenthal: Gesellschaftswandel und Kulturkrise, a.a.O.; dazu auch: W. Strzelewicz: Grundwertediskussion, a.a.O.; zum romantischen Kern in der kritischen Theorie s.a.: L. Kolakowski: Die Hauptströmungen des Marxismus, München 1978, 3 Bd., S. 409

(29) Ich verweise nur auf einige Beispiele: B. Dieckmann, u.a.: Gesellschaftsanalyse und Weiterbildungsziele. Braunschweig 1973; W. Markert: Erwachsenenbildung als Ideologie. München 1973; O. Negt: Soziologische Phantasie und exemplarisches Lernen. Frankfurt/Main 1972[3]; dazu auch meine kritischen Einwände: Probleme der Soziologie in der Kritik an der Wissenschaft der Erwachsenenbildung. In: Weltenburger Akademie, Bd. IX, 1981, S. 41 ff.

(30) K. Senzky: Systemorientierung der Erwachsenenbildung. Stuttgart 1977

Erhard Schlutz
Biographie und Bildungsgeschichte

Könnte das vielfältige Interesse an Biographien, das sich gegenwärtig in Wissenschaft und Kultur zeigt, am Ende nur eine „Mode" darstellen? — Auffällig ist jedenfalls, daß in einer Zeit, die den Verlust des Erzählerischen in der Geschichtsschreibung erlebt hat (Blankertz 1983) und in deren Literatur immer wieder Zweifel an der Erzählbarkeit des modernen Lebens thematisiert wurden, plötzlich allenthalben ein Hang zum Biographischen und eine zuversichtliche Freude am Narrativen zu bemerken ist: in der „etablierten" Literatur (Heckmann 1984) ebenso wie in literarischen Werkkreisen und in der Frauenbewegung, nicht zuletzt aber in Wissenschaftsdisziplinen, wie in der Geschichte (Niethammer 1980, Wollenberg 1984), in der Soziologie (Alheit 1984), in der Erziehungswissenschaft (Baacke 1979). Gemeinsam ist diesen Erscheinungen zunächst nur eine Sehnsucht nach Authentischem, vielleicht noch die Suche nach neuen Erzählperspektiven („alltäglichen", „von unten"), unterschiedlich aber sind Nutzungsabsichten und -methoden. Dieses vage Erscheinungsbild mag zu der Ansicht beitragen, hier antworte nur eine Modewelle auf eine auslaufende andere. Muß man aber nicht doch von der Breite der kulturellen Welle, um im Bild zu bleiben, auf Bodenverschiebungen im gesellschaftlichen Untergrund schließen? So hat Jan Romein 1948 die These aufgestellt, die Beschäftigung mit Biographien stelle für die jeweilige Zeit ein Krisensymptom dar (nach Scheuer 1979, S. 8).
Diese Behauptung möchte ich hier nicht erörtern, ich möchte sie aber zum Anlaß nehmen, auf die Notwendigkeit zu historischer Vergewisserung hinzuweisen: Warum hat es in bestimmten Zeiten ein besonderes Interesse an Biographie gegeben? Was ist historischen Biographien im Hinblick auf Bildungsgeschichte zu entnehmen?

Zur Entstehung der modernen Autobiographie im 18. Jahrhundert

Blickt man zurück, so erscheint aus erziehungs- und literaturwissenschaftlicher Sicht zunächst die Zeit um den 1. Weltkrieg herum besonders ergiebig für Theorie und Praxis der Biographie. Zu denken wäre an Diltheys Arbeiten zu Biographien, über den Bildungsroman und über die Autobiographie (Dilthey 1910). Anders als heute aber steht die historische Persönlichkeit im Vordergrund des biographischen Interesses, und ein restaurativer Zug ist unverkennbar. Er zeigt sich schon in Diltheys eigenen biographischen Arbeiten, in ihrer Grundstruktur der organischen Entwicklung und in ihren Idealisierungen (Scheuer 1979, S. 95 ff.), in der konservativen Renaissance des Bildungsromans in jener Zeit (Selbmann 1984), in der Nichtbeachtung proletarischer Lebensläufe in dem Standardwerk über Autobiographie des Dilthey-Schülers Misch (Emmerich 1974), in der kleinbürgerlichen Rezeption der biographischen Literatur, deren bekannteste Autoren später Emil Ludwig und Stefan Zweig wurden. Leo Löwenthal hat solche Biographien als „Mittel einer scheinhaften Erwachsenenbildung" gekennzeichnet (Löwenthal 1964, S. 236), die illusionär vorgaukele, Vermittlung einer allgemeinen Bildung, Belehrung über die Natur des Menschen und Teilhabe an einer personalistisch präsentierten Geschichte zu leisten.

Man muß weiter zurückgehen, nämlich bis ins 18. Jahrhundert, um auf ein breites biographisches Interesse, auch am durchschnittlichen Menschen, zu stoßen. In diesem Jahrhundert konzentrieren sich Tendenzen, die sich seit der Renaissance angebahnt haben, die heute noch fortwirken und deren Studium grundlegend für eine Wissenschaft von der Erwachsenenbildung sein müßte: Tendenzen insbesondere der Persönlichkeitsmodellierung, der Verwissenschaftlichung und der Publizistik. Das biographische Interesse profitiert von diesen Tendenzen. Die neuzeitliche Biographie (wie wohl auch die heutige Biographieforschung) setzt die Entwicklung eines autobiographischen Erzählens voraus, von dem im folgenden vor allem die Rede sein soll.

Autobiographie als der Versuch, den Verlauf des eigenen Lebens als Lebensgeschichte zu begreifen und zu erzählen, setzt ein Interesse am Individuum als Handlungsträger von Geschichte und dessen privaten Erlebnisformen sowie die Entwicklung autobiographischer Ausdrucks- und Mitteilungsformen voraus.

Das Interesse an Privatem wird gefördert durch das Privatrecht, das die neue Wirtschaftsform voraussetzt. Der absolutistische Staat fungiert als formales Ordnungsgefüge, kontrolliert Handlungen bzw. Handlungseffekte, läßt den Bürgern aber den privaten Binnenraum der Moral und der eigenen Meinung (Kosellek 1979). Die intensivere Beschäftigung mit dieser seelischen Innenwelt und das Erstarken des Individualitätsgefühls wird bei Elias (1978) auf die Bildung des staatlichen Gewaltmonopols zurückgeführt. Der Verzicht auf die alltägliche Gewalt war nur möglich durch erhöhte Selbstkontrolle. Ein entsprechendes Zurückhalten individueller Affekte, deren Abspaltung von motorischen Handlungen führt beim einzelnen zur (illusionären) Vorstellung absoluter Individualität. Spannungen, die bisher als Auseinandersetzung mit äußeren Kräften und Attacken erlebt wurden, verlagern sich nun ins Innere, etwa als Spannung zwischen Über-Ich und Unbewußtem; das Leben in Büchern und Bildern bietet zunehmend Ersatz für das vormals wechselvollere Erleben der Außenwelt.

Das öffentliche Interesse an diesem Binnenraum wächst mit dem wirtschaftlichen Erstarken des Bürgertums. Dieses empfindet sein wachsendes Kapital als moralisches Guthaben gegenüber der unmoralischen Verschuldung des Staates. Zugleich sorgt die Aufklärung dafür, daß der moralische Innenraum, dessen Selbstgewißheit „in seiner Fähigkeit zur Publizität" (Kosellek 1979, S. 44) liegt, zur kritischen öffentlichen Meinung ausgeweitet wird. Die politische Öffentlichkeit entsteht aus der literarischen, über die „Selbstaufklärung der Privatleute über die genuinen Erfahrungen ihrer neuen Privatheit" (Habermas 1980, S. 44).

Dieser Funktionswandel der Literatur zum entscheidenden Medium der Meinungsbildung, das von der Veröffentlichung des anscheinend Privaten lebt, ist die zweite allgemeine Voraussetzung für die Entwicklung der modernen

Autobiographie. Die materielle Bedingung dafür ist das Entstehen eines Buchmarktes, der zugleich eine neue inhaltliche Orientierung des Autors ermöglicht: weg vom direkten Auftrag durch einen Mäzen hin zu einem indirekten „sozialen Auftrag" durch ein Publikum (Link 1980, S. 250 ff.). Im Zuge der Verständigung zwischen Autoren und Publikum werden für das neue biographische Interesse neue Diskursformen entwickelt. Vorläufer der Autobiographie des späten 18. Jahrhunderts waren die Gelehrtenbiographie, der abenteuerliche Lebenslauf und die religiöse Autobiographie (Müller 1984). Der Pietismus, der diesen letzten Typus hervorgebracht hat, hatte auf die Entwicklung der Autobiographie einen recht ambivalenten Einfluß: Zum einen steigerte er die Fähigkeit zur psychologischen Selbstbeobachtung, da die Gewißheit des Glaubens vor allem noch in den eigenen psychischen Reaktionen gesehen wurde; zum anderen erwartete er die Erfüllung eines Bekehrungsschemas, das zur schematischen Lebensdeutung und zum Ausblenden gegenläufiger Welterfahrungen führte. Die meisten Autobiographen des späten 18. Jahrhunderts müssen sich noch mit dieser Vorgabe und dem darin enthaltenen Rechtfertigungszwang auseinandersetzen. Überwunden wurde das Schema durch weitergehende psychologische Analyse und durch den Bildungsgedanken, der aber, etwa in Herders Füllung mit Individualitäts- und Entwicklungsvorstellungen, nicht nur Widerstand gegenüber Anpassungszwang bedeutet, sondern etwas von den vorangehenden religiösen Ganzheitsvorstellungen säkularisiert fortleben läßt (Vierhaus 1972).
Die Erweiterung der inhaltlichen Perspektiven geht einher mit einer Anreicherung der Ausdrucksmittel: autobiographische Textformen (Lebensbeschreibung, Tagebuch, Brief) wurden vermischt mit fiktionalen Gestaltungsformen, wie sie für den Roman, der eigentlich bürgerlichen Literaturgattung, entwickelt wurden (Selbmann, Müller 1984). Die Grenzen zwischen Autobiographie, Biographie, psychologischem Roman und Bildungsroman wurden fließend. Für die Autobiographie im engeren Sinne bedeutete dies, daß sowohl das darstellbare Gegenstandsfeld als auch die dramaturgischen und damit reflexiven Möglichkeiten erweitert wurden.
Um den eingangs gestellten Fragen genauer nachgehen zu können, möchte ich zwei Autobiographien des 18. Jahrhunderts vorstellen, deren Lektüre auch heute noch Anteilnahme und Freude bereiten kann. Beide Autoren nehmen ihrem Selbstbewußtsein nach eine soziale Stellung zwischen den Klassen ein; hier wie oft ist wohl die Wahrnehmung einer Störung oder Abweichung im Lebenslauf Anlaß zur autobiographischen Niederschrift. Im übrigen aber zeigen ihre Bücher, wie unterschiedlich man zur gleichen Zeit mit der eigenen Lebensgeschichte umgehen konnte.

Ulrich Bräker: „Es ist ein Wirrwarr — aber eben meine Geschichte"

Bräker beendet seine „Lebensgeschichte und natürliche Ebentheuer des Armen Mannes im Tockenburg", die er aus seinen Tagebuchaufzeichnungen angefertigt hat, im Jahre 1785; er ist damals 50 Jahre alt. Als er mit dem Schreiben beginnt, hat er keine Veröffentlichungsabsicht. Seine Erzählung folgt dem Muster der Haus- und Familienchronik, setzt Schwerpunkte nach Art der abenteuerlichen Lebenserzählung. Bräker wurde als Sohn eines Kleinbauern und Salpetersieders bei St. Gallen geboren, besucht keine Schule, aus Naivität gerät er preußischen Armeewerbern in die Falle, kommt nach Berlin, nimmt an der Schlacht bei Lowositz teil, desertiert, kehrt heim, baut ein Haus, heiratet eine wenig geliebte Frau, gibt den Bauernstand zugunsten einer Tätigkeit als Garnhausierer auf, betätigt sich zeitweilig auch als Baumwollweber, die Geschäfte gehen mehr schlecht als recht, Hunger, Krankheit, Tod zweier Kinder und Gläubiger bedrängen ihn.

Bräker hält sich an seine unmittelbare Erfahrung; er versucht außerdem, streng zu ermitteln, von welchem Alter an und aus welchen Quellen er eigentlich weiß, was er berichtet. Über Staatspolitik möge man in der Geschichte Friedrichs des Großen nachlesen, denn „von den wichtigsten Dingen" (Bräker, 1978, S. 179) wüßten die kleinen Leute doch nichts, selbst wenn sie wie er auf dem Schlachtfeld dabeigewesen wären. Diese Abstinenz bedeutet allerdings keinen Verzicht auf einen politischen Standpunkt: „Bis hierher hat der Herr geholfen! Diese Worte waren der erste Text unseres Feldpredigers by Pirna. O ja! dacht' ich: Das hat er, und wird ferner helfen – und zwar hoffentlich mir in mein Vaterland – denn was gehen mich eure Kriege an?" (S. 177).

Da Bräker die materiellen Lebensumstände seiner Kindheit, seiner Soldatenzeit und seines Erwachsenenalters plastisch und ohne erkennbares Bedürfnis nach Beschönigung darstellt, scheint seine Autobiographie für eine sozialgeschichtliche Betrachtungsweise ergiebig. Freilich ist man dabei an die Perspektive des Erzählers, und das heißt: an seine Einsicht und an sein Interesse, gebunden. So erkennt Bräker beispielsweise nicht, daß sein anscheinend freiwilliger Berufswechsel vom Bauern und Handwerker zum Baumwollhändler nur Teil eines großen ökonomischen Umschichtungsprozesses ist und daß seine „Freisetzung" ihn nun abhängig macht von den großen Konjunkturwellen (Mayer 1978, S. 17).

Seine dadurch bedingten beruflichen Mißerfolge führt er teils auf Hartherzigkeit seiner Geschäftspartner, teils auf das eigene geschäftliche Unvermögen zurück. Bräker lernt ohne Unterricht Lesen und Schreiben, immerhin so weit, daß er sein Leben lang Tagebuch schreibt. Er lernt von einem aus Bern angereisten Meister mit seinem Vater zusammen im Pulverhandwerk „auch das Schwerste in wenigen Wochen" (S. 108). In jeweils nur einem Satz berichtet Bräker, daß er Weben, Spinnen, Nähen lernt und es seinerseits der ganzen Familie beibringt, daß er das Zimmer- und Tischlerhandwerk erlernt.

Zum Bücherwissen oder zu literarischer Bildung kommt Bräker verhältnismäßig spät dadurch, daß er eine Abhandlung verfaßt über Baumwollhandel und Kredit, die von der „Moralischen Gesellschaft" des nächsten größeren Ortes mit einem Preis ausgezeichnet wird. Diese lädt ihn dann ein, Mitglied zu werden, worüber Bräker zunächst tief erschrocken ist, da er die Spannung zwischen seiner sozialen Lage und der seiner möglichen neuen Gesprächs-

partner deutlich empfindet. Er nimmt an dieser Form von Erwachsenenbildung deshalb nicht aktiv teil, schließt sich aber doch dieser Gesellschaft an, da ihn „die Begierde reizte an der schönen Lesecommun der Gesellschaft um ein geringes Geldlein Antheil zu nehmen" (S. 239). Er liest nun mit Besessenheit: Shakespeare vor allem, aber auch die zeitgenössische Literatur, auf die er punktuell auch gegen Ende seiner Autobiographie eingeht. Als lebensgeschichtlich bedeutsam erscheint weniger die Bereicherung, die er durch die Auseinandersetzung mit diesen Autoren erfahren hat, als der Zwiespalt, in den ihn seine literarische Bildung bringt. Er wird hin- und hergerissen zwischen der Identifikation mit der Welt der Bücher („durchstänkerte jedes Buch, das ich kriegen konnte, in der Hoffnung etwas zu finden, das auf meinen Zustand paßte", S. 237) und der Zugehörigkeit zu seiner Umgebung und seiner sozialen Herkunft. Sein Leseeifer provoziert höhnisches Lachen der Nachbarn, ständiges Schelten seiner Frau. Und Bräker muß ihnen zum Teil Recht geben: vernachlässigt er nicht sein Geschäft über dem Lesen? Ist Lesen nicht ein kindischer Zeitvertreib angesichts der Ernsthaftigkeit des Lebens? Und das Schreiben, das er anfängt, um seinen Kindern „ein Büchlin zum Trost ... statt des Erbgutes zu hinterlassen", führt es zu etwas Besserem als zu „fantastischen Hirnbruten" (S. 288)? Wir werden hier anschaulich historisch belehrt, daß kulturelle Bildung kein überzeitliches und übersoziales Gut ist, sondern ambivalent wirken kann, wo sie als irrelevant für die Anforderungen der Lebensnotwendigkeit erscheinen muß. Solche Bildung führt für Bräker zu einem Anschwellen der Einbildungskraft und des Innenraums, ohne daß entsprechende Kräfte nach außen wirken können.
Da scheint das Schreiben eine Möglichkeit, nicht der Melancholie oder Hypochondrie, der (männlichen) Krankheit der Zeit, zu verfallen. „Obschon ich die Vorreden sonst hasse, muß ich doch ein Wörtchen zum voraus sagen, ehe ich diese Blätter, weiß noch selbst nicht mit was vor Zeug überschmiere. Was mich dazu bewogen? Eitelkeit? – Freylich! – Einmal ist die Schreibsucht da." (S. 41) Die Suche nach der Bedeutsamkeit des eigenen Lebens ist der eigentliche Motor des Erzählens. Bräker kann diese Bedeutung nicht auf eine gültige Formel bringen. Der Herausgeber versucht zwar, eine solche Summe zu ziehen, die dem bürgerlichen Leser gleichsam als Rahmenideologie für die Lektüre dienen kann, die nämlich, daß „ächte Weisheit und Tugend, an kein Land und keinen Stand unter den Menschen gebunden, oft auch in der einsamen Hütte des Landmannes gesucht werden muß" (S. 40). Aber diese fromme Formel wird von Bräkers konkreter Darstellung mühelos gesprengt. Wie dieser Anspruch darauf, eine eigene Geschichte zu haben und sie vorzutragen, selbstkritisch und zuversichtlich zugleich im konkreten durchgehalten wird, das ist die eigentliche Bildungsgeschichte dieser Autobiographie. Immer wieder festgestellte Diskrepanzen, etwa zwischen der kalendarischen Anordnung der Biographie und dem Erinnerungswert verschiedener Jahre, zwischen der welthistorischen Bedeutungslosigkeit („das Gikkel-Gakkel meiner bisher erzählten Geschichte", S. 260) und dem Verlangen nach historischem Wert, geben immer neuen Anlaß zu Verwunderung

und wirken wie offene Fragen. Bräker entwickelt dazu einen dialogischen Stil, der nun nicht mehr der Korrespondenz mit Gott dient, sondern der mit dem vergangenen Ich und mit dem Leser. Wie hier jemand von sich spricht, das erscheint durch die Zeiten hindurch als unmittelbarer Ausdruck des Sprechers und seiner Herkunft, obwohl es doch kunstvoll ins Hochdeutsche und in die Schriftlichkeit gebracht worden sein muß: „Also? Was anders als ich, nicht Ich? Denn ich hab' seit einiger Zeit wahrgenommen, daß man sich selbst mit einem kleinen i schreibt." (S. 261)

Obwohl Bräker auch in einem frommen Schwärmertum erzogen wurde, spielt das Rechtfertigungsschema der religiösen Autobiographie für die Deutung seines Lebens kaum eine Rolle. Bräker „akzeptiert sich", wie wir heute sagen würden, und er ist zuversichtlich, daß Gott dies auch tun wird, ohne zerknirschte Selbstqual zu verlangen. Aber er benutzt die Rechtfertigungsgeste, um zu erforschen, ob er vor sich und dem Leser offen genug gewesen, ob er sich nicht zu gut dargestellt hat. Denn die Suche nach der Bedeutung der eigenen Lebensgeschichte nützt ihm nichts, wenn dadurch das eigene Leben nicht tatsächlich durchsichtiger geworden ist. So unterbricht er sich mehrfach, um seine Darstellung nach heimlichen Wertungen oder Beschönigungen abzusuchen, schließt diese Prozedur aber häufig auch mit einem Scherz ab, wenn er meint, die demonstrative Selbstprüfung allzu weit getrieben zu haben. In Sorge, zu viel an der Oberfläche seines Wesens geblieben zu sein, legt er nach der chronologischen Darstellung der Lebensereignisse noch „meine Geständnisse" vor, in denen er sich zu seiner Sinnlichkeit bekennt, seinen lebenslänglichen Kampf „mit heftigen Leidenschaften" andeutet, aber auch die Unvereinbarkeit der Enge seiner Lebensumstände mit seinem „von Natur tobenden Temperament", seiner „Einbildungskraft", die ihm schweißtreibende Träume macht. Deshalb gerät das Kapitel statt zu einem Sündengeständnis eher zu einer verhaltenen Trauer über Lebensentwürfe, die fast nicht zu denken, geschweige denn zu realisieren gewesen sind, über Anfänge, die nicht zu Geschichten geworden sind: „Es ist ein Wirrwarr — aber eben meine Geschichte." (S. 307)

Karl Philip Moritz: „Widerspruch von außen und von innen"

Ähnlich wie Bräker stellt Moritz die ständische Begrenztheit von Selbstverwirklichungsmöglichkeiten dar. Viel stärker als bei Bräker sind in Moritz' Darstellung die Barrieren zu einem Bestand der Persönlichkeit selbst geworden. Moritz kann mit einem anderen Anspruch vor das bürgerliche Publikum treten; zum Zeitpunkt der Niederschrift (1785—90) ist er Lehrer am Gymnasium, später wird er durch Goethes Vermittlung Professor an der Berliner Kunstakademie. Daß ein einfaches Menschenleben es wert ist, erzählt zu werden, ist für Bräker eher heimliche Hypothese und Arbeitsziel zugleich, während Moritz davon von vornherein überzeugt ist. Im Vorwort zu seiner Autobiographie meint er, es werde „doch vorzüglich in pädagogischer Rücksicht das Betreben nie ganz unnütz sein, die Aufmerksamkeit

des Menschen mehr auf den Menschen selbst zu heften und ihm sein individuelles Dasein wichtiger zu machen" (Moritz 1984, S. 9). Daß die Darstellung des eigenen Lebens exemplarische Bedeutung oder gar eine didaktische Funktion haben kann, ergibt sich für Moritz aus seinen wissenschaftlichen Interessen an der neu entstehenden Psychologie, die sich insbesondere in seinen „Unterhaltungen mit meinen Schülern" und seinem „Magazin für Erfahrungsseelenkunde" niedergeschlagen haben.
Um eine gewisse Distanz in der Darstellung zu erreichen, schreibt Moritz keine Autobiographie in der Ich-Form, sondern einen „psychologischen Roman", in dessen Mittelpunkt der Held Anton Reiser als ein alter ego steht, wobei Moritz allerdings mehrfach in den Vorreden zu den einzelnen Teilen darauf hinweist, daß es sich um eine Biographie handelt. Reisers Elternhaus war ärmlich, der Vater Regimentsschreiber und zeitweilig Musiker. Die Atmosphäre ist geprägt von einer Variante des Pietismus mit spanisch-französischem Ursprung, der die Abtötung aller Leidenschaften, einschließlich mitmenschlicher Zuneigung, zum Ziel hat; die Eltern sind zerstritten. „Unter diesen Umständen wurde Anton geboren, und von ihm kann man mit Wahrheit sagen, daß er von der Wiege an unterdrückt ward" (S. 15). Anton Reisers Leben wird chronologisch erzählt, aber der Erzähler hat von Anfang an eine Deutungshypothese für dieses Leben, die dem Ganzen Zusammenhang verleiht. Die erinnerten Ereignisse werden in der Vergangenheitsform berichtet, die Kommentare des Erzählers in der Gegenwartsform. Durch Verschleifungen, meist unter Benutzung des Perfekts, gibt der Erzähler aber häufig zu erkennen, daß er selbst noch heute jener ist, von dem erzählt wird: „In seiner frühesten Jugend hat er nie die Liebkosungen zärtlicher Eltern geschmeckt . . ." (S. 15). Die Literarisierung und Verwissenschaftlichung der Autobiographie machen Perspektivwechsel zwischen Analyse und Anteilnahme möglich, die wohl auch von heutiger Biographieforschung häufig angestrebt werden.
Bildungsgeschichte wird im „Anton Reiser" in mehrfacher Hinsicht thematisiert. Zunächst stellt die Erzählung einen äußeren Bildungsgang dar, beschreibt Bildungsverhältnisse und Sozialisationsinstanzen. Reiser lernt vorzeitig lesen, flüchtet sich in die Welt der Bücher. Nach Besuch einer Klippschule zur Hutmacherlehre gezwungen, bricht er dort aus, besucht gegen den Willen der Eltern eine Lateinschule und dann das Gymnasium, was nur durch Stipendien und Freitische, die zum Teil unter demütigenden Umständen gewährt werden, möglich wird. Immer fühlt er sich zurückgesetzt, teils wegen seiner unzulänglichen Kleidung, teils wegen seines unstandesgemäßen und ungeselligen Benehmens, teils wohl auch wegen seiner intellektuellen Überlegenheit. Mit dem Lesen von Literatur, was ihm nur durch Schuldenmachen möglich ist, mit Theaterplänen und Theaterpraxis baut er sich eine eigene Gegenwelt auf. Dadurch vernachlässigt er die Schule, versäumt die Freitische, verwahrlost, unternimmt schließlich Reisen zu Fuß (der „Reiser"!), hauptsächlich, um zum Theater zu kommen. Mit seinem vergeblichen Bemühen, eine bestimmte Schauspieltruppe in Mitteldeutschland zu erreichen, bricht die Erzählung im jungen

Erwachsenenalter ab. — Das Buch gibt zahlreiche Auskünfte zur Sozialgeschichte der Bildung: so zum Lehrplan und zu Methoden der Schule, zu einer Art „informeller Erwachsenenbildung" in den gelehrten Gesprächen der Handwerker, zum Leben in der Stadt. Auch Grenzen des Erzählbaren werden angedeutet. Ein Beispiel dafür ist die Darstellung der Arbeit, auf deren Schwierigkeit Vertreter der Oral History (so Brüggemeier 1984) hinweisen. Die Unübersichtlichkeit und Ereignislosigkeit der modernen Arbeit wird eher als allgemeine Belastung oder Routine wahrgenommen, kaum als Erzählstoff. Moritz weist auf die Grenzen der Erzählbarkeit hin, indem er in einer monotonen Kette von Konditionalsätzen zu erkennen gibt, daß schon in dieser vorindustriellen Zeit die Arbeit vom Handwerker vor allem als das Warten darauf erlebt wurde, daß sie aufhört: am Feierabend, am Sonntag, an den Feiertagen (S. 53 f.). Diese Unerzählbarkeit gilt natürlich nicht für anekdotisch zuspitzbare Vorfälle oder für zusammenfassende Deutungen. So entlarvt der Erzähler in der Rückschau die Religion des Meisters als nützliche Ideologie: „Die Nutzanwendung lief denn immer, politisch genug, darauf hinaus, daß er seine Leute zum Eifer und zur Treue — in seinem Dienste ermahnte, wenn sie nicht ewig im höllischen Feuer brennen wollten" (S. 56). — Eine historische Sozialisationsforschung könnte an dieser Autobiographie sicher vieles für eine bestimmte Aufsteigergeneration dieser Zeit Typische ablesen: die Auseinandersetzung mit der religiösen Erziehung, das Anstreben eines Aufstiegs über den Prediger- oder Lehrerberuf, die Shakespeare- und Theaterleidenschaft. Dennoch wäre mit all diesem nicht annähernd ausgeschöpft, was eine solche Autobiographie zur Bildungsgeschichte beitragen kann.

Bildungsgeschichte ist im Anton Reiser vor allem „innere Geschichte" (S. 9), ein Ausdruck, der heute mißverständlich ist. Die „innere Geschichte" der Figur wird im wesentlichen durch deren immer neue Versuche geschrieben, die zwischen Außen- und Innenwelt erlebten Spannungen in vorläufigen, immer prekären Lösungsformeln aufzuheben, die sich aber beim nächsten „Widerspruch von außen und von innen" (S. 332) als nicht haltbar erweisen. Das Erzählprinzip besteht vor allem darin, kleinste Interaktionsszenen zwischen der Figur und der Umwelt zu beschreiben, den unauslöschlichen Eindruck, den diese bei Reiser hinterlassen, nachzuempfinden sowie die Bedeutung der Szene und deren Folgen psychologisch zu kommentieren. Für Reiser ergeben diese Erlebnisse neben wenigen Aufschwüngen ständige Niederlagen, ein immer tieferes Gefühl des Zurückgesetztseins und einen größer werdenden Selbsthaß. Für den Leser ist dabei selbstverständlich nicht immer klar, was Reiser in die Szenen hineindeutet oder was objektiv gegeben ist. Blickwechsel spielen eine große Rolle: Man scheint Reiser aufmunternd anzublicken, aber er ist nicht gemeint, was Scham aufkommen läßt. Reiser zerreißt beim Umblättern versehentlich ein Buchblatt, anscheinend strafend blickt der Direktor zu ihm hin; als er Wochen später mit lachendem Gesicht plötzlich den Blick des Direktors auf sich ruhen fühlt, verzieht er in Erinnerung an die frühere Zurechtweisung das Gesicht zu einer gemeinen und sklavischen Miene, die wiederum den Blick des Direktors verächtlich werden läßt, der damit Reisers niedriges Wesen straft. Sich selbst mit den Augen der anderen zu sehen, diese Grundfähigkeit symbolischer Interaktion, ist Inhalt fast jeder Erlebnisszene und schließlich Erzählkonstellation der gesamten Autobiographie, in der die Figur als Ereignisträger und der Erzähler auseinandertreten.

Reiser flüchtet in destruktive Spiele und in Hypochondrie, zunehmend aber in die imaginäre Welt der Bücher, des eigenen Schreibens und des Theaters. Zwar gelingen ihm auch Ausbrüche in die wirkliche Welt: durch weite Wanderungen, durch die Übernahme kleiner Theaterrollen; im wesentlichen aber spielen sich die Ereignisse in seinem Kopf ab, träumt er von großen Rollen auf dem Theater, aber auch von Rollen in der bürgerlichen Welt, von hohen und niedrigen, die er aber immer besonders auszufüllen gedenkt: „Als Bauer entwickelte er nach und nach seine höheren Begriffe und gab sich gleichsam zu erkennen; die Bauern horchten ihm aufmerksam zu, die Sitten verfeinerten sich allmählich, die Menschen um ihn her wurden gebildet.

Als Soldat fesselte er die Gemüter seiner Schicksalsgenossen allmählich durch reizende Erzählungen; die rohen Soldaten fingen an, auf seine Lehren zu horchen: das Gefühl der höheren Menschheit entwickelte sich bei ihnen; die Wachtstube ward zum Hörsaal der Weisheit" (S. 343).

Der Hohn, mit dem hier die Phantasien Reisers nachgezeichnet werden, gilt vielleicht nicht grundsätzlich dem aufklärerischen Gedanken der Erziehung des Menschengeschlechts, sondern den omnipotenten Menschheitsbeglückungsphantasien und der paternalistischen Herablassung gegenüber den ungebildeten Schichten.

Moritz ist streng mit seinem Helden. Und er urteilt hier anders, als es vielfach in der Diskussion des gebildeten Bürgertums damals üblich war. Kunst ist in ihrer gesellschaftlichen Funktion zu wichtig, als daß sie dem bloßen Dilettantismus, dem Aufblähen der Einbildungskraft, der Kompensation für ungelebtes Leben dienen dürfe. Und umgekehrt: Wo Kultur als Bildungsgut wirkliche Tätigkeit verdrängt, da entsteht „eine unnatürliche idealistische Welt" (S. 18). Was der Erzähler immer wieder streng ahndet, das sind Selbsttäuschungen und Rationalisierungen, mit denen ein unbegriffenes Schicksal, aber auch eigenes Versagen überdeckt werden.

Dieser Versuch der Selbstaufklärung durch Erzählen ist eine dritte Form von Bildungsgeschichte, aber im Grunde die eigentliche, die eine Autobiographie dem Leser präsentiert. Moritz versucht, den Leser an dieser Bildungsgeschichte aktiv teilhaben zu lassen, indem er die Erlebnisszenen so präsentiert, daß der Leser sie auch anders deuten könnte. Das heißt, daß der Autor andere Lesarten, Querverweise und Deutungsmöglichkeiten zuläßt, als der Erzähler sie zuweilen gibt. Das gilt vor allem für den Bereich von Sexualität und Erotik, der weitgehend aus der direkten Darstellung ausgespart bleibt – was merkwürdig berührt bei einer Biographie, die Scham und die „in sich selbst zurückgedrängten Kräfte" (S. 415) zum Thema macht –, auf die aber in stellvertretenden Zeichen und Szenen zuweilen aufmerksam gemacht wird.

Allerdings weist Moritz immer wieder darauf hin, daß er über Liebe nicht sprechen könne, zu wenig Selbstliebe habe, weil er nicht geliebt worden sei („denn es war sehr natürlich, daß Reiser keine Lust zu seinem Körper hatte, da er doch niemandem in der Welt gefiel", S. 174). Man meint dies noch aus der Strenge des Erzählers mit seinem Helden herauszuspüren. Obwohl in dieser Autobiographie die innere und äußere Auseinandersetzung, die Interaktion, im Mittelpunkt steht und Moritz seinen Helden nicht aus der Verantwortung für das eigene Leben entläßt, weiß er, daß dessen Autismus „ein Resultat seines Lebens und seiner Schicksale war, wodurch er von Kindheit auf aus der wirklichen Welt verdrängt wurde" (S. 331). Diese Verdrängung aber hat letztlich für ihn politische Ursachen: „Im Grunde war es das Gefühl der durch bürgerliche Verhältnisse unterdrückten Menschheit, das sich seiner hierbei bemächtigte und ihm das Leben verhaßt machte ... was hatte er vor seiner Geburt verbrochen, daß er nicht auch ein Mensch war, um den sich eine Anzahl anderer Menschen bekümmern und um ihn bemüht sein müssen — warum erhielt er gerade die Rolle des Arbeitenden und ein anderer des Bezahlenden?" (S. 315 f.). Moritz kann Reisers Weg nicht als Entfaltung darstellen, wie dies spätere Autoren von Bildungsromanen und Biographien mit ihren Figuren getan haben. Die Suche nach Wirkungsmöglichkeiten und nach gültigen Lösungsformeln für die Widersprüche von innen und außen endet in Wiederholungen. Die Autobiographie bleibt Fragment. „Anton Reiser" ist die Bildungsgeschichte eines Menschen, der nicht erwachsen werden kann, wenn Erwachsensein historisch bedeutet, nicht nur Illusionen aufzugeben, sondern womöglich auch den Zustand, der Illusionen nötig macht.

Narrative Pädagogik?

Die beiden Beispiele des späten 18. Jahrhunderts bringen vor allem zwei Interessen an der eigenen Biographie zum Ausdruck: den menschlichen und politischen Anspruch auf Unverwechselbarkeit, eigene Geschichte, Wirkungsmöglichkeit sowie die Suche nach den Möglichkeiten sinnvoller Lebensgeschichte, also nach ihrer Erzähl- und Deutbarkeit. Die Literarisierung der Biographie unterstreicht beide Interessen, insbesondere zeichnet sie das durchschnittliche Leben als darstellungswürdig aus. Sie ist Bedingung für die Veröffentlichung und den Publikumsbezug, der bei der Frage nach dem Interesse der Zeit an Biographie nicht außer acht gelassen werden darf.
Mit dem literarischen Publikum hat die Autobiographie einen öffentlichen Verwendungszusammenhang, der bis zu einem gewissen Grad allgemeine Relevanz und Repräsentativität des Vorgetragenen sichert — Aspekte, die zu den Problemen heutiger Biographieforschung gehören. Repräsentativ sind diese Autobiographien freilich nicht im Sinne typischer Lebensgeschichten oder Normalbiographien. Vielmehr muß man wohl davon ausgehen, daß dieses vorrevolutionäre Publikum allgemein an der Analyse von Lebens- und Bildungsgeschichten und damit an der Darstellung des historischen Werts des bürgerlichen Individuums interessiert war; ferner, daß es Teilidentifikationen mit bestimmten ästhetischen, normativen und inhaltlichen Aspek-

ten der jeweiligen Biographie gegeben ist, in unseren Beispielen etwa: mit der Ablösung des religiösen Deutungsschemas, mit dem Gefühl zugleich von Freisetzung und Handlungsstau, mit der Fokussierung von (autodidaktischer) Bildung und Kunst, mit den Bemühungen um eine neue Sprache für das eigene Erleben. Indes läßt sich die Rezeptionsweise des breiten Publikums heute nicht mehr (oder nur in Ausnahmefällen) rekonstruieren. Ist Bräkers Geschichte etwa unter dem Aspekt der Identifikation mit dem Helden gelesen worden, oder dient sie der Legitimation der Weltsicht oder gar der ethnologischen Neugier des Bürgertums? — ein Schicksal, das sie mit den meisten proletarischen Biographien des 19. Jahrhunderts teilen würde (Emmerich 1974, S. 30).

Dies führt noch einmal zu der Frage, was denn heute unter dem Interesse an Bildungsgeschichte solchen historischen Biographien zu entnehmen wäre. Wenn ich mein eigenes, eher intuitives Vorgehen zu systematisieren versuche, so zeigen sich drei Auswertungsaspekte: der einer Sozialgeschichte der Bildung, der einer historischen Sozialisationsforschung und der einer „narrativen Pädagogik". Der Begriff der Bildungsgeschichte hat für jeden dieser Aspekte eine andere Bedeutung.

Biographien und Autobiographien können als Quellen zur *Sozialgeschichte* der Bildung und Erziehung genutzt werden. Sie dienen dann als Ergänzung oder auch als Alternative strukturgeschichtlicher Betrachtungsweisen. Bildungsgeschichte bedeutet hier die Darstellung von Bildungsverhältnissen, -institutionen und -inhalten. In den vorigen beiden Abschnitten wurde bei den Lebenslauf-Skizzen auf solche Auswertungsmöglichkeiten hingewiesen. Die methodische Schwierigkeit besteht darin, die gesuchten Daten aus dem Kontext herauszulösen. Die Quelle scheint unter dem Gesichtspunkt der Sozialgeschichte umso zuverlässiger, je weniger die gesuchten Sachverhalte durch die Darstellungsabsichten des Autors geprägt werden. Deshalb kann die Reflexion des Autors, also das Kernstück der Autobiographie, als unerwünschte retrospektive Einfärbung, als bloße Störvariable angesehen werden.

Nur ein Teilaspekt der Sozialgeschichte will eine *historische Sozialisationsforschung* behandeln, die vor allem Hermann (1982) als Gegengewicht gegen eine ahistorische Sozialisationsforschung fordert. Bildungsgeschichte schreiben heißt in diesem Zusammenhang, Bildungsgänge in Individual-, Kollektiv- und Generationen-Biographien zu rekonstruieren. Schriftliche Autobiographien aus früheren Zeiten enthalten für solche Projekte zugleich zuwenig und zuviel. Es ist oben angedeutet worden, inwiefern die Autobiographien als Versuch gelesen werden können, Sozialisation zu verarbeiten und transparent zu machen. Aber die objektiven Bedingungen oder die materiellen Konstitutionsbedingungen von Sozialisation, die Bestandteil von Sozialisationsforschung sein müssen, sind durch die Autobiographie im wesentlichen nur so weit zu fassen, wie sie der Autor thematisieren kann. Die Möglichkeiten von undurchschaubarer Lüge, Selbsttäuschung, Verfehlen der eigenen Person und Sozialisation müssen bei solcher Betrachtungsweise bewußt bleiben.

Eine Autobiographie stellt vor allem eine Erzählung dar, die zu einem bestimmten Zeitpunkt versucht, eine Lebensgeschichte des Erzählers konsistent zu konstruieren – und zwar für eine Öffentlichkeit. Dieser kommunikative Aspekt darf nicht als ein äußerlicher oder als ein das Darzustellende verfälschender Effekt aufgefaßt werden (so Hoeppel 1983), sondern muß als notwendiger Bestandteil jedes Erzählens betrachtet werden. Jeder Versuch zu einer Autobiographie ist – auch im stillen vorgenommen – gebunden an die Möglichkeiten der vorgegebenen Sprache und an das, was – subjektiv und objektiv – zu einer bestimmten Zeit als erzählbar erscheint. Was in der Erzählung präsentiert wird, sind in gewisser Weise Konsensformeln, die der Erzähler für die Auseinandersetzung mit den Fragen seiner Vergangenheit und den historisch-gesellschaftlich zugelassenen Lösungsmöglichkeiten gefunden hat. Hierin liegen Grenzen und Chancen dessen, was man aus Autobiographien erfahren kann. Die Bildungsgeschichte, die die Autobiographie preisgibt, ist im wesentlichen der erzählend vor einem Publikum unternommene Versuch, eine eigene Lebensgeschichte anzueignen, ihr damit Sinn zu geben. Nur durch diesen Selbstaufklärungsversuch hindurch sind für den Leser die weiteren Umstände, wie Bildungserlebnisse, Bildungsgüter und Bildungsverhältnisse, faßbar – oder auch nicht. Verzichtet man aber auf diesen Erzählzusammenhang, indem man etwa durch Typisierung und Arithmetisierung von Biographien die Erzählenden auf Funktionsträger reduziert, dann begibt man sich auch des in solchen Lebensentwürfen erscheinenden konkret-utopischen Potentials (Lorenzer in Baacke 1979). Deshalb ist dem Autobiographischen ein ganzheitliches Auswertungsinteresse besonders angemessen, wie es etwa von einer *„narrativen Pädagogik"* formuliert wird. Bittner hat (in Baacke 1979) diesen Begriff in Anlehnung an eine theologische Richtung genutzt, um zu betonen, daß die eigentliche pädagogische Erfahrung durch Erzählungen tradiert wird. Unter Forschungsgesichtspunkten setzt er die Möglichkeit, einen einzigen Lebenslauf wirklich kennenzulernen, radikal gegen die Ansicht empirisch-analytischer Forschung, die Datenmenge erst bringe den Forschungsgewinn. Praktischen Bedürfnissen soll narrative Pädagogik als „Gesamtheit der tradierten Geschichten über Erziehungsschicksale" (in Baacke 1979, S. 124) unmittelbar dienen. Für Wissenschaftler, Praktiker und Teilnehmer der Erwachsenenbildung scheint die Aufgabe, aus Geschichten zu lernen, noch nötiger und dringlicher als für Eltern oder Schulpädagogen, gerade weil sie daraus etwas von dem erfahren könnten, was institutionellem Lernen historisch und lebensgeschichtlich vorausgeht oder was von diesem abgewandt sich abspielt (vgl. Dieterich 1980).

Ein Absolutheitsanspruch einer narrativen Pädagogik bedeutete allerdings einen fahrlässigen Verzicht auf historisches Wissen um das, was sich hinter dem Rücken der Erzählenden ereignet. Historische Biographien verlangen ein dialektisches Lesen, das Identifikation und Konfrontation in einem ist, das historische Kenntnisse über den eigenen und den fremden Standort reflektiert und doch dem Erzähler noch zuhört. So wird man in den autobiographischen Versuchen des 18. Jahrhunderts heute nicht nur das zuversichtliche Bemühen sehen, die eigene Sozialisation durch Interpretation durchsichtig zu machen, sondern auch den Ansatz zu einer größeren Berechenbarkeit und damit Verplanung des Menschen. Der heutige Leser hat wohl größere Zweifel noch an der Möglichkeit sinnvoller Biographie, was auch in der Verwissenschaftlichung der Biographieforschung zum Ausdruck kommt. Daß dieser Leser eher auf Bräker und Moritz als auf Jung-Stilling und Goethe zurückgreift, mag damit zusammenhängen, daß ihre Biographieversuche wie Fragen an uns wirken. Das Projekt des Erzählens der eigenen Geschichte erscheint bei ihnen von vornherein als gebrochen und unabgeschlossen. Der „Anton Reiser" ist später eher von Zynikern wie Heine und Schopenhauer gelesen worden. Zu sehr hat er vorgreifend Vorstellungen des Bildungsbürgertums zwischen 1848 und 1945 karikiert, hat die bloße Ausstattung der Innenwelt als Blähungen der Einbildungskraft geschmäht, hat der Idee der inneren Emigration die Notwendigkeit des Zusammenhangs von innerer Bildung und äußerer Wirksamkeit entgegengestellt.

Verwendete Literatur

Alheit, P.: Biographieforschung in der Erwachsenenbildung. In: Literatur- und Forschungsreport Weiterbildung, 13/1984, S. 40–54, 14/1984, S. 31–67

Baacke, D./Schulze, Th. (Hrsg.): Aus Geschichten lernen. Zur Einübung pädagogischen Verstehens. München 1979

Blankertz, H.: Geschichte der Pädagogik und Narrativität. In: Zeitschrift für Pädagogik 29/1983, S. 1–9

Bräker, U.: Lebensgeschichte und Natürliche Ebentheuer des Armen Mannes im Tockenburg. (Erstmals 1788), hrsg. von F. Voellmy. o.O.: Diogenes 1978

Brüggemeier, F.J.: Traue keinem über sechzig? Entwicklungen und Möglichkeiten der Oral History in Deutschland. In: Geschichtsdidaktik 3/1984, S. 199–210

Dieterich, I.: Biographie, Lebenslauf und Erwachsenenbildung. In: Weymann, A. (Hrsg.): Handbuch für die Soziologie der Weiterbildung. Darmstadt, Neuwied 1980, S. 403–416

Dilthey, W.: Das Erleben und die Selbstbiographie. In: Gesammelte Schriften Bd. 7 (Erstmals 1910). Stuttgart, Göttingen^3 1961, S. 191 ff.

Elias, N.: Über den Prozeß der Zivilisation. Soziogenetische und psychogenetische Untersuchungen, 2 Bände. Frankfurt^6 1978

Emmerich, W. (Hrsg.): Proletarische Lebensläufe. Autobiographische Dokumente zur Entstehung der zweiten Kultur in Deutschland. Bd 1.: Anfänge bis 1914. Reinbek bei Hamburg 1974

Habermas, J.: Strukturwandel der Öffentlichkeit. Untersuchungen zu einer Kategorie der bürgerlichen Gesellschaft. Darmstadt, Neuwied[11] 1980

Heckmann, H. (Hrsg.): Literatur aus dem Leben. Autobiographische Tendenzen in der deutschsprachigen Gegenwartsdichtung. München, Wien 1984

Hermann, U.: Probleme und Aspekte historischer Ansätze in der Sozilisationsforschung. In: Hurrelmann, K./Ulrich, B. (Hrsg.): Handbuch der Sozialisationsforschung. Weinheim, Basel[2] 1982, S. 227–252

Herrmann, U.: Neue Wege der Sozialgeschichte. Zur Forschungspraxis der historischen Sozialisationsforschung und zur Bedeutung ihrer Ergebnisse für pädagogische Theoriebildung. In: Pädagogische Rundschau 38/1984, S. 171–187

Hoeppel, R.: Perspektiven der erziehungswissenschaftlichen Erschließung autobiographischer Materialien. Autobiographien als kommunikativ-pragmatische Form der Selbstreflexion. In: Zeitschrift für Pädagogik, 18. Beiheft 1983, S. 307–312

Koselleck, R.: Kritik und Krise. Eine Studie zur Pathogenese der bürgerlichen Welt. Frankfurt[3] 1979

Link, J./Link-Heer, U.: Literatursoziologisches Propädeutikum. München 1980

Löwenthal, L.: Literatur und Gesellschaft. Neuwied, Berlin 1964

Mayer, H.: Aufklärung und Plebejer: Ulrich Bräker, Der Arme Mann im Tockenburg. In: Bräker 1978, S. 5–35

Moritz, K.Ph.: Anton Reiser. Ein psychologischer Roman. (Erstmals 1785–1790) Frankfurt 1984

Müller, K.-D.: Zum Formen- und Funktionswandel der Autobiographie. In: Wessels, H.-F. (Hrsg.): Aufklärung. Ein literaturwissenschaftliches Studienbuch. Königstein 1984, S. 137–160

Niethammer, L. (Hrsg.): Lebenserfahrung und kollektives Gedächtnis. Die Praxis der "Oral history". Frankfurt 1980

Scheuer, H.: Biographie. Studien zur Funktion und zum Wandel einer literarischen Gattung vom 18. Jahrhundert bis zur Gegenwart. Stuttgart 1979

Schrimpf, H.J.: Moritz – Anton Reiser. In: von Wiese, D. (Hrsg.): Der deutsche Roman Bd. 1. Düsseldorf 1963, S. 95–131

Selbmann, R.: Der deutsche Bildungsroman. Stuttgart 1984

Vierhaus, R.: Bildung. In: Geschichtliche Grundbegriffe Bd. 1. Stuttgart 1972

Wollenberg, J.: Erfahrung und Erwartung – Überlegungen zum politischen Stellenwert von Faschismus und Nachkriegserfahrungen von Industriearbeitern. In: Literatur- und Forschungsreport Weiterbildung 14/1984, S. 12–30

Wiltrud Gieseke
Rezeptionsgeschichtliche Anmerkungen zum Erwachsenenbildungsberuf

Neue Wissenschaftsdiziplinen sind auf Wissenszufuhr von anderen Wissenschaftszweigen, die eine Nähe zur eigenen Disziplin haben, angewiesen. Sie rezipieren theoretische Konstrukte, empirische Forschungsergebnisse, um sie für die Konstituierung eines spezifischen Gegenstandsbereiches zu nutzen. Nun geschieht dieser, eine Wissenschaft herausbildende Prozeß aber nicht am Reißbrett, sondern ist durch die Praxis, auf die sich die Wissenschaft bezieht, durch politische Einflüsse, die Forschungsbedingungen und die Personen, die sich für die Arbeit in dieser Wissenschaft interessieren, bestimmt. Der personale Einfluß bekommt noch eine besondere Bedeutung, wenn der eigene Nachwuchs einer Disziplin überwiegend aus anderen Disziplinen kommt (Schulenberg 1982). So wäre es eine interessante Aufgabe, zu untersuchen, welche theoretischen Ansätze und empirischen Ergebnisse in der Literatur aufeinander folgend oder konstant bleibend aus anderen Disziplinen unter Erwachsenenbildnern diskutiert und von ihnen verarbeitet wurden. Dabei sollte nicht vergessen werden, daß die wichtigsten Bezugswissenschaften ähnliche Bewegungen in der Verwertung von Theorien zu verzeichnen haben. Dieser Weg soll aber im folgenden nicht beschritten werden. Wir gehen vielmehr einer konzeptionell dichten Phase in der Thematisierung und praktischen Realisierung eines schon vom Ansatz her genuin erwachsenenbildungsspezifischen Aufgabenfeldes nach. Uns geht es um das Tätigkeitsfeld des Erwachsenenbildners, weil der konzentrierte Beginn einer Wissenschaft von der Erwachsenenbildung an den schrittweisen Verberuflichungsprozeß gebunden ist. Wir konzentrieren uns auf einige programmatische Schriften von Vertretern der Neuen Richtung in der Weimarer Republik, um deren Spuren bis in die Gegenwart zu verfolgen.

Schulenberg (1972) hat am Beispiel von Weniger dargelegt, daß in den fünfziger Jahren Erwachsenenbildung (damals Volksbildung) als Beruf nicht denkbar war. Man orientierte sich an Aufgaben. Diese waren aber gerade so formuliert, daß sie dem in der Erwachsenenbildung Tätigen den jeweiligen Bezug zu den gesellschaftlichen Verhältnissen über seine anderen Tätigkeiten sicherten. Diese ablehnende Haltung gegenüber einer grundständigen Verberuflichung, die, wenn man Schulenberg folgt, auf die Position der Volksbewegung in den zwanziger Jahren zurückgeht, läßt sich auch in dem späteren Ausbildungsvorschlag noch wiederfinden, der im Zusatz- und Ergänzungsstudium die adäquate Ausbildung für den Erwachsenenbildner sieht (Schulenberg 1972, S. 13). Auch hier, zwar der Zeit angepaßt, aber die historisch gewachsenen theoretischen Grundgedanken haltend, galt die Interpretation, daß die impulsgebenden Kräfte für die Tätigkeit in der Erwachsenenbildung eben außerhalb des professionellen Handlungsradius liegen.

Qualifizierungen von Erwachsenenbildnern sind zur Zeit nicht mehr aktuell in der Diskussion, dafür wächst das Interesse an der historischen Perspektive. Wo die bildungspolitisch aktuelle Situation keinen Fortschritt mehr bringt, wird der Blick in die Vergangenheit, in die Geschichte gerichtet. In der Tat hat der bildungspolitisch-planerische Aktivismus diese Perspektive zu kurz kommen lassen. Ich möchte deshalb im folgenden einige historische Lichtsignale setzen und Hypothesen formulieren, die den Zusammenhang zwischen Ideen und Ansprüchen, die an eine Wissenschaft von der Erwachsenenbildung und an die Weiterbildung des Volksbildners in der Weimarer Republik gestellt wurden, und deren Auswirkungen auf Teile der heutigen Realität aufzeigen. Ich gehe dazu auf Rosenstocks Begründungen für Beratungsstellen (1920) und Flitners Begründung für die Planung einer deutschen Schule für Volksforschung und Erwachsenenbildung ein (1927).

Rosenstock formuliert fünf Grundsätze, die für die Volkshochschularbeit charakteristisch sind:

„1. Der Charakter der Lehranstalt auf wissenschaftlicher Grundlage.
2. Die intensive im Gegensatz zur extensiven Lernmethode.
3. Die Abgrenzung der Bildungspflege gegenüber der Fachausbildung.
4. Die Forderung einer Einstellung des Unterrichts auf lebenswichtige Inhalte, die durch eine entsprechende Lehrweise bildungswirksam zu machen sind.
5. Das Ziel der geistigen Volksgemeinschaft (letzteres im Gegensatz zu den Gesinnungsschulen)" (Picht und Rosenstock 1926, S. 72).

Damit sind die Zielsetzungen, die insgesamt von der neuen Richtung als Volkshochschulbewegung vertreten wurden, umrissen. Ihre impliziten und expliziten Ziele gründeten in einem politischen Bildungsbegriff, der nicht auf Erkenntnis, auf rationale Analyse setzt, sondern auf das Herbeiführen von Verständigung über eine zu akzeptierende Unterschiedlichkeit zwischen den in der Bevölkerung vorhandenen Ständen und Schichten. Konflikte sollten im Interesse des gesamten Volkes befriedet werden, indem jede Schicht von der anderen lernt. Die Volkshochschule galt als der oder ein Ort, wo diese Arbeit geleistet werden konnte. Die Arbeitsgemeinschaft war die dafür vorgesehene Methode. Die Volkshochschulbewegung nahm sich dieser Aufgabe an. Sie war wegen der Sicherung ihrer politischen Ziele neutral, sie stellte sich über die Schichten, d.h., in ihrer Neutralität war sie hochpolitisch. Es ging ihr um Einigung und Verständigung unter Ausklammerung der sozial-differenzierenden, ökonomischen und sozialen Lebensbedingungen der verschiedenen Schichten, um die Schaffung eines über die Klassengrenzen hinausgehenden „Volksgeistes".

Mit dem Vorschlag, Beratungsstellen einzurichten, die im übrigen trotz Ministererlaß und behördlicher Unterstützung erfolglos blieben, sollte so etwas wie ein Wechselwirkungs-Verhältnis zwischen den neuen gesellschaftlichen und politischen Verhältnissen in der Weimarer Republik und der als abgekapselt erlebten Universität angegangen werden. Die Volkshochschulbewegung wollte sozusagen die wissenschaftlichen Ressourcen der Universität nutzen, ohne sich aber ihnen auszuliefern (vgl. Rosenstock 1926, S. 80), zumal die Universitäten distanziert waren gegenüber der Bewegung. Die ‚Hochschule für das Volk' trägt dem Rechnung, zumal das ‚Volk' zwar wissenschaftsgläubig ist, aber ebenso der Universität mißtraut (ebda, S. 79). Sie, die Volkshochschulbewegung, benötigt, so Rosenstock, eine „Wissenschaftliche Anstalt" neben den Universitäten. Zwar „... wird auch der kritische Beurteiler der Universität zugeben müssen, daß sie folgendes besitzt, dessen die Volkshochschule bedarf, Maßstäbe für die wissenschaftliche Qualifikation von Lehrkräften, Mittel für die wissenschaftliche Aus- und Weiterbildung von Lehrkräften, Kompetenzen für die Lösung wissenschaftlicher Aufgaben, welche aus dem Volkshochschulunterricht erwachsen..." (ebda, S. 78).

Aber „Das Bedeutsame ist nun, wirklich eine der wenigen Tatsachen, an die unser Zukunftsglaube sich heute halten muß — daß die geistige Oberschicht des arbeitenden Volkes, die im übrigen ganz konsequent nach der Parole ‚Wissen ist Macht' gegen unser Bildungssystem vorgeht, diese seine Hochschule als zweckfreie Bildungsanstalt fordert" (ebda, S. 79).

Den von ihm angesprochenen Arbeitern, so Rosenstock, geht es darum, ihr Recht auf ihre eigene Hochschule einzuklagen. Die Volkshochschule ist nicht nur eine „Revolutionsbeute" (ebda, S. 79), eine Bildungsstätte, die sich neben die Universität setzt, sondern sie arbeitet auch, nach Rosenstock, mit einem neuen Bildungsideal, „sie will Wissen um des Lebens willen" (ebda, S. 80).

„Damit ist sie — was die akademische Wissenschaft, wie wir sie gesehen haben, nicht ist — im Besitz eines ordnenden Prinzips, eines Wertmaßstabes, der die Dinge eben an ihrer Lebenswichtigkeit mißt. Und ist das auch kein absolutes oder allgemeingültiges Maß, so ist damit doch eine Orientierungsmöglichkeit in der chaotischen Fülle des gestrigen Besitzes gegeben. Es ist unmittelbar einleuchtend, daß diese Maxime zumindest eine Auslese des Stoffes ermöglicht" (ebda, S. 80).

Die Volkshochschule kann nichts „mit einer geistigen Haltung anfangen, der alle Probleme gleich wichtig sind und die wissenschaftliche Arbeit um ihrer selbst Willen betreibt. Denn ihre Hörer kommen aus der Schule des Lebens und bringen sehr bestimmte (aber durchaus nicht etwa rein materiell bestimmte) Vorstellungen von einer Rangordnung der Bedürfnisse mit sich" (ebda, S. 80).

Für die Universität sieht er in dieser Zusammenarbeit eine Befruchtung darin, „daß sie die wissenschaftlichen Probleme statt von der Wissenschaft aus unter dem Blickwinkel des bedürftigen Lebens betrachtet" (ebda, S. 81).

Dies ist nun der Hintergrund für Rosenstock, um sozusagen die Notwendigkeit von Beratungsstellen angegliedert an Universitäten zu begründen.

„So schritt man zur Schaffung von Beratungsstellen für Volkshochschulen an den Universitäten, die als eine Brücke gedacht sind zwischen der akademischen Welt und der Volkshochschulbewegung, mit der doppelten Bestimmung, die Universität in Volkshochschulangelegenheiten und die Volkshochschule in wissenschaftlichen Fragen zu beraten. Also eine Stelle mit doppelter Kompetenz, welche ihre kombinierte Sachverständigkeit je nach Bedarf der Universität oder der Volkshochschule gegenüber zur Geltung bringt" (ebda, S. 74).

Volksbildungsarbeit benötigt also eine wissenschaftliche Basis, der sie sich in der Universität vergewissert, den Universitäten selbst fehlte aber nach dieser Interpretation das wissenschaftliche Interesse, die Forschungs-Fragestellungen, die, um die damalige Sprache zu zitieren, ‚volksbezogen' sind, aufzugreifen. Die Öffnung der Hochschule für andere Probleme, bei gleichzeitiger Nutzung wissenschaftlicher Standards, war das Ziel dieser Aktivitäten, die dann konkretisiert wurden in der Forderung nach einer Volksforschung. Die Kritik an der Universität setzt dabei aber nicht an der wissenschaftlichen Parteilichkeit der Universität an, sondern an ihrer vermeintlichen Rationalität, an einer scheinbar vorhandenen „voraussetzungslosen Wissenschaft, die das Wissen um ihrer selbst willen pflegt, also zur Emanzipation der Wissenschaft nicht nur von dogmatischen Bindungen, sondern vom Leben selbst. Für den akademischen Menschen ist das Denken Maßstab des Sein" (ebda, S. 75).

„Die Emanzipation des Geistes führt zu einer unangemessenen Entfaltung wissenschaftlicher Sammler- und Forscherarbeit, zur geistigen Produktion als Selbstzweck" (ebda, S. 75).

Es wurden die universitäres Arbeiten charakterisierenden Arbeitsformen verworfen, aber nicht die bisherige gesellschaftliche Funktion der Universitäten analysiert. Man kritisiert zwar die zu geringe Öffnung der Universitäten für Forschungsfragen, die den neuen gesellschaftlichen Bedingungen Rechnung tragen, stellt in diesem Zusammenhang aber nicht die politische Frage an die Universität, sondern entwertet wissenschaftliches Arbeiten generell. Die durch die Universität erlebte Diskriminierung der Volkshochschulbewegung wird zurückgegeben.

Was soll nun kennzeichnend sein für die Beratungsstellen, die Vermittlungsbrücken bauen sollen? Die Beraterstelle ist für Rosenstock vor allen Dingen durch die Persönlichkeit geprägt. Eine Person muß für die Sache stehen. Die von ihm vorgenommene Charakterisierung der Person — und dies ist symptomatisch — zielt auf Vielseitigkeit, pädagogisches Geschick, spezifische Begabung bei gleichwohl hohem akademischen Niveau. Der Berater soll „den Gedanken der Volksbildung in die Studentenschaft tragen", (ebda, S. 83) soll werben für die Volkshochschule, soll Universitätskandidaten für die Tätigkeit in der Volkshochschularbeit rekrutieren. Die Stelle übernimmt aber nicht Leitungs- und Koordinationsaufgaben. Sie soll auch nicht „organisatorische Zusammenfassung der Bewegung" (ebda, S. 84) sein, sondern als Stelle unabhängig die Vermittlung von Lehrkräften und Informationen leisten. Sie soll bibliothekarische Unterstützung erbringen, d.h., der Berater soll im Einzelfall die Bewegung unterstützen, aber die Universität, und daran ist der Berater gebunden, soll sich nicht aufdrängen.

Auch Flitner betont die Bedeutung nicht fachlich eingebundener Persönlichkeiten und konstatiert 1927, daß es nur an geeigneten Männern fehlt. Deshalb, so Flitner, arbeitet seit 1923 der Hohenrodter Bund daran, sich selber zu bilden und einen Plan für eine Schulungs- und Forschungsstätte zu entwickeln. Er begründet die Notwendigkeit dieser Stätte und deren Aufgaben ebenso wie Rosenstock mit den veränderten politischen Verhältnissen.

„Die Volksbildungsbewegung ist anzusehen als eine Folge der deutschen, der europäischen Katastrophe, die im Kriegsbeginn liegt und im Kriegsende, also nicht als Folge der Revolution, sondern vielmehr als eine Folge der gleichen Vorgänge, die nach einer anderen Richtung hin und in anderen Volkskreisen die Revolution herbeigeführt haben" (Flitner 1982, S. 161).
Und ihr Ergebnis „volkserzieherisch gesehen ist gewesen der Verlust moralischer Ordnung und haltgebender Ideale, die nicht zugleich aus neuen geistigen Antrieben generiert werden können. Dem deutschen Volk geht die Einheit der politischen Aufgaben verloren ... Anstelle dieser Wirklichkeit trat die parteilich geordnete Politik, der Streit nicht der Wirklichkeiten, sondern der Meinungen über das, was die nationale Aufgabe sei" (vgl. ebda, S. 162).
Flitner setzt also die Begründung für die Volksbildungsbewegung und deren Notwendigkeit nicht mit den Ursachen der Revolution nach dem Weltkrieg gleich, sondern sieht im Grunde die Ursachen im Prozeß der Industrialisierung und deren Folgen. Er nennt einige Lebensbereiche und Normen, die sich verändert haben:
— Der Beruf habe nur noch Erwerbsfunktion,
— „die Frau, das Mädchen sind in die Wirtschaft als individuell Erwerbende eingetreten,
— die Mütterlichkeit der Frau wird nicht mehr selbstverständlich gelebt und von der Sitte getragen",
— das Land gerät „verstärkt in den Bannkreis der städtischen Bildung",
— das „Verhältnis von Lohnarbeitern und Arbeitgeber ist freundlich",
— es „mangelt eine durchgehend moralisch religiöse Überzeugung" (ebda, S. 163).
Diese Beschreibung der sich verändernden sozialen Verhältnisse erfolgt aus einem, wir würden heute sagen, liberal konservativen, auf Erhaltung bestehender Verhältnisse setzenden Blickwinkel. So lautet die erste Forderung an das Institut: „Es muß eine Stätte vorhanden sein, an der die spezifisch erzieherische Betrachtung des gegenwärtigen Volkszustandes überliefert und ausgebildet wird. Eine Schule, an der ein Geist wirksam ist, der die Menschen aus der Sicht der tatsächlichen Zustände an die einfache und gläubige Arbeit der Volksbildung von selbst hinführt. Der Versuch zu einer solchen Bildungsstätte soll mit einer deutschen Schule für Volksforschung und Volksbildung gemacht werden" (ebda, S. 166).
Dafür ist es notwendig, aus der Sicht Flitners, daß dieser volkserzieherische Gedanke „an alle verantwortungsvollen Arbeitsstellen" (ebda, S. 16) und Berufe weitervermittelt wird, um sie zur Mitarbeit zu bewegen. Darunter versteht er Berufe wie Ärzte, Juristen, Pfarrer, Lehrer, Wohlfahrtsbeamte, Leiter der Werkstätten, Leute in den Parteien und Gewerkschaften, die Organisatoren der Wirtschaft etc. Die Deutsche Schule für Volksforschung soll, das ist dann die zweite Aufgabe, „den unmittelbar lebenswirksamen, verantwortlichen Stellen ihre volkserzieherische Betrachtungsart und ihren erzieherischen Geist ... überliefern, umgekehrt sich mit der Erfahrung dieser anderen Berufe ... sättigen" (ebda, S. 168).

Die neue Bildungsstätte soll außerhalb der Universität arbeiten, das Lernen muß grundsätzlich eine andere Form haben als an der Universität, da es sich um Erwachsene handelt, die bereits im Leben stehen. Als dritte Aufgabe der Schule sieht er die Verarbeitung der Erfahrungen, die in der Erwachsenenbildung gemacht werden, für die Entwicklung der erziehungswissenschaftlichen Fragestellung als grundständig wichtig an. „. . . daß die Erfahrung derer ihr zuströmt, die in der Erwachsenenbildung von den verschiedensten Seiten her der volkserzieherischen Verantwortung konkret ansichtig werden. Das Eigene dieser Erfahrungen ergibt sich aus der Beurteilung des Volkszustandes auf seine erzieherische Gesundheit und Haltbarkeit hin, auf den Zusammenhang aller Überlieferungen, Sitten, Überzeugungen, geistigen Inhalte und Lebensaufgaben dieses Volksganzen und auf seine Störungen" (ebda, S. 172).

Mehr pragmatisch formuliert, aber die Struktur der Bildungsarbeit bestimmend, werden Aufgaben genannt wie: Ausbau einer Bücherei, Heranbildung des Nachwuchses für das freie Volksbildungswesen in Schulungswochen, Freizeiten für Studierende, die ihr Studium abschließen. Schwerpunkt sollen schulungsfreie Zeiten, „Akademien" genannt, sein.

Die Beratungsstelle und die deutsche Schule für Volksforschung und Erwachsenenbildung gehen faktisch mit ihren Begründungen und auch ihren Arbeitsschwerpunkten in eine Richtung, nur verarbeitet die Schule bereits die negativen Erfahrungen mit der universitären Anbindung und setzt mehr auf Selbständigkeit. Der Fortbildung von potiell arbeitenden Mitarbeitern wird ein größerer Raum eingeräumt.

Die Äußerung von Rosenstock darüber, welche Erwartungen an den Volksbildner gestellt werden, beziehen sich weniger auf seine pädagogische Arbeit, sondern mehr auf die Vorbedingungen, die jemanden zu einem Volksbildner werden lassen, und auf seine gesellschaftspolitischen Aufgaben.

Nach dem Volksbegriff ist jeder Teil eines Ganzen, das aus Unterschieden besteht, die zusammengehören. Der Volksbildner soll also der „Vermassung", der Verindividualisierung, dem organisierten Querschnitt, also quasi den gesellschaftlichen Ergebnissen der Industrialisierung und Demokratisierung, die sich anderer gesellschaftlicher Regulierungsformen und Auseinandersetzungsformen bei gesellschaftlichen Konflikten bedienen als die bisher erfahrene Ordnung, entgegenstellen.

Der Lehrer in der Volkshochschulbewegung ist der Mittler zwischen der alten, als positiv erfahrenen Ordnung und der neuen Ordnung, identifiziert als Vermassung. Er muß selber, so Rosenstock, Volk werden „fehlt der Masse das Volkstum, so muß der Lehrer hier vorangehen auf dem Wege zur Volkswerdung. Statt Bildung für das Volk, könnte er dann Bildung für das Volk hin vermitteln. Bildung, die zum Volkwerden führt" (ebda, S. 158).

„Sein besonderer Werdegang als Volksbildner muß ihn aus einem Gebildeten zum Mann eines Volkes machen. Nicht irgend ein Fachwissen, irgend eine Pädagogik muß er sich zu seinem alten Wissen hinzu erwerben, sondern er muß etwas werden, ihm selbst muß etwas geschehen" (ebda, S. 159).

Als Vorbedingung, um diese Aufgabe leisten zu können, muß der Volksbildner aber auch Fachmann sein. Er muß eine Tätigkeit in der Gesellschaft ausüben, er muß „einen Fachberuf mit geistiger Durchdringung ausüben" (ebda, S. 159). Dabei geht Rosenstock besonders kritisch mit Lehrenden, die belehren wollen, ins Gericht.
„Lehrer und Professoren, die Männer der Schule, haben nicht das Recht, sich für besser vorbereitet zur Volksbildungsarbeit zu halten, als Ingenieure und Ärzte ... Ja im Gegenteil — und wir Lehrer aller Grade können uns das nicht eindringlich genug klar machen — jene sind sogar besser vorbereitet als der Lehrerstand. Denn Lehrers Beruf besteht ja an sich nur im Lehren, in der Weitergabe, also von Stoff ... Der Lehrer muß sich erst zu der Erkenntnis durchringen, daß er genauso als Spezialist, als Betreiber eines Sonderberufes, nämlich dem des Jugendunterrichtes in Schulklassen arbeitet" (ebda, S. 159).
„Diese Einstellung, ich kann das nicht genug betonen, fällt dem Pädagogen am schwersten. Er pflegt ja die ganze übrige Menschheit für belehrungsbedürftig zu halten. So lange er das tut, gehört er nicht in die freie Fortbildungsarbeit. Er würde diese schwer schädigen" (ebda, S. 160).
Aber die Fachleute sollen auch nicht „fachsimpeln", sondern ihre jeweiligen „Werkstatterfahrungen" einbringen. Denn der erste „Vorkurs der Erwachsenenbildung" ist, sich mit dem Organisator der Erwachsenenbildung an einen Tisch zu setzen und das Spezialistentum zu vermeiden. Der Organisator, wie es damals schon heißt, fragt sich, „ob sie ihm oder ob sie einander etwas zu sagen haben, das ist die entscheidende Frage" (ebda, S. 161) „denn sie haben ebenbürtige Fachleute vor sich, Leute gleichen Ranges und gleicher Bildung und mit ihnen sollen sie nun einen gemeinsamen Lehrplan entwerfen, der auf den Fähigkeiten gerade dieser vier Männer aufbaut. Da muß der eine oder andere ein kleines Kolleg dem anderen halten. Indem der eine Fachmann zum anderen spricht, wird dieser andere Fachmann zum Laien. Er lernt, statt zu lehren. Er hört zu, um im nächsten Augenblick wieder seinerseits zu lehren. So aber und nicht anders geschieht die Hervorbringung des Volksbildners, daß er einmal gerade im Augenblick angestrebter Bildungsarbeit aus einem Fachmann ein Laie wird, und daß er umgekehrt das Urteil eines ebenbürtigen Laien über sich selbst als Fachmann entgegennehmen muß" (ebda, S. 162).
„Auf die Arbeit dieser vier ist mit Recht das Wort Arbeitsgemeinschaft anwendbar, das heute leider gerade auf der Volkshochschule mißbraucht wird. Es ist keine Arbeitsgemeinschaft, wenn sich Leute in derselben Art und des selben Weges zusammenfinden. Zum Wesen der Arbeitsgemeinschaft gehört es — soll dieses wichtigste Wort der letzten zwei Jahre überhaupt einen geistigen Sinn erhalten — daß ihrem innersten Wesen nach verschiedene Menschen sich um des Friedens und der Vereinigung willen zusammen an einen Tisch setzen. Das Volk, das geistige Volk, ist die Zielsetzung der Arbeitsgemeinschaft" (ebda, S. 163).
Es geht also darum, aus der Verschiedenheit um etwas Gemeinsames zu ringen, im Prozeß des gegenseitigen Akzeptierens und des gemeinsamen Zusam-

menhaltens, weil die gesellschaftlichen Kräfteverhältnisse sich berechtigterweise verändert haben. Das Neue soll mit dem Alten versöhnt werden, um in der Verschiedenheit nach etwas gemeinsamen Neuen zu suchen. Das verbindende gemeinsame Gespräch soll dafür die Brücke bilden. Jeder ist abwechselnd Fachmann und Laie.

„So können in der freien Berufsbildung die natürlichen Reiser der einzelnen Berufsmenschen auf einen gemeinsamen Stamm gepfropft werden, der sie alle veredelt, weil er sie ordnet und miteinander lebendig zusammenführt. Es ist die Zeit der Not, die Wucht unseres Zusammenbruchs, die uns hier das Geschenk verheißt, die Willkür der Sonderbestrebungen zu höherer Notwendigkeit zu veredeln" (S. 164).

„Auch nur zwei Männer, die sich zu solcher Arbeitsgemeinschaft zusammenschließen, aber nicht aus natürlicher Freundschaft, sondern trotz natürlicher Fremdheit, eben um der Sache willen, können so manches zustande bringen ..."

„Ja die Umbildung einer einzigen Gruppe Gebildeter zur wirklichen Volksbildnergemeinschaft geistigen Gesprächs ist so viel wert als der Unterricht von 100 Volkshochschulen" (ebda, S. 167).

Flitners Argumentation zielt in die gleiche Richtung wie die Rosenstocks, ist nur eher pädagogisch angelegt, arbeitet mit mehr Begriffen, die auf Persönlichkeitsentwicklungen hinwirken.

„Wohl müssen aber Einrichtungen geschaffen werden, um die Helfer, die sich aus verschiedenen Berufen finden, in die Arbeit einzuführen, ihnen eine Stätte der Weiterbildung, der Selbstbildung zu schaffen und die mannigfaltige Erfahrung der volksbildnerischen Stellen zu vereinigen" (W. Flitner 1982, S. 166).

„Eine gute Schule soll dem Menschen eine innere Kraftquelle eröffnen und ihn geistig orientieren. Wie die erschlossene Kraft verwendbar wird, kann sie in den wenigsten Fällen bestimmen, es hängt ab von den Verhältnissen an dem Ort, wo sie gebraucht werden" (ebda, S. 167).

Die zu übernehmenden Aufgaben der Volksbildner sind erst einmal, so ist die Argumentation, Selbsterziehungsaufgaben für neue „volkserzieherische Verantwortung" (ebda, S. 172). Ganz deutlich lehnt auch er eine Analogie, wie er es nennt, zur beamtenmäßigen Lehrer- und Pfarrerausbildung ab (ebda, S. 161). Vom Volksbildner wird, nach Flitner, erwartet, „daß er die Zerrüttungen der Volkszustände deutlich sieht — von anderen Ständen wird das nicht vorauszusetzen sein, sie werden sich vielmehr solcher Betrachtung nach Kräften erwehren. Die Betrachtung selbst ist schon eine des erzieherischen Amts. Erst wer zu dieser Sicht der Dinge sich gedrängt fühlt, erblickt die volkserzieherische Verantwortung, die in ihr zutage tritt" (ebda, S. 164).

Die „Schule soll in diesem Sinne als Kraftquelle" wirken, damit sich die für diese Arbeit zu habenden und zu lernenden Qualitäten entwickeln können.

„Als Helfer in der volkstümlichen Erwachsenenbildung werden darum Menschen verlangt, die einer sehr schwierigen geistigen Situation gewachsen sind. Ihre Arbeit geschieht mitten im Streitleben des Volkes, dem sie überlegen sein müssen. Es wird eine Kenntnis unserer Volkszustände, eine ver-

stehende Liebe, eine Einsicht in unsere Volkskrankheiten verlangt, die gerade den Gebildeten heute zu fehlen pflegt, die selber erst gebildet werden muß" (ebda, S. 165).
Es geht um die Erarbeitung eines gemeinsamen „Geistes" und die Umsetzung in die dafür adäquate Form der Arbeitsgemeinschaft, um das Zusammenbringen, Zusammenfügen von Menschen im Interesse an einer gemeinsamen Sache, bei der jeder Lehrender und Lernender zugleich ist.
Die Bildungsarbeit ist von einem gesamtpolitischen Verständnis getragen, das in der Bildungsarbeit von allen Beteiligten gelebt werden soll. Volksbildner sind deshalb über ihre Berufe Teil der Gesellschaft, und sie haben über den Arbeitsgemeinschaftsgedanken teil an gemeinsamen „volkserzieherischen" Aufgaben/Ansprüchen an eine Volkswissenschaft/eine soziale Pädagogik der Erwachsenenbildung.
Für Rosenstock sind „Volkswissenschaften ... grundsätzlich aus Lehre und Notwendigkeit entsprungenes Wissen. Das Forschen geschieht nur um der Lehre willen. Volk soll nur soviel geistiges Leben, Denken und Forschen sein, als gebraucht wird" (S. 185). Damit wird die skeptische Einschätzung universitären wissenschaftlichen Arbeitens bestätigt, die von Rosenstock schon an anderer Stelle zitiert wurde. Dagegen ordnet Flitner dem neuen wissenschaftlichen Gegenstand, der an einer neu zu gründenden Akademie unterrichtet und erarbeitet werden soll, die Aufgabe zu, die „Erscheinungen des Volkslebens in volkserzieherischer Beurteilung" zu untersuchen (S. 170). Er ordnet diese Disziplin den Erziehungswissenschaften als „soziale Pädagogik" (vgl. S. 171) zu. Dabei löst er gleichzeitig die Gegenstandsbereiche aus der Enge normativer Bezüge und lernpsychologischer Vermittlungsqualitäten. Aber auch hier geht es ihm nicht darum, die Einflüsse und Wirkungen pädagogischen Handelns zu analysieren, sondern die gesellschaftlichen erzieherischen Aufgaben auf den ganzen Menschen auszudehnen.
„Die frühere Verbindung der Pädagogik mit Ethik und Psychologie hat sich erweitert, die Erziehungswissenschaft steht in Wechselbeziehung ... mit allen Wissenschaften vom Menschen. Die individuale und die kollektive Betrachtung des Menschenlebens werden darin verbunden. Die erzieherische Funktion ist in allen Kulturbereichen, Sinngebilden und Lebensepochen das einfache große Thema der Erziehungswissenschaft geworden" (Flitner 1982, S. 170).
Die wissenschaftliche Reflexion kann das „ganze Leben des Menschen" nur dadurch erzieherisch sehen, so Flitner, daß Fragestellung und Erfahrung der pädagogisch Verantwortlichen aller Arbeitszweige in ihr vereinigt werden (ebda, S. 171). Nicht nur wissenschaftliche Interdisziplinarität, sondern auch die gesellschaftliche Vielfalt der Erfahrungen sollen zusammen gebracht und gedacht werden. Dabei geht für ihn das freie Volksbildungswesen nicht von akuten Notlagen aus – hier sieht er das Feld der Sozialpädagogik –, sondern die Erwachsenenbildung hat es „mit den kräftigen Bildsamen, Gesunden zudem mit einer positiven Auslese (zu tun W.G.). Es findet sich nun auch bei diesen Gesunden in einer tieferen Schicht der Seele, im geistigen Leben, eine Notlage: die innere Not des bildsamen und bildungsbedürftigen

Menschen einer gefährlichen Zeit, der in Verkehr kommen möchte mit Erfahrungen, mit geistigen Überlieferungen, mit geformten Leben. Die eigentlichen Formkräfte des sittlichen Menschen stehen hier in Frage, ihre Ausrichtung in uns. In diesen Praktiken können nun Erfahrungen gemacht werden und Fragestellungen auftreten, aus denen jene soziale Pädagogik der Nothilfe wesentlich ergänzt werden kann durch eine soziale Pädagogik des Erwachsenen und der Volksordnung" (ebda, S. 171).
Mit Rosenstock verbindet Flitner, daß der Anlaß für das Nachdenken über eine Wissenschaft gebunden ist an die Bedingungen, Möglichkeiten und Notwendigkeiten einer Mission und des damit einhergehenden erzieherischen Auftrages. Nur sieht Flitner die Aufgaben unmittelbarer eingebunden in Forschungs- und wissenschaftliche Disziplinzusammenhänge.
„Die Schwierigkeiten dieser Disziplin, aber auch ihr Sinn im Leben beruht darin, daß die wissenschaftliche Reflexion sich hier sowohl auf die Erfahrung eines großen Tatsachenbereichs, als auch auf einen helfenden, heilenden, schützenden Willen stützt, und daß die Tatsachen nur dem Verantwortlichen sich erschließen" (ebda, S. 171/172).
Die Erziehungswissenschaft muß wesentlich die Erfahrungen aus der Praxis für das Durchdenken wissenschaftlicher Probleme zu Hilfe nehmen.
Es soll hier nicht darum gehen, zu einer erneuten Auseinandersetzung mit den politischen Positionen der Neuen Richtung und der Aufgabenbestimmung für die Erwachsenenbildung in der Weimarer Republik anzuregen. Uns interessiert vielmehr: Welche Spuren haben die Pläne, Ansprüche, Entwürfe hinterlassen? Gibt es Kontinuitäten oder Gegenläufigkeiten? Dazu sollen im folgenden einige Hypothesen formuliert werden.
Die politischen Inhalte zur Begründung der Weiterbildung – damals Volksbildungsarbeit – haben sich verändert, aber die vorgeschlagenen Organisationsformen für die Ausbildung von Volksbildnern/Erwachsenenbildnern erinnern an ihre Ursprünge. Die Rosenstock-Vorschläge für die Beratungsstellen haben in den Sekretariaten für Seminarkurse, später in den Kontaktstellen für wissenschaftliche Weiterbildung eine Konkretisierung gefunden. Zwar ist dabei der wissenschaftskritische Gestus deutlich zurückgenommen worden, aber die Reserve der Universitäten ist anfangs noch erhalten geblieben. Der Realisierung nähergebracht ist aber die Vermittlung von Lehrkräften und die Intention einer auf die Lebensbedürfnisse bezogenen Vermittlung von Wissenschaft. Ähnlich lassen sich die organisatorischen und konzeptionellen Vorschläge für die Deutsche Schule für Volksforschung und Erwachsenenbildung in der Pädagogischen Arbeitsstelle des DVV wiederfinden. Sie ist nicht universitär gebunden und sieht sich in der Zuliefererfunktion für die Praxis und der Anregerfunktion für die Hochschulen. Sie hat über fast zwei Jahrzehnte hinweg, wie Rosenstock und Flitner vorgeschlagen haben, zukünftige Mitarbeiter mit den Aufgaben und Problemen der Erwachsenenbildung vertraut gemacht. Selbst in der Organisation lassen sich Ähnlichkeiten erkennen.
Die organisatorischen Kerne konzeptioneller Entwürfe setzen sich, wenn eine Aufgabe weiterverfolgt wird, auch dann durch, wenn die zeitbedingten

Begründungen keine Relevanz mehr besitzen. Institutionelle Forderungen von Bewegungen an die Gesellschaft gehen über die tagespolitischen Ereignisse hinaus, realisieren sich unter anderen politischen Bedingungen, wo diese Forderungen wieder unter den neuen politisch-gesellschaftlichen Bedingungen eingebunden und mit entsprechend neuen Begründungen vorgebracht werden. Ansätze, die ihrer Zeit voraus waren, aber bei den politischen Machtverhältnissen noch nicht angenommen wurden, gehen noch nicht verloren, wenn zur späteren Zeit dafür eine hinreichende gesellschaftliche Aufnahmebereitschaft entsteht. Das heißt, zeitliche Verzögerungseffekte sind bei der Umsetzung von Konzepten mitzubedenken, und es heißt auch, daß pädagogische Entwürfe, auch wenn sie in der Gegenwart nicht realisiert werden, für die Zukunft ihren Sinn haben können. Problematisch wird es jedoch dann, wenn bereits ältere organisatorische Formen vorgeschlagen werden, die aber zu den gegebenen gesellschaftlichen Verhältnissen nicht passen. Inwieweit dieses der Fall ist, hängt von den inhaltlichen konzeptionellen Prämissen ab. Vergleichen wir sie, so sind durchaus noch Restbestände der alten inhaltlichen Begründung vorhanden. So können z.B. die Prämissen der Neutralität, wie sie von Volkshochschulen vertreten werden, und die Bedeutung einer nicht pädagogischen Ausbildung ihre wesentlichen Beweggründe aus der Weimarer Zeit nicht verleugnen. Auch die Ressentiments gegenüber Lehrern, obwohl ein großer Teil der Kursleiter von Lehrern gestellt wird, sind ebenso weiterhin gepflegt worden wie die gegenüber der Wissenschaft. Auch Flitners Einschätzung des Stellenwerts von Erfahrungen mutet eher so an, als sei er in unseren Jahren geschrieben.
Kennzeichnend für die Veränderung ist allerdings, daß heute die Diskussion über die gewünschten, nicht nur pädagogischen Qualifikationen der Mitarbeiter auf die Fachbereichs- und Zielgruppenarbeit bezogen wird und nicht auf einen missionarischen Auftrag, obschon vielfach gesellschaftskritische, gegensteuernde Momente eine Antriebskraft für eine Tätigkeit in der Erwachsenenbildung darstellen. Bemerkenswert ist aber vor allem, in welcher Weise das, was man in den zwanziger Jahren unter ,,Volksforschung" verstand und anstrebte, wieder aufgegriffen und konkretisiert worden ist. Was gegenwärtig unter den Stichworten ,,interpretatives Paradigma", ,,qualitative Sozialforschung" oder ,,biographische Methode" gehandelt und für die ,,Teilnehmerorientierung" genutzt wird, ist offensichtlich bei der Planung der ,,Deutschen Schule" vorgedacht gewesen. Indessen fehlten zur Ausführung die Ressourcen und ein unmittelbares Untersuchungsinstrumentarium. Im Ansatz aber war man dem recht nahe, was 50 Jahre später unter dem Vorzeichen der Ethnomethodologie aus den USA zu uns und in die Erwachsenenbildung ,,zurückgekehrt" ist.

Literatur

Flitner, W.: Erwachsenenbildung. Paderborn 1982

Hohenrodter Bund (Hrsg.): Die Deutsche Schule für Volksforschung und Erwachsenenbildung. Das erste Jahr. Stuttgart 1927

Mader, W.: Begründungskonflikte gegenwärtiger Erwachsenenbildung. In: Hessische Blätter für Volksbildung 3/83, S. 171–176

Picht, W./Rosenstock, E.: Im Kampf um die Erwachsenenbildung 1912–1926. Leipzig 1926

Schulenberg, W.: Wissenschaftliche Arbeit und akdemische Interessen – Zur Entwicklung in der Erwachsenenbildung. In: V. Otto/W. Schulenberg/K. Senzky (Hrsg.): : Realismus und Reflexion. Beiträge zur Erwachsenenbildung. München 1982

Schulenberg, W. u.a.: Zur Professionalisierung der Erwachsenenbildung. Braunschweig 1972

Senzky, K.: Erwachsenenpädagogische Theoriebildung – Resumé der Entwicklung seit 1954. In: Franz Pöggeler/Bernd Walterhoff: Neue Theorien der Erwachsenenbildung. Stuttgart 1981

Tietgens, H.: 25 Jahre Pädagogische Arbeitsstelle 1957–1982. Arbeitspapier 95–9.82

Weinberg, J.: Professionalisierung der Weiterbildung durch Ausbildung für typische Arbeitsplätze. In: K. Beinke/L. Arabin/J. Weinberg (Hrsg.): Zukunftsaufgabe Weiterbildung. Schriftenreihe der Bundeszentrale für politische Bildung, Bd. 169. Bonn 1980

Harald W. Kuypers
Der Beitrag lokalhistorischer Forschung für die Praxis der Erwachsenenbildung

In der 1983 erschienenen Dissertation von S. Berke, „Entwicklungen und Strukturen der Volkshochschule der Stadt Bonn von ihren Anfängen bis zur Gegenwart", findet man in dem sehr umfangreichen Literaturverzeichnis nur sieben Titel, die lokalhistorische Forschung zum Inhalt haben. Davon sind vier Bücher (Heinrichs 1922, Rössner 1971, Urbach 1971, Ziegler 1970) und drei Aufsätze (Schroers 1957, Urbach 1967 und 1970). In der „Bibliographie zur Erwachsenenbildung im deutschen Sprachraum", 10. Folge 1981, ist kein einziger Titel zu finden, der engere lokalhistorische Forschungsthemen zum Inhalt hat.

Schlägt man „Stadt-" oder „Gemeindegeschichte" auf, so findet man unter dem Stichwort „Erwachsenenbildung" — wenn überhaupt — fast immer nur wenige Sätze oder Seiten. „Erstaunlich wenige Gemeinden in der Bundesrepublik sind in der Lage, eine Geschichte ihrer Erwachsenenbildung vorzulegen" (Wendling 1983). Dies ist der erste Satz des Geleitwortes über die Geschichte der Mannheimer Abendakademie und Volkshochschule. Die in diesem Satz formulierte Feststellung ist — so bedauerlich dies auch sein mag — richtig. Es gibt in der Tat nur wenige Veröffentlichungen (meist Dissertationen oder Festschriften), die sich mit lokaler Erwachsenenbildung als Gegenstand historischer Forschung beschäftigen. In den meisten Fällen handelt es sich dabei um Darstellungen der historischen Entwicklung einzelner Volkshochschulen oder ihrer Vorläufer. Darstellungen anderer Erwachsenenbildungseinrichtungen sind äußerst selten. Ebenso fehlt meines Wissens eine Gesamtdarstellung der Erwachsenenbildung in einer Gemeinde, die alle Institutionen, Personen, die die Erwachsenenbildung geprägt haben, Inhalte und Methoden etc. sowie alle indirekten Bezüge, die das Gesamtfeld der Erwachsenenbildung beeinflußt haben, aufgearbeitet hat.

Sind das etwa Indizien dafür, daß lokalhistorische Forschungen über Erwachsenenbildung für nicht unbedingt notwendig oder gar für überflüssig gehalten werden? Oder handelt es sich — aus welchen Gründen auch immer — nur um ein bisher stark vernachlässigtes Feld historischer Forschung? Man kann nur hoffen, das letzteres der Fall ist. Denn örtliche Dokumentationen zur Erwachsenenbildung, die Kenntnis ihrer Wurzeln und ursprünglichen Ziele, ihre Veränderungen, ihre Anpassungen, aber auch ihre Konflikte; die Personen, die sie gestaltet haben, die Impulse gegeben haben — nicht nur Pädagogen, auch Politiker und Förderer —, die Dozenten und Teilnehmer; das soziale und politische Umfeld, in dem sich die Entwicklung vollzogen hat; all das zu kennen ist wichtig, wenn nicht gar notwendig, um die gegenwärtige Arbeit kontinuierlich und erfolgversprechend weiterführen zu können.

Gerade die Erwachsenenbildung, die im Unterschied zu den übrigen Bildungsbereichen meist im engeren lokalen Umfeld entstanden und gewachsen, die immer stark durch dieses lokale Umfeld geprägt worden ist — gleich

ob positiv oder negativ –, kann und darf deshalb nicht auf lokalhistorische Forschung verzichten. Für den Praktiker vor Ort, für seine tägliche Arbeit, kann sie gute Dienste leisten. Das Kennen und Verstehen der historischen Entwicklung ist eine der Grundlagen für die Bildungsarbeit der Gegenwart und der Zukunft. So kann es zwar von großem Interesse sein, über bildungspolitische und pädagogische Grundsätze und Entwicklungen zu lesen, die vergessen, aufgegeben und zum Teil wiederentdeckt worden sind. Aber Erwachsenenbildungspolitik war in der Vergangenheit häufig von Gemeinde zu Gemeinde unterschiedlich, ihre Umsetzung in die praktische Bildungsarbeit hing weniger von den ,,großen, überregionalen Linien" ab, sondern war aufgrund ihrer Stellung im Gesamtbildungssystem immer stark vom lokalen Umfeld geprägt. Die großen Linien, die theoretischen Ansätze sind zwar überregional, aber die praktische Arbeit fand und findet immer vor Ort statt; damit ist gemeint, daß die örtlichen Spezifika, die soziologische Struktur, das politische Umfeld, das kulturelle Angebot, die Infrastruktur und vieles mehr das lokale Bildungsangebot wesentlich stärker beeinflußt haben als die Theoriediskussion und ihre sich zum Teil daraus ergebenden Empfehlungen für die Praxis. Wer dies nicht berücksichtigt, macht es sich schwer, ein bedarfsgerechtes, lokaladäquates Bildungsangebot für Erwachsene entwickeln und durchführen zu können.
Ein weiterer Grund für die schlechte Situation der lokalhistorischen Forschung könnte der sein, daß die Quellenlage sehr mangelhaft ist. Das mag in manchen Gemeinden stimmen. Aber wenn man sich intensiver mit Lokalgeschichte auseinandersetzt, ist man immer wieder überrascht, wieviel Material sich zusammentragen läßt. Archive, Wissenschaftliche Bibliotheken, Zeitungsarchive, private Nachlässe, Universitätsakten, Verwaltungsakten, Verwaltungsberichte, Haushaltspläne, Sitzungsprotokolle, Arbeitspläne, Statistiken, mündliche Berichte (zumindest für die jüngere Geschichte) sind nur einige Beispiele für Quellen, auf die man häufig zurückgreifen kann.
Insgesamt gesehen scheint die Quellenlage es zu gestatten, sich in Zukunft intensiver mit lokalhistorischer Forschung über Erwachsenenbildung zu beschäftigen. Dennoch ist die vielfach geäußerte Skepsis in bezug auf die Quellenlage durchaus legitim. Denn viele historische Unterlagen sind entweder überhaupt nicht aufbewahrt oder nur unvollständig archiviert worden oder sind manchmal einfach verloren gegangen. Wie groß die Erwartungen wirklich sein dürfen, wird sich erst in der Zukunft zeigen, wenn mehr Arbeiten vorgelegt werden.
Am Beispiel der Volkshochschule Bonn kann gesagt werden, daß vor Beginn der oben genannten Dissertation eine große Skepsis bestand im Hinblick auf die Quellenlage für die Zeit vor 1945. Überraschenderweise zeigte sich aber im Verlauf der Arbeit, die ein Drittel des Umfangs für die Zeit bis 1945 vorsah und zwei Drittel für die Zeit danach (hier ist die Quellenlage ausgezeichnet), daß dieses Verhältnis genau umgekehrt werden konnte, also zwei Drittel der Arbeit die Zeit vor 1945 beschreiben. Wenn man die Veröffentlichungen, die lokalhistorische Forschung zum Inhalt haben, ansieht, stellt man immer wieder mit Erstaunen fest, wieviel Material – nicht nur für die

Zeit nach dem Zweiten Weltkrieg — auch heute noch zutage gefördert werden kann. Meines Erachtens kann die Quellenlage insgesamt und ihre damit verbundene Aussagekraft positiver eingeschätzt werden, als es meist geschieht.
Der Forschungsgegenstand „Erwachsenenbildung in einer Gemeinde" ist weitgespannter und differenzierter, als dies auf den ersten Blick scheint. Er umfaßt im wesentlichen vier Bereiche: die Institutionen, Personen, Inhalte und Methoden und das Umfeld, in dem sich die Erwachsenenbildung entwickelt bzw. das ihre Entwicklung beeinflußt hat.
Bei den Institutionen kommen nicht nur die Volkshochschule oder ihre Vorläufer in Frage, sondern alle öffentlichen, freien und kommerziellen Träger von Erwachsenenbildung. Bei den Personen sind zuerst die zu nennen, die die Arbeit — sei es durch theoretische Reflexion, durch praktische Arbeit oder durch politische Entscheidungen — stark geprägt haben; hinzu kommen die hauptberuflichen und nebenberuflichen Leiter und pädagogischen Mitarbeiter der Institutionen, die Dozenten, die Teilnehmer, die gerade in den Gründungsjahren wichtigen Förderer aus allen Bereichen des öffentlichen Lebens und die Bildungspolitiker, gleich ob sie positiv oder negativ zur Erwachsenenbildung eingestellt waren. Die Inhalte und die Methoden, d.h. die Bildungsangebote, ihre didaktische Aufbereitung und ihre Präsentation, insbesondere die Veranstaltungsformen und Verfahrensweisen, waren und sind einem ständigen Wandel oder zumindest Modifikationen ausgesetzt. Ihre Veränderungen und die Ursachen und Gründe dafür darzustellen, ist eine wichtige Aufgabe der historischen Forschung.
Diese drei oben genannten Bereiche, die Institution, die Personen und die Inhalte und Methoden, dürfen aber nicht isoliert gesehen werden. Sie hängen zusammen, beeinflussen sich gegenseitig, und sie sind vor allem immer in das lokale Umfeld eingebettet. Die größeren lokalen Bezüge, z.B. Bevölkerungsstruktur, politische Entwicklungen, Gemeindefinanzen, Wirtschaft (Blütezeit oder hohe Arbeitslosigkeit), Infrastruktur, Schulsystem, Jugendarbeit, Kulturangebot haben sich nicht nur in der Vergangenheit auf die Arbeit der Erwachsenenbildung ausgewirkt, sondern haben auch heute noch einen sehr starken Einfluß. Deutlichstes Beispiel eines solchen Einflusses in Vergangenheit und Gegenwart ist die Finanzlage einer Gemeinde. Ist sie gut, wirkt sich dies in der Regel positiv auf die Arbeit der Volkshochschule aus (größeres Angebot, mehr Mitarbeiter, stärkere Teilnehmerorientierung, z.B. durch bessere Differenzierung des Programms); ist sie schlecht, kommt es häufig zu Personalabbau, und meistens muß das Programm eingeschränkt werden, und die Gebühren werden erhöht, was in der Regel zu einem Rückgang der Teilnehmerzahlen führt. (Hierfür gibt es in der Geschichte genügend Beispiele.)
Die meisten Untersuchungen, die bisher vorliegen, sind aus dem Bereich der Institutionengeschichte. Sie versuchen, in erster Linie die Entwicklung einer Erwachsenenbildungseinrichtung von der Gründung bis zur Gegenwart oder bestimmte Epochen aufzuarbeiten. Häufig liegt dabei der Schwerpunkt auf Struktur- und Organisationsfragen. „Diese Arbeit (gemeint ist: Berke 1983, H.K.) bemüht sich darum, die wechselvolle Geschichte der

Volkshochschule der Stadt Bonn aufzuzeigen, die – nicht zuletzt aufgrund ihrer bis in die Gründungszeit der Volkshochschulbewegung in Verbindung mit der „Universitätsausdehnungsbewegung" reichenden Ursprünge – als eine der traditionsreichsten Volkshochschulen Deutschlands einen besonderen pädagogisch-historischen Stellenwert erhält. Die Studie stellt den Versuch dar, die Bonner Volkshochschuleinrichtung in ihren Entwicklungsstadien bis zur Gegenwart analytisch zu erfassen und sowohl die inneren als auch äußeren unterschiedlichen strukturellen Wandlungen und organisatorischen Ausgestaltungen systematisch darzustellen" (Berke 1983, S. 10).
Dieses Beispiel zeigt aber auch, daß es sich um eine Beschränkung im Sinne von Schwerpunktsetzung handelt. Dennoch sind auch die anderen Bedingungsfaktoren wie Finanzierung, Mitarbeiter, Teilnehmer, Angebotsentwicklung, Umfeld etc. angemessen berücksichtigt worden, um ein möglichst vollständiges Bild geben zu können. Erwachsenenbildung war und ist so sehr von außerinstitutionellen Faktoren abhängig, daß man sie bei einer historischen Untersuchung nicht außer acht lassen darf. Erst damit wird der Nutzen für den Leser und für die heutige Arbeit gewährleistet. Nicht nur im Sinne des Vergleichs – wie war es und wie ist es jetzt –, sondern vor allem durch die Analyse des Vergangenen können meines Erachtens praktisch verwertbare Rückschlüsse auf die gegenwärtige Arbeit gezogen werden. Geschichte kann dabei helfen, z.B. Entscheidungen und Planungen vielleicht besser vorzubereiten und die Angebote adressatenadäquater zu gestalten.
Eine weitere Möglichkeit der Aufarbeitung von Lokalgeschichte kann in der Form von Biographien geschehen. Hierbei handelt es sich um Persönlichkeiten, z.B. Wissenschaftler, Leiter von Institutionen, Bildungspolitiker und Förderer, die die Entwicklung der Erwachsenenbildung in ihrer Region wesentlich beeinflußt und geprägt haben. Kurze Biographien von ihnen sind zwar in einer Institutionengeschichte unerläßlich, aber nehmen meist nur einen kleinen Raum in der Gesamtarbeit ein. Ausführliche Biographien stellen aber als Ergänzung zur Institutionengeschichte eine wertvolle Bereicherung dar. Sie können Aufschluß geben über die Motive, die Denkweisen, die Verfahrensweisen, über Entscheidungsbegründungen, über Formen der „Geldsuche" etc.; und sie zeigen, wie groß – vor allem in der Anfangsphase und in Krisenzeiten – das persönliche Engagement sein mußte, um Erwachsenenbildung in der Praxis realisieren zu können. Erwachsenenbildung ist immer stark von einzelnen Persönlichkeiten – oft nur im lokalen Umfeld bekannt, aber dort sehr wirkungsvoll – geprägt worden. Diese Tatsache legitimiert nicht nur eine biographische Form lokalhistorischer Forschung, sondern verlangt sie geradezu.
Die Darstellung der Inhalte und Methoden der Erwachsenenbildungsarbeit ist ein lohnenswertes Thema historischer Untersuchungen; gerade auch im Hinblick auf die praktische Verwertbarkeit in der Gegenwart. Einige Fragen mögen dies verdeutlichen: Wie hat sich das Programm verändert und warum? Welche Gründe sind dafür maßgebend? Gibt es Wellenbewegungen im Volumen einzelner Angebotsbereiche, und wiederholen sie sich bei ähnlichen äußeren Umständen? Gibt es langfristige Trends in der Angebotsentwick-

lung? Welchen Einfluß haben äußere Gründe, z.B. wirtschaftliche Situation, Krisenzeiten auf die Programmstruktur? Gibt es in Zeiten individueller oder gesellschaftlicher Verunsicherung, z.B. Identitätskrisen, Kriege, eine Nachfrage nach bestimmten Inhalten? (Hier zeigt sich, daß gerade in solchen Zeiten mehr nach ideellen, kulturellen, identitätsstabilisierenden Inhalten verlangt wird. Sinnfragen stehen im Vordergrund, kulturelle Defizite, die z.B. durch Kriege entstanden sind, wollen aufgearbeitet werden.) Wie stark war der Einfluß der Teilnehmer auf die Auswahl der Inhalte, sowohl im makro- als auch im mikrodidaktischen Bereich?
Auch die Veränderungen im methodischen Bereich sind wichtig, z.B. weg vom Vortrag zu mehr seminaristisch organisierten Bildungsveranstaltungen; stärkere Aktivierung der Teilnehmer; mehr Teilnehmerorientierung im Sinne von Einflußnahme auf die Auswahl der Inhalte und die Durchführung des Unterrichts. Dies sind nur einige Stichworte, deren Untersuchung und Auswertung mit Sicherheit für die heutige Arbeit verwertbare Ergebnisse liefern könnten.
Das als vierter Punkt genannte „Umfeld für die Erwachsenenbildung" ist im engeren Sinne kein eigenständiger Forschungsgegenstand, sondern sollte integrierter Bestandteil jeder historischen Forschung über Erwachsenenbildung sein. Die Untersuchung der einzelnen Teile des Umfeldes, ihre Berücksichtigung und Einbeziehung in die Forschung ist unabdingbar. Dieses Umfeld ist in seiner Gänze zu jeder Zeit relevant, wenn auch nicht jeder Bestandteil der äußeren Einflüsse zu jeder Zeit eine gleich große Wirkung hatte. Daraus folgt, daß die einzelnen Faktoren auch immer auf ihre jeweilige Bedeutung in einer Zeit- oder Entwicklungsphase hin untersucht werden müssen.
Der Idealfall einer Aufarbeitung der Geschichte der Erwachsenenbildung in einer Gemeinde dürfte der sein, eine umfassende Gesamtdarstellung einer Region, die alle oben angeführten Aspekte beinhalten sollte, zu erstellen. Das heißt, sich nicht auf eine Institution oder auf einige Personen oder auf eine Epoche oder auf Inhalte und Methoden zu beschränken, sondern das Gesamtfeld der Erwachsenenbildung von den ersten Anfängen bis zur Gegenwart in all seinen Einzelheiten, Zusammenhängen und Interdependenzen darzustellen. Dabei müssen alle Punkte berücksichtigt werden, die in irgendeiner Weise für die Erwachsenenbildung, ihre Entwicklung, ihre Veränderungen, ihre Stagnationen, ihre Expansionen, die Zusammenarbeit verschiedener Institutionen etc. mitverantwortlich gewesen sind.
Eine solche Arbeit ist – zumindest in größeren Städten – ihrer Natur nach sehr umfangreich und in ihrer Bearbeitung sehr zeitintensiv. Soll sie in einer relativ kurzen Zeit erstellt werden, übersteigt sie wahrscheinlich das Arbeitsvermögen eines einzelnen. In Team-Arbeit oder durch die Bearbeitung verschiedener Themen innerhalb des Gesamtthemas durch verschiedene Autoren scheint eine solche umfassende lokalhistorische Untersuchung leistbar zu sein.
Durch eine solche Gesamtdarstellung ließen sich dann auch Fragen wie die folgenden klären: Inwieweit haben sich überregionale Theoriediskussion

und Forschung auf die praktische Arbeit vor Ort ausgewirkt? In welcher Weise hat umgekehrt lokale Erwachsenenbildung die Theorie beeinflußt und Impulse für die Forschung gegeben? Sind überregionale, landeseinheitliche Trends und Entwicklungen festzustellen, die in gleicher Form vor Ort gefunden werden? Wo liegen die Besonderheiten/Abweichungen, und worin sind sie begründet?

Nach der ansatzweisen Bestandsaufnahme, die gezeigt hat, daß im Bereich der lokalhistorischen Forschung über Erwachsenenbildung ein großer Nachholbedarf besteht, und einer Darstellung möglicher Formen und Inhalte dieser Forschung muß nun in einem dritten Punkt der Frage nachgegangen werden, welche Bedeutung und vor allem welche Auswirkungen diese Forschungen für die praktische Arbeit der Erwachsenenbildung in der Gegenwart und für die Zukunft haben können.

Geschichte ist zwar etwas Vergangenes, sie wirkt aber dennoch in die Gegenwart und in die Zukunft hinein. Sie ist niemals abgeschlossen, sondern Teil einer stetigen Entwicklung, eines Kontinuums. Die Aktualität von gestern ist die Geschichte von heute, die Aktualität von heute ist die Geschichte von morgen. Der Zusammenhang von Vergangenem und Gegenwärtigem verlangt nach einem historischen Bewußtsein und historischer Urteilskraft von all den Personen, die direkt mit Erwachsenenbildung zu tun haben. Die kritische Einstellung zur Geschichte der eigenen Institution muß geweckt bzw. gefördert werden. Dazu bedarf es lokalhistorischer Forschung.

Das Vergangene ist zwar an sich scheinbar objektive Wirklichkeit, aber erst als Gegenstand einer kritischen Reflexion und darauf aufbauend eines historischen Bewußtseins kann es zu einem geordneten, verstandenen und unter Umständen in der Gegenwart wirksamen Ganzen werden. Zwar gibt es auch in der Geschichte immer in einem gewissen Umfang unterschiedliche, subjektiv gefärbte Interpretationsmöglichkeiten und Schlußfolgerungen. Dennoch lassen sich Grundströmungen, Entwicklungen, Zusammenhänge herausarbeiten, die sich einer subjektiven Einschätzung, Deutung und Wertung entziehen, weil sie objektiv – im Sinne der Objektivität des Faktischen – sind. Th. Litt unterscheidet bei der Frage nach dem Sinn und damit auch der Aussagekraft der Geschichte die Sinnbedeutung in eine relative (durch den jeweiligen subjektiven Standort bestimmte) und in eine absolute (mit dem objektiven Anspruch auf Wissen um die Vergangenheit und ihre Auswirkungen auf die Gegenwart). Die Geschichte ist in der Lage, uns eine Menge verläßlicher, nachprüfbarer Daten und Fakten und damit Erkenntnisse und Einsichten zu liefern. Damit ist vor allem das „handfeste" Tatsachen- und Faktenwissen gemeint, was auch in vielen lokalhistorischen Quellen zu finden ist. Ein solches Wissen ist ein solides Fundament, um sich ernsthaft mit der Geschichte zu beschäftigen und aus dem verläßliche Informationen über die eigene, lokale Geschichte gewonnen werden können. Inwieweit sie relevant sind für die aktuelle Arbeit und zukünftige Planungen, kann nur von Fall zu Fall entschieden werden.

Die Kenntnis der Historie ist die Grundlage für ihr Verstehen. Kritische Auseinandersetzung mit der Geschichte und ihre adäquate Interpretation gehören zu den Grundqualifikationen eines Erwachsenenbildners. Ohne diese beiden Fähigkeiten kann er seine gegenwärtige Arbeit nicht sicher einordnen und einschätzen. Dies gilt in großem Maße für den lokalen Bereich der Erwachsenenbildung, die Arbeit vor Ort mit all ihren Spezifika und regionaltypischen Ausdifferenzierungen und Besonderheiten. Hierfür kann lokalhistorische Forschung einen nicht zu unterschätzenden Beitrag leisten. Kann aber dieses Kennen und Verstehen der historischen Entwicklungen und Zusammenhänge auch praktisch verwertbare Hilfen für die Gegenwart bieten, und wenn ja, welche?

Die Lernpotentiale, die uns die Geschichte anzubieten hat, wurden und werden sehr unterschiedlich bewertet. Das Spektrum reicht – um nur zwei extreme Positionen zu nennen – von Thukydides, der die Belehrung aus der Geschichte als einen „Besitz für immer" lobte, bis zu Th. Lessing, der die Geschichte als die „Sinngebung des Sinnlosen" abqualifizierte. Unter dem Aspekt des Lernens aus der Geschichte muß natürlich gesehen werden, daß historische Vorgänge ihrem Wesen und ihrer Natur nach einzigartig, zeitabhängig, umfeldabhängig und vor allem unwiederholbar sind. Sie erlauben im günstigsten Fall eine eingeschränkte Übertragung auf andere, ähnliche historische Umstände und Situationen bzw. auf die Gegenwart. Verallgemeinerungen sind nicht möglich. Da es in der Geschichte keine strengen Regelhaftigkeiten oder gar Gesetzmäßigkeiten gibt, scheint der pragmatische Nutzwert lokalhistorischer Forschung gering. Wird aber historisches Wissen mit der Kenntnis der aktuellen Situation – mit all ihren Einflußfaktoren auf die Arbeit der Erwachsenenbildung – verbunden, so kann die historische Forschung mit dazu beitragen, praktische Hilfestellungen zu geben.

Im folgenden möchte ich vier Bereiche aufzeigen, in denen lokalhistorische Forschung einen praktischen Beitrag für die Arbeit der Gegenwart und die Planungen der Zukunft leisten kann.

Die Kenntnis der Entwicklung der „eigenen" Erwachsenenbildungseinrichtung ist für jeden Mitarbeiter nicht nur für die praktische Arbeit nützlich, sondern sie kann auch die Identifikation mit der Institution erhöhen. Das Wissen um Fakten und Entwicklungen, die gerade bei der lokalhistorischen Forschung in der Regel einen starken Praxisbezug haben, erleichtert bzw. fördert ein institutionelles und individuelles Selbstbewußtsein. Diese durch die historischen Kenntnisse mitgeprägte Verbundenheit mit der eigenen Institution kann zusätzliche Motivationen für die aktuelle Arbeit freisetzen. Hier hat lokalhistorische Forschung weniger den Sinn, Entscheidungshilfen zu bieten, sondern mehr die Funktion, ein höheres Maß an Nähe und Verbundenheit des einzelnen zu seinem Arbeitsplatz und damit auch zu der Aufgabe, die ihm gestellt ist, zu schaffen. Dieser Gesichtspunkt kann unter arbeitspsychologischen bzw. motivationalen Aspekten sehr bedeutsam sein; z.B. wirken sich Leit- und Vorbilder in der Regel positiv aus; das Vermeiden von Fehlern, die in der Vergangenheit gemacht wurden, die Fort- und Weiterführung von positiven Entwicklungen schaffen Erfolgserlebnisse, die die

Motivation für die weitere Arbeit verstärken, was sich aller Erfahrung nach positiv auf die Qualität des Bildungsangebotes auswirkt.
Der zweite Bereich, der mit dem vorhergehenden durchaus zusammenhängt, ist der der Tradition einer Institution. Lokalhistorische Forschung ist unabdingbare Grundlage für die Auseinandersetzung mit der „eigenen" Tradition und für das Entstehen eines Traditionsbewußtseins. Damit ist implizit die Forderung nach einer Er- und Verarbeitung der Tradition aufgestellt, denn in der Erwachsenenbildung — wie in allen anderen Bereichen auch — hängen Vergangenheit und Gegenwart eng zusammen; Kontinuität und Aktualität widersprechen sich nicht, sondern sind als Einheit zu sehen. Insofern kann eine Aufarbeitung der Geschichte deutlich werden lassen, in welcher Entwicklung die gegenwärtige Arbeit steht, welche Traditionen vorhanden sind und wie diese Tradition entweder modifiziert oder weitergeführt werden kann. Ein kritisches Traditionsbewußtsein, sowohl zu den positiven als auch zu den negativen Aspekten, kann zu einer objektiven Standortbestimmung der aktuellen Situation, z.B. die Stellung innerhalb der kulturellen Szene einer Kommune, beitragen. Damit kann die Auseinandersetzung mit der Tradition „das Spektrum der kritischen Instanzen erweitern, mit deren Hilfe Entscheidungen und sogenannte Tendenzen, die im Namen der Gegenwart Zukunft präjudizieren, der Prüfung und dem Urteil historischer Erkenntniskraft zugänglich gemacht werden" (Künzel 1984, S. 73). Dies kann zu einem ausgeprägten Selbstbewußtsein der Institution und damit auch der Mitarbeiter führen, was für die praktische Arbeit vor Ort nur von Vorteil sein kann.
Lokalhistorische Forschung ist ihrem Wesen nach stark auf die Praxis ausgerichtet. Daraus ergibt sich ein weiterer — vielleicht der wichtigste — Bereich des Lernens aus der Geschichte, nämlich der der Erforschung der Angebotsentwicklung einer Institution. Durch die Analyse und Auswertung historischer Daten und Fakten lassen sich z.B. Trends in der Angebotsentwicklung feststellen. Bestimmte Bereiche des Angebots sind in ihrem quantitativen Umfang stärker oder schwächer im Gesamtangebot vertreten. Zum Beispiel im Sprachenbereich kann man immer wieder feststellen, daß die Nachfrage nach bestimmten Sprachen eine Zeitlang groß ist, dann nachläßt und einige Jahre später wieder ansteigt. Die Gründe dafür sind sicherlich vielfältig und lassen sich nicht sämtlich mit letzter Sicherheit analysieren. Aber die Feststellung solcher Wellenbewegungen und ihre genaue Beobachtung bis in die Gegenwart hinein könnte zumindest Anhaltspunkte für die kurz- und mittelfristige Programmplanung bieten. (Diese „Wellenbewegungen" im Angebot sind nicht nur für den Sprachenbereich, sondern in allen Fachbereichen mehr oder weniger stark festzustellen.)
Die Analyse der Entwicklung der Teilnehmer in der jüngeren und jüngsten Vergangenheit — sowohl im Gesamtangebot als auch im einzelnen — bietet Entscheidungshilfen für die aktuelle Programmplanung. Die Analyse, warum z.B. eine bestimmte Altersgruppe in ihrem Anteil abgenommen hat, kann, ja muß sogar zu Konsequenzen im Angebot führen. Oder das Ansprechen neuer Zielgruppen kann sich als Aufgabe einer solchen historischen Unter-

suchung herauskristallisieren. Dabei muß eine solche Analyse immer auch die Programminhalte, die Veranstaltungsformen, soziologische Daten etc. einbeziehen. Die Reaktion auf bestimmte Inhalte und bestimmte methodische Verfahrensweisen — gleich ob im allgemeinen Angebot oder in der Zielgruppenarbeit —, d.h. die Akzeptanz bei den Adressaten, kann bei genauer Auswertung Erkenntnisse liefern, die für die gegenwärtige Arbeit unerläßlich sind.
Ein kleines praktisches Beispiel sei noch genannt. Bevorzugte Tage und Uhrzeiten unterliegen auch einem Wechsel. Zum Beispiel wird der Freitag seit langen Jahren immer weniger von den Teilnehmern als Unterrichtstag angenommen, ebenso wie seit einiger Zeit ein Trend festzustellen ist, daß späte Uhrzeiten (20.00 Uhr und später) immer unbeliebter werden. Wird so etwas erkannt, muß man — wenn eine Gegensteuerung nicht unbedingt notwendig ist — bei der Programmplanung darauf Rücksicht nehmen.
Ein weiterer wesentlicher Punkt ist der der institutionellen Absicherung. In der Vergangenheit hat sich gezeigt, daß durch die Freiwilligkeit der Erwachsenenbildung vor Ort es vielfach dazu gekommen ist, daß die pädagogische Qualität der Arbeit nicht optimal war. Um ihre Existenzberechtigung gegenüber den Kommunalparlamenten und damit ihren damaligen Hauptgeldgebern nachzuweisen, mußten viele Volkshochschulen ständig steigende oder zumindest gleichbleibende Hörerzahlen „produzieren". Dies führte häufig zu unverhältnismäßig hohen Belegungszahlen einzelner Kurse, damit auch zu einem sehr hohen "drop-out" und insgesamt zu einer schlechten pädagogischen Qualität des Unterrichts. Die Auswahl der Inhalte orientierte sich weitgehend an der Stärke der Nachfrage. Die Gefahr, nur Massenfächer anzubieten, war groß. Das Fazit aus dieser Erkenntnis mußte zwangsläufig die institutionelle Absicherung sein. Zuerst durch Garantien der Kommune, später durch Landesgesetze. Diese Garantien und Gesetze erlaubten es erstmalig den Volkshochschulen und den anderen anerkannten Trägern von Weiterbildung ohne den Druck, sich jederzeit neu beweisen zu müssen, das Augenmerk stärker auf das pädagogische Element zu richten. Es konnten Höchstteilnehmerzahlen unter pädagogischen Kriterien eingeführt werden, es konnten Veranstaltungen in das Programm aufgenommen werden, für die nur eine geringe Nachfrage innerhalb der Bevölkerung einer Region bestand, die aber zu einem umfassenden Bildungsangebot dazugehören, d.h. unter dem Strich zum einen in der Kursarbeit eine stärkere pädagogische Qualifizierung und zum anderen eine Erweiterung der Programmpalette. Diese positive Entwicklung war nur möglich, weil man aus der Geschichte erkannt hatte, daß Erwachsenenbildung nur dann ihre Aufgabe erfüllen kann, wenn sie institutionell und finanziell abgesichert ist, und damit eine langfristige kontinuierliche pädagogische Arbeit ermöglicht wird.
Ein weiterer Punkt, der sich zwangsläufig aus dieser Institutionalisierung ergab, war der der Professionalisierung, d.h., es konnten mehr hauptberufliche Leiter und pädagogische Mitarbeiter eingestellt werden. Die nebenberufliche Leitung einer Volkshochschule war nur bis zu einem gewissen Angebotsvolumen möglich. Schon früh hatten vor allem größere Städte

erkannt, daß zumindest eine hauptberufliche Leitung notwendig war. Dieser in der Geschichte immer wieder anzutreffende „andragogische Zehnkämpfer" war aber bei einer sich ständig erweiternden Erwachsenenbildung ebenfalls überfordert, alles pädagogisch und didaktisch planen zu können. Deshalb mußten, wenn die Kommunen oder das Land Erwachsenenbildung zur Pflichtaufgabe machten, zusätzliche Mitarbeiter eingestellt werden, die über eine fachdidaktische Ausbildung verfügten und die Betreuung einzelner Angebotsbereiche übernehmen konnten.

Der letzte hier aufgeführte Bereich, in dem lokalhistorische Forschung Hilfen für die Gegenwart und Zukunft anbieten kann, befaßt sich mit der Frage, wie die Erwachsenenbildung das lokale Umfeld, in das sie eingebettet ist, beeinflußt hat. Die Interdependenz aller Lebensbereiche klammert die Erwachsenenbildung nicht aus. Sie wird von vielen Faktoren beeinflußt, die sie selber nicht beeinflussen kann. Aber gleichzeitig muß man auch sehen, daß Erwachsenenbildung Einfluß auf das lokale Umfeld gehabt hat. Erwachsenenbildung kann nicht nur Informationen zu drängenden Fragen geben, Probleme bewußt machen, zur Reflexion darüber anregen, bei der Entscheidungsfindung helfen (nicht manipulieren!), sondern auch Hilfestellung bei der Lösung von Problemen geben. Damit ist sie in der Lage, das Umfeld zu beeinflussen, ggf. sogar zu verändern. Dies ist in allen Bereichen des Lebens denkbar, z.B. bei politischen Fragen, Umweltschutz, Verkehrsfragen, Freizeitangeboten, Kultur. Gerade im lokalen Bereich kommt hier der Erwachsenenbildung eine wichtige Aufgabe zu. In welchem Bereich, zu welchem Zeitpunkt, von wem, mit welchen Mitteln und mit welchen Ergebnissen Erwachsenenbildung Einfluß auf andere Lebensbereiche ausgeübt hat, dies zu erforschen kann Hilfestellung geben für aktuelle und zukünftige Planungen lokalspezifischer Bildungsangebote. Der Einfluß der Erwachsenenbildung auf das lokale Umfeld wird damit zu einem wichtigen Bestandteil lokalhistorischer Forschung, der in zukünftigen Untersuchungen stärker als bisher miteinbezogen werden sollte.

Literatur

Berke, S.: Entwicklungen und Strukturen der Volkshochschule der Stadt Bonn von ihren Anfängen bis zur Gegenwart, Diss. Bonn 1983

Heinrichs, H.: Drei Jahre Düsseldorfer Volkshochschule. Aus der Praxis für die Praxis. Leipzig 1922

Künzel, K.: Erwachsenenbildung und Tradition. In: Enzyklopädie Erziehungswissenschaft Bd. 11. Erwachsenenbildung. Hrsg. v. E. Schmitz u. H. Tietgens. Stuttgart 1984, S. 59–75

Litt, Th.: Die Wiederentdeckung des historischen Bewußtseins. Heidelberg 1956

Pöggeler, F. (Hrsg.): Geschichte der Erwachsenenbildung (Handbuch der Erwachsenenbildung, Bd. 4). Stuttgart 1975

Rössner, L.: Erwachsenenbildung in Braunschweig. Vom Arbeiterverein 1948 bis zur Volkshochschule 1971 (Braunschweiger Werksbücher Reihe A, Veröffentlichungen aus dem Stadtarchiv und der Stadtbibliothek, hrsg. v. O. Israel). Braunschweig 1971

Rohlfes, J.: Lernen aus der Geschichte? In: Erwachsenenbildung, Heft 1, 1983 (29. Jg.), S. 7–10

Schroers, G.: 10 Jahre Bonner Bildungswerk. Die Volkshochschule in der Bundeshauptstadt. In: VHS im Westen, Beilage 4, 9. Jg., Nr. 7/8, 1957

Urbach, D.: Die Volkshochschule Groß-Berlin in der nationalsozialistischen Zeit. In: Kulturarbeit, Monatsschrift für Kultur- und Heimatpflege, 19. Jg., Heft 9, 1967

ders.: Eine Volkshochschule zwischen 1933 und 1945 – Modellfall Freiburg. In: VHS im Westen, Heft 4, 1970

ders.: Die Volkshochschule Groß-Berlin 1920 bis 1933. Stuttgart 1971

Wendling, W.: Die Mannheimer Abendakademie und Volkshochschule. Ihre Geschichte im Rahmen der örtlichen Erwachsenenbildung von den Anfängen im 19. Jahrhundert bis 1953. Heidelberg 1983

Ziegler, Ch.: 1919–1969 Volkshochschule Hannover. Eine pädagogisch-historische Studie. Hannover 1970

4. Historische Verortung zeitgeschichtlicher Dokumente

Wolfgang Schulenberg
Gesetzgebung zur Erwachsenenbildung als historisches Indiz

– I –

„Die deutsche Erwachsenenbildung ist erst spät zu ihrem Recht gekommen. Obrigkeitsstaatliches Desinteresse, unzureichende gesellschaftliche Anerkennung und eine Abneigung gegen Regelungszwänge in den eigenen Reihen haben lange Zeit verhindert, rechtsverbindliche Voraussetzungen für ein Weiterlernen Erwachsener zu schaffen. Nimmt man im Blick auf die Besonderheiten der Aufgabenstellung die Schwierigkeiten einer juristischen Aufarbeitung hinzu, so wird verständlich, warum es nach dem Ende der wilhelminischen Ära mehr als fünf Jahrzehnte dauerte, um diese Hindernisse zu überwinden." So charakterisierte Klaus Senzky die geschichtliche Situation der Erwachsenenbildung unter dem Aspekt der Gesetzgebung (1).

Obrigkeitsstaatliches Desinteresse und unzureichende gesellschaftliche Anerkennung gingen hervor aus einem ursprünglichen Mißtrauen der gesellschaftlichen Mächte und der staatlichen Organe gegenüber jenen Ansätzen zu einer organisierten Erwachsenenbildung, die sich seit der ersten Hälfte des 19. Jahrhunderts in Deutschland zeigten (2). Sowohl die Impulse aus dem aufgeweckten Bürgertum als auch aus den Anfängen der Arbeiterbewegung stießen auf Ablehnung. Sie traf nicht nur Bildungsaktivitäten, die offenkundig einen politischen Hintergrund hatten und gegen die nicht selten sogar die Polizei eingesetzt wurde, sondern auch inhaltlich unpolitische Veranstaltungen, in denen es etwa um das Nachholen elementarer Schulkenntnisse ging. Das geschah in einer Zeit, in der parallel dazu die Durchsetzung der Schulpflicht für die Kinder forciert wurde. Man muß sich zur Veranschaulichung der historischen Situation vor Augen halten, wie die gleichen Amtsträger, die darüber zu wachen hatten, daß die Kinder regelmäßig zur Schule geschickt wurden, oft genug mit der Observierung und Verhinderung von Bildungszusammenkünften der Erwachsenen beauftragt waren. Während man von der Pflichtschule für die Kinder gemäß den Einführungs-Edikten, die durchweg weit über hundert Jahre alt waren, noch die Heranbildung „nützlicher Untertanen" erwartete, argwöhnte man bei allen Bildungsaktivitäten der Erwachsenen nicht zu Unrecht, daß damit das demokratische Potential im Volke verstärkt und die weithin noch feudal strukturierte Staats- und Gesellschaftsordnung bedroht werde. Dieses politische Mißtrauen gegenüber der Erwachsenenbildung und das Zutrauen zu den Wirkungen der Schule sind mancherorts noch ungebrochen.

Das Verhältnis des Staates und der ihm verbundenen gesellschaftlichen Kräfte zur organisierten Erwachsenenbildung begann gegen Ende des 19. Jahrhunderts zwiespältig zu werden. Neben Ablehnung und Bekämpfung entstanden aus dem politisch integrierten liberalen Bürgertum dieser Zeit einige Volksbildungsaktivitäten für die unteren Klassen mit dem Ziel, die herrschende Ordnung aktiv zu verteidigen. Die Veranstaltungen sollten jene Teile der Bevölkerung gewinnen, deren politische Entfremdung man jetzt auch auf den Mangel an Bildungsmöglichkeiten zurückführte. Die in der Aufforderung zur Gründung einer „Gesellschaft für Verbreitung von Volksbildung" 1871 ausdrücklich vorgebrachte Warnung vor dem „Erfolg, den wenige gewissenlose Männer mit ihren sozialistischen Bestrebungen hatten" (3), findet 1889 ihre Entsprechung in dem Erlaß Wilhelms II., die Schule gegen die „Ausbreitung sozialistischer und kommunistischer Ideen" einzusetzen (4). Das gleiche politische Motiv, das legale Initiativen zur Erwachsenenbildung überhaupt erst auslöste, mußte in der längst etablierten Schule nunmehr wörtlich zur Geltung gebracht werden.

Gleichwohl war die Abkehr von der pauschalen Unterdrückung der Erwachsenenbildung politisch bedeutsam, weil damit die Einsicht in die Unvermeidbarkeit der Erwachsenenbildung und die Anerkennung der schulischen Benachteiligung großer Teile der Bevölkerung dokumentiert wurde. Aber mit der Frage nach Bekämpfung oder Förderung von bestimmten Richtungen etablierte sich eine indirekte politische Zensur. Aus dieser Erfahrung hat sich nun bei den Personen und Gruppen, die die Erwachsenenbildung ursprünglich trugen, über alle politischen und weltanschaulichen Differenzen hinweg ein tiefes Mißtrauen gegenüber einer Beteiligung des Staates entwickelt. Das Pathos einer „freien" Erwachsenenbildung richtete sich zunächst gegen die Einflußnahme des autoritären Staates und später auch gegen die Bevormundung durch Kirchen, Parteien und Verbände. Beide Einstellungen sind auch in der heutigen Diskussion noch virulent. Sie sind eine Quelle der von Senzky genannten „Abneigung gegen Regelungszwänge in den eigenen Reihen" der Erwachsenenbildung.

Die Phasen der pauschalen Ablehnung der Erwachsenenbildung und später der zwiespältigen Versuche zu ihrer politischen Instrumentalisierung wurden in der Weimarer Republik abgelöst durch eine pauschale Zusage der Förderung. Die Reichsverfassung von 1919 bestimmte im Artikel 148: „Das Volksbildungswesen, einschließlich der Volkshochschulen, soll von Reich, Ländern und Gemeinden gefördert werden." Diese Verpflichtung hat für das Reich und die Länder fast nur programmatischen Charakter behalten. Dennoch war damit ein weiterer historischer Schritt markiert, weil die Erwachsenenbildung öffentlich anerkannt und aus dem Bereich der partikularen oder privaten Beschäftigungen herausgehoben wurde. Mit der gleichen Verfassung wurde aber auch ein Schlußstein für das öffentliche Schulwesen, die „für alle gemeinsame Grundschule" (Artikel 146), gesetzt. Wenn man bedenkt, mit welcher Selbstverständlichkeit und mit welchem Aufwand man bisher das alte höhere Bildungssystem mit Privatunterricht, Gymnasium und Universität vor dem neuen niederen Schulsystem (Elementarschule mit Fortbildungsstufen und eigener Lehrerausbildung) abgeschirmt hatte, so wird deutlich, welchen historischen Durchbruch die Allgemeine Grundschule darstellte. Gemessen daran dokumentiert die weiche Formulierung zur Volksbildung im Artikel 148, in der noch an dem Prinzip der Subsidiarität aus der Zeit vor der Republik festgehalten wurde, den geschichtlichen Abstand der Erwachsenenbildung zur gesetzlichen Dignität des Schulwesens.

Reale Förderung fand die Erwachsenenbildung fast nur auf kommunaler Ebene, aber dort in der Regel auch nur, wenn einzelne Personen oder Gruppen die Initiative ergriffen. Solange man freilich artikulierte Impulse und Interessen voraussetzte, statt sie hervorzurufen, solange konnte die Verfassungsauflage zur Förderung nicht die Entwicklung einer allgemeinen öffentlichen Weiterbildung herbeiführen, da die praktische Arbeit zwangsläufig mehr von den manifesten Bedürfnissen interessierter Bevölkerungsgruppen als von den latenten Bildungsbedürfnissen der breiten Schichten bestimmt wurde.

In dieser Konstellation entstanden die Volkshochschulen der Weimarer Zeit. Ihre Förderung war in der Verfassung gewollt, aber sie wurde fast nur in einzelnen Kommunen (meist Städten) realisiert und fiel auch dort letztlich unter die freiwilligen Leistungen für gemeinnützige Zwecke. In dem Schwebezutand zwischen öffentlicher Funktion und materiell-institutioneller Unsicherheit konnten sich die Volkshochschulen nur mit einem hohen Grad von Selbstverwaltung und einem starken pädagogischen Aufgabenbewußtsein behaupten. Die Schwäche dieser quasi-autonomen Entwicklung lag darin, daß der öffentliche Status der Weiterbildung auch in der demokratischen Ordnung nach wie vor nur durch eine indifferente subsidiäre Förderung abgestützt war.

— II —

Als 1945 wiederum nach einem Weltkrieg, aber mit den Erfahrungen aus der Indoktrinationspraxis des nationalsozialistischen Regimes, das de facto Erwachsenenbildung in vielfältiger Form in der für politische Systeme dieser Art typischen Rivalität zwischen Staat, Militär und Parteiorganisationen betrieben hatte, versucht wurde, legitime Erwachsenenbildung aufzubauen, griff man zunächst auf die Strukturmuster der Weimarer Zeit zurück. Die meisten Länderverfassungen erhielten Bestimmungen, in denen der Auftrag, die Erwachsenenbildung zu „fördern" (5), in fast gleicher Weise formuliert war wie in der Weimarer Verfassung. Nur die Stadtstaaten mit ihrem kommunalen Charakter setzten bereits zu verbindlicheren Regelungen für die Volkshochschulen an. Ein wesentlicher Unterschied zeigte sich jedoch in der Praxis: Der Umfang der Nachfrage und die Zahl der Volkshochschul-Gründungen nahmen erheblich größere Proportionen an. In den Gemeinden verstärkte sich das Bewußtsein von der Bedeutung der Weiterbildung als kommunaler Dienstleistung für die Bevölkerung. Mit dieser Entwicklung war die institutionelle und materielle Unsicherheit, die mit dem Prinzip der freiwilligen subsidiären Förderung einhergeht, nicht länger zu vereinbaren. Viele Kommunen gingen daher zu festeren Verbindungen, in steigendem Maße zu direkter Trägerschaft über (6).

Aber auch über die Möglichkeit oder Notwendigkeit einer Konsolidierung der Erwachsenenbildung durch Gesetze wurde in der frühesten Phase des Wiederaufbaus diskutiert. So ist in Nordwestdeutschland unter der britischen Besatzung 1946 im damaligen Bezirk Hannover bei den Kontakten der neugegründeten Volkshochschulen untereinander und bei ihrem ersten Zusammenschluß ernsthaft eine Gesetzesinitiative erwogen worden. Beteiligt war Heiner Lotze, später Referent im Niedersächsischen Kultusministerium, der aus der Volksbildungsbewegung kam und bedeutenden Einfluß auf die Entwicklung der Erwachsenenbildung in Niedersachsen hatte (7). Zentrale Probleme waren die nötige Absicherung der Finanzierung sowie das Dilemma zwischen der Forderung nach Unabhängigkeit der Erwachsenenbildung (im Unterschied zum Schulwesen) und der Forderung nach zuverlässiger Anerkennung als Teil des gesamten Bildungswesens. In jener Not- und Umbruchszeit hatte die Frage, ob ein Gemeinwesen nicht verpflichtet sei, für ein bedarfsgerechtes und für alle Bürger erreichbares Erwachsenenbildungsangebot zu sorgen, im Unterschied zur Weimarer Zeit erheblich an Schärfe gewonnen.

Damals ist unter Erwachsenenbildung die Arbeit der Volkshochschulen verstanden worden, wobei gelegentlich noch der ältere Begriff Volksbildung benutzt wurde. Die Volkshochschularbeit galt bei allen Beteiligten ganz unbefangen als „freie Erwachsenenbildung". Die entsprechenden Aktivitäten der Kirchen, der neuentstandenen Gewerkschaften sowie anderer Verbände und Organisationen sind noch nicht unter Erwachsenenbildung subsumiert worden. Wenn die frühen Bemühungen zu einem Gesetz geführt hätten, so wäre das in jener Zeit ein eindeutiges Volkshochschulgesetz geworden.

In der Begründung des ersten Entwurfes von 1967 für ein Niedersächsisches Erwachsenenbildungs-Gesetz heißt es mit Hinweis auf die Initiativen von 1946: „Für ein Gesetz war die Zeit noch nicht reif, weil sich die Erwachsenenbildung damals weder in ihrem organisatorischen Gefüge noch in der Bestimmung ihrer Aufgaben, Ziele und Arbeitsformen schon hinreichend gefestigt darstellte." Die Kausalverbindung in diesem Satz ist weniger stringent als bezeichnend, denn das Gesetz hätte ja die Aufgabe haben können, gerade der fehlenden Festigung im Organisatorischen und Inhaltlichen abzuhelfen. Hingegen ist diese rückblickende Begründung kennzeichnend für die Rechtfertigung des Charakters des tatsächlich eingebrachten Gesetzes.

Unter dem Fortwirken der Vorstellungen aus der Weimarer Zeit ist die Möglichkeit einer gesetzlichen Regelung der Erwachsenenbildung in den Jahren um 1946 nicht genutzt worden. Von keiner Seite ist weiterhin ein energisches Interesse an einem „Volkshochschulgesetz" geltend gemacht worden. In dem 1960 erschienenen Gutachten des Deutschen Ausschusses für das Erziehungs- und Bildungswesen „Zur Situation und Aufgabe der deutschen Erwachsenenbildung" wurde immerhin folgende Konsequenz gezogen: „Was hier gefordert ist, sollte zu gegebener Zeit in Gesetzen über das Volkshochschulwesen und das Volksbüchereiwesen festgelegt und gesichert werden, so wie es in Dänemark, Schweden und England geschehen ist, als nach Jahrzehnten der Entwicklung die Zeit dafür reif war, und wie es im Volkshochschulgesetz des Landes Nordrhein-Westfalen versucht worden ist." Der Ausschuß, von dessen Mitgliedern vor allem Fritz Borinski und Walter Dirks sowie Liselotte Nold, auch Erich Weniger die Richtung des Gutachtens bestimmt haben, ist in der Gesetzesfrage relativ konkret geworden. Die unmittelbare Stellungnahme von Hellmut Becker als Präsident des Deutschen

Volkshochschul-Verbandes ging darauf kaum ein (8). Es ist bemerkenswert, daß auch weitere Impulse zu einem Vorantreiben der Gesetzgebung während der Präsidentschaft von Hellmut Becker (1956–1974) unterblieben sind. Gewiß waren die Aussichten für ein epochales Gesetz verschwindend gering. Aber auch ein fundierter, souveräner Entwurf und die damit repräsentierte Argumentationskraft des Volkshochschul-Verbandes hätten – rückblickend gesehen – für die Auseinandersetzungen in den Ländern von Bedeutung sein können.
Das dem Landesverband der Volkshochschulen Schleswig-Holsteins von dem Kieler Staatsrechtler Eberhard Menzel 1963 erstattete Gutachten hat diese Rolle nicht gespielt. Dabei war an diesem Gutachten, das noch den vollständigen Entwurf eines „Volkshochschulgesetzes" enthielt, die klare verfassungsrechtliche Begründung aus dem „Gebot der Sozialstaatlichkeit" von erheblichem Gewicht.
„Die Förderung der Erwachsenenbildung ist jedoch keineswegs nur ein Problem des stattlichen Bedürfens, sondern ebenso einer dahingehenden Verpflichtung des Staates. Eine solche Verpflichtung ergibt sich aus dem Gebot der Sozialstaatlichkeit (Art. 20, 28 des Grundgesetzes).
Bei Erlaß des Grundgesetzes waren die Vorstellungen über das Wesen eines Sozialstaates noch keineswegs fest ausgeprägt. Die Materialien geben keinen Aufschluß darüber, welche konkreten rechtlichen Verpflichtungen aus diesem Begriff herzuleiten seien. Seither ist aber durch Lehre und Rechtsprechung eine wesentliche Klärung erfolgt.
Übereinstimmung herrscht in der Auslegung dieser Staatszielbestimmung heute jedenfalls dahingehend, daß der Staat für ein geordnetes Zusammenleben der Bürger unter Berücksichtigung ihrer individuellen Entfaltungsmöglichkeiten und unter Verzicht auf die Privilegierung bestimmter Schichten, Gruppen usw. zu sorgen hat. Das Bekenntnis zum Sozialstaat bedeutet daher den Abschied vom Privilegienstaat früherer Zeiten, d.h. von einem Staatsbild, das von bestimmten Gruppen, Schichten oder Klassen geprägt wurde und deren Interessen zu dienen bestimmt war. Dabei kann es keine Rolle spielen, ob diese Tendenzen hinter einer entsprechend geformten ‚Staatsidee' verborgen wurden oder nicht.
Das Verbot des Privilegienstaates bedeutet gleichzeitig die Absage an ein irgendwie geartetes Bildungsprivileg. Der Sozialstaat hat vielmehr unter Anwendung des Gleichheitssatzes gerade auf diesem Gebiet die entsprechenden Möglichkeiten allen Bürgern zu gewähren. Dabei kann sich der moderne Staat der Verantwortung hierfür nicht mit dem Hinweis auf die Zuständigkeit der ‚gesellschaftlichen Kräfte' entziehen" (9).
Die hier gesetzesbegründende Darstellung des Verhältnisses zwischen Staat und gesellschaftlichen Kräften war für die Realität in dieser Phase eine Fehleinschätzung. Die von den gesellschaftlichen Großgruppen und Organisationen ausgehenden Erwachsenenbildungsaktivitäten hatten sich inzwischen verstärkt entwickelt. Ihre Träger mußten ein Interesse daran haben, daß die Phase der „Volkshochschulgesetze" nach dem nordrhein-westfälischen Vorläufer von 1953 ohne die Realisierung weiterer Gesetze auslief (10).

Erst als die nichtöffentlichen Träger von Erwachsenenbildung ihre Position weiter gefestigt hatten und die Praxis der subsidiären Bezuschussung einen erheblichen materiellen Umfang und fast gewohnheitsrechtlichen Grad von Vertrauenserwartung in ihre Regelmäßigkeit erreicht hatten, waren die konkreten politischen Voraussetzungen neu gegeben, diesen ganzen Komplex auf der Gesetzesebene zu ordnen und zu eigenem Recht zu bringen.

Das wurden dann Gesetze, die ausdrücklich „plural" genannt wurden, wobei dieser Pluralismus sich nicht mehr auf die demokratische Legitimation kommunaler Volksvertretung berief, sondern auf das Hinzutreten gruppengebundener Trägerorganisationen (Kirchen, Gewerkschaften, Verbände u.ä.) mit ihrem Anspruch auf Gleichbehandlung — besonders bei den Zuschüssen — gegenüber den öffentlichen Volkshochschulen. Das Beispiel von Niedersachsen mag diese Entwicklung veranschaulichen.

— III —

Die Vorgeschichte des niedersächsischen Erwachsenenbildungsgesetzes begann im August 1961, als der damalige Kultusminister Richard Voigt, sehr aktiv beeinflußt von seinem Erwachsenenbildungsreferenten Dietrich Kreikemeier, die „Niedersächsische Studienkommission für Fragen der Erwachsenenbildung" berief und ihr den Auftrag erteilte, Empfehlungen für die Weiterbildung der niedersächsischen Erwachsenenbildung und für ein Erwachsenenbildungsgesetz auszuarbeiten. Ausgelöst worden war die Einsetzung der Kommission durch das Gutachten des Deutschen Ausschusses.

Die Studienkommission hat bei ihrer Besetzung mit Vertretern aller wichtigen Trägerorganisationen trotz intensiver Arbeit mehr als drei Jahre benötigt, ehe sie unter Vorsitz von Willy Strzelewicz am 4. Dezember 1964 ihr Gutachten abschließen konnte. Von der Landesregierung ist dann unter dem Datum vom 22. Februar 1967 dem Landtag der erste Entwurf eines Erwachsenenbildungsgesetzes vorgelegt worden, der durchweg eng den Empfehlungen der Studienkommission entsprach. Er wurde allerdings in der laufenden Legislaturperiode nicht abschließend behandelt und in der folgenden Wahlperiode am 5. September 1968 zunächst unverändert erneut in den Landtag eingebracht. Das Gesetz ist dann mit einigen bemerkenswerten Änderungen gegenüber dem Entwurf verabschiedet worden und trat in wesentlichen Teilen am 1. Januar 1970 in Kraft (11).

Der Gesetzentwurf hat lange Zeit zur Diskussion gestanden, sowohl in der Studienkommission als auch während der parlamentarischen Beratung. Das spiegelt die Tatsache wider, in welchem Maße die betroffenen Organisationen, Institutionen und interessierten Personen Gelegenheit hatten, auf die endgültige Gestaltung des Gesetzes Einfluß zu nehmen. In der Begründung des Gesetzentwurfes heißt es: „Während das Schulwesen nach Art. 7 GG der Aufsicht des Staates unterstellt ist und damit staatlicher Ordnung unterliegt, gibt es bisher keinen Rechtssatz, der dem Staat für das Gebiet der Erwachsenenbildung eine Verantwortung zuweist. Der Staat hat dieses für ihn verhältnismäßig neue Feld der Daseinsvorsorge infolgedessen zunächst nur zögernd betreten."

Der von allen vier damals im Landtag vertretenen Parteien (SPD, CDU, FDP, NPD) beschlossene Gesetzestext war das Produkt eines langwierigen sorgfältigen Austarierens ideeller, materieller und organisatorischer Interessen. Über diesen Umstand sollte auch die Tatsache nicht hinwegtäuschen, daß es gelungen ist, das Gesetz in eine ungewöhnlich einfache und klare Sprache zu fassen.

Die Studienkommission hatte 1961 die Aufgabe, Gesetzesempfehlungen für ein Land auszuarbeiten, in dem im Unterschied zu der vorerwähnten Situation von 1946 die Erwachsenenbildung inzwischen ,,in ihrem organisatorischen Gefüge" und in der ,,Bestimmung ihrer Aufgaben, Ziele und Arbeitsformen" weitgehend gefestigt war. Unter diesen Umständen haben sich für die Kommission grundsätzlich drei verschiedene Wege zur Lösung ihrer Aufgabe angeboten.

Der erste Lösungsweg hätte in dem Versuch bestehen können, ohne Rücksicht auf die vorhandene Praxis, auf die bestehenden organisatorischen Strukturen und auf das kulturpolitische Kräftefeld völlig frei ein gleichsam ideales Gesetz für eine öffentliche Erwachsenenbildung zu konzipieren und der Landesregierung zur Durchsetzung zu empfehlen. Dieser Gedanke ist in den Diskussionen der Kommission als genuiner Anspruch besonders von den beteiligten Wissenschaftlern auch immer wieder geltend gemacht worden, aber allein die Zusammensetzung der Kommission, in der ja Vertreter der bestehenden Einrichtungen und Organisationen mitarbeiteten, hat diesem Gedanken keinen Raum gelassen. Es schien überdies auch schwer zu verantworten, ein Gesetz zur Förderung der Erwachsenenbildung zu konzipieren, das zugleich Teilen der ohne diese gesetzliche Förderung aufgebauten Erwachsenenbildungsarbeit den Boden entzogen hätte.

Die entgegengesetzte Lösung hätte darin bestehen können, die vorgefundenen Strukturen der praktischen Erwachsenenbildungsarbeit und ihre Organisation unbesehen zu akzeptieren und gesetzlich festzuschreiben mit Rechtsansprüchen, die kaum mehr als quantitatives Wachstum bewirkt hätten. Dieser Weg ist in anderen Teilen der Kommission durchaus mit Sympathie verfolgt worden, aber im Grund war bei allen Mitgliedern ein Konsens darüber, daß die pure Reduktion des staatlichen Wirkens auf die Subventionierung des status quo nicht der Sinn der gesetzlichen Inpflichtnahme des Landes sein konnte. So ist der mittlere Weg eingeschlagen worden, nämlich unter Bestätigung und weiterer Förderung der von den bisher anerkannten Einrichtungen und Organisationen geleisteten Arbeit zugleich neue Formen der staatlichen Einwirkung mit dem Ziele einer qualitativen und quantitativen Verbesserung der Erwachsenenbildung in Niedersachsen zu entwickeln.

Das niedersächsische Gesetz konnte kein ,,Volkshochschulgesetz" mehr werden, es konnte aber auch nicht die Förderung beliebiger Trägerverbände oder Einrichtungen zum Gegenstand haben. Die ,,Schwierigkeiten der juristischen Aufarbeitung" angesichts der ,,Besonderheit der Aufgabenstellung", von denen Senzky im Eingangszitat spricht, erforderten eine salomonische Lösung.

Die Frage war, wie die Inhaber der neuen Rechtsansprüche, die durch das Gesetz gestiftet werden sollten, zu bestimmen wären. Das Gesetz sollte der Förderung der Erwachsenenbildung dienen: Erwachsenenbildung aber kann zweifellos nur die eigene Bemühung des erwachsenen Bürgers in der Befriedigung seiner Bildungsbedürfnisse heißen. Der programmatische erste Paragraph des Gesetzes hält diese Grundaufgabe fest. In allen weiteren Paragraphen jedoch, in denen die neuen Rechtsansprüche konkretisiert worden sind, ist von diesem erwachsenen Bürger nicht mehr die Rede. Nur noch „Einrichtungen", „Träger" oder „Landesorganisationen" sind Subjekte in diesen Sätzen. Sie allein wurden die tatsächlichen Inhaber der neuen Rechtsansprüche.
In diesem Faktum drückt sich die in dem Gesetz kodifizierte Absicht aus, möglichst bruchlos an die Strukturen der Erwachsenenbildung anzuknüpfen, die vordem im Lande entstanden waren. Die Bevorzugung der bisherigen Einrichtungen und Träger als formelle Adressaten war politisch und gesetzespragmatisch bedeutsam. Den bisherigen Einrichtungen und Trägern, die ja längst durch freiwillige Zuschüsse vom Land gefördert wurden, ist auf diese Weise Bestätigung und Bestandswahrung zuteil geworden, und das Gesetz konnte mit der Zustimmung aller hinter ihnen stehenden politischen Kräfte rechnen.
Als aber nach zehnjähriger Arbeit mit dem Gesetz eine neue Mehrheitsfraktion im niedersächsischen Landtag eine Novellierung forderte, wies die Gutachterkommission, die zur Beurteilung der Wirkungen des Gesetzes vom Wissenschaftsminister eingesetzt worden war, auf dieses sehr verletzliche Charakteristikum ausdrücklich hin (12). Es könne kein Zweifel daran bestehen, betonten die Gutachter, daß die Form der Regelungen nur als Mittel für den eigentlichen Zweck des Gesetzes verstanden worden sei, der in der Förderung der Erwachsenenbildung als Bildung der einzelnen erwachsenen Bürger selbst liege. Nur zur Förderung dieser realen Bildungsbemühungen Erwachsener könne sich das Land in einem Erwachsenenbildungsgesetz legitimerweise in Pflicht nehmen lassen. Die formelle Übertragung der Rechtsansprüche auf Einrichtungen, Träger und Landesorganisationen sei nur im Sinne einer stellvertretenden Beauftragung zur Wahrnehmung der Interessen der erwachsenen Bürger zu rechtfertigen.
Festgehalten wurde, daß in dem Gesetz ein konstitutives Spannungsverhältnis bestehe zwischen dem ersten Paragraphen, der nicht nur deklamatorisch den unmittelbaren Anspruch des Bürgers zur Geltung bringe, und den folgenden Paragraphen, in denen nur noch von den Rechten der Einrichtungen und ihrer Träger gehandelt werde. Das Gewichtsverhältnis zwischen diesen beiden Seiten in der Gesetzespraxis ständig zu prüfen, sei eine Aufgabe, die aus dem Charakter des Gesetzes folge. Für die Phase der Umsetzung des Gesetzes sei zunächst dem Interesse der Einrichtungen und Träger auf Wahrung ihres Besitzstandes Vorrang gegenüber dem direkten Interesse des einzelnen Bürgers gegeben worden. Daran müsse sich nach der grundlegenden und legitimierenden Intention des Gesetzes eine Phase des vorrangigen Ausbaus gleicher Bildungsmöglichkeiten für alle Bürger notwendig anschließen.

Das Gutachten enthält dann folgende Warnung: Die Gefahr, daß der grundlegende, aber gesetzestechnisch nicht abgesicherte Bildungsanspruch des Bürgers verdrängt wird von den Stabilisierungs- und Ausbauinteressen der Organisationen, die nach dem Gesetz nur seine Sachwalter sein sollen, wächst mit der Dauer der Gesetzespraxis. Eine stetige Verlagerung des Gewichtes in Richtung auf die engeren Verbands- und Institutionsinteressen der Organisationen und Träger kann den legitimen Sinn dieser Gesetzeskonstruktion aushöhlen. Sie kann zu einer teilweisen Versäulung der Erwachsenenbildung in Niedersachsen führen, die — geschehe sie auch unter Berufung auf die Interessen der Gruppenmitglieder oder das Prinzip des Pluralismus — dem Grundauftrag des Gesetzes widerspricht. Da das Gesetz selbst keine wirksamen Maßregeln gegen eine solche Entwicklung enthält, ist es Sache aller Verantwortlichen, kritisch darüber zu wachen, daß in der Gesetzespraxis die konstitutive Aufgabe, den Bildungsbedürfnissen der Bürger im Lande unmittelbar zu dienen, nicht aus den Augen verloren wird.

Weder diese Warnung noch die mit den Einzelaussagen aller befragten Organisationen und Fachleute übereinstimmende grundsätzliche Empfehlung der Gutachter, von einer Novellierung des bewährten Gesetzes abzusehen, hat die Landtagsmehrheit davon abgehalten, das Gesetz zu ändern. Erklärtes Ziel war eine günstigere Verteilung der Landeszuschüsse für einzelne Trägerorganisationen. War dies noch eine relativ normale Folge des Wechsels in den Mehrheitsverhältnissen der Landespolitik, so war der Eifer, mit dem dabei Änderungen an den Aussagen zur Freiheit der Bildungsansprüche des Bürgers ausprobiert wurden, irritierend.

Die Unsicherheit, die die historische Schwäche der Erwachsenenbildung darstellt, hat das Gesetz, das ihr doch gerade abhelfen sollte, wieder eingeholt. Mit den gegebenen Kräften und Mitteln konnte nicht verhindert werden, daß die empfindlichsten Kautelen des Gesetzes verletzt wurden, obgleich das materielle politische Ziel das gar nicht erforderte. Die Bedeutung des niedersächsischen Erwachsenenbildungsgesetzes ist damit gewiß nicht aufgehoben, seine Ausbauwirkungen in der Vergangenheit sind ungeschmälert anzuerkennen, die gegenwärtigen und künftigen Förderungsleistungen bleiben unersetzlich. Aber die Geschichte dieses Gesetzes ist auch eine Geschichte der Versehrbarkeit der Erwachsenenbildung und der Grenzen ihres politischen Rückhaltes. Die Gesetzgebung soll die Erwachsenenbildung in ihren wesentlichen Strukturen aus den Wechselfällen der Politik heraushalten, die reale politische Lage ließ aber gerade das nicht zu.

Anmerkungen

(1) Senzky, K.: Rechtsgrundlagen der Erwachsenenbildung. In: Nuissl, E. (Hrsg.): Taschenbuch der Erwachsenenbildung, Baltmannsweiler 1982, S. 12. Vgl. dazu ferner: Senzky, K.: Bildungspolitik als Aufgabe und Problem der Weiterbildungsforschung. In: H. Siebert (Hrsg.): Taschenbuch der Weiterbildungsforschung. Baltmannsweiler 1979.

(2) Vgl. dazu: Schulenberg, W., J. Dikau, H.-D. Raapke, W. Strzelewicz, J. Weinberg, F. Wiebecke: Strukturplan für den Aufbau des öffentlichen Weiterbildungssystems in der Bundesrepublik Deutschland. Köln 1975. (Skizze der historischen Entwicklungslinien S. 4–8.)

(3) Dokumentiert bei Dräger, H.: Volksbildung in Deutschland im 19. Jahrhundert. Band 2. Bad Heilbrunn 1984, S. 51. Die Formulierung „sozialistische Bestrebungen" findet sich übrigens im sogenannten Sozialistengesetz von 1878 in der Definition des Straftatbestandes wieder.

(4) Dokumentiert bei Michael, B., H.-H. Schepp (Hrsg.): Politik und Schule von der Französischen Revolution bis zur Gegenwart, Bd. 1. Frankfurt a.M. 1973. S. 409. – Vgl. dazu: Schulenberg, W.: Schule als Institution der Gesellschaft. In: Speck, J. und G. Wehle (Hrsg.): Handbuch pädagogischer Grundbegriffe, Bd. II. München 1970. S. 391–422.

(5) Zur Bedeutung des Begriffes „Fördern": Senzky, K.: Weiterbildung in der Bundesrepublik Deutschland. In: Weiterbildungsentwicklungsplan der Stadt Duisburg. Duisburg 1978. Ferner: Ders.: Erwachsenenbildung als Förderungsaufgabe. In: Hessische Blätter für Volksbildung 1979. Vgl. dazu vor allem auch den Strukturplan Weiterbildung, a.a.O. (Anm. 2).

(6) Die Beziehungen der Volkshochschule zur Kommune haben sich neben dem Gesetzgebungsprozeß auf der Länderebene weiterentwickelt. Sie haben mit dem sogenannten KGSt-Gutachten ein Dokument von weitschauender, normstiftender Bedeutung hervorgebracht: „Volkshochschule". Gutachten der Kommnalen Gemeinschaftsstelle für Verwaltungsvereinfachung. Herausg. v. Bundesminister für Bildung und Wissenschaft, Bonn 1973. Erläuterungen und Kommentare von Volker Otto, einem der Bearbeiter des Gutachtens. In: VHS im Westen 1973 ff., Das Forum 1973, Veröffentlichungen der PAS 1973 ff. und in: Strzelewicz, W., u.a.: Bildung und Lernen in der Volkshochschule. Braunschweig 1979. Vgl. zu dieser Beziehungsebene auch Senzky, K.: Kommunalität und Erwachsenenbildung. In: Otto, V., W. Schulenberg und K. Senzky (Hg.): Realismus und Reflexion. München 1982.

(7) Lotze, H. (Hrsg.): Bausteine der Volkshochschule, Braunschweig 1948. (Unveränderter Nachdruck des Landesverbandes der Volkshochschulen Niedersachsens. Hannover 1982). Ferner: Hasenpusch, A.: Der Aufbau des Volkshochschulwesens 1945–1947 im niedersächsischen Raum. (Beiträge zur Weiterbildung, hrsg. v. H. Ruprecht, H. Kebschull und W. Strzelewicz) Hannover 1977. – Knierim, A. und J. Schneider: Anfänge und Entwicklungstendenzen des Volkshochschulwesens nach dem 2. Weltkrieg (1945–1951). Stuttgart 1978. Aus der übergreifenden Darstellung von Knierim/Schneider wird auch deutlich, wie stark die Entwicklung in der sowjetischen Besatzungszone, später DDR, damals noch in die Überlegungen einbezogen war.

(8) Die Beilage 1 zu „Volkshochschule im Westen" Heft 1, 12. Jahrgang 1960 brachte neben dem vollständigen Text des Gutachtens eine längere Stellungnahme von Hellmut Becker; sie ist in dieser Fassung in Beckers Sammelband zur Weiterbildung (Stuttgart 1975) nicht enthalten. Vgl. zur Entstehung des Gutachtens Borinski, F.: Erwachsenenbildung – Dienst am Menschen, Dienst an der Gesellschaft. In: Kürzdörfer, K.: Grundpositionen und Perspektiven in der Erwachsenenbildung. Bad Heilbrunn 1981. Die neueste Übersicht über den Stand der Ge-

setzgebung liegt in einer themenorientierten Dokumentation der PAS vor: Kuhlenkamp, D.: Die Weiterbildungsgesetze der Länder. Frankfurt a.M. 1984.

(9) Menzel, E.: Gutachten über den Erlaß eines Volkshochschulgesetzes des Landes Schleswig-Holstein. Kiel 1963. (Zitat S. 5 f.) Die Linie des Menzelschen Gutachtens wird aufgegriffen (ohne Autor und Titel) bei: Brinckmann, H. und Kl. Grimmer: Rechtsfragen der Weiterbildung, der Informations- und der Bildungsstatistik. In: Deutscher Bildungsrat – Gutachten und Studien, Band 33, Stuttgart 1973. Bocklet, R.: Öffentliche Verantwortung in Kooperation. In: Deutscher Bildungsrat – Gutachten und Studien, Bd. 46. Stuttgart 1975. Auch W. Gernert (Das Recht der Erwachsenenbildung als Weiterbildung, München 1975) geht auf Menzel nicht ein. Ausdrücklich als „grundlegend" zitiert wird Menzels Gutachten von Bubenzer, R.: Grundlagen für Staatspflichten auf dem Gebiet der Weiterbildung. Frankfurt a.M. 1983.

(10) Wenn A. Beckel meint, daß mit dem 1953 verabschiedeten „Gesetz über die Zuschußgewährung an Volkshochschulen und entsprechende Volksbildungseinrichtungen" in Nordrhein-Westfalen die „Schallmauer" durchbrochen worden sei, so könnte man rückblickend fragen, ob dieses Gesetz historisch nicht eher die Funktion eines Warnsignals erfüllt habe. Vgl. Beckel, A.: Recht der Erwachsenenbildung. In: Beckel, A. und K. Senzky: Management und Recht der Erwachsenenbildung. Stuttgart 1974.
Weiter zur Diskussion über die Gesetzgebung: Lange, O. und H.-D. Raapke: Weiterbildung der Erwachsenen (bes. die Beiträge von K.-D. Bungenstab, W. Gotter, H. Becker). Bad Heilbrunn 1976. Keim, H., J. Olbrich und H. Siebert: Strukturprobleme der Weiterbildung. Düsseldorf 1973. Köttgen, A., H. Dolff, W. Küchenhoff: Die Volkshochschule in Recht und Verwaltung. Stuttgart 1962. Meissner, K.: Erwachsenenbildung in einer dynamischen Gesellschaft. Stuttgart 1964. Tietgens, H., W. Merteneit, D. Sperling: Zukunftsperspektiven der Erwachsenenbildung. Braunschweig 1970. Wirth, I.: Zur Gesetzgebung der Erwachsenenbildung. In: Groothoff, H.-H.: Erwachsenenbildung und Industriegesellschaft. Paderborn 1976. Bockemühl, Chr.: Ordnungsmodelle der Erwachsenenbildung. In: Aus Politik und Zeitgeschichte, Heft B 19, 1978.
Der ganze Gesetzgebungskomplex zum Bildungsurlaub, der in Niedersachsen ähnliche Züge aufweist wie zum Erwachsenenbildungsgesetz, muß hier übrigens unberücksichtigt bleiben. Immerhin liegt hier eine wertvolle juristische Aufarbeitung vor: Meyer, L., E. Carl, W. Knebel: Kommentar zum Niedersächsischen Bildungsurlaubsgesetz. Göttingen 1979.

(11) Gesetz zur Förderung der Erwachsenenbildung vom 13. Januar 1970. Niedersächsisches Gesetz- und Verordnungsblatt, 24. Jg. Nr. 2 vom 14. Januar 1970.
Einige Jahre nach Inkrafttreten des Gesetzes erschien bereits eine detaillierte Analyse: Wolfgang Gotter: Entstehung und Auswirkungen des niedersächsischen „Gesetzes zur Förderung der Erwachsenenbildung" vom 13. Januar 1970. Hannover 1979.
Grundlegend ist das Gutachten: Niedersächsische Studienkommission für Fragen der Erwachsenenbildung: Zur Entwicklung der Erwachsenenbildung in Niedersachsen, Hannover 1965. Der vollständige Text des Gutachtens ist auch abgedruckt in: Heinz Hürten/Albrecht Beckel: Struktur und Recht der deutschen Erwachsenenbildung. Osnabrück 1966.

(12) Zur Erwachsenenbildung in Niedersachsen 1970 bis 1981. Gutachten über Entstehung, Praxis und Auswirkungen des Niedersächsischen Gesetzes zur Förde-

rung der Erwachsenenbildung. Erarbeitet von Prof. Dr. Franz Pöggeler, Aachen, Prof. Dr. Joachim H. Knoll, Bochum, Prof. Dr. Wolfgang Schulenberg, Oldenburg. Abgeschlossen 17.7.82. In Buchform: Knoll, J.H., F. Pöggeler, W. Schulenberg: Erwachsenenbildung und Gesetzgebung. Köln/Wien 1983.
Vgl. die Darstellungen zur Vorgeschichte und zur Charakteristik des Gesetzes im ersten Kapitel des Gutachtens, auf die hier zum Teil zurückgegriffen wird. Auf dem Höhepunkt der Novellierungsdiskussion haben die Gutachter sich veranlaßt gesehen, ihre Warnungen in einer „Stellungnahme zum Gesetzentwurf zur Änderung des Niedersächsischen Gesetzes zur Förderung der Erwachsenenbildung von 1970" noch einmal nachdrücklich zum Ausdruck zu bringen (Manuskript, 25. Sept. 1983, 9 Seiten).

Dorothea Braun-Ribbat
Reichsschulkonferenz — eine vergessene Station der Erwachsenenbildung

Notwendige Erinnerung

Die Erwachsenenbildung, eine verhältnismäßig junge Pflanze im Garten der Sozialwissenschaften und gelegentlich überschattet vom Stammbaum Pädagogik oder verdrängt von schnellwachsenden Sträuchern aus der Soziologie und Psychologie, tut sich gelegentlich schwer mit der Rezeption ihrer eigenen Geschichte. Schwer auch deshalb, weil ihre Wurzeln vielfältig und oft historisch nicht gradlinig zurückzuverfolgen sind. Der vorliegende Bericht über die Reichsschulkonferenz soll dazu beitragen, sich der eigenen Wurzel zu erinnern. Die Betrachtung dieses historischen Ereignisses ist allerdings auch dazu angetan, eine ambivalente Kombination von Resignation und Optimismus beim Leser hervorzurufen. Zum einen möchte man fast verzweifeln, daß bestimmte Grundforderungen für die Volkshochschule und auch bildungspolitische Positionen sich fast 65 Jahre später immer noch nicht weiterentwickelt zu haben scheinen, zum anderen macht das Engagement unserer Urgroßväter und dessen Folgen Mut, an deren Positionen anzuknüpfen.

Und so fing es an...

Es begab sich aber zu der Zeit ..., nämlich 1920, daß der Reichsinnenminister Koch die Einberufung einer Konferenz anregte, „... die aus freiheitlich, neuzeitlich und sozial gerichteten Pädagogen und Sachverständigen bestehen sollte" (RSK*, S. 11), und er teilte dies im Einladungsschreiben den potentiellen Teilnehmern mit: „Da dem Deutschen Reiche durch Artikel 10 der Reichsverfassung die Aufgabe übertragen worden ist, im Wege der Gesetzgebung Grundsätze für das Schulwesen aufzustellen, habe ich zu einer gutachtlichen Beratung wichtiger Schul- und Erziehungsangelegenheiten eine Reichsschulkonferenz einzuberufen" (RSK, S. 73).

Abgesehen von dem Amüsement, das einen befällt, wenn man sieht, wie sich damaliges und heutiges Kanzleideutsch der Verwaltungsspitzen fatal ähneln, gibt es noch eine Reihe von Annäherungspunkten heutiger und damaliger Erwachsenenbildungsfragen — formaler und inhaltlicher Art —, welche lohnen, diese Konferenz und ihre Bedeutung für die Volkshochschularbeit wieder in Erinnerung zu rufen und ein wenig aus der historischen Versenkung zu holen. Interessant ist dabei besonders, zu welch frühem Zeitpunkt in der Geschichte der Pädagogik Volkshochschulen nahezu selbstverständlich als gleichberechtigte und wichtige Bildungsinstitutionen angesehen und zur Stellungnahme aufgefordert wurden.

---
* Die Reichsschulkonferenz 1920. Ihre Vorgeschichte und Vorbereitung und ihre Verhandlungen. Amtlicher Bericht, erstattet vom Reichsministerium des Innern. Leipzig 1921.

Wie es dazu kam

Bereits 1901 tagte unter der Bezeichnung ‚Reichsschulkonferenz' eine Versammlung, die sich allerdings primär um eine Reform des Gymnasialwesens bemühte. 1917 dann beantragte die Sozialdemokratische Partei die Einberufung einer Reichsschulkonferenz, was die Vollversammlung des Reichstags jedoch ablehnte. Allerdings griff das Staatsministerium 1918 diesen Vorschlag erneut auf. Die geplante Versammlung hatte danach „... den Auftakt zu geben für die große Gesetzgebung, die auf dem Gebiete des Schulwesens geleistet werden muß;..." (RSK, S. 441).
Gedacht war daran, daß diese Versammlung einen repräsentativen Querschnitt über die damals existierenden Anschauungen ergeben sollte. Und so schrieb der Reichsinnenminister an die deutschen Einzelstaaten, daß im Jahre 1919 die Abhaltung einer Reichsschulkonferenz geplant sei, und bat die Länderregierungen um Vorschläge bezüglich der zu erörternden Probleme sowie der potentiellen Teilnehmer. Er schlug auch gleich einen Termin vor: „Die Konferenz wird am besten im Anschluß an die Verhandlungen der verfassungsgebenden Deutschen Nationalversammlung tagen." Aufregend war dabei schon die Idee, in der Tat alle Pädagogen oder Vertreter von Erziehungsinstitutionen zusammenzurufen; aufregend war auch die allgemeine politische Situation der jungen Demokratie, die sich konstituierte und deren Reichsregierung sich vielleicht auch darob mit Nachdruck bemühte, ihren verfassungsmäßig festgelegten kulturpolitischen Auftrag zu erfüllen.
Verstärkt wurde diese unruhige Atmosphäre durch den Kapp-Putsch; der führte zu einer Verschiebung des geplanten Termins, und so konnte dann endlich die Konferenz im Anschluß an die Wahlen vom 6. Juni in Berlin in den Räumen des Reichstagsgebäudes stattfinden. Und unter den pädagogischen Institutionen, welche sich dort fortan bemühten, „... die Gesamtheit der pädagogischen, schulgesetzlichen und schulorganisatorischen Fragen zu beraten und sich gutachtlich darüber zu äußern ..." (RSK, S. 11), befanden sich auch die Volkshochschulen. Das ist im Vergleich zu heute sehr bemerkenswert, handelte es sich doch damals bei den Volkshochschulen um verhältnismäßig junge Institutionen sehr unterschiedlicher Herkunft und Ausprägung, deren inhaltliche Diskussion durchaus noch in den Anfängen eines Entwicklungsprozesses steckte; man erinnere sich: die ‚Vorläufigen Richtlinien' des Hohenrodter Bundes — das waren sozusagen die Urgroßväter der heutigen VHS-Arbeit — wurden erst 1923 veröffentlicht.

Damals (wie heute oft noch) eine Mammutkonferenz

Tagungen mit vielen Teilnehmern und komprimiertem Programm haben, wie man an der RSK sieht, lange Tradition.
Bei der Vorbesprechung zur Erörterung organisatorischer und inhaltlicher Probleme während der ‚Konferenz der Kultusministerien der Länder' konstituierte sich der geschäftsführende Ausschuß dieses Mammutunternehmens.

Ihm gehörten drei Vertreter des Preußischen Ministeriums für Wissenschaft, Kunst und Volksbildung an. (Immerhin gab es damals wenigstens ein Ministerium, das die Volksbildung im Namen führte, kein Bundesministerium für Weiterbildung hat heute die preußische Nachfolge angetreten).
Da die Gesamtheit der zu beratenden Themen, die von der Erneuerung des Kindergartens bis zur technischen Vereinheitlichung des Schulwesens reichten, nicht im Plenum diskutiert werden konnte, wurden 17 Ausschüsse gebildet mit jeweils einem Kultusminister als Vorsitzenden. Dem vierten Ausschuß „Volkshochschule und freies Volksbildungswesen" saß der Präsident des Hessischen Landesamtes für das Bildungswesen, Dr. Strecker aus Darmstadt, vor.
32 von der Regierung beauftragte Berichterstatter hatten Leitsätze und Berichte verfaßt, die den Konferenzteilnehmern vorher zugesandt worden waren. Die Berichterstatter hatten zur Ergänzung und Erläuterung ihrer Papiere zwanzig Minuten Redezeit zur Verfügung und ebensoviel Zeit für ein Schlußwort. Die übrigen Diskussionsteilnehmer durften zunächst maximal zehn Minuten, später nur fünf Minuten reden; außerdem wurde wegen der Vielzahl der Wortmeldungen eigens eine Vertrauenskommission zur Auswahl der Redner eingesetzt.
Während der ersten vier Konferenztage fanden Vollsitzungen im Plenum statt, dann folgte die Ausschußarbeit, und vom siebten bis neunten Tag fanden wiederum Plenumssitzungen statt. Man sieht: Dauer und Umfang von Tagungen variieren, die Struktur ist – aller hochschuldidaktischer und gruppendynamischer Erkenntnis zum Trotz – gleich geblieben.
Aufgrund des großen Interesses an der Konferenzteilnahme mußte die Reichsregierung die Zahl der Teilnehmer schließlich auf 600 begrenzen. Zwar hatte das Vorbereitungsgremium für die Berufung Verfahrensgrundsätze aufgestellt, nach denen alle weltanschaulichen und schulpolitischen Gruppen beteiligt werden sollten, aber es gab während der Konferenz trotzdem Proteste gegen die Benachteiligung gewisser Organisationen.
Ein zahlenmäßiger Überblick zeigt die Buntheit der pädagogischen Teilnehmer-Palette:
6 Reichsministerien mit 25 Vertretern, an der Spitze die Reichsminister Koch und David und Reichskanzler Müller,
5 preußische Ministerien mit 63 Vertretern,
21 Landesregierungen und Senate mit 54 Vertretern,
die Freie Stadt Danzig mit 1 Vertreter,
der Freistaat Österreich mit 2 Vertretern,
4 Städte- bzw. Gemeindeverbände mit 27 Vertretern,
4 Vereinigungen von Schulaufsichtsbeamten mit 4 Vertretern,
95 pädagogische Standesverbände, pädagogische Berufsvereinigungen u.ä., mit 229 Vertretern, 14 Jugendverbände mit 22 Vertretern, der „Deutsche Ausschuß für Erziehung und Unterricht" mit 4 Vertretern, 9 Vereinigungen zur Förderung von Bildungsbestrebungen mit 14 Vertretern, 5 Vereinigungen für Körperliche Erziehung und Gesundheitspflege mit 10 Vertretern, 6 schulpolitische Vereinigungen mit 11 Vertretern, 20 Kirchen und reli-

giöse bzw. weltanschauliche Vereinigungen mit 12 Vertretern, dazu 145 Einzelpersonen, die nicht als Organisationsvertreter gekommen waren, sowie die bereits genannten Ausschüsse und 32 Berichterstatter.

Neuordnung des Bildungswesens

Die Hauptthemen der Konferenz, die ihrer Bedeutung wegen auch in den ersten vier Tagen im Plenum verhandelt wurden, hießen ‚Einheitsschule', ‚Arbeitsunterricht' und ‚Lehrerbildung'.
Außer der inhaltlichen pädagogischen Diskussion und der Klärung praktischer Sachfragen ging es dem Staat als Veranstalter der Konferenz vornehmlich um die organisatorische Vereinheitlichung der Schularten und die Abgrenzung der Zuständigkeit von Reich und Ländern im Bildungswesen. Dieser Fragenkomplex war folgendermaßen gegliedert:
„1. Einrichtungen für das vorschulpflichtige Alter als Überleitung zur Schule, Kindergärten und Kinderhorte.
2. Dauer der Grundschule.
3. Verzweigung des Schulwesens von der Grundschule aus. Die Volkshochschule. Das mittlere Schulwesen. Aufbauschulen, Mittelschule, sogenannte höhere Schulen, Fortbildungs- und Fachschulen, Hochschulen, *Volkshochschulen und freies Volksbildungswesen"* (Hervorhebung: D. B.-R.) (RSK, S. 76).
Die Einbeziehung der Volkshochschulen in diesen Zusammenhang und in diese Position macht die sozialpolitische Intention des Preußischen Staates deutlich, nämlich die Realisierung der verfassungsmäßig garantierten Chancengleichheit voranzutreiben: Die Volkshochschulen und das freie Volksbildungswesen haben danach die Funktion, innerhalb dieses Systems kompensatorisch Bildung zu vermitteln. Kenntnisse und Qualifikationen können hier ergänzt und aufgebaut, jeglicher Nachholbedarf in Sachen Bildung ermöglicht werden. Die Erwachsenenbildung steht auch deshalb in der oben zitierten Aufzählung, was die Hierarchie der Bildungsinstitutionen betrifft, nicht ohne Grund an oberster Stelle. Das Engagement des Staates und die Weiterentwicklung der Volksbildungsarbeit wurden zu der Zeit auch von den Volksschulleuten selbst erwartet. Theodor Bäuerle fordert Hilfe: „Der Staat als der wichtigste Träger des Bildungswesens und als der für die Entfaltung lebendiger Volkskultur wesentlich Verantwortliche ist seinem Wesen nach verpflichtet, wo irgend möglich, das Zusammenwirken der verschiedenen Kräfte zu fordern und zu fördern" (Schwäbische Heimat Nr. 4/6, Mai/Juni 1922). Es sei zwingend notwendig, daß eine Ergänzung und Weiterführung der Volksbildungsarbeit über das öffentliche Bildungswesen einsetze. Gleichzeitig warnen die Volksbildungsvertreter auf der Konferenz auch davor, daß der Staat zuviel hineinregiere. Diese Ambivalenz kommt uns heute sehr vertraut vor.

Der Ausschuß: Volkshochschule und freies Volksbildungswesen

Dreißig Männer und eine Frau tagten am Dienstag und Mittwoch, den 15. und 16. Juni 1920 im Vierten Ausschuß unter dem Vorsitz von Dr. Strecker. Schriftführer war ein Pastor aus dem Preußischen Ministerium für Wissenschaft, Dr. Wegener, und stellvertretender Vorsitzender Dr. von Erdberg aus Berlin. Diesem Robert von Erdberg begegnen wir in der Geschichte der Erwachsenenbildung häufig, neben zahlreichen Veröffentlichungen tritt er ab 1924 als einer der Hauptsprecher des Hohenrodter Bundes hervor. Er schreibt in einem Aufsatz 1920 „Vom Bildungsverein zur Volkshochschule" und skizziert damit die Entwicklung der Volksbildungsarbeit zum Zeitpunkt der Konferenz:
„Wenn man die freie Volksbildungsarbeit bis auf unsere Tage überblickt, lassen sich, nicht deutlich gegeneinander abgegrenzt und durch Daten bestimmbar, dem tiefer dringenden Blick aber doch deutlich erkennbar, drei Perioden unterscheiden. In der ersten, die von den siebziger Jahren bis etwa in die Mitte der neunziger Jahre reicht, war die Arbeit vom Staate aus eingestellt. In der zweiten Periode, die wir bis in das erste Lustrum des 20. Jahrhunderts rechnen dürfen, war die Bewegung von der Kultur aus eingestellt. In der dritten Periode ist sie vom Menschen aus eingestellt."
Seiner Ansicht nach treibt um 1920 herum die zweite Periode ihre üppigsten Blüten. Wenn man die Heterogenität der Ausschußteilnehmer betrachtet, ist man geneigt, das Bild vom Blütenstrauß aufzunehmen: Da sitzen der Sekretär neben dem Stadtschulrat, der Geschäftsführer der Deutschen Studentenschaft neben dem Generalsuperintendent, der Geheime Hofrat neben dem Vorsitzenden des Arbeiter-Turnerbundes, neben dem Redakteur usw., mitten drin die einzige Frau, Hedwig Dransfeld aus Werl.
Was die einzelnen Ausschußmitglieder – außer der Vertretung von Verbänden und Interessengruppen – legitimiert und ihre Kompetenz in Sachen Volksbildung ausmacht, ist schwer zu ermitteln, eindeutig ist dies nur bei dem Vorsitzenden und den drei Berichterstattern: Dr. Robert von Erdberg aus Berlin, Engelbert Graf aus Gera und Anton Heinen aus Mönchen-Gladbach, festzustellen. Graf, der Leiter der Volkshochschule Schloß Tinz, ist überdies der einzige ‚professionelle' hauptamtliche VHS-Vertreter in diesem Ausschuß.

Berichterstattung und Diskussion

Die Sitzung des Ausschusses begann mit einem Statement der Kommunalvertreter, das VHS-Leuten bis zum heutigen Tage als obligatorische Leier hinreichend bekannt ist, nämlich dem Hinweis, daß „Die im 4. Ausschuß mitwirkenden Vertreter der Städte und Gemeinden erklären, daß sie bei den Beratungen nur ihre persönliche Stellung zum Ausdruck bringen können und daß sie in allen Fragen, die die Finanzen der Städte und Gemeinden berühren, der Stellungnahme ihrer Verbände (...) durch ihre Abstimmung in keiner Weise vergreifen wollen" (RSK, S. 725).

Als ob es angesichts zentraler Grundsatzfragen der Volksbildung nichts Wichtigeres zu sagen gäbe . . . .
Die drei Berichterstatter hatten umfangreiche Leitsätze erarbeitet, stellten diese vor und zur Diskussion.
Heinens Leitsätze beruhten auf fünf Punkten, seine Ausgangsüberlegung war die herrschende „Kulturkrisis". Seinen Ausführungen nach ist das Individuum im absolutistischen Staat zum Objekt, zum Untertanen des Staates geworden. Das Individuum wird danach zum staatlichen Subjekt, i.e. Staatsbürger, den die Idee der Gemeinschaft (schicksalsverbundenes Volks) nicht mehr interessiert.
Ökonomisch-technische Umwälzungen in der Industrie bedingen nach Heinens Ansicht eine starke Rationalisierung der Bildung; das hat den Rückgang der schöpferischen Kräfte und Volkstumsverfall zur Folge. Die Industrieentwicklung hat „gemachte" Großstädte hervorgebracht, welche die „Anarchie des Kapitalismus" bedeuten und organisches Gemeinschaftsleben verhindern. Und schließlich ließ die Geldwirtschaft den Mammonismus entstehen, der glauben macht, daß der Sinn des Lebens nur in Gelderdienen bestehe. —
Diese fünf Positionen sind nach Heinen die hauptsächliche Ursache dafür, daß freie Volksbildung in zahlreiche Volksbildungsorganisationen zerklüftet ist und nur an ihren höchsten Spitzen ein loser Zusammenschluß besteht.
Heinen sieht den eigentlichen Sinn der Volksbildung im „Austausch geistiger Menschen", in der „Lebensgemeinschaft" und in der „Weckung von Kräften".
„Die Aufgaben des Staates sind dabei:
1. Vor allem: Wachsen lassen! nicht schablonisieren und bureaukratisch hineinregieren!
2. Fördern! Auswahl geeigneter Persönlichkeiten, die von allseitigem Vertrauen getragen sind, nicht in bureaukratischer Selbstherrlichkeit! Bereitstellung von Geldmitteln, Schaffung von Einrichtungen zur Auswahl und Heranbildung geeigneter Dozenten, Befugnisse zur Beseitigung Unqualifizierter." (RSK, S. 726)
Sieht man von der — für uns ungewohnt pathetisch klingenden — Sprache Heinens ab, so geht er sehr einleuchtend in seiner Analyse der Volksbildung von einer Bestandsaufnahme der gesellschaftlichen Gesamtsituation aus. Er leitet hieraus die Aufgaben des künftigen Volksbildungswesens ab, das mit Hilfe einer humanistischen Grundidee einen Beitrag zur qualitativen Erneuerung des Staates leisten soll.
Von Erdberg, der zweite Berichterstatter, formuliert seine Leitlinien wesentlich differenzierter und umfangreicher im institutionellen Sinn. Ihm geht es nicht so sehr um die sittlichen Grundlagen der Volksbildung, sondern um deren Definition, Kompetenzen, Institutionalisierung und Neugliederung. „Das freie Volksbildungswesen ist eine freie Tätigkeit der Gesellschaft, durch die jedem Erwachsenen die Möglichkeit geboten werden soll, seine Bildung außerhalb des staatlich organisierten Schulwesens zu erweitern und zu vertiefen" (RSK, S. 726). Er nennt auch gleich die vier Mittel dazu:
a) Volkshochschulen
b) Volksbibliotheken und ein mit ihnen verbundenes Vortragswesen

c) Veranstaltungen zum Zwecke der Massenbildung
d) engere Gemeinschaften mit volkserzieherischem Charakter.
Diese Aufteilung und folgende Funktionszuweisung von Erdbergs ist in ihrer komprimierten Form außerordentlich erhellend für den Erwachsenenbildner von 1985. Sie weist nämlich auf die Quellen und Ursprünge von Bildungs-Erziehungsformen hin, deren Vielfalt, Diffusität und Legitimation wir heute schwer nachvollziehen können. Gerade im süddeutschen Raum, wo allenthalben noch heute diverse Volksbildungswerke, Kulturvereine, Vortragsgemeinschaften etc. häufig zu finden sind, lassen sich die Linien zu den bürgerlichen Bildungsreformbestrebungen von Erdbergs gut zurückverfolgen. In der Hierarchie steht dabei die Volkshochschule absichtlich an erster Stelle, ist sie doch vornehmlich für jene da, ,,die zu einem selbständigen geistigen Leben befähigt sind, die dazu berufen sind, nicht nur einen empfangenden Anteil (...) zu haben, sondern dies geistige Leben selbst mit zu tragen und zu gestalten."
Dementsprechend weist von Erdberg für die Volkshochschule als Methode die Form der Arbeitsgemeinschaft aus, da es ja nur gleichberechtigte gemeinsam geistig Arbeitende gebe (RSK, S. 727). Die Volksbibliotheken haben sozusagen die Menschen für die VHS-Arbeit vorzubereiten und geeignete Leute herauszufinden. Die Veranstaltungen zum Zwecke der Massenbildung sollen hingegen der Volksaufklärung dienen und nicht so sehr auf der geistigen, als auf der gefühlsmäßigen Ebene durch entsprechende Mittel (Theater, Musik, Kino) wirken. Die letzte Gruppe der Engeren Gemeinschaft betrifft Internate, ländliche Volkshochschulen, politische Parteierziehung u.ä. und wird von Erdberg nur im weitesten Sinne zur Volksbildung gezählt.
Volkshochschulleiter Graf aus Gera grenzt sich gegenüber den vorangegangenen bürgerlichen eher national oder liberal gefärbten Positionen eindeutig sozialistisch ab; seine Sprache ist kräftig, seine Position in der folgenden Diskussion eher provozierend. ,,Die bestehenden Volksbildungseinrichtungen haben sich in Opposition gegen das herrschende Schulsystem durchgesetzt und erscheinen neuerdings als Konzessionen dieses Schulsystems an ein im Volk vorhandenes Bedürfnis. (...)
Grundsätzlich ist ihre Eingliederung in das Gesamtbildungswesen (...) zu fordern und anzustreben.
Eine Möglichkeit hierzu besteht jedoch erst in der klassenlosen sozialistischen Gesellschaft. Die heutigen Volksbildungseinrichtungen sind Palliativmittel oder Notbehelfe. Teils Stützpfeiler eines baufälligen, teils Rüstbalken eines projektierten menschlichen Kulturgebäudes" (RSK, S. 728). Graf geht von allen drei Rednern am ausführlichsten auf Organisation, Ziel und Inhalte, Teilnehmer und Lehrer der Volksbildungsarbeit ein. Bei der Organisation von Volksbildungseinrichtungen unterscheidet er drei Formen:
,,I. Ein spezielles Bildungsbedürfnis hat entsprechend ihren ökonomischen und soziologischen Aufgaben die Arbeiterklasse. (...)
II. Die sogenannte Städtische Volkshochschule. (...)
III. Die Heimvolkshochschule." (RSK, S. 728 f.)

Das besondere Augenmerk Grafs gilt daher auch der Förderung von Bildungseinrichtungen wie z.b. Arbeiterunterrichtskursen, Räteschulen etc., die der Initiative der Arbeiterschaft entspringen, vom Staat jedoch unterstützt werden sollen. Die Versorgung des übrigen Publikums durch „Vermittlung von Ergebnissen wissenschaftlicher Forschung in gemeinverständlicher Form" kommt seiner Ansicht nach den städtischen Volkshochschulen zu; für die fordert Graf den Status einer Kommunalen Einrichtung und ihre Verwaltung gemäß dem Rätesystem durch Vertreter der Gemeinde, der Hörer, der werktätigen Bevölkerung und der Lehrer (RSK, S. 728).
Einig ist Graf mit den anderen Referenten in dem Punkt, daß Volksbildung weder fachspezifische Berufsausbildung betreiben noch zur Entwicklung von Miniaturuniversitäten führen solle.

Volks-Hoch-Schule, mit oder ohne Staat?

Die nun folgende Diskussion bestreiten — von der Beteiligungsquote her interpretiert — die Professoren weitgehend allein und, das ist zu beklagen, entsprechend allgemein in ihren Aussagen. Die Diskussion um den Begriff Volkshochschule, wie er zu betonen und zu interpretieren sei — eine Angelegenheit, die bis zum heutigen Tag ein beliebtes Sprach- und Wortspiel geblieben ist —, wird durch den Hinweis, daß der Name Volkshochschule bereits in die Verfassung aufgenommen sei, pragmatisch abgekürzt. Man wendet sich den Bildungsbestrebungen der Massen zu, will „Bildungsbakterien in die Masse streuen", gerät sich durch jeweilige Unterstellung von „Bildungsoptimismus" in die Haare, bildet Fronten, bei denen „Wissensvermittlung" kontra „Wesensbildung" argumentieren, versteigt sich in Grundsatzdiskussionen, ob Marxismus oder Humanismus letzthin die wahre Basis für die Volkshochschularbeit bilde, und landet schließlich — wie vertraut ist uns dies heute — beim Geld und der Rolle des Staates als Geldgeber.
Der Ausschuß verstrickt sich nun, unter dem Druck der anstehenden Berichterstattung im Plenum, in eine langwierige Geschäftsordnungsdebatte, die darum kreist, „ob der Ausschuß gewillt und zuständig ist, außer den Regeln der Berichterstattung zusammenfassende Leitsätze aufzustellen" (RSK, S. 731).
Die gegen den Protest einer Minderheit (Graf u.a.) verabschiedeten Leitsätze des Vierten Ausschusses fassen in elf Punkten hauptsächlich die bürgerlich humanistischen Ansätze Humboldtscher Tradition zusammen. So lautet der siebente Punkt:
„Die Volkshochschule ist (...) die Stätte, wo die aktivsten Menschen aus allen Kreisen und Schichten in engste Arbeitsgemeinschaft mit geistig geschulten Menschen treten, um an der Vertiefung und Durchbildung ihres eigenen Wesens, ihrer eigenen Welt- und Lebensanschauung zu arbeiten und um schließlich, als letztes Ziel, zur Gestaltung des neuen Kulturgehaltes der Zukunft zu gelangen", und der Schluß lautet: „Staat und Gemeinde sollen

die Volksbildungsarbeit mit finanziellen und sonstigen Mitteln (Hergabe von Schulräumen und ähnlichem) unterstützen, ohne Einfluß auf den Geist der Arbeit zu beanspruchen" (RSK, S. 731).
In der Berichterstattung im Plenum geht Dr. Strecker aus Darmstadt zum einen an diesen Leitsätzen entlang, nutzt aber andererseits die Chance des freien Vortrags, um eigene Exkurse über dieses und jenes Allgemeine zu unternehmen – z.b. die seelische Not des Volkes und das fehlende Volksbewußtsein, den Kampf gegen Intellektualismus und die Probleme bei der Popularisierung des Wissens. Strecker würzt seine Berichterstattung mit Plakativem: Was Dr. Marx über das „Problem der Masse" geschrieben habe, enthalte einen berechtigten Kern – andererseits: „die wahren Volkserzieher werden immer unsere großen Künstler sein, unsere Schiller und Goethe..."
Und so schließt er seine Rede ebenfalls harmonisierend und zum Mittun auffordernd: „letzten Endes ist doch eben gerade auch der Staat eine große Aufgabe, die wir zu lösen haben, und zu ihrer Lösung muß die Volksbildung ihr Teil beitragen wie jede andere Arbeit auch. (Lebhafter Beifall)"

Was hat es gebracht?

Der Diskussionsstand der Erwachsenenbildung, speziell der Volksbildung und der Volkshochschulen in den zwanziger Jahren, wird durch die Protokolle des vierten Ausschusses und die Zusammenfassungen im Plenum der Reichsschulkonferenz exemplarisch wiedergegeben. Er ist gekennzeichnet von dem Bemühen, das Volk für die neue parlamentarische Republik zu gewinnen. Der politische Wunsch, zur Bewußtseinsbildung für die Demokratisierung des Volkes beizutragen, ist deutlich zu spüren, obwohl er nicht im gleichen Umfang von allen drei Berichterstattern geteilt wird. Eine weitere Absicht tritt deutlich hervor, nämlich zur nationalen Wiedergeburt und Einheit des deutschen Volkes beizutragen.
Eine neue demokratische Volkskultur soll auf den Trümmern des wilhelminischen Kaiserreiches entstehen durch die freie, solidarische Notgemeinschaft aller Deutschen, Konzepte der Erwachsenenbildung werden im Zusammenhang mit umfassender humanistischer Bildung diskutiert und mit dem Ziel, zur Entwicklung der Individualität mit ihren Fähigkeiten und Möglichkeiten beizutragen. Beginnende Vorstellungen von Selbstverwirklichung und Emanzipation zeichnen sich ab bei der Diskussion des Spannungsfeldes von Lernen und Bildung oder der unterschiedlichen Exegese des Begriffs Volks-Hoch-Schule.
Trotz aller Vorbehalte sind diese Bemühungen um Bestandsaufnahme und Klärung der Bildungsideale vor dem Hintergrund der nationalen Erneuerung positiv zu sehen. Ihr überbordender Idealismus birgt jedoch auch die Gefahr der Überschätzung und Überfrachtung. Die weitgehend fehlende Professionalität der Konferenz-Teilnehmer ist kein Zufall. Sie weist auch auf ein anderes Merkmal jener bildungspolitischen Situation hin: daß nämlich 1920 Volksbildung umfassend theoretisch konzipiert und diskutiert wurde, die prak-

tische Umsetzung aber zur gleichen Zeit nur in verhältnismäßig bescheidenem Umfang zu registrieren war. Sicher bilden die Intentionen und Impulse der Reichsschulkonferenz die Basis so mancher Volkshochschule, die erst in den folgenden Jahren gegründet wurde.
Bemerkenswert ist außerdem, in welch starkem Maße 1920 Volksbildung und Volkshochschulen nicht nur ihren fest verankerten Platz im Selbstverständnis des Staates hatten. Sie sind verfassungsmäßig abgesichert und in ihrem unbedingten Erfordernis in keiner Weise bestritten.
Die Intensität der Auseinandersetzung damals über Bildungsziele in der Volkshochschule könnte uns heute vielleicht zur Nachahmung anregen, z.b. wenn wir Gefahr laufen, über Zertifikate und Zuschüsse, über Beratung und Berufliche Bildung große perspektivische Ziele der Volkshochschularbeit und die Reflexion andragogischen Handelns aus den Augen zu verlieren.
In den gemeinsamen Leitsätzen des Ausschusses wird deutlich, daß über allen unterschiedlichen Positionen das Bemühen um eine gemeinsame Definition der Volksbildungsarbeit steht: „Die Volksbildungsarbeit der Gegenwart hat durch die seelische, geistige und sittliche Not unseres Volkes besondere Bedeutung gewonnen. Dabei „kann es sich nicht bloß um Weitergabe von Kenntnissen handeln, sondern in erster Linie darum, eine Hilfe zur geistigen Selbständigkeit darzureichen" (RSK, S. 731). Zu diesem Zweck soll intensive und individualisierende Bildungsarbeit getrieben werden, die von „den sozialpsychologischen Gegebenheiten ... der einzelnen Volkskreise und -schichten" ausgeht. Das will man mit Volksbildnern erreichen, die zu den Bildungsgütern ein tiefes Verhältnis besitzen und die „Fähigkeit der Einfühlung in den Einzelmenschen" haben; man beschreibt schon damals ein Anforderungsprofil an VHS-Dozenten, das wir seiner Zielsetzung nach heute noch unterschreiben können, zumal wenn wir die folgende Passage dazu lesen: „Außerdem ist die Gewinnung einer durch die Eigenart der Aufgabe geforderten Methode und Technik notwendig. Alle diese Erfordernisse sind nicht von vornherein mit der Zugehörigkeit zu einem der vorhandenen Lehrer- und Erzieherberufe gegeben" (a.a.O., s.o.).
Während der Reichsschulkonferenz stellt sich Volksbildungsarbeit noch als ein Ensemble verschiedener Bildungsinstitutionen, Interessengruppen und auch Methoden dar: „Volkshochschule, Volksbücherei mit Vortragswesen, Massenveranstaltungen und engere oder weitere Gemeinschaften mit volkserzieherischem Charakter" (a.a.O.). Die alte Frage ‚Volkshochschule – für wen?' stellte sich bereits 1920: Sollte die Volkshochschule eine „Gesinnungsgemeinschaft auf gleichem Boden stehender Menschen" sein oder sollte sie Leute verschiedener Weltanschauungen vereinigen? Die Antwort darauf lautete: Man sollte die größtmögliche Freiheit zu verschiedensten Versuchen auf diesem Gebiet lassen, und man sollte beide Typen gleichberechtigt nebeneinander existieren lassen!
Das Aufblühen der Volkshochschulen in den Folgejahren zwischen 1920 und 1930 hat sicher mehrere Gründe: Die politische Aufbruchsituation und damit verbundene Bemühungen um Erneuerung des Volkes, die beginnende Entfaltung der Pädagogik als Wissenschaft und in der Folge auch die Be-

schäftigung mit der Entwicklung des erwachsenen Menschen und den Wunsch, Bildungs- und Kulturarbeit zur gemeinsamen Sache der Bürger zu machen. Die Folgejahre brachten allerdings auch die Entwicklung unterschiedlicher Richtungen der Erwachsenenbildung mit sich; es entwickelten sich oft konkurrierende Institutionen, z.B. für Arbeiterbildung, bürgerliche Bildungsvereine und religiös geprägte Volksbildung.

Zumindest aber kann man zur Zeit der Reichsschulkonferenz eine breite Basis für die Sache der Volksbildung feststellen und ein lebhaftes öffentliches Interesse, das wir uns heutzutage sicher gelegentlich wieder wünschen würden. Die eine Dame und die übrigen Herren vom vierten Ausschuß der RSK haben während der Reichsschulkonferenz 1920 jedenfalls einen Grundstein gelegt für den Ausbau und die Weiterentwicklung der Volkshochschularbeit. Darüber geben diese alten Protokolle lebhaft Zeugnis ab.

Heinz Stragholz
Rückbesinnung auf den Stellenwert des Gutachtens des Deutschen Ausschusses

1960 legte der Deutsche Ausschuß für das Erziehungs- und Bildungswesen (1) das Gutachten „Zur Situation und Aufgabe der deutschen Erwachsenenbildung" vor. In seinen einleitenden Vorbemerkungen heißt es, er wolle der Erwachsenenbildung „helfen, ihr Selbstverständnis zu klären ... ferner ihr Bemühen um eine bessere Würdigung ihrer Arbeit in der gegenwärtigen Gesellschaft unterstützen" (2). Seine Absicht fand in der Erwachsenenbildung, die damals noch mehr als heute im Schatten der Gesellschaft stand, dankbare Zustimmung. Seit dem Kriegsende waren 15 Jahre vergangen. Die Erwachsenenbildung überlebte trotz großer Schwierigkeiten, die sich ihr, vor allem in der Zeit unmittelbar nach der Währungsreform, entgegenstellten. Das Gutachten war die erste bedeutsame Dokumentation eines repräsentativen Gremiums zur Erwachsenenbildung; es ist ein interessantes Zeitdokument in der Geschichte der Erwachsenenbildung und ein wichtiges Glied in der Kette von Aussagen zu ihrem Selbstverständnis.

Aufgabe und Ziel

Die Beurteilung und die angemessene Einordnung in den historischen Zusammenhang wird durch den Vergleich mit einigen Aussagen über Aufgabe und Ziel der Erwachsenenbildung nach dem ersten und zweiten Weltkrieg erleichtert. Die führenden Erwachsenenbildner der Jahre nach 1945 tradierten die „Neue Richtung" und die Leitgedanken des „Hohenrodter Bundes". Ihre Orientierung entsprach inhaltlich den Vorstellungen von Erwachsenenbildung in der Zeit der Weimarer Republik: „Endziel ist nicht Vermittlung von Kenntnissen, von Bildungsstoff, sondern Ausbildung des Denk- und Urteilsvermögens, Ordnung und Deutung und dann Fruchtbarmachung des Wissensstoffes" (1919) (3) und „Beratungsergebnis der in Prerow versammelten Leiter und Lehrer deutscher Volkshochschulen: Die erzieherische Wirkung der Abendvolkshochschule liegt in der Klärung und Vertiefung der Erfahrungen, der Vermittlung gesicherter Tatsachen, der Anleitung zu selbständigem Denken und der Übung gestaltender Kräfte" (1931) (4). Diese Grundvorstellungen erhielten in der Besatzungszeit einen zusätzlichen Akzent: „tätige Helfer für die demokratische Erziehung Deutschlands heranzubilden" (1947) (5). Die Not der ersten Nachkriegsjahre und die Mitarbeit der aus Krieg und Gefangenschaft Heimgekehrten modifizierten das Selbstverständnis. Sie gaben der Erwachsenenbildung einen größeren Bewegungsspielraum, persongeprägte Gestaltung und den pragmatischen Zug. Trotz weitgehender Übereinstimmung in den Zielen gab es keine zwingend verbindliche Norm. Ein erster, für die Entwicklung der Erwachsenenbildung bedeutsamer Schritt und ein Zeichen wachsenden Selbstbewußtseins und zielgerichteten Wollens war das Volkshochschulgesetz über die Zuschußgewährung an Volkshochschulen und entsprechende Volksbildungseinrichtungen in Nordrhein-Westfalen. Dort heißt es: „In freier Bildungsgemeinschaft und unter tätiger Mitarbeit ihrer Teilnehmer führen Volkshochschulen und entsprechende Volksbildungseinrichtungen zu vertiefter Lebenserfahrung, selbständigem Urteil und bewußter Lebensgestaltung. Sie wecken mitbürgerliche Verantwortungsfreude und erziehen zu demokratischem Denken und Handeln" (1953) (6). Dieses Gesetz blieb bis 1969 das einzige Erwachsenenbildungsgesetz. Obschon es nur für Nordrhein-Westfalen Gültigkeit besaß, kann die Aufgabenformulierung für die gesamte Bundesrepublik als konsensfähig bezeichnet werden. Aufschlußreich ist der im Wortlaut deutliche Bezug sowohl zur „Prerower Formel" von 1931 als auch zur Kontrollratsdirektive Nr. 56 von 1947.

Der Deutsche Ausschuß identifizierte sich weitgehend mit dem historisch vorgegebenen Selbstverständnis. Im Bildungsbegriff des Gutachtens heißt es: „Gebildet im Sinne der Erwachsenenbildung wird jeder, der in der ständigen Bemühung lebt, sich selbst, die Gesellschaft und die Welt zu verstehen und diesem Verständnis gemäß zu handeln" (1960) (7). Aus der Rückbesinnung auf die Erwachsenenbildung der Weimarer Zeit und der Aktualisierung ihrer Zielvorstellungen könnte aus heutiger Sicht gefolgert werden, daß das Gutachten nur von einem traditionsbezogenen Grundverständnis bestimmt sei und folglich nicht mehr bedeute als ein aufschlußreiches Dokument zum Abschluß einer ersten Entwicklungsphase. Eine Analyse des Bildungsbegriffs in Verbindung mit dem Gesamttext führt jedoch zu einem anderen Ergebnis.

Handeln — ein entscheidender Akzent

Erst die Ausfaltung des Bildungsbegriffs eröffnet beachtenswerte, zukunftsorientierte Perspektiven. Trotz begrifflicher Nähe zum historisch überlieferten Selbstverständnis unterscheidet sich der Bildungsbegriff des Gutachtens im Vergleich mit den anderen, bereits zitierten Dokumenten dadurch, daß das verantwortliche Handeln zum entscheidenden Element der Bildung wird. Bildung erweist sich in der Konfrontation mit der Wirklichkeit, ist Antwort auf eine Herausforderung, ist in ihrem Ansatz vorrangig politisch: „Erst die Erwachsenenbildung hat es mit Menschen zu tun, die sich im Raum des politischen Geschehens zu bewähren haben" (8). Erwachsenenbildung erschöpft sich nicht im Erwerb von Kenntnissen, in der Urteilsfähigkeit oder im Verstehen, sondern ist letztlich auf Handeln gerichtet. Es ist die Methode des Ausschusses, dieses in konkreten Situationsschilderungen bewußt zu machen: „Je mehr aber die Gesellschaft in Bewegung gerät und je mehr in einem Umbruch der Zeiten die überkommenen Daseinsformen erschüttert werden, desto mehr wird jeder einzelne und jede soziale Gruppe genötigt, aus eigener Kraft und nach eigener Einsicht die neue Gestalt des Lebens zu suchen, die es dem Menschen möglich macht, sich in einer gewandelten Welt als Mensch zu behaupten" (9). Keine Passage des Gutachtens ist so oft wie diese zitiert worden. Sie veranschaulicht nicht nur die Pflicht — besser gesagt den Zwang — zu handeln, „wenn der Mensch nicht das Opfer der modernen Gesellschaft werden will", sondern ist zugleich eine Begründung für die Notwendigkeit von Erwachsenenbildung.

Aktive Minderheiten (10)

Eine gesellschaftliche Veränderung solchen Ausmaßes verlangt mehr als individuelles Bemühen, sie fordert das Engagement besonnener und einsichtig handelnder Gruppen, ein soziales Engagement im weitesten Sinne: „In einem produktiven Sinn verwirklicht wird Bildung meist nur in Minderheiten ... unsere Demokratie wird schon Festigkeit gewinnen, wenn keine Schicht der Gesellschaft von der Möglichkeit sich zu bilden ausgeschlossen ist und aktive Minderheiten in allen Gruppen diese Chance wahrnehmen" (11). Welche Bedeutung aktive Minderheiten gewinnen können, hat sich wenige Jahre nach der Veröffentlichung des Gutachtens gezeigt. Der Deutsche Ausschuß hat nicht an rigoristische Praktiker gedacht, die er mit Sicherheit nicht gutgeheißen hätte. Das ändert aber nichts an der richtigen Einschätzung der Kraft aktiver Minderheiten in einer Gesellschaft, die sich im Umbruch befindet. Der Ruf nach gesellschaftlichem Engagement, nach Mitwirkung verantwortungsbewußter Gruppen, nach „aktiven Minderheiten" ist kein ängstliches Verharren bei bewährten Einsichten, sondern ein wagemutiger Schritt in die Zukunft und substantieller Teil seines Bildungsbegriffes.

Anpassung und Widerstand

Ein nicht weniger wichtiges Element dessen, was die Gutachter unter Bildung verstehen, sind die Aussagen über Anpassung und Widerstand. Sie machen Bildung als Prozeß begreiflich, eine Bildung, die in jeder Situation überlegtes, besonnenes Handeln fordert: „Wer sich bilden will, wird sich dieser Welt anpassen und ihr widerstehen müssen. Im Feld der Polarisierung von Anpassung und Widerstand vollzieht sich der Prozeß der Bildung ... in der Fähigkeit zu bestimmen, wo Anpassung und wo Widerstand geboten ist, bewährt sich die Freiheit des Menschen" (12). Wie sich Bildung vollziehen kann, versuchen die Gutachter nicht in Anweisungen, Richtlinien oder gar durch eine ideologisch bestimmte Methode zu vermitteln. Sie beschreiben Aufgabenfelder, wollen zur Frage öffnen, ein auf Wahrheitssuche gerichtetes Verhalten bewirken, zu begründetem Urteil befähigen, entscheidungsbereit machen und zu verantwortlichem Handeln ermutigen. Sie halten keine Antwort für alle Lebenssituationen bereit. Bildung wird in Beziehung zu Begriffen wie Prozeß, Polarität und Spannung gesetzt. Gegensätze werden in ihrer wechselseitigen Beziehung bewußt gemacht: „Im pulsierenden Rhythmus von Anpassung und Widerstand setzen sie sich mit der modernen Lebenswirklichkeit auseinander" (13). Das Begriffspaar Anpassung und Widerstand

wird in vielfältigen Variationen wiederholt. Alle wesentlichen Aufgabenfelder werden reflektierend einbezogen:
„Es ist kein Zufall, daß gerade in unserer Situation der Begriff der Herausforderung gedacht werden konnte. Technik und Organisation sind Herausforderungen. Nur wenn sie als *Gefahren* und *Chancen* zugleich erfaßt werden, können sie den, der sich ihnen stellt, bilden" (14).
„Nur eine Wissenschaft, die noch *gründlicher forscht* und denkt", zugleich „ihrer *Grenzen bewußt* ist," kann „in den Vorgang der Bildung integriert werden" (15).
„Es gibt keinen absoluten Gegensatz zwischen der *Überlieferung* und der *Aufklärung*. Überlieferung erschließen bedeutet nicht Studium dessen, was *gewesen* ist, sondern ein Verständnis unserer selbst auf unsere eigene *Zukunft* hin" (16).
Mit großer Eindringlichkeit wird immer wieder bewußt gemacht, daß erst im abwägenden Für und Wider eine Frage zu klären ist, eine Entscheidung reift: „Es ist die dialektische Bewegung der Begriffe, die in der Aufhellung der Gegensätze ihre fruchtbare Wahrheit aussprechen" (17).
Auch Muße und Freizeit gehören in diesen Zusammenhang: „Niemand kann sich in der Welt *bewähren,* der sich nicht immer wieder von ihr zurückzieht." „Freiheit hat als freie Zeit, als Zeit für die Freiheit, den Sinn ... Muße möglich zu machen" (18). Muße steht als notwendiges Pendant der Leistung gegenüber. „Spiel, Geselligkeit, Sprache, Kunst und andere vergleichbare Äußerungen und Ausdrucksformen des menschlichen Lebens" werden als notwendige Erfahrung andersartiger Intensität und humanisierender Kraft den Pflichten und der Arbeit entgegengesetzt. In den vielen sich widersprechenden Begriffspaaren werden jedoch nicht nur Fragen und Suchen artikuliert, sondern der Bildungsbegriff des Gutachtens als betont handlungsbezogen erläutert und bestätigt.

Ausbildung und Bildung

Für die damalige Zeit überraschend greift der Deutsche Ausschuß die Frage Ausbildung und Bildung auf. Dieser Schritt hat weitreichende Konsequenzen. Es ist der erste Ansatz zu dem, was im Strukturplan des Deutschen Bildungsrates (1970) als Zusammenfassung von Ausbildung und Bildung mit dem Begriff Weiterbildung umschrieben wird. Die Behutsamkeit — manche sagen Halbherzigkeit —, mit der dies geschah, war verständlich. Die Erwachsenenbildung hat zwar seit 1945 elementare und berufliche Weiterbildung in vielfältigen Formen einbezogen. Sie tat es jedoch fast immer mit schlechtem Gewissen, gegen große Widerstände und ohne eine zureichende Absicherung in der eigenen Theorie. Man darf nicht vergessen, daß die Erwachsenenbildung sich lange Zeit gegen die Schule, gegen jede Form von Prüfungen, Berechtigungen oder Qualifikationen mit Entschiedenheit zur Wehr gesetzt hat. Die Leistungsfähigkeit bedurfte nach damaliger Ansicht keines Zeugnisses und keines Berechtigungsscheins. Dieses Verhalten war ein Protest gegen

das „Berechtigungsunwesen", das die Erwachsenenbildung nicht vergrößern wollte. Die Wünsche der Teilnehmer nach Leistungsbescheinigungen veranlaßten die Einrichtungen jedoch mehr und mehr zu Zugeständnissen. Trotzdem folgt der Deutsche Ausschuß in dieser Frage den überkommenen Vorstellungen: „Freilich entspricht es ihrem Charakter, daß sie sich nicht auf Berechtigungen und Prüfungen einläßt" (19). Im Gegensatz zu dieser auf einem überholten Standpunkt beharrenden Auffassung zeigte sich der Deutsche Ausschuß gegenüber der Frage, ob Ausbildung zu den Aufgaben der Erwachsenenbildung gehöre, unbefangener: „... die gründliche Ausbildung ist eine Existenznotwendigkeit ... In Wahrheit bedarf der Mensch heute aus neuen Gründen sorgfältiger Ausbildung, um elementare Voraussetzungen der Bildung zu gewinnen, und vor allem einer gründlichen Berufsausbildung, um einen Bereich des gesellschaftlichen Lebens zu haben, in dem er zu Hause ist, sich auskennt und originäre unmittelbare Erfahrungen machen kann. Alles, was ihm so begegnet, kann bildend wirken, wenn es auf seinen eigentlichen Sachverhalt hin befragt, als Repräsentation des ganzen unserer Welt verstanden und in dem, was es ethisch von uns fordert, ernstgenommen wird. ... Ist Ausbildung so ein unentbehrliches Medium der Bildung geworden, so schützt umgekehrt auch eine aus der Ausbildung entwickelte Bildung den Menschen vor der Enge des Spezialistentums" (20).
Nach diesem Plädoyer für die Ausbildung geht der Deutsche Ausschuß noch einen Schritt weiter, indem er mit großer Eindringlichkeit die Notwendigkeit der Umschulung begründet: „Die gegenwärtigen und zukünftigen Umschichtungen in der Produktion und in den Produktionsmethoden verlangen in steigendem Maße die Fähigkeit, sich ‚umzuschulen' ... Die Erwachsenenbildung darf an dieser Tatsache nicht vorübergehen ... Jeder Um-Ausbildung entspricht die Chance einer Erweiterung der Bildung ... Es ist nicht unmöglich, daß den Einrichtungen der Erwachsenenbildung hier eines Tages ganz neue Aufgaben zufallen, die ihre Struktur verändern werden" (21). Was heute für die Erwachsenenbildung selbstverständlich ist, war damals eine revolutionäre Aussage. Vieles allerdings, was bereits zur Praxis der Volkshochschulen gehörte, erhielt damit auch eine Legitimation und die Chance einer soliden Grundlegung. An anderer Stelle wird vermerkt: „Auch der Zweite Bildungsweg stellt die Volkshochschule vor neue Aufgaben" (22).
Damit wird eine tiefgreifende Veränderung der Erwachsenenbildung eingeleitet. Die diffamierenden Äußerungen, denen Einrichtungen der Erwachsenenbildung ausgesetzt waren, die berufliche Fortbildung und berufsnahe Praktiken in ihren Arbeitsplänen veröffentlichten, wurden seltener. Die berufliche Weiterbildung, die Vorbereitungskurse für das Nachholen schulischer Abschlüsse, die Vorbereitungskurse für den Besuch weiterführender Schulen und für die Sonderprüfung zur Aufnahme in die Pädagogischen Hochschulen bildeten den Auftakt zu einer wesentlichen Erweiterung der Aufgabe der Erwachsenenbildung – insbesondere der Volkshochschulen. Der vom Deutschen Ausschuß formulierte Bildungsbegriff wäre ohne die ergänzende Erwähnung der Lehrveranstaltungen zum Nachholen schulischer Abschlüsse,

beruflicher Fortbildung und Umschulung um ein entscheidendes, zukunftsorientiertes Element gebracht worden.

Freiheit und Bindung

Ein besonderer Schwerpunkt des Gutachtens ist die Stellungnahme zur freien und gebundenen Erwachsenenbildung. Wer sich mit der Geschichte der deutschen Erwachsenenbildung befaßt, wird die Härte der Auseinandersetzung zwischen freier und gebundener Erwachsenenbildung heute kaum noch verstehen. Ausgangspunkt für das unversöhnliche Gegeneinander war der Absolutheitsanspruch beider Seiten und das mangelnde Verständnis für die unterschiedlichen Leitvorstellungen. Der freien Erwachsenenbildung wurde unverbindlicher Neutralismus wegen des Fehlens einer Orientierungs- und damit einer Bildungsmitte vorgeworfen. Die gebundene Erwachsenenbildung traf der Vorwurf, sie betreibe Schulung und Mission und sei somit unfähig, Bildung zu vermitteln. Hinzu kam in vielen Fällen das Fehlen zureichender Förderungsregelungen durch den Gesetzgeber. Bei staatlichen finanziellen Hilfen wurde die ungleiche finanzielle Förderung bei vergleichbaren Leistungen bemängelt. Der Deutsche Ausschuß hat die Notwendigkeit beider Formen unter Berufung auf das Prinzip der Freiheit begründet: „Es gibt keine Freiheit ohne Bindung ... Es ist die Freiheit selber, nämlich die Freiheit, sich selbst zu binden, die in der pluralistischen Gesellschaft das Recht auf eine gebundene Erwachsenenbildung begründet ... Eine gebundene und eine freie Erwachsenenbildung, die ihr eigenes Gesetz erfüllt, sind gleichen Ranges und liegen beide im öffentlichen Interesse" (23). Der deutsche Ausschuß hat durch seine Stellungnahme zu einer wesentlichen Verbesserung des beiderseitigen Verhältnisses beigetragen und sowohl zu einer Versachlichung als auch zu größerer Gemeinsamkeit bei der Vertretung der Interessen geführt, die beide Seiten berühren. Unterschiedliche Träger entsprechen einem freiheitlichen System, deshalb gibt es außer den kommunalen Volkshochschulen Erwachsenenbildungseinrichtungen anderer Träger mit politischer, gewerkschaftlicher, konfessioneller oder anderer gruppenspezifischer Anlehnung oder Bindung. Die Zusammenarbeit der Vertreter der Erwachsenenbildung aus beiden Lagern hat der Erwachsenenbildung in der Öffentlichkeit ein stärkeres Gewicht gegeben. Unabhängig davon haben die regelmäßigen Kontakte zur Klärung der Position unterschiedlicher Träger und zur Vertiefung des Selbstverständnisses der eigenen Gruppe beigetragen.

Lebenshilfe

Die Erwachsenenbildung ist offen für alle Teilnehmer, Themen und Mitarbeiter. Kein Sachbereich ist bei ihrer Programmplanung grundsätzlich auszuschließen. Aus dieser Offenheit gegenüber allen Bedürfnissen ergibt sich ein thematisch weitgespanntes Programm. Das Gutachten hat dies lebensnah, in einer eigenwilligen sprachlichen Gestaltung und in einprägsamen Bildern dargestellt und versucht, Erwachsenenbildung als Notwendigkeit und Hilfe — als Lebenshilfe begreiflich zu machen: „Da die Erwachsenenbildung dem Menschen helfen will, kann sie insgesamt als Lebenshilfe bezeichnet werden. ... Die Verbindung von Bildung und Hilfe bestimmt den Stil ihrer Arbeit" (24). Wie das konkret für Volkshochschulen aussehen kann, wird von den Gutachtern im Modell der „Volkshochschule neuen Typs" skizziert: „In den letzten Jahren hat sich ein neuer Typ der Volkshochschule herausgebildet. Er verbindet realistische Freiheit und Planung. Er hält in den mannigfaltigen Methoden und Stoffen der Bildung die Einheit des Bildungswillens fest, er dient der Überlieferung und ist zeitoffen und gegenwartsnah, er arbeitet soziologisch und thematisch Schwerpunkte heraus; er erkennt die besondere Bedeutung der politischen, der wissenschaftlich-technischen und musischen Bildung sowie der Lebenshilfe" — vermittelt berufliche Weiterbildung — baut den Zweiten Bildungsweg ein. „Der ‚neue Typ' der Abendvolkshochschule ist kein ‚Idealtyp' und kein bloßes Wunschbild; er entspricht vielmehr realen Tendenzen, und es lassen sich Volkshochschulen nennen, die ihn verwirklichen" (25). Bestimmende Mitte ist für den Deutschen Ausschuß die Erwachsenenbildung im engeren Sinne, die jedoch berufliche Fortbildung und Umschulung nicht ausschließt, die intensive, themenorientierte Bildung zum maßgeblichen Zentrum ihrer Arbeit macht und den Erwerb von Kenntnissen als notwendige Voraussetzung einbezieht. Gegenüber dem Erwerb von Kenntnissen, Fertigkeiten und Fähigkeiten besaßen Urteilsfähigkeit und handlungsbezogene personale Verantwortung einen besonderen Rang. Das Gutachten ist auf die zukünftige Erwachsenenbildung gerichtet, fühlt sich jedoch der Geschichte der Erwachsenenbildung, ihren tragenden Ideen und Zielen gleichermaßen verpflichtet. Es hat eine Brückenfunktion, bemüht sich um eine Balance zwischen gestern und morgen. „Erhellung des Bewußtseins" (26), Lebenshilfe als ordnendes Prinzip und Konkretisierung dieses Konzepts in der „Volkshochschule neuen Typs", so könnte man die Vorstellungen des Deutschen Ausschusses unter Einbeziehung des bereits erwähnten Bildungsbegriffs: „Gebildet im Sinne der Erwachsenenbildung wird jeder, der in der ständigen Bemühung lebt, sich selbst, die Gesellschaft und die Welt zu verstehen und diesem Verständnis gemäß zu handeln" zusammenfassen.

Praktische Forderungen

Der Deutsche Ausschuß hat sich in seinem Gutachten nicht nur mit Fragen über Aufgabe und Ziel der Erwachsenenbildung befaßt. Er stellte auch konkrete praktische Forderungen zur Erfüllung dieses Auftrags. Es ist angebracht, diese Forderungen einzeln aufzuführen; es waren wichtige Zielprojektionen, sie sind es zum Teil heute noch.

„Der Staat soll die Erwachsenenbildung als freien, aber unverzichtbaren Teil des öffentlichen Bildungswesens anerkennen und fördern."
„Er soll ihre Arbeit insbesondere durch regelmäßige Zuschüsse unterstützen. Daraus darf sich aber kein staatliches Aufsichtsrecht ergeben, das über die Kontrolle der ordnungsmäßigen Verwendung öffentlicher Gelder hinausgreift."
„Die finanziellen Zuschüsse dienen vor allem dem Ausbau und der Erhaltung einer genügenden Zahl hauptamtlicher Stellen, der Ausbildung des Nachwuchses, der Weiterbildung der Mitarbeiter ... der Gründung und Erhaltung von Heimvolkshochschulen."
Unter gewissen Voraussetzungen „können Zuschüsse auch an Einrichtungen der gebundenen Erwachsenenbildung gegeben werden."
„Die Gemeinde soll ihren Volkshochschulleitern ... die Freiheit garantieren, die sie brauchen. Sie sollen frei den Arbeitsplan aufstellen, ihre Mitarbeiter auswählen, über die Haushaltsmittel verfügen und die damit zusammenhängende Verwaltungsarbeit leisten."
„In allen Volkshochschulen der Groß- und Mittelstädte und in allen Kreisvolkshochschulen auf dem Lande sollen im kommunalen Etat Stellen für hauptamtliche Leiter vorgesehen werden. In den Großstädten sollen außer dem Leiter auch qualifizierte pädagogische Mitarbeiter im Hauptamt angestellt werden."
„Im Bauprogramm der Städte und Landgemeinden sollen eigene Gebäude für die Volkshochschule ... mit gebührender Dringlichkeit vorgesehen werden."
„Was hier gefordert ist, sollte zu gegebener Zeit in Gesetzen über das Volkshochschulwesen ... festgelegt und gesichert werden" (27).
Um ermessen zu können, wie diese verbale Hilfe auf die erbärmlich ausgestattete Erwachsenenbildung wirkte, muß man sich vergegenwärtigen, unter welchen Bedingungen die Erwachsenenbildung in den fünfziger Jahren arbeitete. Volkshochschulen und Einrichtungen der Erwachsenenbildung gab es in großer Zahl. Aber nur wenige wurden hauptberuflich geleitet. Pädagogische Mitarbeiter als Fachbereichsleiter gabe es in keiner einzigen Volkshochschule. Der Unterricht fand am Abend in tagsüber vollgenutzten Schulen statt. Eigene erwachsenenangemessene Räume für die Lehrveranstaltungen gab es so gut wie überhaupt nicht. Ganztägige Veranstaltungen, Kurse am Vor- oder Nachmittag, Wochenendseminare in eigenen Räumen waren nicht möglich. Im allgemeinen verfügten die Volkshochschulen nur über eine Geschäftsstelle. Der Arbeitsplan war der einzige sichtbare Nachweis ihrer Existenz. Nur Frankfurt verfügte über ein eigenes Haus – das „Volksbildungsheim" – aus den zwanziger Jahren. Marl besaß als einzige Volkshochschule ein neues Haus, „Die Insel". Nur in Nordrhein-Westfalen gab es ein Finanzierungsgesetz für Volkshochschulen und entsprechende Volksbildungseinrichtungen. Die knappe Hintergrundinformation mag genügen, um deutlich zu machen, wie utopisch die vom Deutschen Ausschuß vorgebrachten Forderungen denen erscheinen mußten, die in der Erwachsenenbildung aktiv mitarbeiteten.

Auswirkungen

Das Gutachten gab der Erwachsenenbildung einen unerwarteten Auftrieb. Was keiner für möglich gehalten hatte, geschah. Presse, Rundfunk und Fernsehen entdeckten die Erwachsenenbildung und bezogen sie in die allgemeine Bildungsdiskussion mit ein. Die Teilnehmerstatistik verzeichnete einen stürmischen Aufwärtstrend. Die Gemeinden identifizierten sich in einem stärkeren Maße mit ihren Volkshochschulen. Kirchen, Gewerkschaften und Parteien gründeten Akademien und Heimvolkshochschulen. In Dortmund, Duisburg, Kassel, Hannover und Köln entstanden fast zur gleichen Zeit Volkshochschulhäuser. Niedersachsen und das Saarland verabschiedeten Gesetze zur Förderung der Erwachsenenbildung, Hessen ein Gesetz über Volkshochschulen. Es wäre sicher falsch, das Gutachten als die alleinige Ursache für die positiven Veränderungen zu bezeichnen. Die Bildung stand Ende der fünfziger Jahre im Mittelpunkt der öffentlichen Diskussion; das hatte auch für die Erwachsenenbildung positive Auswirkungen. Auch die Fachverbände und die Einrichtungen der Erwachsenenbildung leisteten durch ihre zielbewußte Arbeit einen entscheidenden Beitrag. Das Tempo, mit dem sich die Entwicklung der Erwachsenenbildung vollzog, forderte das volle Engagement der relativ kleinen Gruppe aktiver Erwachsenenbildner und der für die Erwachsenenbildung streitenden Publizisten, Wissenschaftler und Kulturpolitiker. Es galt, die Gunst des Augenblicks zu nutzen und die Gedanken des Ausschusses in praktikable Handlungskonzepte umzusetzen. 1963 legte der Deutsche Volkshochschul-Verband eine Broschüre, „Die Volkshochschule, ihre Aufgabe und Stellung im Bildungssystem" (28), als Diskussionsanregung zur Verständigung innerhalb des Deutschen Volkshochschul-Verbandes und als kulturpolitische Argumentationshilfe vor, um Ziel und Eigenart der Volkshochschule der Öffentlichkeit bekannt zu machen. 1966 folgte nach eingehender Erörterung dessen, was der Deutsche Ausschuß als „Volkshochschule neuen Typs" umrissen hatte, die erste Fassung von „Stellung und Aufgabe der Volkshochschule" (29). Diese Schrift greift wesentliche Gedanken des Gutachtens auf; es sind vor allem die zentralen Begriffe „Offenheit" und „Lebenshilfe". Die Volkshochschule hat eine integrierende Funktion, daraus ergibt sich ihre Offenheit gegenüber Teilnehmern, Themen und Mitarbeitern — so heißt es an einer Stelle dieser Schrift und im weiteren Verlauf: „Die Volkshochschule kann Hilfe leisten für das Lernen, für die Orientierung und Urteilsbildung, für die Eigentätigkeit." Die Aufgaben werden als gleichwertig und gleichberechtigt bezeichnet. Für größere Volkshochschulen wird ein Kollegium hauptberuflicher, fachlich qualifizierter Abteilungsleiter, Fachreferenten oder Lehrer als notwendig erachtet.
Die für die Erwachsenenbildung ereignisreichen Jahre haben es manchmal vergessen lassen, wann und von welchem Gremium Aufgabe, Ziele und praktische Forderungen erstmalig aufgegriffen und veröffentlicht wurden. Hier möchte ich nur das „Erste Weiterbildungsgesetz von Nordrhein-Westfalen" (1974) (30) heranziehen und in Kurzfassung die Forderungen der Gutachter dem Gesetzestext gegenüberstellen:

Gutachten	„unentbehrlicher Teil des öffentlichen Bildungswesens"
1.WbG § 2	„WB gleichberechtigter Teil des Bildungswesens"
Gutachten	„frei den Arbeitsplan aufstellen, ihre Mitarbeiter auswählen"
1.WbG § 4	„Recht auf selbständige Lehrplangestaltung, Freiheit der Lehre gewährleistet"
Gutachten	„Staat soll EB anerkennen und fördern"
1.WbG § 7	„Land zur Förderung verpflichtet"
§ 11	„Gemeinden ab 40.000 verpflichtet, VHS zu errichten und zu unterhalten"
Gutachten	„in allen VHS der Städte und Kreise Stellen für hauptamtliche Leiter vorsehen"
1.WbG § 14	„Einrichtungen der EB werden von einem hauptberuflichen pädagogischen Mitarbeiter geleitet"
Gutachten	„in Großstädten qualifizierte pädagogische Mitarbeiter anstellen"
1.WbG § 20	„Land erstattet Personalkosten für die im Rahmen des Mindestangebots besetzten Stellen für hauptberufliche pädagogische Mitarbeiter"
Gutachten	„Zuschüsse auch an Einrichtungen der gebundenen EB"
1.WbG § 24	„Nichtkommunale Träger der anerkannten Einrichtungen der WB Anspruch auf Bezuschussung, Land erstattet 60 v.Hundert der Personalkosten für pädagogische Mitarbeiter"
Gutachten	„Gründung und Erhaltung von Heimvolkshochschulen"
1.WbG § 24	„Für Heim-VHS besondere Zuschußregelung"
§ 26	„Zuschüsse zu Teilnehmerkosten"
Gutachten	„im Bauprogramm der Städte und Landgemeinden eigene Gebäude vorsehen"
1.WbG § 25	„Mittel des Schulbauprogramms auch Einrichtungen in kommunaler Trägerschaft zur Verfügung gestellt"
Gutachten	„finanzielle Zuschüsse des Staates für Weiterbildung der Mitarbeiter"
1.WbG § 8	„Land errichtet und unterhält ein Landesinstitut für Weiterbildung, übernimmt (u.a.) Fortbildung von Mitarbeitern der WB"

Zusammenfassend bleibt zu bemerken: Der Vergleich belegt die nachhaltige Wirkung des Gutachtens, die es auch fünfzehn Jahre nach seinem Erscheinen noch hatte. Beachtenswert ist die Bereitschaft seiner Autoren, auf die Erfahrungen derer zu hören, denen es helfen wollte. Seine Besonderheit gewinnt es durch seine wirklichkeitsbezogenen Anknüpfungen und schlaglichtartig eingeblendeten Akzente wie „Aktive Minderheiten", „Anpassung und Widerstand", „Ausbildung und Bildung", „Freiheit und Bindung" und seinen journalistisch lebendigen Argumentationsstil. In seiner sprachlichen Gestalung ist es der eindrucksvolle Abgesang der Jugendbewegung in der Erwachsenenbildung. In der inhaltlichen Substanz ist es primär ein Dokument zur politischen Bildung. Als andragogische Schrift will das Gutachten mehr als den mündigen einzelnen, mehr als den „Mitbürger", es will eine mündige Gesellschaft. Seine maßvolle Progressivität haben wir heute – nach fünfundzwanzig Jahren – noch nicht eingeholt (31).

Anmerkungen

(1) Wirth, I.: Deutscher Ausschuß für das Erziehungs- und Bildungswesen. In: Wirth, I., Groothoff, H.H.: Handwörterbuch der Erwachsenenbildung. Paderborn 1978, S. 146–147

(2) Zur Situation und Aufgabe der deutschen Erwachsenenbildung. In: Empfehlungen und Gutachten des Deutschen Ausschusses für das Erziehungs- und Bildungswesen. Stuttgart 1960, 4. Folge

(3) Richtlinien für den Volkshochschulunterricht in Preußen. Amtliche Schriftstücke zur VHS-Frage in Preußen (1919). In: Henningsen, J.: Die neue Richtung in der Weimarer Zeit. Dokumente und Texte. Stuttgart 1960, S. 134–135

(4) Prerower Formel, a.a.O., S. 147

(5) Kontrollratsdirektive Nr. 56. Zitiert nach: Journal Officiel du Commandement en Chef Francais. 1947, S. 1449

(6) Gesetz über die Zuschußgewährung an Volkshochschulen und entsprechende Volksbildungseinrichtungen 10.3.1953 Gv. NW. 1954, S. 219

(7) Gutachten S. 20

(8) Gutachten S. 33

(9) Gutachten S. 14

(10) Dirks, W.: Die öffentliche Bedeutung der Erwachsenenbildung. In: Bücherei und Bildung, 12. Jg. 1960, H. 8/9, S. 313–322

(11) Gutachten S. 16

(12) Gutachten S. 27

(13) Hanssler, B.: Erwachsenenbildung der Zukunft. In: Erwachsenenbildung, 6. Jg. 1960, H. 3, S. 88–91

(14) Gutachten S. 25–26

(15) Gutachten S. 26

(16) Gutachten S. 29

(17) Blättner, F.: Erwachsenenbildung in unserer Zeit. Bemerkungen zum Gutachten des Deutschen Ausschusses. Sonderdruck aus Zeitschrift für Pädagogik, Jg. 7, 1961, H. 2, S. 113–134

(18) Gutachten S. 37–38

(19) Gutachten S. 60

(20) Gutachten S. 30–31

(21) Gutachten S. 31

(22) Gutachten S. 60
(23) Gutachten S. 52
(24) Gutachten S. 44–47
(25) Gutachten S. 58–60
(26) Gutachten S. 22
(27) Gutachten S. 75–76
(28) Deutscher Volkshochschul-Verband e.V. (Hrsg.): Die Volkshochschule, ihre Aufgabe und Stellung im Bildungssystem. Frankfurt 1963
(29) Deutscher Volkshochschul-Verband e.V. (Hrsg.): Stellung und Aufgabe der Volkshochschule. Frankfurt 1966
(30) Erstes Gesetz zur Ordnung und Förderung der Weiterbildung im Lande NW. GV. NW. 1974, S. 769
(31) Abschließend weise ich hin auf die Kritik von
Wenke, H.: Die Erwachsenenbildung im Wandel unserer Zeit. In: Die Sammlung, 15. Jg. 1960, H. 7/8, S. 385–388,
zur beruflichen Bildung auf die Erwiderung von
Borinski, F.: Die Erwachsenenbildung im Wandel unserer Zeit. Ein offener Brief an Hans Wenke. In: Die Sammlung, 15. Jg. 1960, H. 11, S. 577–586,
auf die Anerkennung und Einwände von
Pöggeler, F.: Das Selbstverständnis von Erwachsenenbildung. Bemerkungen zum Gutachten. In: Erwachsenenbildung, 6. Jg. 1960, H. 3, S. 92–101
und auf den Beitrag von
Becker, H.: Aktive Minderheiten und konstruktive Toleranz. In: Frankfurter Hefte, 15. Jg. 1960, H. 7, S. 467–470

Josef Ruhrmann
Zur Exemplarik des Gutachtens der Planungskommission des Kultusministers von Nordrhein-Westfalen (1)

Vorgeschichte

Im März 1971 berief der damalige Kultusminister Girgensohn eine Planungskommission „Erwachsenenbildung und Weiterbildung", die für die Verwirklichung dieser Absicht die Grundlagen erarbeiten sollte. Parallel dazu wurde im Kultusministerium ein Planungsreferat „Erwachsenenbildung" eingerichtet. Da die CDU-Franktion im Landtag im Februar 1971 einen Gesetzentwurf zur Förderung der Erwachsenenbildung eingebracht hatte, der das 1953 verabschiedete „Gesetz über die Zuschußgewährung an Volkshochschulen und entsprechenden Volksbildungseinrichtungen" ablösen sollte, betraute der Kultusminister die Planungskommission auch mit der Aufgabe, den Gesetzgeber bei der Vorbereitung des Gesetzgebungswerkes zu beraten.

Am 25. März 1971 trat die Planungskommission zu ihrer konstituierenden Sitzung zusammen. Ihre 25 Mitglieder wurden vom Kultusminister als „Weiterbildungsexperten" berufen, nicht aber als Vertreter ihrer jeweiligen Verbände, Einrichtungen oder Träger; wenn auch die Auswahl der Personen zeigt, daß alle wichtigen für die Erwachsenenbildung/Weiterbildung relevanten Gruppierungen vertreten waren. Zum Vorsitzenden wurde der Leiter der Volkshochschule Köln, Heinz Stragholz, bestellt, die Geschäftsführung übernahm Paul Hamacher, Ministerialrat im Kultusministerium.

Der Gedanke, dem Gesamtbildungsbereich (Vorschule, Schule, Berufsschule und Hochschule) einen quartären Bereich Weiterbildung hinzuzufügen, war nicht neu. Schon der Deutsche Bildungsrat im „Strukturplan" und die Bund-Länder-Kommission in ihrem „Zwischenbericht" hatten die Weiterbildung als Teil des Gesamtbildungssystems definiert — Weiterbildung verstanden als sämtliche Formen organisierten Lernens nach Abschluß einer ersten Bildungsphase. Zur Weiterbildung zählten auch die berufliche Fortbildung, die berufliche Umschulung und das Nachholen von Schulabschlüssen.

Die Lösung der Aufgabe, eine Gesamtkonzeption für die künftige Gestaltung der Weiterbildung im Lande Nordrhein-Westfalen zu entwerfen, war nicht leicht, zumal sie mit dem Auftrag verbunden war, Regierung und Parlament bei dem Gesetzgebungswerk zu beraten. Während der Entwurf einer Gesamtkonzeption sich in der Tendenz viel stärker an dem Ideal-Wünschbaren orientieren kann, muß Beratung für eine Gesetzgebung sehr viel konkreter sein und Überlegungen über das jeweilig Machbare und Durchsetzbare mit einschließen. Hinzu kommt, daß das eine immer leichter konsensfähig ist als das andere.

Vorbedingungen

Das Feld der Weiterbildung, auch in Nordrhein-Westfalen, war außerordentlich vielfältig und unübersichtlich. Eine Bestandsaufnahme der Erwachsenenbildung, wie etwa in Bayern und Baden-Württemberg, gab es für Nordrhein-Westfalen nicht. Sie mußte von der Kommission erst geleistet werden. Die ,,Gegebenheiten und politischen Eckwerte", von denen sie ausging, waren
— das Grundgesetz, aus dem das Recht auf Bildung, auch auf Weiterbildung abgeleitet wurde,
— die Verfassung des Landes Nordrhein-Westfalen (Artikel 17), an der die Förderungsaufgabe festgemacht wurde — eine Förderung, die sich nicht auf die Finanzierung beschränken durfte, sondern die nach Auffassung der Kommission auch eine ,,Gestaltungspflicht" des Landes beinhaltete,
— die Regierungserklärung des Ministerpräsidenten Heinz Kühn vor dem Landtag am 28.7.1970 mit der Forderung, die Erwachsenenbildung in das gesamte Bildungssystem zu integrieren,
— die die Weiterbildung betreffenden Ergebnisse der Beratungen des Deutschen Bildungsrates und der Bund-Länder-Kommission
— und u.a. die Regierungserklärung der Bundesregierung vom 28. Oktober 1969, in der die Notwendigkeit eines Bildungsurlaubes herausgestellt worden war.

Grundgedanken und Gliederung

Von drei Grundgedanken sollte die Arbeit der Kommission geleitet sein:
1. Der Aufbau des quartären Weiterbildungsbereiches im Gesamtbildungssystem in öffentlicher Verantwortung sollte von den historisch gewordenen Einrichtungen ausgehen.
2. Es müßte ein erheblich stärkerer finanzieller Beitrag sowohl des Landes als auch der Träger im Weiterbildungsbereich gefordert werden.
3. Der Ausbau sollte aus mehreren Gründen nur in Stufen erfolgen. Für die Aufbauphase war ein Zeitraum von zehn Jahren vorgesehen.

Klar scheint man sich von vornherein darüber gewesen zu sein, eine Gesamtkonzeption zu entwickeln, d.h. nicht nur für die öffentlichen Träger und ihre Einrichtungen, sprich Volkshochschulen zu planen, sondern die anderen, sogenannten freien Träger, mit einzubeziehen. Auf seiten der Volkshochschulen hatte sich vor allem Heinz Stragholz, Leiter der Volkshochschule Köln und stellvertretender Vorsitzender des Landesverbandes der Volkshochschulen von Nordrhein-Westfalen, für die Entwicklung einer Gesamtkonzeption eingesetzt. Er war überzeugt davon, daß sich die Erwachsenenbildung nur bei gemeinsamem Vorgehen mit ihren berechtigten Forderungen durchsetzen könnte. Auf seiten der anderen Träger war es vor allem Hermann Moog, Vorstandsmitglied in der Landesarbeitsgemeinschaft für katholische

Erwachsenenbildung, der diese Ansicht vertrat und sich vehement dafür einsetzte.

Lösung der Aufgabe

In 12 Plenarsitzungen und 44 Sitzungen von Unterkommissionen sowie in einer Tagung mit Architekten über Baufragen ging die Kommission in acht Komplexen an die Lösung ihrer Aufgabe.
Sie beschrieb:
— die Aufgabe der Weiterbildung,
— die Arbeitsbedingungen,
— die öffentliche Verantwortung,
— die pädagogische Organisation,
— die Personalstruktur,
— ein Finanzierungsmodell,
— Bauten für die Weiterbildung und
— die Entscheidungsstrukturen.

Ergebnisse

Es kann hier nicht darum gehen, die Ergebnisse in den Komplexbereichen im einzelnen aufzulisten und zu kommentieren. Ich werde vielmehr versuchen, das Exemplarische herauszustellen, und dies aus meiner Sicht begründen.
Im Komplex *Aufgaben der Weiterbildung* wird auf die Notwendigkeit von Weiterbildung hingewiesen. Sie wird damit begründet, daß Bildung als Voraussetzung für Produktivkraft, als unerläßlich für eine demokratische Gesellschaftsordnung und als Chance zur individuellen Selbstverwirklichung angesehen wird. Da die „Beschleunigung aller gesellschaftlichen Prozesse" keine irgendwie abgeschlossene Bildung mehr duldet, gilt diese Begründung nicht nur für die Bildung allgemein, sondern im besonderen auch für die Weiterbildung: „Zum organisierten Lernen in Schule, Berufsschule und Hochschule tritt heute organisiertes Lernen im Bereich der Weiterbildung". Der Begriff des „organisierten Lernens" wird sehr weit gefaßt. Organisiert werden kann nicht unmittelbar das Lernen. Organisiertes Lernen bedeutet vielmehr Lernmöglichkeiten planen und die Lernbedingungen sichern.
Inhaltlich umfaßt Weiterbildung alle möglichen Lernbereiche. Zur Strukturierung eines Weiterbildungsangebotes schlägt die Kommission vor, sich an den Erfahrungsbereichen von Erwachsenen zu orientieren, die sich gruppieren um die Person, die Familie, den Beruf, die Freizeit und um Öffentlichkeit. Dabei ist vom Grundsatz der Einheit der Bildung auszugehen. Deshalb haben alle Bereiche eine gleichrangige Bedeutung und können nicht nach ihrer Wichtigkeit eingestuft werden, eine Ansicht, die heute unter dem Aspekt der leeren Kassen verlorengegangen zu sein scheint, aber selbstverständlich weiterhin gültig ist.

Im nächsten Komplex werden die *Arbeitsbedingungen für den Weiterbildungsbereich* erörtert, wobei festgestellt wird, daß die grundlegende Arbeitsbedingung der Weiterbildung die Abhängigkeit von der Bereitschaft der Erwachsenen zum Weiter-Lernen ist. Aus der „Freiwilligkeit" des Weiter-Lernens wird die zentrale Bedeutung der Motivation für die Weiterbildung abgeleitet, was heißt, daß die Erwachsenen aufgefordert und angeregt werden müssen, der Fortsetzung oder Wiederaufnahme der Rolle des Lernenden zuzustimmen. Das bedeutet, Einsicht in den Sinn von Weiterbildung zu vermitteln, geeignete Angebote übersichtlich zu präsentieren und Vertrauen in die Qualität der jeweiligen Angebote herzustellen, wobei gesichert sein muß, daß die Angebote für die potentiellen Teilnehmer unter zumutbaren Bedingungen wahrgenommen werden können, was die Entfernung zum Veranstaltungsort, die Kosten und die Zeitorganisation betrifft.

Freiwilligkeit der Teilnahme und damit die zentrale Bedeutung der Motivation bedingen den „Marktcharakter der Weiterbildung". Das kann nach den Vorstellungen der Kommission allerdings nicht bedeuten, den Weiterbildungsbereich ausschließlich dem Marktmechanismus von Angebot und Nachfrage auszusetzen. Die Weiterbildungseinrichtungen sollen sich nicht nur an den subjektiven, artikulierten Bildungsbedürfnissen, sondern auch an objektiv feststellbaren, nicht artikulierten Bildungsbedarfen in der Gesellschaft orientieren. Es fehlt auch nicht der Hinweis auf den Zusammenhang von Vorbildung und Weiterbildung, auf die Tatsache, daß je grundlegender die Schulbildung ist, desto größer auch die Bereitschaft sich weiterzubilden. Von da aus erzwingt die Notwendigkeit der Weiterbildung eine bessere Schule. Vorläufig folgt daraus – so lange die Schulreform noch nicht wirksam geworden ist –, daß die Weiterbildung Angebote auch zum Nachholen von Schulabschlüssen machen muß. Bald aber wird sich die Aufgabe der ersten Bildungsphase wesentlich verändern: Die formale Seite des Bildungsprozesses gewinnt immer größere Bedeutung, und das Lernen des Lernens wird wichtiger, als viel gelernt zu haben.

Die *öffentliche Verantwortung* wird noch einmal zu einem besonderen Gegenstand der Erörterung gemacht. Hergeleitet wird sie aus Artikel 17 der Landesverfassung, der die Förderung der Erwachsenenbildung zum Inhalt hat. Die Förderung kann sich aber nicht nur auf die Finanzierungsverpflichtung beschränken – wie noch im Gesetz von 1953 –, sondern enthält ebenso die Verpflichtung des Landes, ordnend in den Weiterbildungsbereich einzugreifen. Es werden besondere Rechtsformen für die Weiterbildungsinstitutionen gefordert. Wie sie aussehen sollten, bleibt allerdings offen. Für die Volkshochschulen regelt diese Frage ein wenig später das Gutachten „Volkshochschule" der kommunalen Gemeinschaftsstelle für Verwaltungsvereinfachung (2).

Um eine flächendeckende Versorgung der Bevölkerung mit Weiterbildungsangeboten zu erreichen, ist es nötig, den öffentlichen Trägern die Pflicht dazu zu übertragen. Die Kommission folgte damit einer Anregung des Deutschen Städtetages vom 27. August 1971, nach der die kreisfreien Städte und Kreise die Pflichtaufgabe übernehmen sollten: Pflichtaufgabe als Teil der

Selbstverwaltung von Städten und Kreisen, nicht an Weisungen des Landes gebunden. Heute ist wichtig festzustellen, daß zur Pflichtaufgabe nicht nur ein optimal organisiertes Mindestangebot gehören sollte, sondern die Befriedigung der Nachfrage auch über das Mindestangebot hinaus.
Ganz konkrete Vorstellungen entwickelte die Kommission in bezug auf die personelle Mindestausstattung jeder Einrichtung im Rahmen der Pflichtaufgabe. Bei kreisfreien Städten waren acht hauptberuflich pädagogische Mitarbeiter vorzusehen, bei den anderen Einrichtungen mindestens drei hauptberuflich pädagogische Mitarbeiter. Bei gleichwertigen Leistungen sollten die nichtöffentlichen Träger nach den gleichen Maßstäben gefördert werden.
Die Förderung der Weiterbildung durch das Land beschränkt sich nicht nur auf die finanzielle Förderung, auf die ein gesetzlich festgelegter Rechtsanspruch zu bestehen habe, sondern weiter auf:
— Einrichtung eines Landesinstituts
— die Errichtung von Lehrstühlen der Erwachsenenbildung an den Hochschulen des Landes
— die Einleitung von Kooperation zwischen überregionalen Einrichtungen
— die Beteiligung an der Entwicklung eines bundeseinheitlichen Weiterbildungs-Informationssystems
— die Ausarbeitung eines Landesentwicklungsplanes.
Der Komplex *Pädagogische Organisation* befaßt sich mit der Vielfalt der Arbeitsformen, die als kennzeichnend für die Erwachsenenbildung angesehen werden, besondere Variabilität und Flexibilität im Einsatz von Methoden und Themen erfordert, damit den unterschiedlichen Motivationen und Voraussetzungen der Teilnehmer entsprochen werden kann. Neue Arbeitsformen müßten deshalb ständig entwickelt und erprobt werden. Herausgehoben wird die Forderung nach der Entwicklung von Selbstlernprogrammen, um neue Möglichkeiten für individuelles Lernen zu schaffen.
Ein eigener Abschnitt ist dem Baukastensystem gewidmet. Im Interesse der Lernenden sei es notwendig, „einen Teil der vorhandenen Weiterbildungsangebote übersichtlich zu Systemen zusammenzufassen und zu ordnen." Chancen, Bedingungen und z.T. auch Grenzen des Baukastensystems werden im weiteren Verlauf der Erörterungen ausführlich dargestellt. Die bisher entwickelten VHS-Zertifikate sollten dabei als Ansatz für ein bundeseinheitliches System von Fach-Zertifikaten angesehen werden. Die besondere Bedeutung des Baukastensystems für den zweiten Bildungsweg wird herausgearbeitet.
Am Abschnitt über das Baukastensystem zeigt sich, daß die besonderen Interessen und Vorlieben einzelner Kommissionsmitglieder durchaus in den Ergebnissen ihren Niederschlag gefunden haben. Wer denkt beim Baukastensystem nicht an Heinz-Theodor Jüchter, damals noch Fachbereichsleiter an der Volkshochschule Wuppertal, Mitglied der Kommission. Ähnliches gilt für Klaus Senzky, damals Leiter der Volkshochschule Duisburg, ebenfalls Mitglied der Kommission, dessen Bemühungen, den systemtheoretischen Ansatz für die Weiterbildung nutzbar zu machen, an vielen Stellen des Be-

richtes, wo es um strukturelle Fragen geht, mit Händen zu greifen sind. Womit ich nicht sagen will, daß die anderen Kommissionsmitglieder weniger zu den Ergebnissen beigetragen hätten. Bei Heinz-Theodor Jüchter und Klaus Senzky liegt es deshalb nahe, weil ich Person und Arbeit aus größerer Nähe kennengelernt habe.

Ein Abschnitt widmet sich der Hochschule als Weiterbildungs-Institution. Die Hochschule sollte auch Weiterbildungsaufgaben übernehmen, und zwar vornehmlich solche, die in einem „unmittelbaren Zusammenhang mit Forschung und Wissenschaft stehen."

Zu „Medien und Weiterbildung" wird für die pädagogische Organisation der Einsatz moderner Unterrichtsmedien für notwendig gehalten. Für die Einrichtung der Weiterbildung ist eine Grundausstattung mit technischen Geräten vorzusehen. Medienprogramme sollten in allgemein zugänglichen Medienzentren zur Verfügung gestellt werden.

Zur pädagogischen Organisation gehört auch der Bildungsurlaub, der sich nicht nur auf berufliche und politische Inhalte beziehen sollte, sondern auf alle Inhalte der Erwachsenenbildung. Man rechnete damit, daß sich die Zeiten der Freistellung von der Arbeit für Weiterbildung in Zukunft verlängern würden und daß sich mit der schrittweisen Einführung von Bildungsurlaub eine stimulierende Wirkung für den gesamten Weiterbildungsbereich ergeben könnte.

Konsequenzen für die bauliche und personelle Ausstattung an Weiterbildungseinrichtungen werden ebenfalls für notwendig gehalten.

Ausführlich wird die für erforderlich gehaltene *Personalstruktur* beschrieben. Nachdem klargestellt worden ist, daß nebenberufliche pädagogische Mitarbeiter auch in Zukunft aus unterschiedlichen Gründen einen erheblichen Teil der Unterrichtstätigkeit übernehmen müßten und daß dies keinesfalls eine Notlösung sei, kommt man sehr schnell auf die ausführlich begründete Forderung, den quartären Bereich der Weiterbildung mit hauptberuflichem Personal für disponierende und Lehrtätigkeit auszustatten. Auf die Gründe ist nicht näher einzugehen; sie sind aus der Literatur hinreichend bekannt.

Ein besonderer Abschnitt befaßt sich mit der Ausbildung der pädagogischen Mitarbeiter. Sie muß nach den Vorstellungen der Kommission sowohl eine pädagogische als auch eine fachwissenschaftliche sein. Die bisherige Ausbildung von „Diplompädagogen mit dem Schwerpunkt Erwachsenenbildung" wird wegen des fehlenden Fachstudiums als nicht ausreichend angesehen. Die zukünftigen hauptberuflichen Mitarbeiter sollten in den Beamtenstatus für den höheren Dienst übernommen werden. Der dafür erforderliche Vorbereitungsdienst sollte in Gesamtseminaren erfolgen, und zwar in engem Kontakt mit dem zukünftig zu errichtenden Landesinstitut für Weiterbildung. Dieses wird als Institution des Theorie-Praxis-Kontaktes gedacht, in der Praktiker mit den Auszubildenden und Wissenschaftlern zusammenkommen sollten.

Sonderregelungen für alle Bewerber werden gefordert, die über keine Hochschulausbildung, aber über für den Weiterbildungsbereich wichtige Erfahrungen verfügen. Aufgrund der Professionalisierung könnten dann Lauf-

bahnen geschaffen werden, ähnlich denen im übrigen Bildungssystem, mit folgendem denkbaren Stellenkegel bei einer Einrichtung mittlerer Größe, nämlich:
> einer A 16-Stelle
> zwei A 15-Stellen und
> fünf A 13/14 Stellen.

Besonders verdienstvoll ist die Tatsache, daß die Kommission mit besonderem Nachdruck auch auf die Notwendigkeit hingewiesen hat, die Weiterbildungseinrichtungen mit quantitativ und qualitativ zureichendem administrativem Personal auszustatten, und dafür bis ins einzelne gehende Vorschläge unterbreitet.

Noch konkreter als der Komplex „Personalstruktur" ist der Komplex *„Finanzierungsmodell"* bearbeitet worden. Die Kommission wendet sich vom „Fehlbedarfsprinzip" ab und geht bei der Erarbeitung ihrer Vorstellungen von dem Finanzierungsansatz aus, den die CDU-Fraktion des Landtages in ihrem Gesetzentwurf vorgeschlagen hatte: Das Land soll Pauschalbeträge für die einzelne Arbeitseinheit und anteilige Kosten für die hauptamtlichen Kräfte übernehmen. Ein solches Finanzierungsmodell machte die Festlegung von Maßeinheiten für die in der Erwachsenenbildung typischen Leistungen erforderlich, einmal für die Organisations- und Planungsleistung und zum anderen für die Unterrichtsleistung. Als Maßeinheit der Zeit wurde die Unterrichtsstunde gewählt, weil sie klarer zu definieren war als die damals noch allgemein eingeführte „Belegungs-Doppelstunde". Um die Maßeinheit für die organisatorische und planerische Leistung zu erhalten, ging man von der Annahme aus, daß eine Relation von Unterrichtsvolumen und disponierender Tätigkeit herstellbar sei. Die Kommission schlug vor, daß ein Unterrichtsvolumen von 2.400 Stunden im Jahr von einem hauptberuflich pädagogischen Mitarbeiter mit überwiegend disponierender Funktion geplant und organisiert werden sollte. Damit war man zu der bekannten Relationsformel von 2.400 : 1 gekommen. Sie wurde als durchschnittlicher praktikabler Erfahrungswert angesehen, der mit einer gemeinsamen Empfehlung der Kultusminister-Konferenz und des Deutschen Städtetages vom 12. März 1970 zur Berufsposition der hauptberuflichen Leiter und pädagogischen Mitarbeiter in der Erwachsenenbildung in Übereinstimmung zu bringen war.

Damit stand auch ein Maß für den Umfang der Pflichtaufgabe zur Verfügung. Die Kommission schlug vor, für jede Weiterbildungseinrichtung öffentlicher Träger von einem Soll von drei hauptberuflich pädagogischen Mitarbeitern auszugehen, bei kreisfreien Städten von acht, was einem Stundenvolumen von 7.200 bzw. 19.200 Stunden im Jahr entspricht. Für die anderen Träger und für Mehrleistungen der öffentlichen Träger sollte der Ist-Ansatz gelten. Zum Schluß folgte eine recht zuverlässige Schätzung des voraussichtlichen Finanzbedarfs.

Ein Komplex beschäftigte sich mit *Bauten für die Weiterbildung,* der dann im zweiten Bericht der Kommission vom März 1975 noch einmal dezidierter dargestellt worden ist. Der Bau von eigenen Häusern wird als unumgänglich bezeichnet, und zwar im wesentlichen aus folgenden Gründen:

- Erwartet wird, daß sich in Zukunft die Weiterbildungsangebote stärker als bisher auf die gesamte Tageszeit erstrecken, insbesondere bei Zielgruppenangeboten und Angeboten im Rahmen des Bildungsurlaubs.
- Das Baukastensystem erfordere eine stärkere zeitliche Konzentrierung der Kurse, die nicht durch zu große Verkehrswege behindert werden dürften.
- Die Ausstattung des Weiterbildungsbereiches mit hauptberuflichem Personal sei unabdingbar.
- Der Werbe- und Signaleffekt neuer Häuser wird als zusätzliches Motivationsinstrument gesehen.

Es folgen Abschnitte über Baufunktion und Ausstattung bis hin zu Vorschlägen für das Bauvolumen, wobei wieder die bereits gefundene Relationsformel 2.400 : 1 herangezogen und auf das Volumen hin ergänzt wird: 2.400 Stunden im Jahr = 1 hauptberuflich pädagogischer Mitarbeiter = 5 Unterrichtsräume. Danach konnte man auch durch entsprechende Zuschläge für sonst erforderliche Räume und Verkehrsflächen das erforderliche Bauvolumen bestimmen nach der Formel: 2.400 : 1 : 600 bis 750 qm.

In einem letzten Komplex werden die *Entscheidungsstrukturen* behandelt. Danach sind die Einrichtungen der Weiterbildung solche unselbständigen Rechts. Die Rechtsaufsicht hat der Träger, er entscheidet vor allem über Haushalt, Investitionen, Stellen, Einstellungen und Entlassungen von hauptberuflichem Personal sowie über die Satzung der Einrichtung.

Eine ,,relative Selbständigkeit" wird für alle pädagogischen Fragen gefordert, abgeleitet aus dem vor allem im Hochschulbereich bekannten Prinzip der Lehrfreiheit. Sie soll nicht nur für Dozenten gelten, sondern auch für die Lehrplangestaltung selbst. Im Verhältnis von Einrichtung zu Trägern wird dem Träger in bezug auf die Lehrplangestaltung eine Rahmenkontrolle zugestanden, die einem Beirat oder einem Kuratorium abgegeben werden kann. Klar ist, daß der Leiter der Einrichtung gegenüber dem Träger die Gesamtverantwortung für die Arbeiten der Einrichtung hat. Für die sonst an Weiterbildungseinrichtungen Beteiligten wie Teilnehmer, Kursleiter, hauptberuflich pädagogische Mitarbeiter und administratives Personal sollte in der Satzung ein Mitspracherecht vorgesehen und institutionalisiert werden. Dem Land wird die oberste Rechtsaufsicht und die Kontrolle über die ordnungsgemäße Verwendung der Haushaltsmittel des Landes zugesprochen.

Wirkungsgeschichte

Was die Wirkungsgeschichte angeht, ist festzustellen, daß die Arbeit der Planungskommission in der Erwachsenenbildungs-Literatur kaum Beachtung gefunden hat (3). Es sind Gründe vorstellbar, an denen dies gelegen haben könnte, nur nicht der, daß die Kommission nicht zu beachtenswerten Ergebnissen gekommen wäre. Ein Grund ist sicher, daß etwa zur gleichen Zeit die Ergebnisse der Beratungen im Bildungsrat vorlagen, die in der Literatur weitaus größere Resonanz gefunden haben — ja selbst das Gutachten

„Volkshochschule" der Kommunalen Gemeinschaftsstelle für Verwaltungsvereinfachung hat bedeutend mehr Beiträge provoziert. Der entscheidende Grund aber scheint mir zu sein, daß die Ergebnisse der Kommission unmittelbar und weitgehend Eingang in das erste Weiterbildungsgesetz des Landes Nordrhein-Westfalen gefunden haben. Dies wiederum hat erhebliche Beachtung gefunden. So gesehen muß man der Arbeit der Kommission hohe Effizienz bescheinigen.

Die Mehrzahl der Ergebnisse und Forderungen finden sich im ersten Weiterbildungsgesetz wieder: Zum ersten Mal in einem Gesetz das verbriefte Recht auf Weiterbildung für jeden Bürger, die Übertragung der Pflichtaufgabe an kreisfreie Städte und Kreise, die Strukturierung der Angebote durch im Gesetz genannte Lernfelder, der Grundsatz der Einheit der Bildung, die Einführung der Professionalisierung und ihre finanzielle Absicherung zumindest im Umfang der Pflichtaufgabe, die Mitwirkungsrechte der an Weiterbildungseinrichtungen Beteiligten, die Freiheit der Lehrplangestaltung, die Errichtung eines Weiterbildungsinstituts und die Weiterbildungsentwicklungsplanung, um nur die wichtigsten zu nennen. Selbst das vorgeschlagene Finanzierungsmodell hat der Gesetzgeber, was den Umfang der Finanzierung durch das Land angeht, übernommen. Die dabei angewandten Maßeinheiten, sowohl für die Leistung Unterrichtung als auch für die Leistung Disposition, haben sich als sehr praktikabel bewährt und werden inzwischen auch in anderen Ländern angewandt.

Die „Empfehlungen zur pädagogischen Organisation nach dem Baukastenprinzip", so dezidiert und einleuchtend sie auch ausgefallen sind, haben sich nicht durchgesetzt, wenn überhaupt, dann noch am ehesten in der betrieblichen und beruflichen Weiterbildung, nicht einmal in den Einrichtungen des Zweiten Bildungsweges, wo es ja wirklich nahegelegen hätte. Diese haben sich überhaupt bis heute viel stärker an Schule als an Erwachsenenbildung orientiert. Die Einführung des Baukastensystems in der Weiterbildung hätte erheblich mehr Anstrengungen auf dem curricularen Sektor und vor allem einen höheren finanziellen Einsatz erfordert. Darüber hinaus sind, wie ich meine, auch noch andere Gründe maßgebend. Ich verweise in diesem Zusammenhang auf meinen Aufsatz in den Hessischen Blättern für Volksbildung (4).

An drei Stellen des Berichtes habe ich aus meiner Sicht einige kritische Anmerkungen zu machen:

1. Die Planungskommission fordert zwar den „Aufbau eines Beratungssystems", beschränkt dieses aber auf Beratung für „individuelle Studien". Gerade die von der Kommission festgestellte Unübersichtlichkeit des Weiterbildungsbereiches, die bewußt gewollte Vielfalt von Trägern mit den unterschiedlichsten Angeboten, der Ausbau des Baukastensystems und die Forderung nach weitgehender Kooperation hätten den Aufbau eines flächendeckenden Systems von Weiterbildungsberatungsstellen notwendig gemacht. In einigen Städten gibt es heute Weiterbildungsberatungsstellen, die effektive Arbeit leisten, in anderen Städten und Regionen werden diese aber umso schmerzlicher vermißt.

2. Die Freiheit der Lehrplangestaltung ist von der Kommission für die Weiterbildungseinrichtungen reklamiert worden und hat Eingang in das erste Weiterbildungsgesetz gefunden. Dennoch hat es immer wieder Eingriffe gegeben, was in einigen Fällen zu heftigen Turbulenzen und zu Nachteilen für Mitarbeiter und Teilnehmer geführt hat. Das Recht auf Freiheit der Lehrplangestaltung, das hat sich dabei gezeigt, ist vom Wohlwollen der Träger abhängig. Einklagbar ist es nicht. Weiterbildungseinrichtungen, vor allem die Volkshochschulen, müssen offen sein für alle Themen und Inhalte, die Erwachsene lernend bearbeiten oder diskutieren wollen. Soweit dadurch nicht das Grundgesetz tangiert ist, müssen Weiterbildungseinrichtungen entsprechende Angebote machen dürfen. Es mindert die Attraktivität der Weiterbildungseinrichtung, wenn sie, von wem auch immer, bevormundet werden. Die Kommission hätte dies sehen können und darauf stärker, als sie es getan hat, insistieren müssen.
3. Die Kommission hat die Gliederung nach Fachbereichen und ihre Besetzung mit entsprechend fachwissenschaftlich ausgebildeten Mitarbeitern empfohlen. Damit hat sie sich an bereits existierenden Strukturen in der Erwachsenenbildung orientiert und den Weiterbildungseinrichtungen ein tragfähiges Gerüst gegeben. Der weitere Verlauf der Entwicklung hat gezeigt, daß die Fachbereichsgliederung dort nicht mehr ausreicht, wo zunehmend fächerübergreifend gearbeitet werden muß (z.B. bei der Zielgruppenarbeit, Stadtteilarbeit u.ä.). Neben dem horizontalen Gliederungsprinzip nach Fachbereichen ist ein vertikales erforderlich, um auch die Wahrnehmung der genannten Aufgaben sinnvoll in das ganze einer Weiterbildungseinrichtung einfügen zu können. Das hat die Kommission nicht gesehen, wohl auch, wie man vielleicht zugeben muß, nicht sehen können.

Diese wenigen kritischen Anmerkungen vermögen nichts daran zu ändern, daß die Planungskommission einen der wichtigsten Beiträge für den Ausbau der Weiterbildung geleistet hat. Es gibt keinen so fundierten und vor allem konkreten Versuch, der durch seine Sprache für Politik und Wissenschaft gleichermaßen verständlich ist, mit dem Ausbau der Weiterbildung als quartären Bereich des Gesamtbildungssystems ernst zu machen.

Daß infolge der leeren Kassen und der vermeintlichen Nicht-mehr-Finanzierbarkeit der Weiterbildung die Entwicklung zum Stillstand gekommen und an einigen Stellen sogar rückläufig ist, sagt nichts darüber aus, daß der Ausbau der Weiterbildung notwendig ist. Wenn diese Gesellschaft eines Tages darauf kommt, daß Weiterbildung nicht nur notwendig, sondern für eine demokratische Entwicklung „unvermeidbar" ist, wird man auf die Arbeit der Kommission zurückgreifen.

Anmerkungen

(1) Der Kultusminister des Landes Nordrhein-Westfalen (Hrsg.): Erwachsenenbildung und Weiterbildung. Erster Bericht der Planungskommission Erwachsenenbildung und Weiterbildung des Kultusministers des Landes Nordrhein-Westfalen. In:

Schriftenreihe Strukturförderung im Bildungswesen des Landes Nordrhein-Westfalen, Heft 19, April 1972.
Ders.: Zur Entwicklung der Weiterbildung. Zweiter Bericht der Planungskommission Erwachsenenbildung und Weiterbildung des Kultusministers des Landes Nordrhein-Westfalen. In: Ebda., Heft 25, März 1975.

(2) Der Bundesminister für Bildung und Wissenschaft (Hrsg.): Volkshochschule, Gutachten der Kommunalen Gemeinschaftsstelle für Verwaltungsvereinfachung (KGSt). In: Schriftenreihe Bildungsplanung 3, 1973.

(3) Dolff, H.: Realistische Perspektiven. Zum Bericht der Planungskommission Erwachsenenbildung und Weiterbildung in Nordrhein-Westfalen. In: VHSiW 24, 1972, 3, S. 120–122.
Ders.: Ein Stück realitätsbezogene Planungsarbeit. Zum zweiten Bericht der Planungskommission in NRW. In: VHSiW 26, 1974, 6, S. 265–266.

(4) Ruhrmann, J.: Baukastensystem heute? Erinnerungen an einen vieldiskutierten Entwurf. In: Hessische Blätter für Volksbildung, 30, 1980, 2, S. 139–143

Volker Otto
Zum historischen Stellenwert des KGSt-Gutachtens „Volkshochschule"

1. Erwachsenenbildung im Wandel

Die Geschichte der Erwachsenenbildung in Deutschland ist eine Geschichte der Personen, die Bildung als lebenslangen Prozeß begreifen, der Einrichtungen, die sie in Handlungsfelder umsetzen, und ihrer Träger, die ihre Arbeit auf Dauer ermöglichen. Sie ist zugleich eine Geschichte der Volkshochschulen, deren Wurzeln in der skandinavischen Heimvolkshochschulbewegung ebenso zu finden sind wie in den volkstümlichen Hochschulkursen etwa der Universitäten in München, Leipzig und Wien.

Mit diesen Feststellungen sollen freilich keine Grundpositionen der Erwachsenenbildung beschrieben werden, deren Differenzierung in personal und sozialwissenschaftlich akzentuierte Sichtweisen, unter psychologischen Aspekten oder geschichtlich-systematischen Integrationsperspektiven in der Literatur verfolgt wird (1). Vielmehr gilt es, darauf hinzuweisen, daß Erwachsenenbildung allgemein und Volkshochschularbeit im besonderen von den Mitarbeitern bestimmt, von Einrichtungen wahrgenommen und von Trägern gesichert werden muß, wenn ihre Aufgabe im Rahmen eines lebenslangen Prozesses von Bildung und Lernen verstanden wird. Diese Aufgabe soll hier beschrieben werden, indem sie sich einem besonderem Aspekt zuwendet, der in der Vergangenheit häufig vernachlässigt wurde: Der Frage, in welchem Umfang Volkshochschularbeit durch ihre Träger beeinflußt wurde und welche Veränderungen sie durch Empfehlungen und Gutachten erfahren hat, die von diesen Trägern initiiert, ausgesprochen oder mitgestaltet wurden.

Dabei ist die Unterscheidung von Einrichtung und Träger einer Volkshochschule keineswegs selbstverständliche Übung derer, die Volkshochschularbeit gestalten: Weithin verstanden sich die Mitarbeiterinnen und Mitarbeiter der Volkshochschule selbst als eine Instanz, in der sie „die" Volkshochschule verkörpern. Erst die „realistische Wende" der Erwachsenenbildung nach dem Zweiten Weltkrieg, die mit einer verstärkten finanziellen Förderung, Institutionalisierung und Professionalisierung der Volkshochschulen einherging und die Veränderungen der Angebotsstruktur der Erwachsenenbildung kennzeichnet, hat dafür gesorgt, daß auch eine veränderte Betrachtung des Verhältnisses von Personal, Einrichtung und Trägern der Volkshochschule erfolgte. Im Zuge einer Entwicklung, die ihren Niederschlag auch in der Gesetzgebung zum Weiterbildungsbereich gefunden hat (2), gewann die Frage nach der demokratischen Legitimation der Volkshochschule, nach finanzieller Verantwortung und Kontrolle, nach gesellschaftlichem Einfluß und örtlicher Verankerung ihrer Arbeit an Bedeutung.

Dabei ist nicht nur die Frage nach dem Verhältnis von Träger und Einrichtung in der Erwachsenenbildung häufig zu kurz gekommen, sondern auch die Problematik von Organisation und Management der Volkshochschularbeit (3). Erst Anfang der siebziger Jahre unseres Jahrhunderts haben die Vertreter der Volkshochschulen diesen Problemkreisen verstärkte Aufmerksamkeit gewidmet. Sie taten es unter dem Eindruck einer Gesellschaftsentwicklung, die sich im Umbruch befand und Individuum und Gesellschaft im neuen Zusammenhang betrachtete. Und sie folgten einem Selbstanspruch, den sie Anfang der sechziger Jahre erstmals in „Stellung und Aufgabe der Volkshochschule" (4) selbst beschrieben hatten: der Anforderung einer umfassenden Öffentlichkeit von Volkshochschule, die sie von anderen Erwachsenenbildungseinrichtungen unterscheidet (5) und für die Klaus Senzky den treffenden Grundsatz entwickelt hat, daß private Träger Weiterbildungsangebote machen *können*, während die öffentlichen Träger Weiterbildungsangebote machen *müssen* (6).

Die öffentliche Bindung der Volkshochschule ergab sich nicht nur aus ihren Förderungsbedingungen, sondern entsprang vielmehr ihrem Anspruch der Offenheit für alle Themen und Teilnehmer. Sie war inhaltlich bestimmt, woraus die institutionell-organisatorische Bindung folgte. Und sie entsprach einer Entwicklung, die Weiterbildung als plural bestimmte Aufgabe in die Trägervielfalt gesellschaftlicher Kräfte stellte. So lag es nahe, für eine Einrichtung, die sich den Kommunen verpflichtet fühlte, auch den organisatorisch-institutionellen Rahmen näher zu beschreiben. Die Volkshochschulen hatten diese kommunale Bindung nicht durchweg gesucht. Sie ergab sich freilich zwingend, als die Frage nach den Verantwortlichkeiten gestellt werden mußte, als ihr Finanzrahmen und institutioneller Ausbau sowie der Grad ihrer Professionalisierung nach einer Antwort drängten, die von ausschließlich privatrechtlich strukturierten Trägern nicht allein gegeben werden konnte. Dabei hatte der Prozeß der Kommunalisierung der Volkshochschulen längst eingesetzt. Er vollzog sich allerdings nicht nur durch unmittelbare Übernahme der kommunalen Trägerschaft, sondern auch durch einen stärkeren Einfluß der Kommune auf die Volkshochschule in privatrechtlicher Trägerschaft („quasi-kommunale" Volkshochschule) (7). Immerhin ist aber der Anteil der Volkshochschulen in unmittelbarer kommunaler Trägerschaft einer Gemeinde, eines Kreises oder eines Zweckverbandes von rd. 52 % im Jahre 1970 auf rd. 61 % im Jahre 1980 gestiegen (8).

Wenn die Frage nach institutioneller Sicherheit, nach organisatorischer Verbindlichkeit und nach kommunaler Bildung gestellt wurde, lag es nahe, eine Antwort von einer Instanz zu erwarten, die sich seit jeher diesen Problemen gewidmet hatte: den kommunalen Spitzenverbänden. Der größte kommunale Spitzenverband — der Deutsche Städtetag — hatte nach dem Zweiten Weltkrieg eine Einrichtung gegründet, deren Hauptaufgabe die Beratung der Kommunen in Organisationsfragen ist: Die Kommunale Gemeinschaftsstelle für Verwaltungsvereinfachung (KGSt) hat die Aufgabe, „der Allgemeinheit auf dem Gebiet des öffentlichen Rechts und der Verwaltungsorganisation zu dienen und sich hierbei mit der Pflege der fachlichen Aufgaben der Kommunalverwaltung und ihrer Erledigung nach einheitlichen Grundsätzen zu befassen" (9). 1964 legte die KGSt ein Gutachten über die öffentlichen Büchereien vor (10). Die fortschreitende Kommunalisierung der

Volkshochschulen ließ die Volkshochschul-Mitarbeiter spüren, welche Veränderungen Organisationsstruktur und Personalstatus, Verwaltungseinbindung und Rechnungslegung unterlagen, wenn der Rechtsträger von einem privatrechtlich geführten eingetragenen Verein in die öffentlich-rechtliche Kommune wechselte. Die nicht unbeträchtlichen Wirkungen, die das KGSt-Gutachten „Kommunale Öffentliche Bücherei" 1964 für den Ausbau und den Status dieser kommunalen Kultureinrichtung hatte, führte dazu, daß auch im Volkshochschulbereich der Ruf nach einem besonderen KGSt-Gutachten für die Volkshochschulen erfolgte. Erst 1970 kam es jedoch zu einem entsprechenden Beschluß der KGSt, nachdem der Bundesminister für Bildung und Wissenschaft die Finanzierung des Gutachtens übernommen hatte — eine ungewöhnliche Entscheidung, die atypisch für die Gutachtertätigkeit der KGSt war. Sie wurde allerdings für die Volkshochschulen insofern erleichtert, als die Neufassung des Bibliotheksgutachtens anstand, so daß beide Gutachten aus Mitteln des Bundes neu bzw. erstmals erstellt wurden.

2. Anmerkungen zur Entstehungsgeschichte des KGSt-Gutachtens „Volkshochschule"

Der Hinweis auf den Erwartungshorizont der VHS-Mitarbeiter, den sie mit einem KGSt-Gutachten über die Volkshochschule verbanden, signalisiert zugleich, daß die 1971 berufenen Mitglieder des KGSt-Gutachterausschusses „Volkshochschule" ihre Arbeit mit einer Aufgabenbeschreibung beginnen sollten, deren inhaltliche Bestimmung durchaus kontrovers erfolgte. Aus der Sicht der KGSt sollte ein Organisationsgutachten erstellt werden, das Grundsätze und Regeln für eine wirtschaftlich arbeitende Verwaltung enthält und die Erledigung der fachlichen Aufgaben nach einheitlichen Grundsätzen ermöglicht (11). Aus der Sicht der VHS-Mitarbeiter, die etwa im Rahmen der VHS-Arbeitskreiskonferenzen der Pädagogischen Arbeitsstelle des DVV ihr Interesse an einem solchen Gutachten bekundet hatten, sollte das KGSt-Gutachten „Volkshochschule" Leistungsziele und Inhalte beschreiben, die dazu beitragen, den Status der Volkshochschule in der Kommunalverwaltung zu verbessern. Außerdem sollten Richtziele für die Ausstattung benannt werden, die auch die personelle Situation auf eine sichere Basis stellen (12). Maßstäbe der Verwaltung sollten also mit Anforderungen und Zielvorstellungen der Bildungsplanung in Einklang gebracht werden. Das Bestreben der KGSt, praxisnahe Empfehlungen zu erarbeiten, findet seinen Ausdruck in einem gutachterlichen Herstellungsverfahren, in dem „die konkreten örtlichen Erfahrungen und wissenschaftlichen Erkenntnisse zu allgemeinen Aussagen und Empfehlungen" zusammengefaßt werden (13). Im Falle des KGSt-Gutachtens „Volkshochschule" berief die KGSt einen Projektleiter sowie einen Gutachterausschuß, dem nicht nur Gutachter von Mitgliedsverwaltungen der KGSt angehörten, sondern auch Sachverständige aus dem Volkshochschulbereich, die nicht Bedienstete einer Kom-

munalverwaltung waren. Eine weitere Besonderheit des KGSt-Gutachterausschusses „Volkshochschule" war die Berufung von zwei Bearbeitern, die die eigentliche gutachterliche Tätigkeit leisteten: Nachdem diese zunächst zwei Mitgliedsverwaltungen in Bayern und anschließend in Nordrhein-Westfalen übertragen worden war, wurde diese Aufgabe im September 1972 einem Verwaltungsfachmann und dem Verfasser dieses Beitrages übergeben (14).
Im Verlauf der gutachterlichen Tätigkeit zeigte sich nicht nur, daß die beteiligten Sachverständigen unterschiedliche Maßstäbe bei der Beurteilung der Analyse, Statistiken und Zustandsbeschreibungen der Volkshochschularbeit anlegten, sondern auch die jeweiligen Erwartungshorizonte die Gutachtertätigkeit nachhaltig beeinflußten. Maßstäbe des Verwaltungshandelns einerseits und der Bildungsplanung andererseits gerieten ebenso in eine Konfrontations-Situation wie die unterschiedlichen Sprachebenen, die an die jeweilige Sichtweise und das spezifische Berufsfeld gebunden waren (15). Was die in der Erwachsenenbildung Tätigen für selbstverständlich hielten, war den Vertretern der Kommunalverwaltung keineswegs von vornherein einsichtig: Die Abneigung, das jeweils Spezifische einer Institution anzuerkennen, erschwerte die Aussprache über die vorgelegten Empfehlungen der sachverständigen Bearbeiter des Gutachtens. Dazu gehörten vorrangig die typischen Arbeitsgänge und Berufspositionen der an Volkshochschulen tätigen Mitarbeiter(innen): Es erwies sich als schwierig, bewußt zu machen, daß das in der Erwachsenenbildung tätige Personal pädagogische Aufgaben erfüllt, die nicht auf die pädagogischen Mitarbeiter beschränkt bleiben, sondern auch vom Verwaltungspersonal wahrzunehmen sind. Dies gilt aber auch für die Frage des Status der Volkshochschule innerhalb der Kommunalverwaltung, in der die Volkshochschule zwar keine Sonderrolle, aber zumindest eine ihren Aufgaben angemessene Verankerung als Amt der Kommunalverwaltung forderte. Und schließlich wurde die Diskrepanz zwischen Verwaltungshandeln und pädagogischem Anspruch deutlich, als die Sachausstattung der Volkshochschule diskutiert wurde und es nur unbefriedigend gelang, einzelne Anforderungen an eine aufgabengemäße Ausstattung entsprechend zu beschreiben. Dazu gehörte u.a. die Frage, ob Volkshochschulen den Anspruch eines eigenen Hauses erheben können.
Die hier erwähnten Beispiele haben im KGSt-Gutachten „Volkshochschule" eine dennoch befriedigende Konkretisierung erfahren: Die Erfassung der typischen Arbeiten und die Beschreibung der typischen Arbeitsplätze gehören zu den ausführlichsten und konkretesten Kapiteln des 1973 abgeschlossenen Gutachtens. Die Empfehlung, die Volkshochschule organisatorisch als „eine selbständige Organisationseinheit der Ämterebene (Institut) mit einem verantwortlichen, fachlich vorgebildeten Leiter" (16) zu führen, bedeutete eine Anerkennung ihrer Arbeit, die nicht unterschätzt werden sollte (17). Die Empfehlung, daß die Volkshochschule über ein Haus und über Räume mit entsprechender Ausstattung verfügen sollte, wurde zwar mit der Einschränkung versehen, daß diese der VHS „in erster Linie" zur Verfügung stehen sollten, zugleich aber wurden Aussagen zur funktionalen Raumaus-

stattung getroffen, die durchaus nicht als selbstverständlich gelten konnten – etwa die Einrichtung von Selbstlernzentren –, und außerdem wurde ein Beispiel für eine Raumbedarfsberechnung entwickelt, und es wurden Empfehlungen über die Zusammenarbeit kommunaler Kulturinstitute ausgesprochen.
Damit ist die Frage nach den inhaltlichen Schwerpunkten des KGSt-Gutachtens „Volkshochschule" gestellt (18). Sie läßt sich hier nur mit dem Hinweis auf die wichtigsten Kapitel beantworten. Das KGSt-Gutachten „Volkshochschule" enthält eine
– Beschreibung der Aufgaben
– Darstellung der Organisation der Volkshochschule in Städten und Gemeindeverbänden
– Schilderung der volkshochschulspezifischen Arbeiten
– Typologie der typischen Arbeitsplätze
und außerdem konkrete Aussagen über die
– Personalausstattung
– Grundsätze der Finanzierung
– Beschreibung des Raumbedarfs und der Bauten für die Weiterbildung
– Rationalisierung der Volkshochschularbeit.
Im folgenden soll versucht werden, den historischen Stellenwert des KGSt-Gutachtens „Volkshochschule" darzustellen, indem seine Aussagen über die Weiterbildung als Aufgabe kommunaler Daseinsvorsorge, über den Organisationsstatus der Volkshochschule als Amt der Kommunalverwaltung und über das Personal der Volkshochschule im einzelnen verfolgt werden.

3. Volkshochschularbeit als Aufgabe kommunaler Daseinsvorsorge

Erwachsenenbildung wird im KGSt-Gutachten „Volkshochschule" als eine Aufgabe kommunaler Daseinsvorsorge anerkannt, die von Gemeinden und Gemeindeverbänden durch eigene Einrichtungen wahrgenommen werden muß (19). Diese Anerkennung verstand sich keineswegs von selbst: Zwar ist unstritten gewesen, daß Kulturarbeit zu den Aufgaben der Kommune gehört, aber schon die Frage, ob sie als freiwillige oder als Pflichtaufgabe wahrzunehmen sei und ob sie Erwachsenenbildung einschließt, wurde kontrovers diskutiert. Wenn heute kommunale Kulturarbeit als Teil kommunaler Selbstverwaltung anerkannt ist, wird dieser Anspruch aus dem Selbstverwaltungsgebot des Grundgesetzes ebenso abgeleitet wie aus der Rechtsprechung des Bundesverfassungsgerichts (20). Gem. Artikel 28 GG muß den Gemeinden das Recht gewährt werden, „alle Angelegenheiten der örtlichen Gemeinschaft im Rahmen der Gesetze in eigener Verantwortung zu regeln. Auch die Gemeindeverbände haben im Rahmen ihres gesetzlichen Aufgabenbereiches nach Maßgabe der Gesetze das Recht der Selbstverwaltung". Das Bundesverfassungsgericht sieht die Aufgabe der kommunalen Selbstverwaltung vor allem darin, die Einwohner zur eigenverantwortlichen Erfüllung öffentlicher Aufgaben der engeren Heimat zusammenzuschließen „mit dem Ziel,

das Wohl der Einwohner zu fördern und die geschichtliche und heimatliche Eigenart zu bewahren" (21). Weil der Umfang der Aufgaben, die in kommunaler Selbstverwaltung wahrgenommen werden sollen, durch das Grundgesetz und die Länderverfassungen nicht eindeutig und abschließend festgelegt ist, müssen den Gemeinden und den Gemeindeverbänden Aufgabenbereiche erhalten bleiben, in denen sie eigenständige politische Entscheidungen treffen können (22). Daß dazu der Bereich der kommunalen Kulturarbeit gehört, ist auch heute noch keineswegs selbstverständlich, wenn auch weniger umstritten als früher. Der KGSt-Gutachterausschuß „Volkshochschule" sah sich zu Beginn der siebziger Jahre freilich mit unterschiedlichen Anforderungen und Aussagen zum Selbstverständnis kommunaler Kulturarbeit konfrontiert, denen eine ebenso differenzierte Praxis kommunaler Kulturarbeit gegenüberstand. Dies galt auch für die Erwachsenenbildung:
- Verfassungsrechtlich wird nur in den Landesverfassungen der Bundesländer Baden-Württemberg, Bayern, Nordrhein-Westfalen, Rheinland-Pfalz, Saarland und Schleswig-Holstein Erwachsenenbildung als Aufgabe des Staates und der Gemeinden bezeichnet, während die Verfassungen von Berlin, Hamburg, Hessen und Niedersachsen keine Bestimmungen über die Erwachsenenbildung enthalten(23).
- In Erklärungen des Deutschen Städtetages wird Erwachsenenbildung 1960 als „Teil der bürgerschaftlichen Selbstverwaltung" anerkannt, und 1969 wird festgestellt, daß sich die Volkshochschule zu einer „wichtigen und umfassenden Selbstverwaltungsaufgabe" entwickelt hat (24).
- Mit den Empfehlungen des Deutschen Bildungsrates und der Bund-Länder-Kommission für Bildungsplanung (25) wird Weiterbildung als Teil des Bildungssystems definiert, der zu institutionalisieren und auszubauen ist: Die „Förderung des Auf- und Ausbaues eines Weiterbildungssystems zu einem Hauptbereich des Bildungswesens als öffentliche Aufgabe" verpflichtet Bund, Länder und Gemeinden (Gemeindeverbände), „im Rahmen ihrer Zuständigkeit für ein ausreichendes Angebot an Bildungsmaßnahmen" zu sorgen (26). Gleichzeitig erkennt der Deutsche Städtetag in einer Empfehlung über „Stellung und Aufgabe der kommunalen Volkshochschule" von 1969 an, daß sie „ein fester Bestandteil des Bildungsangebotes" einer Gemeinde oder eines Gemeindeverbandes sei, ein Grundsatz, der von der KGSt im Gutachten „Volkshochschule" übernommen wurde (27).
- Die ersten Landesgesetze zum Weiterbildungsbereich sind Förderungsgesetze der Erwachsenenbildung, die davon ausgehen, daß in der Regel die Kommunen Träger der Volkshochschularbeit sind. Als erstes – und bis zur Verabschiedung des KGSt-Gutachtens „Volkshochschule" einziges – Gesetz erkennt das hessische Volkshochschulgesetz die Errichtung und Unterhaltung einer Volkshochschule als Pflichtaufgabe der kreisfreien Städte und der Landkreise an (28).

3.1 Pflichtaufgabe

Fragt man nach dem historischen Stellenwert des KGSt-Gutachtens „Volkshochschule", so muß anerkannt werden, daß es mit entschiedener Deutlichkeit davon ausgeht, daß Erwachsenenbildung eine Aufgabe ist, die in öffentlicher Verantwortung wahrgenommen werden muß, und daß diese Aufgabenwahrnehmung durch die Kommune zu erfolgen hat. Dabei ist von Bedeutung, daß Volkshochschularbeit nicht nur als Ermessensaufgabe bezeichnet wird, sondern als eine Pflichtaufgabe – auch dort, wo diese Pflicht nicht gesetzlich abgeleitet werden konnte. Damit findet zugleich eine These ihre Bestätigung, die davon ausgeht, daß kommunale Kulturarbeit eine Selbstverwaltungs-Pflichtaufgabe sei, die auch ohne besondere fachgesetzliche Regelung als solche anerkannt wird, da sie dem „communis opinio" der Gemeindebürger, dem Sozialstaatsgebot und Grundrechtskatalog des Grundgesetzes sowie dem Postulat kommunaler Daseinsvorsorge entspricht (29).

Die KGSt ist jedoch noch einen Schritt weiter gegangen: Dem Postulat der kommunalen Pflichtaufgabe, der Anerkennung der Volkshochschule als einer Einrichtung, die Aufgaben der Daseinsvorsorge im kommunalen Wirkungskreis wahrnimmt, hat sie das Gebot umfassender Öffentlichkeit zur Seite gestellt: „Die Volkshochschule unterbreitet ein systematisches Angebot für die Weiterbildung. Dieses Angebot ist weder inhaltlich noch methodisch beschränkt. Es eröffnet Möglichkeiten zum systematischen Lernen, erfaßt den kreativen Bereich und dient der Information und Kommunikation. Die Volkshochschule ist „offen für alle", heißt es in dem mit „Grundsatz" überschriebenen ersten Kapitel, das die Aufgaben der Volkshochschulen nennt (30).

3.2 Organisationsstatus: Amt

Und schließlich hat die KGSt die Konsequenzen aus der Anerkennung der Volkshochschule als kommunale Aufgabe der Daseinsvorsorge, als kommunale Pflichtaufgabe und damit als vom Prinzip der Öffentlichkeit gekennzeichnete Einrichtung gezogen, indem sie ihren Organisationsstatus in der Kommunalverwaltung eindeutig festgelegt hat: Die Volkshochschule soll als selbständiges Amt der Kommunalverwaltung geführt werden, „wenn sich die Organisationsform vom Aufgabenumfang, vom Haushaltsvolumen und von der Personalausstattung her rechtfertigen läßt und wenn darüber hinaus der Umfang der Verwaltungsarbeiten Personal des allgemeinen, nichttechnischen Verwaltungsdienstes erfordert" (31). Mit dieser Empfehlung wird sowohl den Grundsätzen der von der KGSt entwickelten Organisationslogik entsprochen als auch den Bedürfnissen der Arbeitspraxis. Denn die Auflistung der Arbeiten und typischen Arbeitsplätze, die im KGSt-Gutachten „Volkshochschule" detailliert erfolgt, hat zum Ergebnis, daß die Volkshochschule auch mit Personal für die Wahrnehmung von allgemeinen Verwaltungsaufgaben auszustatten ist, die einen so spezifisch auf das Aufgabengebiet der Volkshochschule bezogenen Charakter haben, daß eine Zusammenfassung von VHS-Arbeit und Verwaltung in einer Organisationseinheit zweckdienlich ist. Zugleich wurde damit aber auch der Anforderung entsprochen, daß der Volkshochschule allgemeine Aufgaben der Weiterbildung zuzuweisen sind, für die die Kommune zuständig ist. Dazu kann z.B. die Weiterbildung des kommunalen Personals gehören (32). Organisationsstatus und personelle Ausstattung sollen der Bedeutung der Aufgaben der Volkshochschule entsprechen und sie funktionsfähig machen. Dabei kommt es nicht nur auf die Form der organisatorischen Eingliederung an, sondern vor allem auf die Ebene der Zuordnung. Wenn empfohlen wird, die Volkshochschule als Organisationseinheit eigener Art auf der Ämterebene einzuordnen, hat dies u.a. zur Konsequenz, daß die Volkshochschule in einer dreistufigen Verwaltung dem Dezernenten, in einer zweistufigen Verwaltung dem Hauptverwaltungsbeamten (Oberbürgermeister, Oberstadtdirektor / Landrat, Oberkreisdirektor) unmittelbar unterstellt wird. Mit den Empfehlungen der KGSt in ihren Gutachten „Volkshochschule" und „Verwaltungsgliederungsplan" (33) ist zugleich die Frage negativ beantwortet worden, ob die Volkshochschule als Abteilung — etwa des Kulturamtes — geführt werden sollte. Andererseits ist jedoch — besonders für großstädtische Volkshochschulen — die Möglichkeit eröffnet, das Amt Volkshochschule in Abteilungen und nach Sachgebieten zu untergliedern.

Wenn an dieser Stelle die Empfehlung der KGSt, die Volkshochschule als Amt der Kommunalverwaltung bzw. als unselbständige Anstalt auf der Ämterebene zu führen, positiv hervorgehoben wird, ist freilich daran zu erinnern, daß sich auch andere Rechtsformen für die Trägerschaft der Volkshochschule ergeben könnten, die den aufgabenspezifischen Anforderungen der Volkshochschule ebenso entsprechen wie dem Erfordernis der kommunalen Bindung: Es sei hier nur an die Möglichkeit erinnert, die Volkshochschule als selbständige Kommunalanstalt zu errichten — ein Vorschlag, der vom Verfasser bereits 1973 unterbreitet wurde und — zumindest in Hessen — seit 1981 auch gesetzlich möglich ist. Er stände in Übereinstimmung mit der KGSt-Feststellung, daß die Übertragung der öffentlichen Aufgabe „Weiterbildung" an eine juristische Person des öffentlichen Rechts ähnlich günstige Voraussetzungen schaffen könnte wie die Einordnung der Volkshochschule in die kommunale Gesamtverwaltung (34).

3.3 Personal

Die historische Bedeutung des KGSt-Gutachtens „Volkshochschule" wird auch daran deutlich, welche Konsequenzen die Empfehlungen der KGSt zum Personal der Volkshochschule gehabt haben. Es wurde bereits darauf hingewiesen, daß die detaillierte Beschreibung der volkshochschulspezifischen Arbeiten und die Typologie der typischen Arbeitsplätze zu den Kernbereichen des KGSt-Gutachtens „Volkshochschule" gehören. Die Darstellung der Leitungstätigkeiten, der pädagogischen Arbeiten — differenziert nach Planung, Organisation, Arbeiten für Lehrveranstaltungen, pädagogische Beratung sowie Werbung und Öffentlichkeitsarbeit — war das Ergebnis einer sorgfältigen Arbeitsplatzanalyse, von Umfragen der KGSt und von Empfehlungen Dritter, insbesondere des Arbeitskreises Großstädtischer Volkshochschulen, in dem die Berufspositionen der Volkshochschulmitarbeiter seit 1954 regelmäßig diskutiert und 1971 konkretisiert worden waren (35). Dies gilt entsprechend für die Darstellung der typischen Arbeitsplätze, die nach VHS-Leiter, Pädagogische Mitarbeiter – untergliedert in Fachbereichsleiter, Fachgruppenleiter und Weiterbildungslehrer – und Verwaltungsmitarbeiter – diese differenziert nach Verwaltungsleiter, Sachbearbeiter, Zuarbeiter und Medientechniker – beschrieben wurden. Heftig umstritten und häufig kontrovers diskutiert waren die Empfehlungen zur Personalausstattung der Volkshochschule, die schließlich nicht nur allgemein mit dem Hinweis auf den „jeweils örtlich festzustellenden Bedarf" beantwortet (36), sondern in einem Stufenplan konkretisiert wurden: Um die Leistungsziele des Gutachtens zu erreichen, wird empfohlen, neben der Stelle des VHS-Leiters die Fachbereiche Sozialwissenschaften, Erziehungs- und Geisteswissenschaften, Sprachen, Wirtschaft und Kaufmännische Praxis, Mathematik–Naturwissenschaften–Technik, Kreatives Gestalten sowie Freizeitaktivitäten und Gesundheit, Gymnastik, Körperpflege, Haushaltsführung hauptberuflich zu besetzen. Dieses sogenannte „Achtermodell" sollte stufenweise erreicht werden. Wichtig ist auch, daß für die Berechnung weiteren Personalbedarfs im pädagogischen Bereich empfohlen wird, „davon auszugehen, daß ein Lehrvolumen (nebenberuflicher Unterricht) von 2.400 Unterrichtsstunden im Jahr von je 45 Minuten Dauer von einem hauptberuflichen/ -amtlichen pädagogischen Mitarbeiter überwiegend geplant und organisiert werden soll" (37).

Heute kann festgestellt werden, daß sich die Fachbereichsgliederung und Empfehlungen zur Personalausstattung gewiß nicht an allen Volkshochschulen nach diesen Richtwerten erfüllt haben, daß jedoch eine weitgehende Angleichung an die Gliederung, Aufgabenzuweisung und Tätigkeitsbeschreibungen zu verzeichnen ist. Unabhängig von allen örtlichen Besonderheiten und individuellen Bedingungen hat hier das KGSt-Gutachten „Volkshochschule" eine weitaus stärkere prägende Kraft gezeigt als etwa verbandliche Empfehlungen.

4. Kommunalität als Strukturprinzip

Folgt man den hier nachvollzogenen Entwicklungslinien des KGSt-Gutachtens „Volkshochschule" und seinen wichtigsten Grundsätzen und Empfehlungen, so wird man feststellen können, daß das Prinzip der Kommunalität der Erwachsenenbildung (38) im KGSt-Gutachten „Volkshochschule" eine positive Bestätigung erfahren hat. Kommunalität wird dabei als Prinzip öffentlicher Bindung an den überschaubaren Raum der Gemeinde und des Gemeindeverbandes verstanden, das sich durch Bürgernähe, öffentlich-rechtliche Förderung und Kontrolle sowie kommunale Selbstverwaltung auszeichnet. Klaus Senzky hat darauf aufmerksam gemacht, daß Kommunalität

- unter aktuellem Bezug eine für die Volkshochschule kennzeichnende Form von Offenheit beschreibt
- unter historischem Aspekt für die Volkshochschule nichts Geringeres bedeutet als die Entdeckung ihrer Identität, weil der Begriff eine Nähe zur Gemeinde herausstellt, von der man lange Zeit übersah, daß sie die Verbindung von allgemeiner Zugänglichkeit, umfassender Angebotsgestaltung, individueller Meinungsbildung und einlösbarem Recht auf Weiterbildung ermöglicht
- unter systematischem Aspekt für die Erwachsenenbildung die Wiederentdeckung eine der Bedingungen ihrer Möglichkeit bedeutet
- unter demokratietheoretischem Aspekt auf den Leistungsvorteil demokratisch verfaßter Öffentlichkeit verweist (39).

Das KGSt-Gutachten „Volkshochschule" hat dazu beigetragen, daß die hier beschriebenen Möglichkeiten von Kommunalität als Prinzip öffentlicher Erwachsenenbildung eine neue Qualität erhalten. Die institutionelle Bindung der Volkshochschule an die Kommune durch Übernahme des Aufgabenbereichs Weiterbildung in kommunale Trägerschaft, die Eingliederung in die Organisationsstruktur der Kommunalverwaltung und die damit verbundene öffentliche Verantwortung für ihre Aufgaben tragen auch dazu bei, daß die Volkshochschule als öffentliche Einrichtung legitimiert wird und Weiterbildung als Hauptbereich des Bildungssystems Anerkennung erfährt. Dies gilt auch dann, wenn kritisch angemerkt werden muß, daß die praktischen Wirkungen des KGSt-Gutachtens „Volkshochschule" nicht dem entsprechen, was sich viele Mitarbeiter der Volkshochschule erhofft hatten und kommunale Bindung dort in Gefahr gerät, wo einschneidende Sparmaßnahmen die Weiterbildung allgemein und die Volkshochschulen im besonderen rascher erreichen als andere Bereiche öffentlicher Dienstleistung. Je knapper die Mittel, desto besser sind sie in Bildung angelegt. Diese Feststellung gilt auch für die Weiterbildung, und sie gilt für die Erwachsenenbildung als Aufgabe kommunaler Daseinsvorsorge durch Volkshochschulen. „Praxis ist ständig gezwungen zu handeln und neigt deshalb dazu, Wirklichkeit als Gegebenheit zu nehmen. Theorie erschließt dagegen deren Möglichkeitshorizont," schreibt Klaus Senzky 1981(40). Im Jahre seines 60. Geburtstages muß daran erinnert werden, daß Kommunalität nicht nur ein theoretischer Anspruch von Erwachsenenbildung und Volkshochschularbeit ist, sondern Anlaß und Verpflichtung zum Handeln bedeutet.

Anmerkungen

(1) Klaus Kürzdörfer (Hrsg.): Grundpositionen und Perspektiven der Erwachsenenbildung (Klinkhardts pädagogische Quellentexte). Bad Heilbrunn 1981. – Zum Verhältnis von Theorie und Praxis in der Erwachsenenbildung und zur Theoriebildung siehe Franz Pöggeler, Bernt Wolterhoff (Hrsg.): Neue Theorien der Erwachsenenbildung (Handbuch der Erwachsenenbildung, Bd. 8). Stuttgart 1981. – Siehe hier besonders den Beitrag von Klaus Senzky: Erwachsenenpädagogische Theoriebildung – Resumé der Entwicklung seit 1945. In: Franz Pöggeler, Bernt Wolterhoff (Hrsg.): Neue Theorien der Erwachsenenbildung, a.a.O., S. 142–160.

(2) Siehe hier: Klaus Senzky: Rechtsgrundlagen der Erwachsenenbildung. In: Ekkehard Nuissl: Taschenbuch der Erwachsenenbildung. Baltmannsweiler 1982, S. 12–36.

(3) Auch hier wegweisend die Veröffentlichung von Klaus Senzky: Management der Erwachsenenbildung – eine Einführung. In: Albrecht Beckel, Klaus Senzky: Management und Recht der Erwachsenenbildung (Handbuch der Erwachsenenbildung, Bd. 2). Stuttgart 1974, S. 11–170.

(4) Deutscher Volkshochschul-Verband e.V. (Hrsg.): Die Volkshochschule – ihre Stellung und Aufgabe im Bildungssystem. Frankfurt am Main 1963. – Ders., Stellung und Aufgabe der Volkshochschule. Bonn 1966. – Ders., Stellung und Aufgabe der Volkshochschule (Neufassung). Bonn 1978.

(5) Siehe hierzu: Volker Otto: Erwachsenenbildung als Weiterbildung. Zur Legitimation öffentlicher Weiterbildung durch die Volkshochschule. In: Hessische Blätter für Volksbildung, H. 1 (1979), S. 14–20.

(6) Darauf verweist Dieter Sauberzweig: Weiterbildung – Voraussetzung für eine humane Zukunft. In: Volker Otto, Wolfgang Schulenberg, Klaus Senzky (Hrsg.): Realismus und Reflexion. Für Hans Tietgens. München 1982, S. 40 und Anm. 17, S. 44: „Dieser von Klaus Senzky entwickelte Grundsatz liegt der sogenannten ‚Krefelder Formel' des ersten Berichts der Planungskommission Erwachsenenbildung und Weiterbildung des Kultusministers von Nordrhein-Westfalen zugrunde". – Siehe auch: Klaus Senzky: Volkshochschule als kommunale Aufgabe. In: Hessische Blätter für Volksbildung, H. 4 (1982), S. 294 und Anm. 41a, S. 298.

(7) Siehe hierzu: Volker Otto, Hans Müller: Die Volkshochschule im Gefüge der kommunalen Selbstverwaltung (SESTMAT-Studieneinheit). Bonn – Frankfurt am Main 1977, S. 22.

(8) Siehe: Statistische Mitteilungen des Deutschen Volkshochschul-Verbandes. Zusammengestellt von der Pädagogischen Arbeitsstelle des DVV, Frankfurt. Arbeitsjahr 1970/Arbeitsjahr 1980. Frankfurt am Main 1971/1981.

(9) Kommunale Gemeinschaftsstelle für Verwaltungsvereinfachung (KGSt): Arbeitsergebnisse mit Stichwortverzeichnis. Stand: 30.6.1975. 11. Aufl., Köln 1975, S. 9.

(10) Kommunale Gemeinschaftstelle für Verwaltungsvereinfachung (KGSt): Kommunale Öffentliche Bücherei. Gutachten. Köln 1964.

(11) Siehe Anm. 9.

(12) Siehe hierzu die Konferenzberichte und Protokolle der Arbeitskreiskonferenzen der VHS-Leiter auf Bundesebene, die von der Pädagogischen Arbeitsstelle des DVV bzw. vom Arbeitskreis Großstädtischer Volkshochschulen veranstaltet wurden.

(13) Kommunale Gemeinschaftsstelle für Verwaltungsvereinfachung (KGSt): Arbeitsergebnisse mit Stichwortverzeichnis, a.a.O., S. 10.

(14) Mitglied im KGSt-Gutachterausschuß „Volkshochschule" war auch Dr. Klaus Senzky, damals Direktor der Volkshochschule Duisburg. – Projektleiter war Hartmut H. Boehmer, damals Kulturdezernent in Viersen; Projektbearbeiter waren Stadtamtsrat Wolfgang Lückehe, Mannheim, und Dr. Volker Otto, Frankfurt

am Main, damals wissenschaftlicher Mitarbeiter der Pädagogischen Arbeitsstelle des Deutschen Volkshochschul-Verbandes.

(15) Siehe hierzu: Hans Tietgens: Das KGSt-Gutachten „Volkshochschule" – Anmerkungen zu seinem Entstehungsprozeß. In: Volkshochschule im Westen, 25. Jg. (1973), H. 5, S. 199–201.

(16) Der Bundesminister für Bildung und Wissenschaft (Hrsg.): Volkshochschule. Gutachten der Kommunalen Gemeinschaftsstelle für Verwaltungsvereinfachung (KGSt) – (Schriftenreihe Bildungsplanung, Bd. 3). Bonn 1973, S. 18. – Im folgenden zitiert als KGSt-Gutachten „Volkshochschule".

(17) Klaus Senzky: Notwendigkeiten und Nöte einer fälligen Reform. Zu drei KGSt-Gutachten über „Funktionelle Organisation". In: Volkshochschule im Westen, 25. Jg. (1973), H. 5, S. 205.

(18) Siehe zusammenfassend: Volker Otto: Grundzüge des Inhalts des KGSt-Gutachtens „Volkshochschule". In: Arbeitskreis Großstädtischer Volkshochschulen. Konferenzbericht Essen – 20. bis 23. Mai 1973. Wiesbaden 1973, S. 21–27. – Abgedruckt in: Volker Otto, Klaus Senzky (Hrsg.): Volkshochschule in der Großstadt (Dokumentationen zur Geschichte der Erwachsenenbildung). Bad Heilbrunn 1983, S. 249–253. – Volker Otto: Das KGSt-Gutachten „Volkshochschule". In: Volkshochschule im Westen, 25. Jg. (1973), H. 5, S. 196–199

(19) KGSt-Gutachten „Volkshochschule", a.a.O., S. 1.

(20) Siehe hierzu: Ernst Pappermann: Stellenwert und Finanzierung kommunaler Kulturarbeit. In: Deutscher Städtetag (Hrsg.): Im Dienst deutscher Städte 1905–1980. Ein kommunales Sachbuch zum 75jährigen Jubiläum (Neue Schriften des Deutschen Städtetages, H. 40). Stuttgart 1980, S. 73–88.

(21) Ernst Pappermann: Stellenwert und Finanzierung kommunaler Kulturarbeit, a.a.O., S. 76 (mit Verweis auf E 11, S. 275 f.).

(22) Siehe hierzu: Volker Otto, Hans Müller: Die Volkshochschule im Gefüge der kommunalen Selbstverwaltung, a.a.O., S. 6 f.

(23) Verfassung von Baden-Württemberg (1953), Art. 22; Bayern (1946), Art. 83 und 139; Nordrhein-Westfalen (1950), Art. 17; Rheinland-Pfalz (1947), Art. 37; Saarland (1947), Art. 32; Schleswig-Holstein (Landessatzung von 1949), Art. 7 (2). – Ferner: Bremen (1947), Art. 35.

(24) Deutscher Städtetag: Für die Erwachsenenbildung. Präsidium DST 8.12.1960. In: Städtische Kulturpolitik. Empfehlungen, Richtlinien und Hinweise des Deutschen Städtetages zur Praxis städtischer Kulturpolitik 1946 bis 1970 (Neue Schriften des Deutschen Städtetages, H. 26). Köln 1971, S. 48. – Deutscher Städtetag: Stellung und Aufgaben der kommunalen Volkshochschule. Präsidium DST 8.7.1969. In: Städtische Kulturpolitik, a.a.O., S. 36.

(25) Deutscher Bildungsrat: Empfehlungen der Bildungskommission: Strukturplan für das Bildungswesen. Verabschiedet auf der 27. Sitzung der Bildungskommission am 13. Februar 1970. Bonn 1970. – Bund-Länder-Kommission für Bildungsplanung: Bildungsgesamtplan. Verabschiedet am 15. Juni 1973 in Bonn. 2 Bde., Stuttgart 1973.

(26) Bund-Länder-Kommission für Bildungsplanung, Bildungsgesamtplan, a.a.O., 1. Bd., S. 59.

(27) Deutscher Städtetag: Stellung und Aufgabe der kommunalen Volkshochschulen, Präsidium DST 8.7.1969. In: Städtische Kulturpolitik, a.a.O., S. 37. – Ders., Kooperation in der Erwachsenenbildung. Präsidium DST 7.7.1970. In: Städtische Kulturpolitik, a.a.O., S. 39. – Ders., Thesen zur Gesetzgebung bei der Erwachsenenbildung. Präsidium DST 27.8.1971. – KGSt-Gutachten „Volkshochschule", a.a.O., S. 4.

(28) (Hessisches) Gesetz über Volkshochschulen v. 12. Mai 1970 (GVBl. I S. 341), zuletzt geändert durch Gesetz v. 1. April 1981 (GVBl. I S. 138) i.d.F. vom 21. Mai 1981 (GVBl I S. 198).

(29) Ernst Pappermann: Stellenwert und Finanzierung kommunaler Kulturarbeit, a.a.O., S. 79. – Der Schlußfolgerung des Autors, daß sich aus dieser Argumentation heraus auch die Entbehrlichkeit spezieller Kultur-Gesetze ergebe, vermag der Verfasser dieses Beitrages nicht zu folgen.

(30) KGSt-Gutachten „Volkshochschule", a.a.O., S. 1.

(31) KGSt-Gutachten „Volkshochschule", a.a.O., S. 19.

(32) Dafür trat nachhaltig Klaus Senzky ein, der auch an den KGSt-Gutachten „Funktionelle Organisation" mitwirkte. Siehe: Klaus Senzky: Notwendigkeiten und Nöte einer fälligen Reform. In: Volkshochschule im Westen, 25. Jg. (1973), H. 5, S. 202–205.

(33) Kommunale Gemeinschaftsstelle für Verwaltungsvereinfachung (KGSt): Verwaltungsorganisation der Gemeinden. Teil II – Verwaltungsgliederungsplan. 3. Aufl., Köln 1968.

(34) Volker Otto: Volkshochschule und Kommune. Formen der Trägerschaft und Status der Volkshochschule in der Kommunalverwaltung. In: Das Forum, 13. Jg. (1973), H. 4, S. 21–34. – (Hessisches) Gesetz über Volkshochschulen v. 12.5. 1970 i.d.F. v. 21.5.1981 (GVBl. I S. 198), § 5 (1). – Siehe auch die Erläuterungen im KGSt-Gutachten „Volkshochschule", a.a.O., Anm. 23, S. 17.

(35) Siehe hierzu: Volker Otto, Klaus Senzky (Hrsg.): Volkshochschule in der Großstadt (Dokumentationen zur Geschichte der Erwachsenenbildung). Bad Heilbrunn 1983.

(36) KGSt-Gutachten „Volkshochschule", a.a.O., S. 71.

(37) KGSt-Gutachten „Volkshochschule", a.a.O., S. 69. – Damit wird keine KGSt-spezifische Empfehlung gegeben, sondern die Empfehlung der Gemeinsamen Erklärung des Kulturausschusses des Deutschen Städtetages und des Ausschusses für Kunst und Erwachsenenbildung der ständigen Konferenz der Kultusminister der Länder vom 16. Januar 1970 ebenso aufgegriffen wie die der Planungskommission Erwachsenenbildung und Weiterbildung des Kultusministers des Landes Nordrhein-Westfalen von 1972.

(38) Zur Kommunalität der Erwachsenenbildung siehe: Hans Tietgens: Der Wandel des Legitimationsbegriffs und die Erwachsenenbildung. In: Hessische Blätter für Volksbildung, H. 1 (1979), S. 13. – Siehe hierzu im gleichen Heft: Volker Otto: Legitimationsprobleme der Erwachsenenbildung; ders.: Erwachsenenbildung als Weiterbildung. Zur Legitimation öffentlicher Weiterbildung durch die Volkshochschule; Klaus Senzky: Erwachsenenbildung als System. Zur anthropologischen Begründung der Erwachsenenbildung. – Der Begriff der Kommu-

nalität in Bezug auf die Erwachsenenbildung wurde in folgenden Veröffentlichungen weiterentwickelt: Volker Otto: Institutionelle Bedingungen. In: Willy Strzelewicz u.a.: Bildung und Lernen in der Volkshochschule (Theorie und Praxis der Erwachsenenbildung). Braunschweig 1979, S. 84–90. – Hans Tietgens: Das Angebot. In: Willy Strzelewicz u.a.: Bildung und Lernen in der Volkshochschule, a.a.O., S. 110–112. – Klaus Senzky: Kommunalität und Erwachsenenbildung. In: Volker Otto, Wolfgang Schulenberg, Klaus Senzky (Hrsg.): Realismus und Reflexion, a.a.O., S. 46–58. – Die Vielschichtigkeit des Gesamtproblems der Kommunalität von Erwachsenenbildung zeigte das 5. Frankfurter Gespräch zur Erwachsenenbildung, das der Hessische Volkshochschulverband am 13. Mai 1982 veranstaltete und das in H. 4 (1982) der Hessischen Blätter für Volksbildung dokumentiert ist (siehe die Beiträge von Volker Otto/Redaktion, Klaus Senzky, Ernst Pappermann, Albrecht Beckel).

(39) Klaus Senzky: Kommunalität und Erwachsenenbildung, a.a.O., S. 47 ff.

(40) Klaus Senzky: Erwachsenenpädagogische Theoriebildung – Resumé der Entwicklung seit 1945, a.a.O., S. 156.